Das Erste Tanzbuch

Lehrbuch

Günter Schumann

unter Mitarbeit von

Sabine Kussin

Birgit König

Bibliografische Information der Deutschen Nationalbibliothek
Die Deutsche Nationalbibliothek verzeichnet diese Publikation in der Deutschen Nationalbibliografie; detaillierte bibliografische Daten sind im Internet über http://dnb.d-nb.de abrufbar.

1. Auflage

das-erste-tanzbuch@tanzbuecher.de

Herstellung und Verlag:
Books on Demand GmbH, Norderstedt

ISBN-13: 978-3-837-01336-8

Inhalt

I. Einleitung

Das Tanzbuch

In diesem Buch geht es um Paartanz oder auch Gesellschaftstanz. Es werden Tanzfiguren für Tanzeinsteiger und leicht fortgeschrittene Tänzer der ersten Kursstufen beschrieben.

Die Technik der Figuren wurde einfach gehalten und so an die Bedürfnisse von Tanzanfängern angepasst. Tanzen soll schnell und erfolgreich überall dort, wo getanzt wird, gelingen.

Unser Tanzkonzept lehnt sich an die Technik des Turniertanzens an. Insgesamt stellt diese aber an Tanzanfänger die falschen Anforderungen. Die ideal mögliche Bewegung steht daher hier nicht im Vordergrund und wird zunächst auch nicht angestrebt.

Wir wollen einfache und flexible Bewegungsformen vermitteln, die zu vielerlei Musik ein abwechslungsreiches und damit auch interessantes und spaßvolles Tanzen ermöglichen.

Etliche der vorgestellten Figuren entsprechen dem Welttanzprogramm. Wir ergänzen sie durch einige schon fast vergessene Figuren aus den 30er und 50er Jahren des vorigen Jahrhunderts und durch Figuren aus dem nordamerikanischen Raum.

In einem späteren Buch sowie in Kursen für fortgeschrittene Tänzer vertiefen und verändern wir Technik und Ausführung der Figuren, um dem dann vorhandenen höheren Ausdrucksvermögen zu entsprechen. Somit ist ein Lernen orientiert am individuellen Tanzvermögen möglich.

Tanzen lernen ohne Tanzkurs ist nicht sinnvoll. Ein Buch kann die Anleitung durch Tanzlehrer nicht ersetzen. Auch Korrekturen der eigenen Bewegungen durch Tanz- und Lehrerfahrene sind wichtig, wenn es richtig gemacht werden soll.

Dieses Buch will als Unterstützung zum Gelernten verstanden werden, als kleines Nachschlagewerk, um das, was verloren gegangen scheint wieder ins Gedächnis zurückzuholen. Am allermeisten aber hilft Praxis, also üben, üben, üben, und ein bisschen sicher dieses Buch.

Ein Buch, um in Bewegung zu kommen.

Die Darstellungsformen

Eine komplexe Bewegung lässt sich nicht mit einem Satz beschreiben. Wir zeigen deshalb die einzelnen Figuren in verschiedenen Darstellungsformen. Jede Darstellung zeigt andere Aspekte der Figur, so dass wir für jede Frage nachschlagen können, wo sie uns am besten beantwortet wird. Keine Darstellungsform kann alle Fragen beantworten. Jede einzelne Form hat ihre Stärken und Schwächen.

Die verschiedenen Formen, in der Reihenfolge, wie wir sie anwenden, sind:

Text Wir beschreiben einen Tanz und seine Bewegungen durch Text. Die Textbeschreibung bleibt allgemein, beschreibt Grundsätzliches der Figur wie ihre Bewegung im Raum, gibt Hinweise zur Tanzhaltung und Tipps zur Führung. Wir geben an, welche Figur „davor“ und „danach“ getanzt werden kann.

Hier fehlen die Bilder, also mehr als tausend Worte.

Tabelle Die zweite Form ist „tabellarisch“. Wir tragen in eine Tabelle einzelne Schritte einer Figur ein und beschreiben die Bewegungsrichtung der Füße und die Taktierung mit Text und teilweise auch mit kleinen Bildern der Füße. Für das Setzen der Füße und deren Richtung bezogen auf den eigenen Körper in Zusammenhang mit Takt und Rhythmus ist die Tabelle die ausführlichste Darstellungsform.

Twinkle

Männerschritte	S	Rhythmus		Frauenschritte
LF vorwärts.	1	langsam	½-Takt	RF rückwärts.
RF vorwärts.	2	langsam	½-Takt	LF rückwärts.
LF vorwärts.	3	langsam	½-Takt	RF rückwärts.
RF seitwärts.	4	schnell	¼-Takt	LF seitwärts.
LF zum RF schließen.	5	schnell	¼-Takt	RF zum LF schließen.
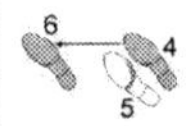	6	langsam	½-Takt	
		Er tanzt mit dem RF überkreuz nach links, dabei leicht öffnen zur Promenadenposition. **Sie** tanzt mit dem LF überkreuz nach rechts, dabei öffnen zur Promenadenposition.		
LF seitwärts leicht nach rechts drehen.	7	schnell	¼-Takt	RF seitwärts leicht nach rechts drehen.
RF zum LF schließen.	8	schnell	¼-Takt	LF zum RF schließen.

Wir geben jedem Schritt eine Schrittnummer in Spalte „S“, die die Bewegung der Füße durchzählt. Die Schrittnummern sind im Tanzteppich und im Korridor angegeben und helfen somit den Schritt wiederzufinden.

In der Spalte „Rhythmus“ werden die Geschwindigkeit der Schritte und die dazugehörenden Taktteile angegeben.

Bei Rumba und Cha Cha Cha haben wir eine zusätzliche Spalte „T“, die zu den Schrittnummern auch die Taktschlagnummern zuordnet.

Es geht hier um die Füße, deren Ausrichtung, Rhythmus und Schrittnummer. Die Körper-

bewegung und die Körperstellung im Raum kommen hier zu kurz. Auch der Zusammenhang der Figur ist hier nicht ersichtlich.

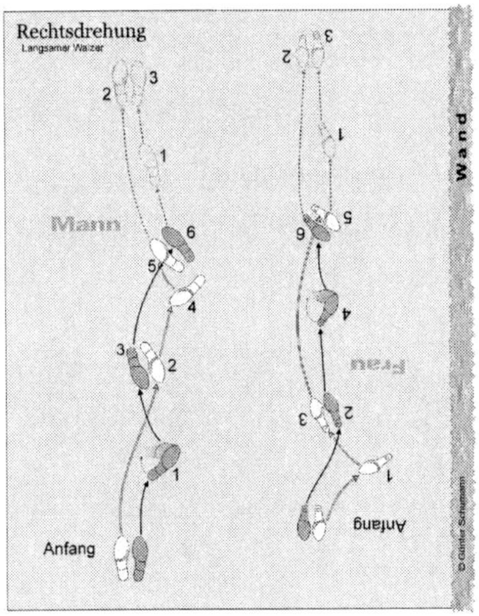

Tanzteppich Eine weitere Form wird mit dem „Tanzteppich" erreicht. Auf einer schematischen Abbildung einer Tanzfläche werden einzelne Fußabdrücke mit Schrittnummer, Bewegungsrichtung und Raumausrichtung jeweils für sie und ihn separat dargestellt. Hier ergibt sich die Möglichkeit, alle Schritte einer Figur im Zusammenhang abzulaufen. Die Fußrichtungen und Abstände der Füße sind im Verhältnis realistisch angeordnet. Beim Tanzteppich geht es um die gesamte Figur jeweils für sie und ihn. Die Schrittnummern sind angegeben, so dass Details zu den Schritten in der Tabelle schnell gefunden werden.

Die Beschreibung von Körperbewegungen und Armhaltungen, sowie der Bezug auf Takt und Rhythmus fehlen völlig. Die rechten Füße sind grau, die linken Füße sind weiß.

Tipp für das Lesen der Frauenschritte: Das Buch bei der Betrachtung auf den Kopf stellen.

Tanzkorridor In dieser Darstellung steht die Bewegung der Tanzfigur insgesamt und somit des Paares durch den Raum im Vordergrund. Die weiß dargestellte „beleuchtete Fläche" zeigt den prinzipiellen Verlauf der Tanzfigur und ist hier das Wichtigste. Die Bewegung der Figur zu zweit steht im Vordergrund. Die Schrittnummern sind angegeben.

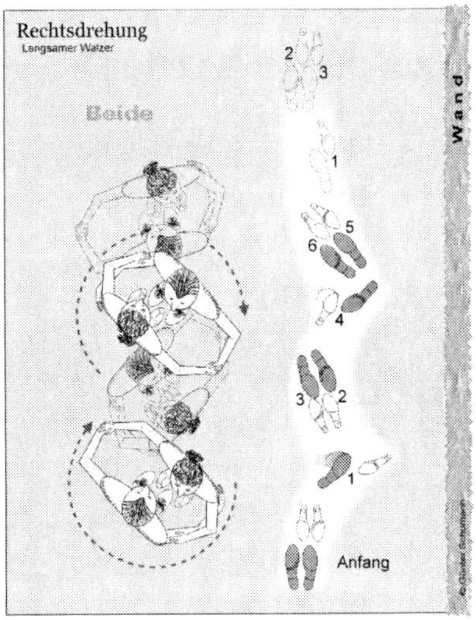

Auch hier fehlen die Darstellungen der Körperbewegung, der Arme und der Taktierung.

Die Farben der Füße ändern sich, ihre Füße sind weiß, seine grau. Auf Pfeile wird verzichtet.

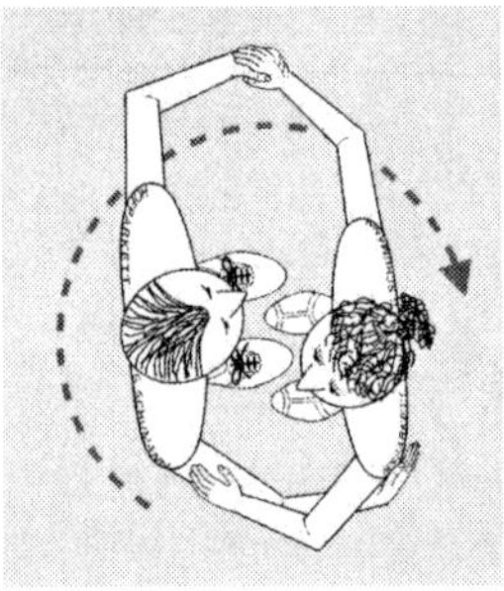

Tanzpärchen Kleine schematische Körperabbildungen (Kopf, Schultern, Arme, Hände und natürlich die Nase) ausschließlich von oben gesehen. Es ist möglich, so die Partnerbewegung zueinander innerhalb der Figur zu erkennen. Körperdrehungen und Bewegung durch den Raum sind ersichtlich.

Hier geht es um die Körperstellung, den Kopf, die Arme und Hände. Die gezeigten Füße haben nur minimale Bedeutung, die Beine fehlen vollends. Schritte und Schrittnummern werden hier nicht gezeigt.

Kreisgrafik Kleine Grafik in einem weißen Kreis mit Pfeilen, die schematisch die Bewegung der Figur im Raum und der Partner zueinander darstellt.

Hier geht es um eine sehr grobe Darstellung der Tanzfigur für sie und ihn. Die Kreisgrafik zeigt den Bewegungsfluss der Partner zueinander und hat insbesondere dann Stärken, wenn die Körperbewegungen nicht parallel sind (z. B. bei Damen-Solodrehungen).

Hier sind keine Körper, Füße oder Schritte zu sehen, keine Taktierung und auch keine Schrittnummern. Es geht nur um die grobe Übersicht der Tanzfigur. Die beiden Punkte geben den ungefähren Start der Tänzer in der Figur an.

Nicht zu allen Figuren gibt es eine Kreisgrafik.

Zeichenerklärung

Männerfüße mit Schrittnummern	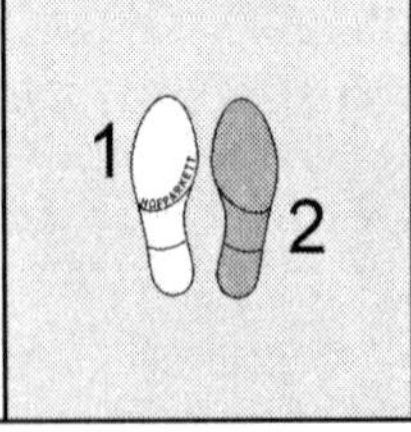	**Frauenfüße** werden im Tanzteppich in ihrer Laufrichtung bezogen auf seine Schritte dargestellt, also auf dem Kopf.	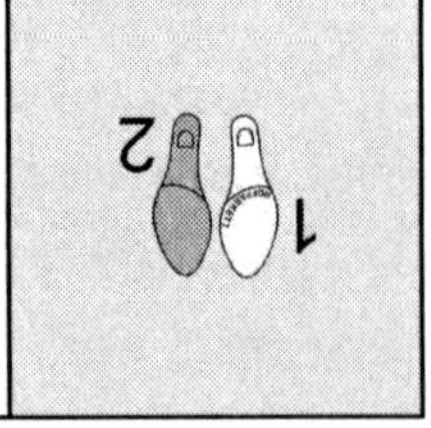

Schrittteppich Männerfüße Die linken Füße werden weiß dargestellt und die rechten Füße grau.	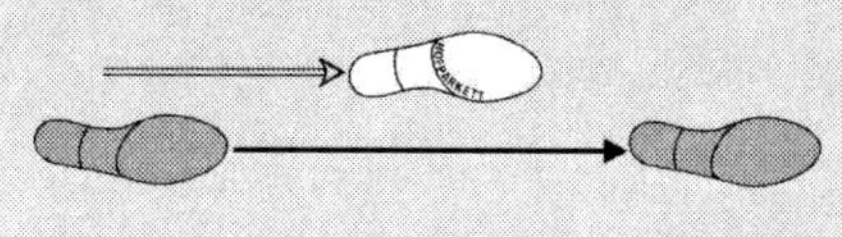
Schrittteppich Frauenfüße Die linken Füße werden weiß dargestellt und die rechten Füße grau.	
Tanzkorridor Hier sind nun die Männerfüße grau dargestellt und die Frauenfüße weiß.	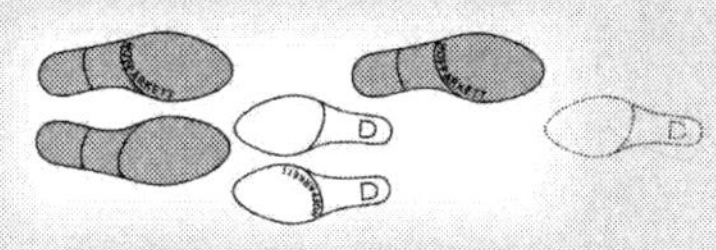
Anfang Die Ausgangsposition für eine Tanzfigur wird mit „Anfang“ gekennzeichnet.	
Weitertanzen Die möglichen Schritte der nachfolgenden oder vorherigen Figur werden hellgrau und gestrichelt dargestellt.	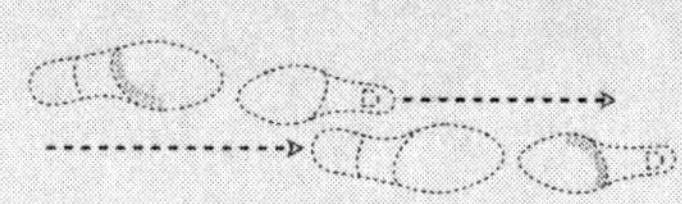
Gedrehte Füße Hier wird der Männerfuß von links nach rechts, der Frauenfuß von rechts nach links gedreht. Anfangsposition - Drehrichtung - Endposition.	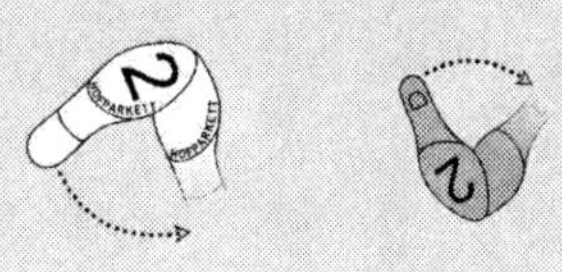
Füße übereinander Die hier abgebildeten Füße bezeichnen Schritte, die nacheinander auf die gleiche Stelle gesetzt werden. Nur wegen der besseren Übersicht sind sie nebeneinander gezeichnet!	

Gewicht Wir stehen auf Schritt „1“ und übertragen das Körpergewicht auf Schritt „2“ ohne die Füße vom Boden zu nehmen.	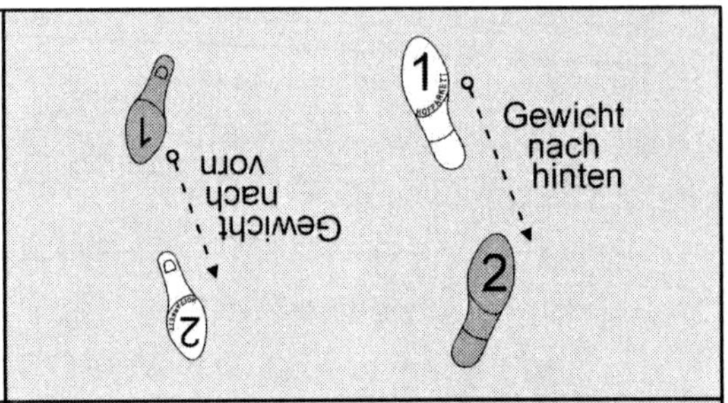
Füße überkreuzen Hier wird der rechte Fuß über den linken Fuß gekreuzt. Die Beine stehen am Ende in einem „X“.	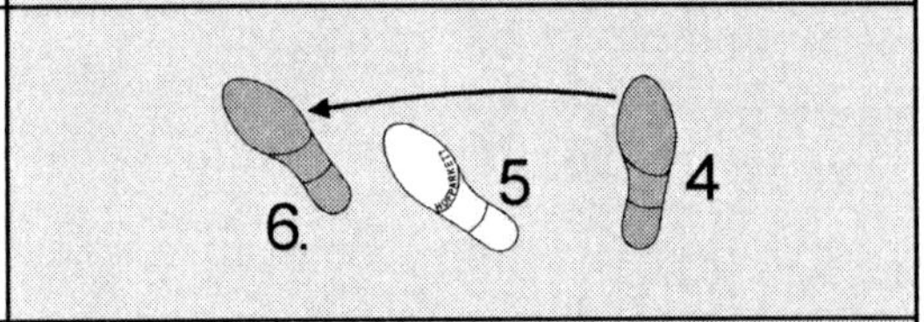
Gekreuzte Füße Er kreuzt den rechten Fuß hinter den linken Fuß. Sie kreuzt den linken Fuß vor den rechten Fuß. Tanzrichtung geht nach oben.	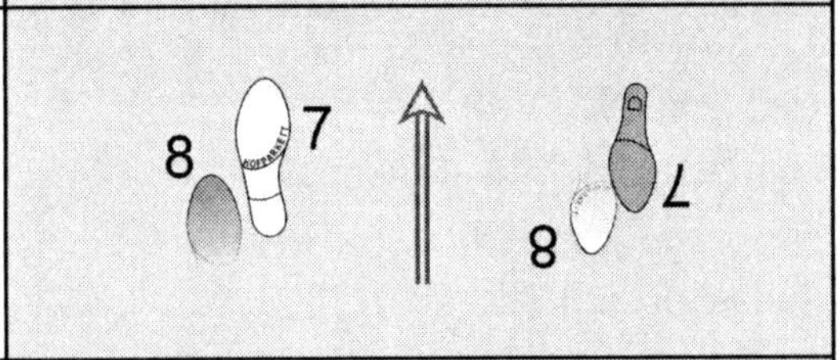
Tap Schritt „4“ wird mit einem Tap an Schritt „3“ herangesetzt. Bei einem Tap berührt nur der Fußballen den Boden, ohne das Körpergewicht zu übernehmen.	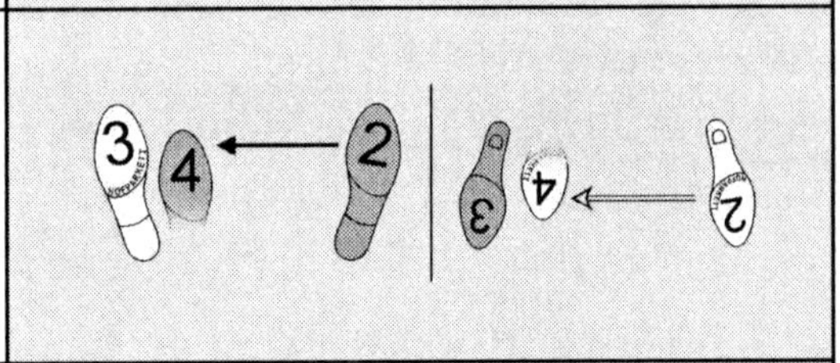
Kick Bei einem Kick wird erst das Knie etwas hochgezogen und dann das ganze Bein ausgestreckt. Die Fußspitze zeigt dabei Richtung Boden (kein Fußball!).	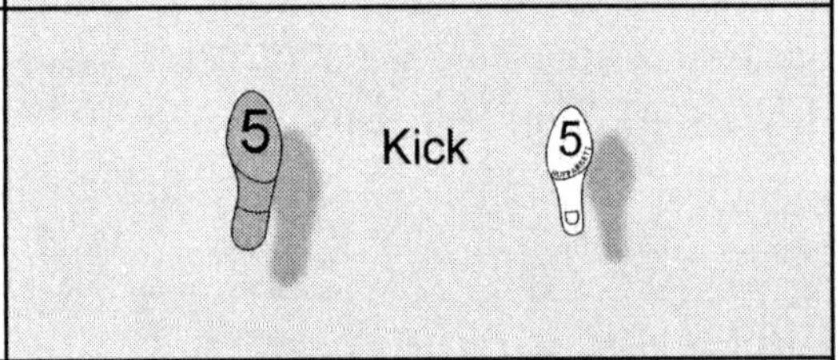
Brush (Bürstenschritt) Während der linke Fuß dreht, wird der rechte Fuß über den Boden an den linken Fuß herangeführt und dann zum Schritt „6“ wieder heraus.	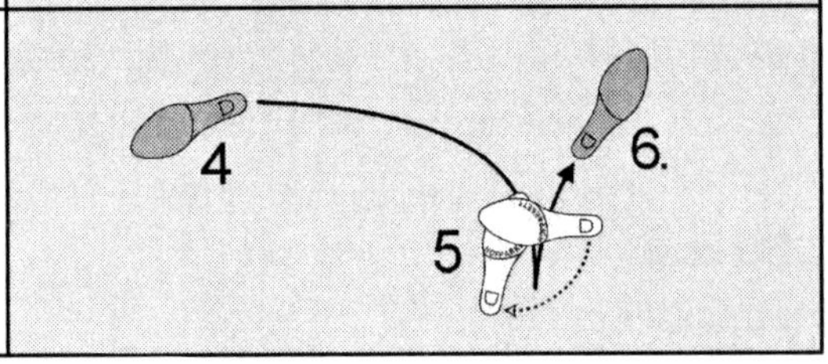

Grundstellungen

Geschlossene Tanzhaltung, eng zusammen

Wir stehen voreinander, leicht nach links versetzt. Die Fußspitzen stehen ineinander. Der Abstand voneinander sollte 10 cm betragen.

4-spurig (bezogen auf die Fußmittellinien).

Grundstellung für Foxtrott, Walzer, europäischer Tango.

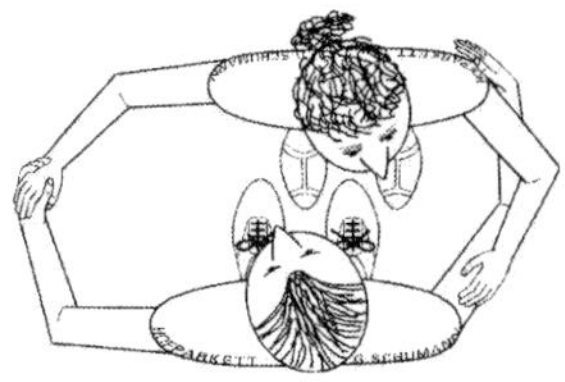

Geschlossene Tanzhaltung, weit auseinander

Wir stehen voreinander, genau gegenüber, etwas weiter auseinander. Der Abstand voneinander sollte ca. 30 cm betragen. Er streckt den rechten Arm ganz durch und legt dann die rechte Hand auf ihr Schulterblatt.

2-spurig (bezogen auf die Fußmittellinien).

Grundstellung für Samba, Rumba und Cha Cha Cha.

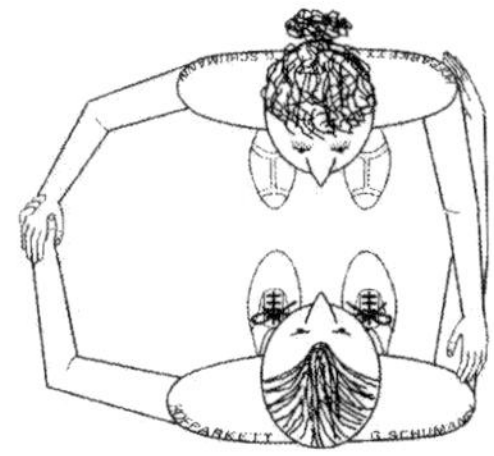

Swinghaltung Wir stehen voreinander, genau gegenüber, etwa 25 cm auseinander. Die gefassten Hände werden in Hüfthöhe gehalten in Fingerfassung, er von unten, sie von oben, Finger in Finger. Seine rechte Hand legt er auf ihre Hüfte, ihre linke Hand liegt in seiner Armbeuge.

2-spurig (bezogen auf die Fußmittellinien).

Grundstellung für Boogie und Jive.

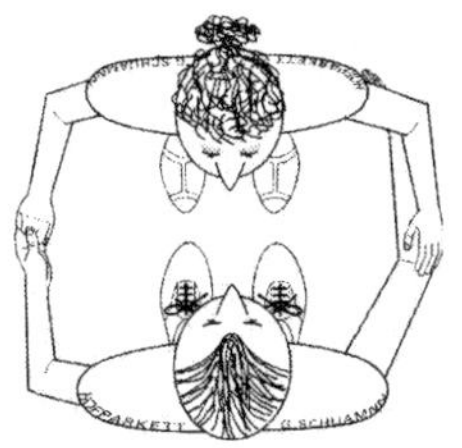

Doppelhandhaltung Wir stehen voreinander, genau gegenüber, etwa 25 cm auseinander. Beide Hände werden gefasst in Hüfthöhe gehalten in Fingerfassung, er von unten, sie von oben, Finger in Finger.

2-spurig (bezogen auf die Fußmittellinien).

Grundstellung für Boogie und Jive.

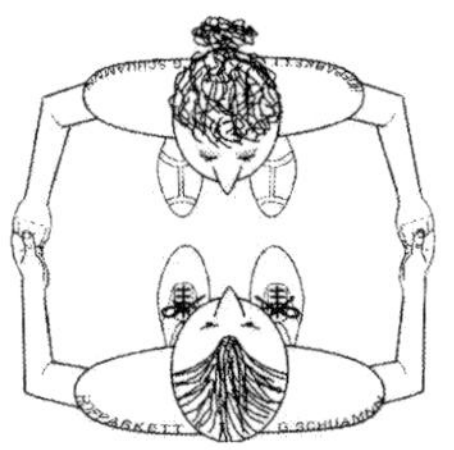

Tango Argentino Haltung Wir stehen seitlich versetzt, etwas enger und auch etwas schräg zueinander. Er fasst mit seinem rechten Arm über ihre Wirbelsäule hinaus. Sie legt ihre linke Hand auf seine Schulter. Der Abstand voneinander sollte 5-10 cm betragen. *Grundstellung für Tango Argentino*	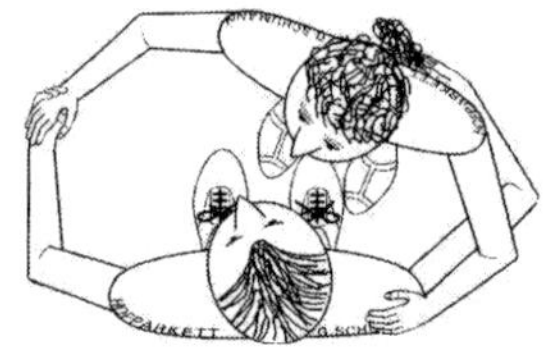
Promenadenposition Wir stehen schräg zueinander in V-Position. Beide blicken nach vorn in die gleiche Richtung. Diese Position wird nur kurzzeitig in bestimmten Figuren eingenommen, z. B. im Wischer. *Tanzstellung beim Langsamen Walzer, europäischen Tango, Foxtrott und Samba.*	

Abkürzungen

RF = Rechter Fuß
LF = Linker Fuß
a.E. = am Ende
T = Taktschlag in der Musik des speziellen Tanzes z. B. 1/4
S = Schritt, Schrittnummer
RD = Rechtsdrehung
LD = Linksdrehung
M = Männerschritte
F = Frauenschritte

Bewegung im Raum

Tanzrichtung

Bei den Raumtänzen bewegen wir uns in Tanzrichtung durch den Raum. Wir tanzen von oben gesehen gegen den Uhrzeigersinn. Wir versuchen nach Möglichkeit weit außen zu tanzen und auch in die Ecken hinein (immer an der Wand entlang). Die Raummitte bleibt frei und kann zum Überholen und Ausweichen genutzt werden.

Die „Verkehrsregeln“:

- Wir achten besonders darauf, nicht auf Paare aufzulaufen, die vor uns tanzen, auch dann nicht, wenn diese abrupt stehenbleiben oder sich gegen die Tanzrichtung bewegen.
- Wir bleiben möglichst nicht abrupt stehen.
- Wir bewegen uns nur mit großer Vorsicht, am besten gar nicht, gegen die Tanzrichtung.
- Wir nehmen Rücksicht aufeinander, ganz besonders auf Paare, die noch nicht so geübt sind wie wir.

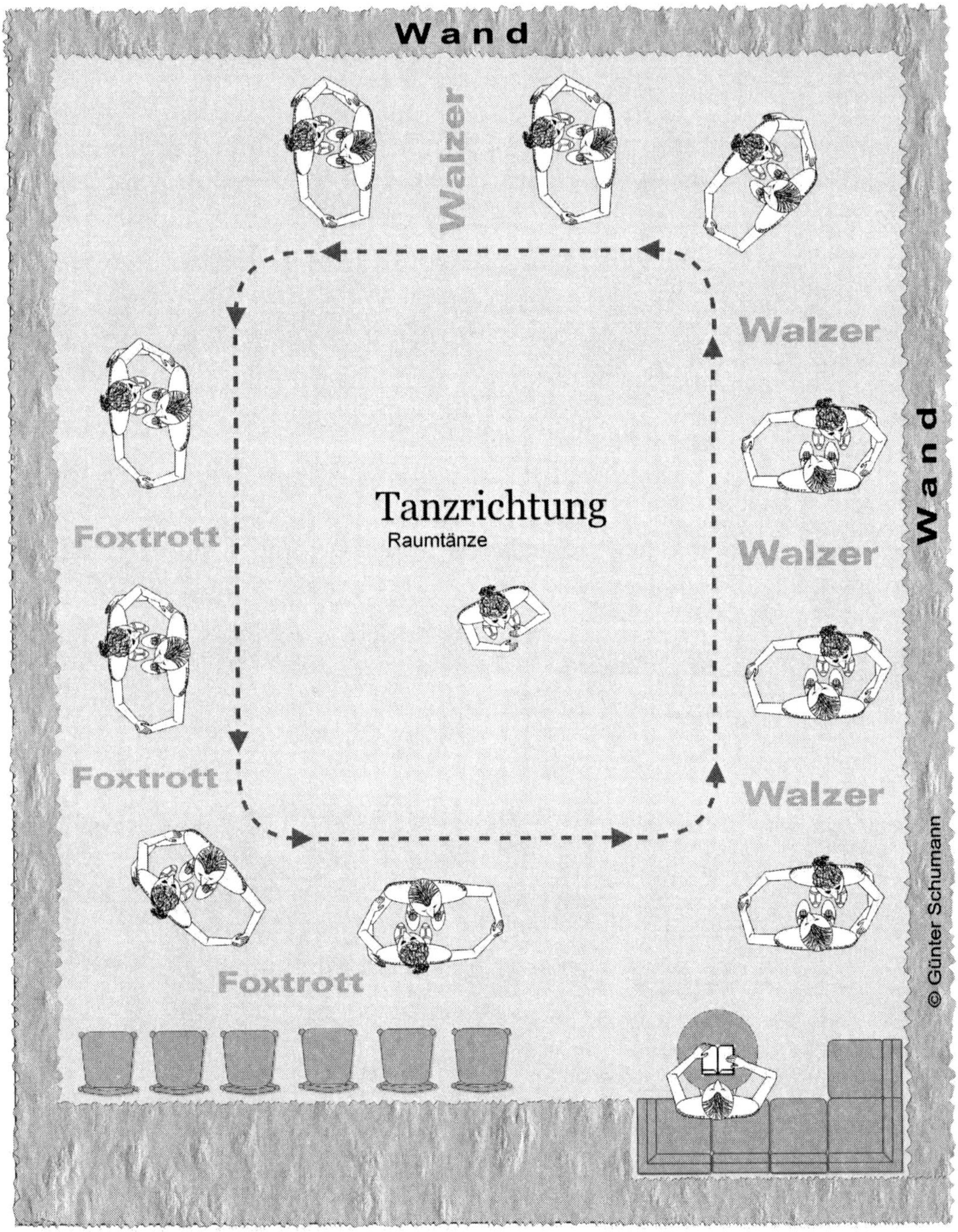
Wand
Walzer
Walzer
Wand
Walzer
Walzer
Tanzrichtung
Raumtänze
Foxtrott
Foxtrott
Foxtrott
© Günter Schumann

Raumrichtungen - Bewegung im Raum

Bei den Raumtänzen haben wir unterschiedliche Stellungen ausgerichtet im Raum. In einer einfachen Aufteilung entstehen acht verschiedene Tanzaufstellungen oder auch Positionen am Anfang, innerhalb oder am Ende einer Figur. Die Ausrichtung erfolgt in 45-Grad-Schritten bezogen auf die Tanzrichtung.

1 - In Tanzrichtung Grundaufstellung für Walzer. Er steht mit dem Gesicht in Tanzrichtung, sie steht mit dem Gesicht gegen Tanzrichtung.

0°, Grundaufstellung in Tanzrichtung.

2 - Nach außen Grundaufstellung für Foxtrott. Er steht mit dem Gesicht nach außen, sie steht mit dem Gesicht zur Tanzraummitte.

90° nach rechts von der Tanzrichtung.

3 - Schräg nach außen Grundaufstellung für den europäischen Tango. Er steht mit dem Gesicht schräg nach außen, sie steht schräg rückwärts nach Außen.

45° nach rechts von der Tanzrichtung.

4 - Schräg rückwärts zur Mitte Tanzposition innerhalb von Figuren, beim Außenseitlichen Wechsel des Walzers, Vierteldrehungen im Foxtrott oder im Tango. Er steht schräg rückwärts zur Mitte, sie steht schräg zur Mitte.

135° nach rechts von der Tanzrichtung.

5 - Rückwärts zur Tanzrichtung Tanzposition innerhalb von Figuren aller Raumtänze. Er steht rückwärts zur Tanzrichtung, sie steht in Tanzrichtung.

180° nach rechts von der Tanzrichtung.

6 - Schräg rückwärts zur Mitte Tanzposition innerhalb von Figuren aller Raumtänze. Er steht schräg zur Mitte, sie steht schräg rückwärts zur Mitte.

45° nach links von der Tanzrichtung oder 315° nach rechts von der Tanzrichtung.

Raumrichtungen

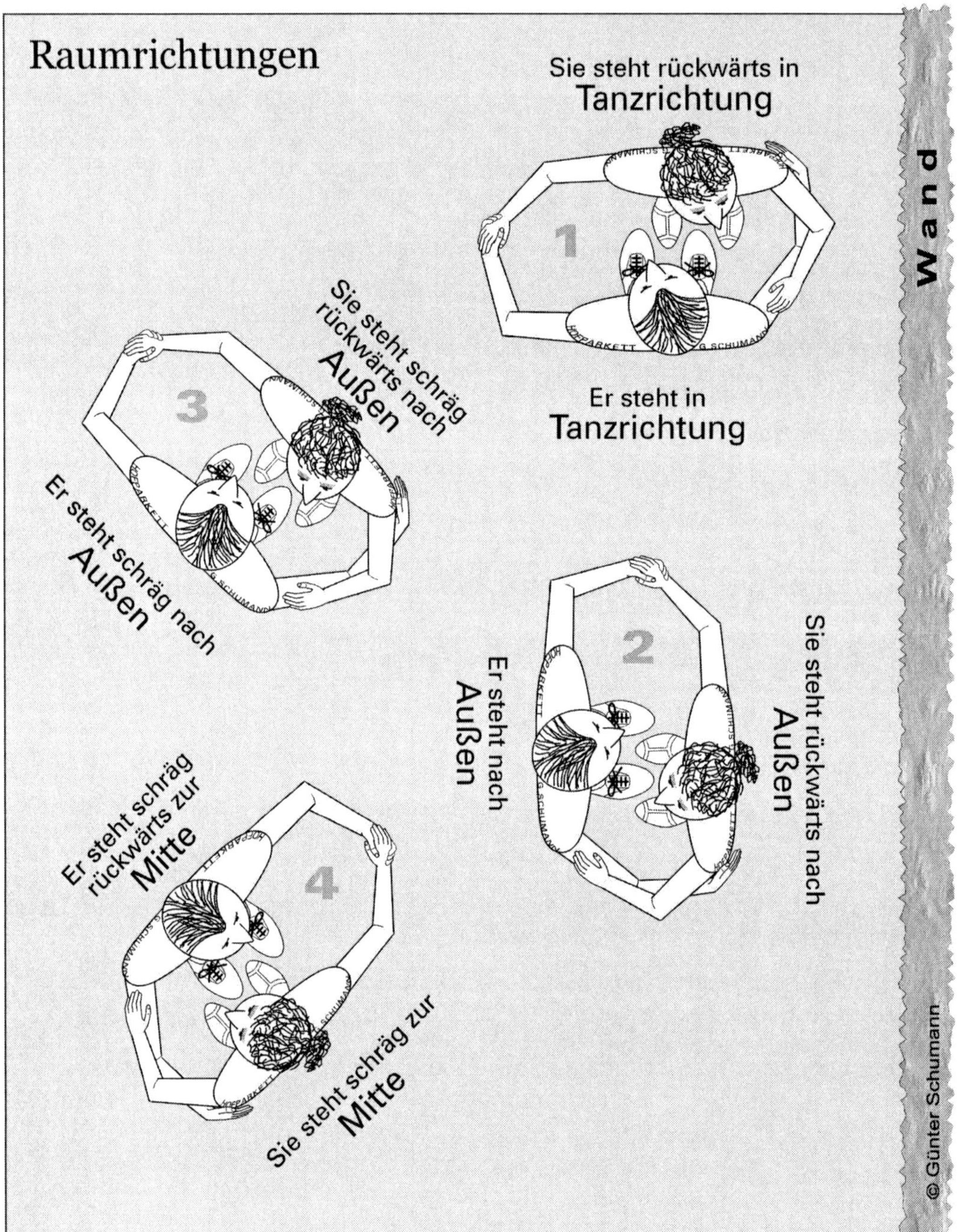

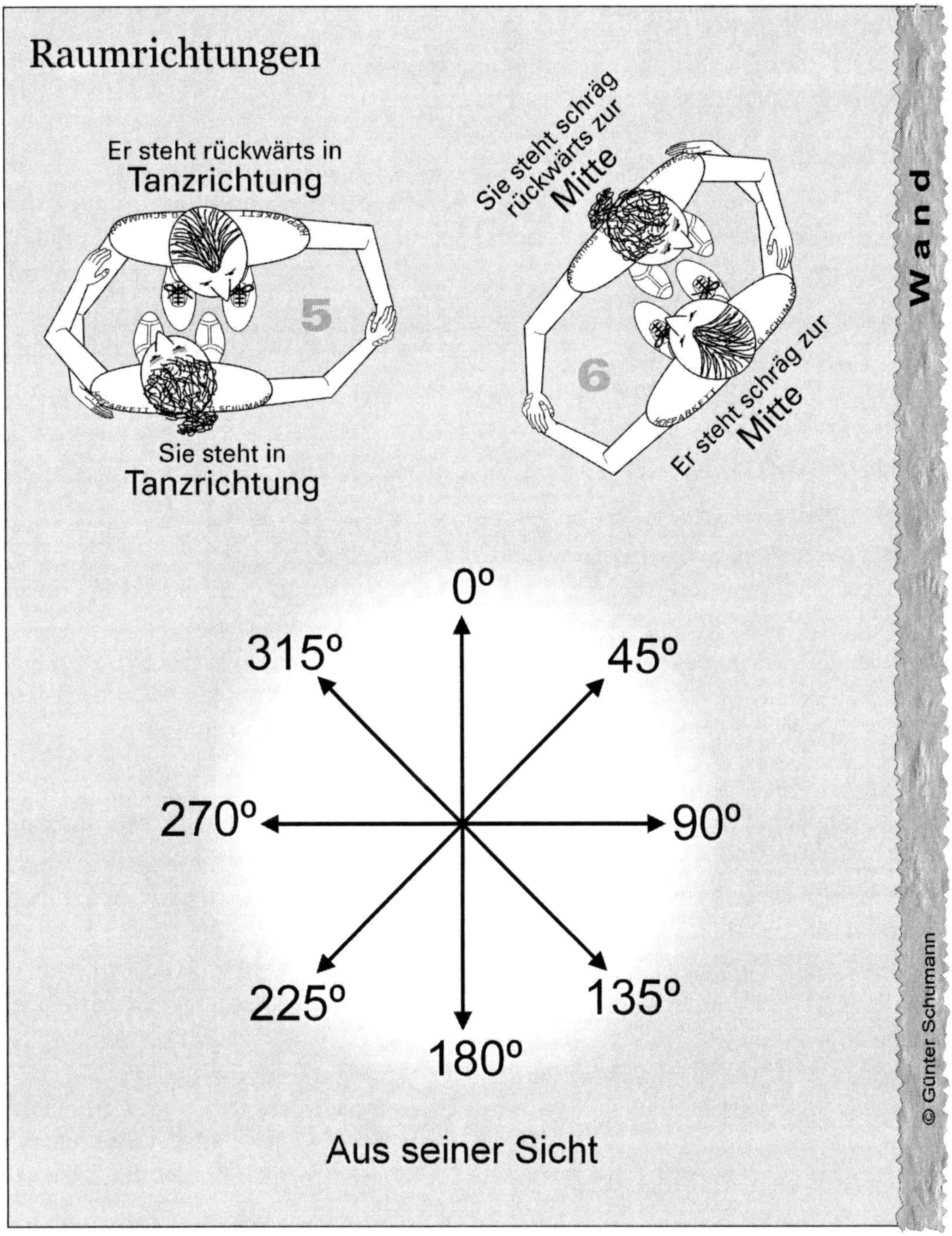
Raumrichtungen
Er steht rückwärts in
Tanzrichtung
5
Sie steht in
Tanzrichtung
Sie steht schräg
rückwärts zur
Mitte
6
Er steht schräg zur
Mitte
Wand
0º
45º
90º
135º
180º
225º
270º
315º
Aus seiner Sicht
© Günter Schumann

Bewegung in den Tänzen

Unsere Paartänze lassen sich in zwei Hauptgruppen aufteilen. Es gibt Tänze, die durch den Raum getanzt werden, und Tänze, die am Platz bleiben.

Raumtänze

Foxtrott, Walzer, europäischer Tango, Samba und Argentinischer Tango gehören zu den Raumtänzen. Sie werden, wie der Name schon sagt, durch den Raum getanzt.

Sie zeichnen sich außerdem dadurch aus, dass die Partner sich ununterbrochen berühren, der Körperkontakt bleibt während des gesamten Tanzes erhalten. Die Partner suchen eine gemeinsame Balance; das Paar versucht, wie ein Körper mit vier Beinen zu laufen.

Die Körper der Tänzer bewegen sich als Einheit, ausgelöst durch das Fortschreiten der Beine.

Diese Tänze werden dementsprechend in eher enger Haltung getanzt. Hüfte, Rumpf, Arme, Schultern und Kopf werden in Position gebracht und dort soweit möglich gelassen, solange der Tanz dauert. Davon abweichende Bewegungen, wie sie z. B. in Promenadenpositionen vorkommen, werden jeweils nur vorübergehend eingenommen.

Sonderrollen innerhalb der Raumtänze nehmen Samba und Argentinischer Tango ein.

Die Sambatänzer bewegen sich auch in Tanzrichtung durch den Raum, müssen sich aber nicht die ganze Zeit berühren, es gibt auch Figuren völlig ohne Körperkontakt. Die Tanzhaltung ist weniger eng und wird je nach Figur auch aufgelöst bis zum vollständigen Loslassen. Es wird auch keine gemeinsame Balance im Sinne der europäischen Raumtänze aufgebaut. Dafür können (und sollen der Idee nach sogar) gemäß dem lateinamerikanischen/afrikanischen Ursprung der Samba sogenannte Isolationstechniken getanzt werden. Das sind binnenkörperliche Aktionen, bei denen einzelne Körperteile getrennt voneinander (also isoliert) aber gleichzeitig bewegt werden. Dies wirkt sehr frei, wild und ungebunden. Das Tanzen von Isolationen bedeutete seiner afrikanischen Herkunft nach ja auch Ekstase, Hingabe, Losgelöstheit vom Körper.

Die Sonderrolle des Argentinischen Tango besteht darin, dass er zwar ein sehr naher Berührungstanz ist, die Ausprägung einer gemeinsamen Balance aber weniger ausgeprägt ist. Der Tango Argentino sollte nicht in das kreisrund „immer an der Wand lang“ gezwängt werden; das würde seine Bewegungsmöglichkeiten zu stark einschränken. Er ist aber trotzdem kein Platztanz; er sollte sich frei im Raum bewegen ohne eigentliche Tanzrichtung. Dies ist natürlich ziemlich schwierig auf vollen Tanzflächen.

Platztänze

Rumba, Cha Cha Cha, Boogie und Jive gehören zu den Platztänzen. Wie der Name schon sagt, bleiben wir am Platz oder bewegen uns nur sehr wenig durch den Raum. Die Aufstellung im Raum ist beliebig. Im Vordergrund steht die Ausrichtung der Partner zueinander. Die geschlossene Tanzhaltung wird mit größerer Entfernung zueinander getanzt (ca. 30 cm, sein rechter Arm ist gestreckt). Dazu gibt es viele „Offene“ Figuren, bei denen die Partner sich nur an den Händen halten oder sogar völlig loslassen. Isolationstechniken sind nicht nur erlaubt, sondern geradezu erwünscht. Sehr typisch z. B. für die Rumba sind kreisende Hüftbewegungen, die einem anderen Rhythmus folgen als die Schritte.

Es ist möglich, dass jeder Partner innerhalb einer Figur andere Schritte tanzt. Der Bezug aufeinander soll aber immer erhalten bleiben, auch ohne Berührung. Wir tanzen trotz manchmal grundverschiedener Schrittmuster für Männer und Frauen immer miteinander.

Die Platztänze erzählen eine Geschichte, die von den Tänzern durch die Bewegungen dargestellt wird.

Tanzen Miteinander

Vom Aufrecht Stehen

Beim Tanzen versuchen wir gerade und aufrecht zu stehen, erst einmal jeder Partner für sich allein. Wir stellen uns vor, dass ein Stab (eine Achse) senkrecht durch die Mitte unseres Körpers geht, an dem entlang wir Füße, Knie, Becken, Schultern und den Kopf übereinanderstapeln, ohne dass einer dieser Körperteile in irgendeine Richtung herausragt.

Dann legen wir noch eine Achse horizontal zur senkrechten fest, bevorzugt durch unseren Schultergürtel.

Die horizontalen Achsen können wir leicht in einem Spiegel überprüfen: Die Schultern sollten gleich hoch sein, die Taille nicht abgeknickt und der Kopf in der Mitte zwischen den Schultern. Wir schauen mindestens geradeaus, eher leicht nach oben, aber ohne den Kopf in den Nacken zu legen.

Um auch in der Senkrechten gerade zu stehen, suchen wir uns am besten eine Wand und stellen uns mit dem Rücken an sie heran. Die Fersen sollten die Wand berühren, ebenso auch der Po und die Schultern. Jetzt müssen wir noch den Hinterkopf anlehnen, das ist manchmal schwierig. Nun stehen wir auch von der Seite gesehen gerade.

Diese Stehposition müssen wir uns merken, die Wand verlassen, gerade bleiben und mit unserem Partner in Tanzhaltung gehen.

Das Miteinander

Kraft Beim Tanzen bewegen wir uns durch den Raum, im Kreis herum oder auch nur am Platz. Vom Körperaufbau aus können wir uns vorwärts leichter bewegen als rückwärts. (Wer rennt schon rückwärts, um noch den Bus zu bekommen?) Beim Tanzen im Paar wollen wir uns das zu Nutze machen, indem jeweils die oder der Vorwärtstanzende Schwung und Geschwindigkeit aufbaut und auf den Partner überträgt, den Anderen ein bisschen schiebt. Der oder die Rückwärtstanzende muss das zulassen und die auf ihn/sie einwirkende Kraft aufnehmen. So haben es beide leichter eine harmonische Bewegung aufzubauen.

Männer und Frauen haben meistens unterschiedlich große Körper und dadurch unterschiedlich große Hebelwirkungen. Das bedeutet, dass beide unterschiedlich viel Kraft aufbringen müssen, um eine gleichmäßige Bewegung zu erhalten. Auch die Schrittgröße ist nicht gleich. Der kleinere Partner muss für eine gleichweite Bewegung einen relativ größeren Schritt machen als der andere. Frauen müssen also meistens etwas mehr tun als die Männer. Sie müssen energischer ins Tanzen hineingehen und eher größere Schritte machen.

Verantwortung Aber nicht nur die nötige Kraft sollten beide Partner aufbauen, sondern auch Verantwortung übernehmen. Immer die Vorwärtstanzenden sind verantwortlich für den Rückenraum des Partners. Wenn ein anderes Tanzpaar oder auch die Wand entgegenkommen, schütze ich meinen Partner, indem ich sie/ihn zuerst einmal stoppe, durch Festhalten, und wenn das nicht ausreicht, stoppe ich auch das andere Tanzpaar. Wenn so bei jedem Paar immer einer aufpasst, kann eigentlich nichts passieren.

Paartanz ist ein Spiel zu zweit, wir sind gleichberechtigt, haben beide die gleiche Verantwortung für das Vorwärtskommen, sitzen sozusagen in einem Boot und wollen auf die andere Seite des Flusses. Es liegt nicht nur an einem von beiden, wenn das hakt und nicht so gut vorwärts geht. Besser wir suchen nach den Fehlern (auch bei uns selbst) um einen gemeinsamen Tanzfluss zu erreichen. Ziel ist es eine gleichmäßige, fließende Bewegung zu erreichen.

Vom Anfassen

Um beim Paartanz gleichförmige Bewegungen ausführen zu können, müssen wir unsere Körper zu einem neuen Gemeinsamen formen. Hände und Arme bilden einen Kreis. Die Armhaltungen rechts und links sind nicht gleich, die Haltung ist asymmetrisch.

Grundsätzlich halten wir die Ellenbogen beim Tanzen immer vor den Körper und auch gleich hoch. Die Arme sind leicht. Im übertragenen Sinne versuchen wir das Gewicht von Armen und Schultern auf der Wirbelsäule aufzulegen, ohne uns zu verspannen. Wird das Ganze beim Tanzen zu anstrengend, sollten wir die Arme kurz ausschütteln, um dann wieder in Haltung zu gehen.

Seine linke Hand ist offen für ihre rechte Hand, beide werden geschlossen und auf ihrer Augenhöhe gehalten, die Ellenbogen sind leicht gebeugt. Beide Ellenbogen bleiben beim Tanzen immer vor dem Körper, also von der Seite gesehen zwischen den Partnern.

Seine rechte Hand liegt an ihrem linkem Schulterblatt, seine Finger drücken dabei nicht in ihre Wirbelsäule, er bleibt mit der Hand eher leicht außen am Schulterblatt. Ihr linker Arm liegt auf seinem rechten Arm leicht auf (100g reichen aus!), ihre linke Hand kommt auf seinem rechten Oberarm zu liegen mit leichtem Druck von ihr weg, ihr Ellenbogen ragt seitlich über seinen hinaus und ist somit auch der äußerste Punkt des Paares. Das Paar „macht sich breit“.

Der Kreis, den die Arme miteinander schließen, muss beim Tanzen bestehen bleiben. Das erreichen wir, indem wir die am Anfang eingenommene Haltung beim Tanzen nicht mehr verändern.

Die gefassten Hände (seine linke, ihre rechte) bleiben auf ihrer Augenhöhe und auch zwischen den Körpern (von der Seite gesehen) mit gebeugten Ellenbogen, seitlich herausgestellt. Diese Position müssen wir halten, ohne zu viel Kraft in den Armen und Händen.

Mit der rechten Hand zieht er sie ein wenig (!) an sich heran. Diesen leichten Zug muss sie mit ihrer linken Hand durch Gegendruck gegen seinen rechten Oberarm ausgleichen. Diese leichte Kraftbalance muss während des gesamten Tanzes bestehen bleiben (auch bei Drehungen!).

Beim Argentinischen Tango bleiben die gefassten Hände nah am Körper (etwa Brusthöhe), seine rechte Hand fasst weiter herum, liegt auf ihrer Wirbelsäule. Ihre linke Hand liegt auf seiner rechten Schulter; sie kann sie aber auch auf seinen Rücken bis hin zum Nacken legen.

Freies Führen

Wir wollen so weit es möglich ist Tanzfiguren frei aneinanderfügen, das heißt nach Möglichkeit nur wenige oder keine Figurenkombinationen festlegen. Nach jeder Figur gibt es viele verschiedene Möglichkeiten mit anderen Figuren weiter zu tanzen. So bleibt Tanzen spannend. Er muss dabei lernen ihr durch seine Körperbewegung nonverbal zu vermitteln, was er tanzen möchte. Sie muss lernen es nonverbal zu spüren. Dabei ergeben sich für jede Figur spezielle Führungsimpulse, die er setzen muss. Sie muss diese Impulse abwarten. Das Führen ist dabei als Angebot zu verstehen, nicht als Befehl.

Führung in Figuren (Beispiele, hier Rumba und Cha Cha Cha)

Solodrehung Er hebt mit seinem linken Arm ihren rechten Arm und löst auf seiner rechten Seite die Tanzhaltung. Sie dreht unter den erhobenen Armen. Die erhobenen Hände werden sehr locker gehalten, keiner hält die Finger des anderen fest! Am Ende der Drehung werden die Hände wieder abgesenkt.

Vorwärts-Promenade nach rechts Er löst auf seiner rechten Seite die Tanzhaltung. Die gefassten Hände werden abgesenkt und zwischen den Partnern durch nach vorn geführt. Beim Seitwärtsschritt werden die Hände gewechselt (seine rechte Hand fasst ihre linke Hand).

Am Ende fasst er wieder ihre rechte Hand mit seiner Linken, legt seine rechte Hand wieder auf ihr Schulterblatt, die Tanzhaltung wird wieder geschlossen.

Fersen- und Ballenschritte

Die Vorwärtsschritte der Raumtänze können über die Ferse oder den Ballen ansetzen.

Beim Fersenschritt vorwärts setzen wir mit gestrecktem Knie den Schritt mit der Ferse an, das heißt, die Ferse berührt zuerst den Boden. Dann schieben wir unseren Körper über den Fuß, der dann flach auf dem Boden steht und das Körpergewicht trägt.

Beim Ballenschritt vorwärts setzen wir mit weichem, nicht gestrecktem Knie den Schritt mit dem Ballen an, das heißt der Ballen berührt zuerst den Boden. Dann schieben wir unseren Körper über den Fuß, der dann entweder flach auf dem Boden steht oder erhoben auf dem Ballen bleibt und das Körpergewicht trägt.

Tanzschritte rückwärts werden immer mit dem Ballen angesetzt und dann entweder flach auf den Boden gestellt oder sie bleiben erhoben auf dem Ballen, während sie das Körpergewicht übernehmen.

Bei den Platztänzen werden nur über den Ballen angesetzte Schritte getanzt, vorwärts und rückwärts.

Heben und Senken

Fersen- und Ballenschritte und auch Heben und Senken sind für den Tanzanfänger noch nicht so wichtig, die Schritte an sich machen noch genug Probleme. Sie bekommen aber mit fortschreitendem Können immer mehr Bedeutung.

Fersen und Ballenschritte erlauben uns ein Heben und Senken. Wenn wir einen Fersenschritt vorwärts tanzen, führen wir den Fuß tief über den Boden. Dabei schieben wir das Körpergewicht über den Fuß hinaus nach vorn, die Ferse löst sich vom Boden. Ferse und Körper erreichen gleichzeitig die neue Position und wir erheben uns auf den Ballen (Heben). Dieses über den Fuß rollen ergibt eine sehr dynamische Vorwärtsbewegung.

Wenn wir aus einem Ballenschritt den Fuß wieder flach auf den Boden setzen, senken wir ab. Erst wenn wir vollständig wieder unten sind, können wir wieder einen schwungvollen Fersenschritt ansetzen.

Heben und Senken erfolgen fast immer synchron, beide Tänzer machen es gleichzeitig.

Beispiele bei den Raumtänzen:

Foxtrott Grundschritt vorwärts Wir tanzen Schritt „1“ und „2“ gesenkt als Fersenschritte und flach am Boden und Schritt „3“ und „4“ mit Ballenschritten und gehoben (Heben). Danach wieder Senken.

Walzer Grundschritt vorwärts Wir tanzen Schritt „1“ gesenkt als Fersenschritt und flach am Boden und Schritt „2“ und „3“ mit Ballenschritten und gehoben (Heben). Danach wieder Senken.

Langsamer Walzer Rechtskreiseldrehung Er tanzt Schritt „1“ LF mit Ballen und flach rückwärts am Boden (Senken) und Schritt „2“ RF Ballen vorwärts (Senken), dann flacher Fuß, vorwärts abrollen und am Ende auf dem Ballen drehen (Heben). Dann LF rückwärts Ballen (Heben) und am Ende auf den ganzen

Fuß absenken.

Sie tanzt Schritt „1“ gesenkt RF vorwärts mit Ferse und flach am Boden und Schritt „2“ LF Ballen vorwärts aber flach (Senken), auf dem Ballen drehen und Schritt „3“ RF an den LF heranziehen (Heben und Brush) und dann gehoben vorwärts mit Ballenschritt herausgehen und auf den ganzen Fuß absenken.

Tango Beim Tango gibt es kein Heben und Senken! Alle Vorwärtsschritte werden mit Ferse angesetzt und enden auf dem flachen Fuß. Rückwärtsschritte werden mit Ballen angesetzt und enden auch auf dem flachen Fuß.

Die Tänze Rumba, Cha Cha Cha, Samba, Boogie und Jive haben kein systematisches Heben und Senken.

Die Musik

Zuerst war die Musik da, dann wurde zu ihr getanzt, denn tanzen interpretiert die Musik durch Bewegung. Der Tanz bestimmt sich nicht durch die Bewegung, sondern die Bewegung und damit der Tanz bestimmen sich durch die charakteristische Musik. Es gibt so viele verschiedene Tänze, wie es verschiedene Musik gibt. Im Paartanz stimmen die Partner die Bewegungen nicht nur mit der Musik ab, sondern zusätzlich auch immer miteinander.

Tanzmusik wird in verschiedenen Taktarten gespielt, 2/4-Takt, 3/4-Takt, 4/4-Takt. Um die Taktarten unterscheiden zu können, brauchen wir eine Erkennungsmöglichkeit.

Wir orientieren uns am Bass-Drum, der leider bei manchem schönen vokalgetragenen Hit fast unhörbar scheint, und suchen den Bass-Schlag heraus, der stärker betont wird als die anderen. Diesen setzen wir als „1“ und zählen nun weiter die Bässe durch bis zum nächsten starken Bass, den wir dann wieder als „1“ setzen. Durch Mitzählen der Bässe können wir nun den Takt angeben.

Wenn wir nun charakteristische Bewegungen mit den Betonungen in der Musik synchronisieren, fühlt es sich gut und harmonisch an, wir tanzen „in der Musik“.

Fast die gesamte Tanzmusik hat gleiche zeitliche Abstände zwischen den Bassschlägen. Eine Ausnahme macht da der Argentinische Tango, der zwar oft auch eine klare „1“ hat, aber die Bässe können ganz unterschiedliche Zeitabstände zueinander bis zum fast vollständigen Stillstand haben. Das macht den Tanz schwierig, aber auch sehr interessant.

II. Die Tänze

Marschfox und Foxtrott

Marschfox

Geschichte Der Marschfox ist aus dem Onestep entstanden der 1912 nach Deutschland kam. In den 20er-Jahren wurde er auch Schieber genannt. Er gilt als langsame Foxtrott-Variante und ist angelehnt an das Exerzieren von Soldaten. Alle Schritte haben die gleiche Geschwindigkeit.

Musik 2/4-Takt, typisch 60 Takte pro Minute.

Wir starten auf der musikalischen „1“ mit Schritt „1“ des Grundschrittes. Für einen Grundschritt vorwärts brauchen wir zwei Takte.

Taktierung am Beispiel des Grundschrittes (aus Männersicht):

	1.Takt		2.Takt		3.Takt		4.Takt	
T	¼	¼	¼	¼	¼	¼	¼	¼
	langsam	langsam	langsam	langsam	langsam	langsam	langsam	langsam
S	1	2	3	4	5	6	7	8
	vor	vor	seit	schluss	rück	rück	seit	schluss

Tanzausführung Der Foxtrott gehört zu den Raumtänzen. Der Mann beginnt bei den ersten Figuren mit dem Gesicht nach außen, die Wand ist vor ihm. Sie steht mit dem Gesicht zur Mitte. Wir tanzen etwas enger (5-10 cm Körperabstand).

Gestartet wird beim ersten Grundschritt auf der „1“ für ihn LF vorwärts, für sie RF rückwärts.

Ab dem Grundschritt mit Vierteldrehung (Figur 4) startet er den Tanz immer schräg nach außen (Raumrichtung 3), sie steht dann schräg rückwärts nach außen.

Tanzfigur

Grundschritt

Davor - Grundschritt rückwärts

Wir tanzen einen Grundschritt vorwärts und rückwärts. Er steht mit dem Gesicht zur Wand, sie mit dem Gesicht zur Mitte. Bei einer Raumecke muss er mit ihr eine Vierteldrehung nach links tanzen bis zur nächsten Wand und dann wieder an dieser entlang.

Danach - Grundschritt vorwärts

Grundschritt vorwärts

Männerschritte	S	Rhythmus	Frauenschritte
LF vorwärts	1	langsam ½-Takt	RF rückwärts
RF vorwärts	2	langsam ½-Takt	LF rückwärts
LF seitwärts	3	langsam ½-Takt	RF seitwärts
RF zum linken Fuß schließen und belasten.	4	langsam ½-Takt	LF zum rechten Fuß schließen und belasten.

Grundschritt rückwärts

LF rückwärts	5	langsam ½-Takt	RF vorwärts
RF rückwärts	6	langsam ½-Takt	LF vorwärts
LF seitwärts	7	langsam ½-Takt	RF seitwärts
RF zum linken Fuß schließen und belasten.	8	langsam ½-Takt	LF zum rechten Fuß schließen und belasten.

Grundschritt
Marschfox

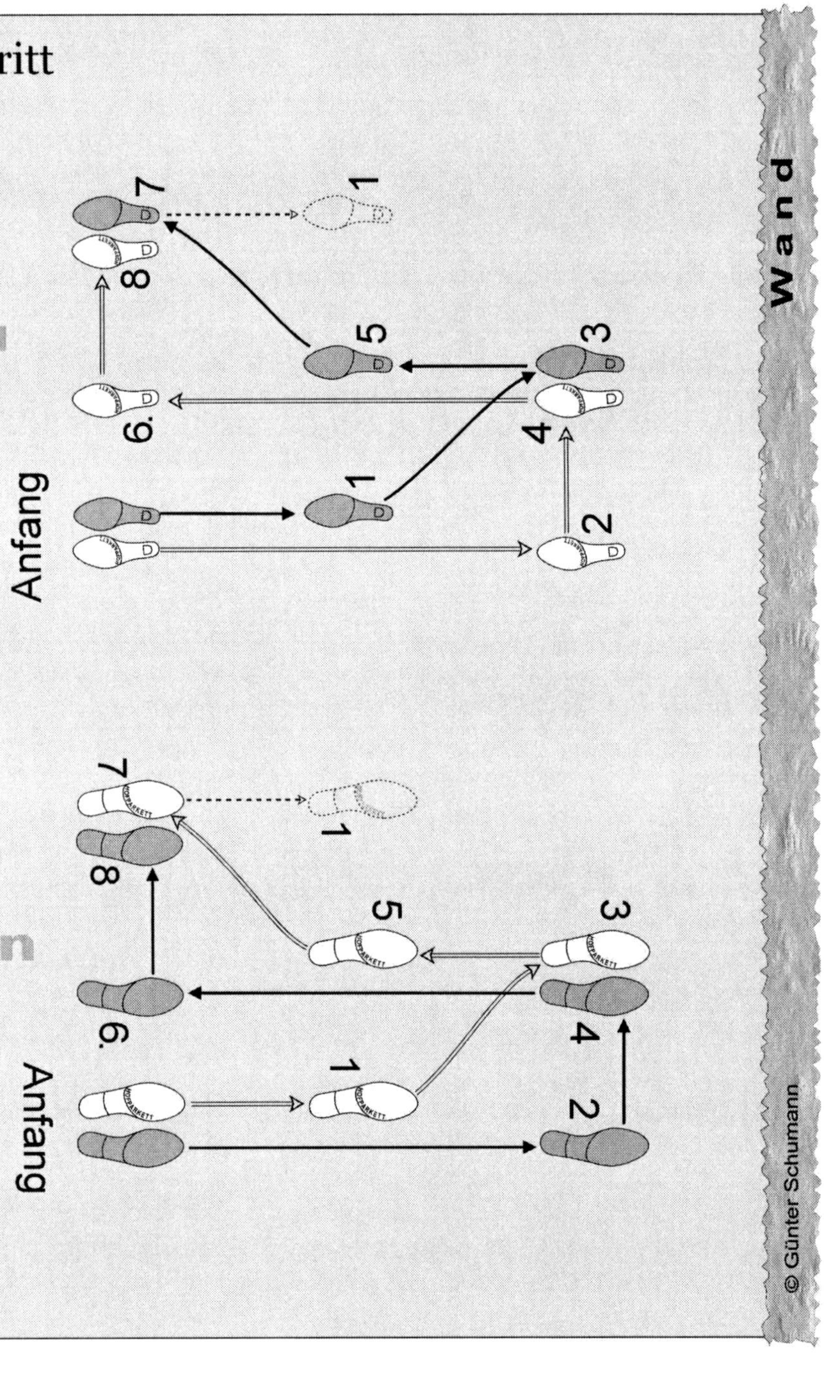

Foxtrott

Geschichte Die tänzerischen und musikalischen Wurzeln des Foxtrotts liegen in Nordamerika während der Ragtime-Ära (ca.1900-1920). Ragtime (zerrissene Zeit) ist ein afroamerikanischer Musikstil, der synkopierte Melodien zu festen Begleitrhythmen spielt. Parallel dazu entwickelten sich verschiedene Tanzstile.

Ein afroamerikanischer Tanz „Foxtrott“ wird erstmalig 1876 in einem Lehrbuch für Holzschuhtanz (Clog dancing) erwähnt. Es heißt außerdem, dass die Afroamerikaner ihr clog-dancing „ragging“ nannten und den Tanz einen „rag“.

Die musikalischen Marsch-Elemente der Ragtime-Musik wurden z. B. im Onestep aufgenommen.

Die Anfänge des Foxtrott in Europa lassen sich hauptsächlich auf zwei in Nordamerika entstandene Tänze zurückführen.

Der Onestep kam 1909/1910 nach Europa und hatte 1914 seinen Höhepunkt in England. Er wurde unter verschiedenen Tiernamen und Variationen getanzt: „Bunny Hag“, „Judy Walk“, „Turkey Trot“, „Grizzly Bear“, „Fish Walk“. In Deutschland war der Onestep von 1912 bis 1925 populär. Hier wurde er auch „Schieber“ genannt und hat sich unter dem Namen „Marschfox“ bis in die heutige Zeit erhalten. Der Onestep zeichnet sich durch einfaches, gleichmäßiges Vorwärts- und Rückwärtsgehen aus.

1912 kam mit dem Ragtime (auch nur „Rag“ genannt) der zweite für den Foxtrott wichtige Tanz nach Europa. Das Besondere beim Ragtime sind die Pausen zwischen den Schritten. Diese werden durch Auslassen eines Schrittes (Innehalten der Bewegung) erreicht, oder durch einen „Dip“, bei dem beide Tänzer in die Knie gehen. Es wird also nicht mehr auf jeden Taktschlag ein Schritt gesetzt, es entstand ein (foxtrott-typischer) Wechsel zwischen langsamen und schnellen Schritten.

Populär wurde der Foxtrott ab 1913; vermutlich durch den Schauspieler Harry Fox, der für sein Varieté „Harry Fox and the Ziegfeld Follies“ Schritte aus den Tänzen Onestep und Castle Walk übernahm.

Dieser Foxtrott erreichte England 1914. Aus ihm entwickelte sich bis 1924 der Slowfox als Turniertanz (engl.: Foxtrot). 1925 kam der Charleston nach Europa und beeinflusste hier Kultur und Tänze. Der Charleston kam mit wilden Verrenkungen und Fußaktionen und wurde am Platz getanzt. Den sehr langsam getanzten Slowfox konnte aber der schnelle Charleston nicht verändern. Der Slowfox blieb, es entstand ein neuer Tanz mit dem „Quicktime Foxtrott und Charleston", in den die Charlestonbewegungen und damit auch die musikalischen Ideen der beginnenden Jazz-Ära einfließen konnten. Ab 1929 hieß er nur noch „Quickstep".

Die neuen Tänze, berüchtigt auch als „Schiebe- und Wackeltänze" waren in Deutschland streng verboten.

Der Foxtrott erreichte Deutschland erst 1918. Er wurde durch den Shimmy und Charleston verändert, die springenden und hüpfenden Bewegungen blieben aber nicht. Der Foxtrott hat sich seit 1936 (Herbert John) bis in die heutige Zeit als geselliger Nicht-Turniertanz hoher Beliebtheit gehalten. Seine Grundlage bildet die Verbindung von Gehschritten und Wechselschritten. In den 30er Jahren wurde er auch „Wechselschrittler" genannt. Es kam zu zahlreichen Kombinationen mit anderen Tänzen, z.B. Polka-Fox, Blue-Fox, Samba-Fox Beat-Fox, Western-Fox, Country-Fox, Tango-Fox, Hawaiian-Fox, Oriental-Fox, Disco-Fox, usw.

Im Ursprungsland Nordamerika wird der Foxtrott als „American Style Foxtrot" getanzt; meist zu etwas schnellerer Slowfox-Musik. Die Grundlagen des Tanzes bilden Kombinationen von Geh- und Wechselschritten, die wohl sehr nah an der Version von Harry Fox liegen. Fortgeschrittene Tänzer ergänzen dies durch fließende, raumgreifende Bewegungen, wie sie auch für den Slowfox typisch sind. Die Experten des „American Style Foxtrot" tanzen außerdem offene Figuren im Stil von Fred Astaire und Gene Kelly.

Musik 4/4-Takt, typisch 48 Takte pro Minute, aber auch 36-66 Takte pro Minute.

Foxtrottmusik ist sehr variabel. Schöne Foxtrottmusik gibt es aus den 30er bis 60er Jahren des 20. Jahrhunderts. Aber auch viele Stücke der Pop- und Disco-Musik bis hin zum HipHop können als Foxtrott getanzt werden.

Taktierung am Beispiel des Grundschrittes (aus Männersicht):

	1.Takt				2.Takt				3.Takt			
T	1/4	1/4	1/4	1/4	1/4	1/4	1/4	1/4	1/4	1/4	1/4	1/4
	langsam		langsam		schnell	schnell	langsam		langsam		schnell	schnell
S	1		2		3	4	5		6		7	8
	vor		vor		seit	schluss	rück		rück		seit	schluss

Wir können den Tanz auf der musikalischen „1“ oder „3“ beginnen, die in der Foxtrottmusik fast gleichwertig betont werden. Für einen Grundschritt vorwärts brauchen wir 1½ Takte. Wenn wir den ersten Grundschritt auf der musikalischen „1“ anfangen, startet der zweite Grundschritt auf der musikalischen „3“.

Bis hierher haben wir den Foxtrott tanztheoretisch betrachtet. Praktisch starten wir auf dem Bass, den wir gut hören, tanzen los und dann einfach weiter.

Tanzausführung Der Foxtrott gehört zu den Raumtänzen. Der Mann beginnt bei den ersten Figuren mit dem Gesicht nach außen, die Wand ist vor ihm. Sie steht mit dem Gesicht zur Mitte. Wir tanzen etwas enger (5-10 cm Körperabstand).

Gestartet wird beim ersten Grundschritt auf der „1“ für ihn LF vorwärts, für sie RF rückwärts.

Ab dem Grundschritt mit Vierteldrehung (Figur 4) startet er den Tanz immer schräg nach außen (Raumrichtung 3), sie steht dann schräg rückwärts nach außen.

Grundaufstellung

Geschlossene enge Tanzhaltung.

Wir stehen voreinander, leicht nach links versetzt. Die Fußspitzen stehen ineinander. Der Abstand voneinander sollte 10 cm betragen.

4-spurig (bezogen auf die Fußmittellinien).

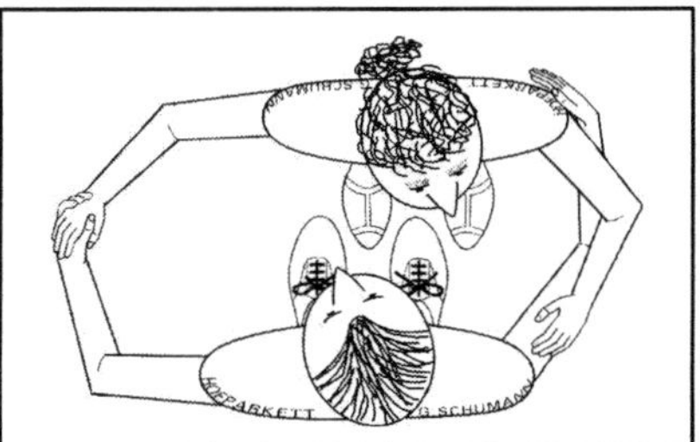

Grundaufstellung am Anfang In den ersten Figuren tanzen wir direkt nach außen, zur Wand hin. **Raumrichtung 2**, er steht nach außen, sie steht rückwärts nach außen.	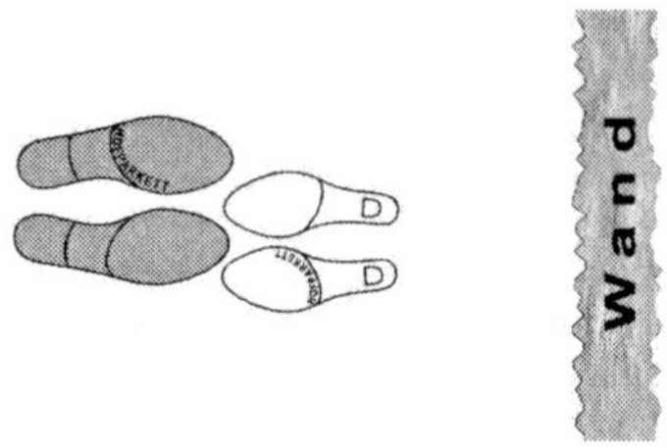
Grundaufstellung ab Vierteldrehung Ab der vierten Tanzfigur stellen wir uns schräg nach außen auf. **Raumrichtung 3**, er steht schräg nach außen, sie steht schräg rückwärts nach außen.	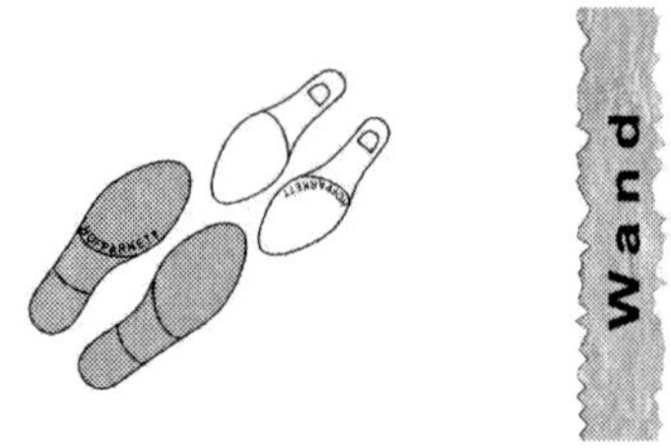

Tanzfiguren

1. Grundschritt

Davor - Grundschritt rückwärts

Wie im Marschfox tanzen wir einen Grundschritt vorwärts und rückwärts, aber die Taktierung hat sich geändert. Der „Seitschluss“ wird nun schnell ausgeführt.

Er steht mit dem Gesicht zur Wand, sie mit dem Gesicht zur Mitte. Bei einer Raumecke muss er mit ihr eine Vierteldrehung nach links tanzen bis zur nächsten Wand und dann wieder an dieser entlang.

Danach - Grundschritt vorwärts

Grundschritt vorwärts

Männerschritte	S	Rhythmus		Frauenschritte
LF vorwärts.	1	langsam	½-Takt	RF rückwärts.
RF vorwärts.	2	langsam	½-Takt	LF rückwärts.
LF seitwärts.	3	schnell	¼-Takt	RF seitwärts.
RF zum linken Fuß schließen und belasten.	4	schnell	¼-Takt	LF zum rechten Fuß schließen und belasten.

Grundschritt rückwärts

LF rückwärts.	5	langsam	½-Takt	RF vorwärts.
RF rückwärts.	6	langsam	½-Takt	LF vorwärts.
LF seitwärts.	7	schnell	¼-Takt	RF seitwärts.
RF zum linken Fuß schließen und belasten.	8	schnell	¼-Takt	LF zum rechten Fuß schließen und belasten.

Grundschritt

Foxtrott

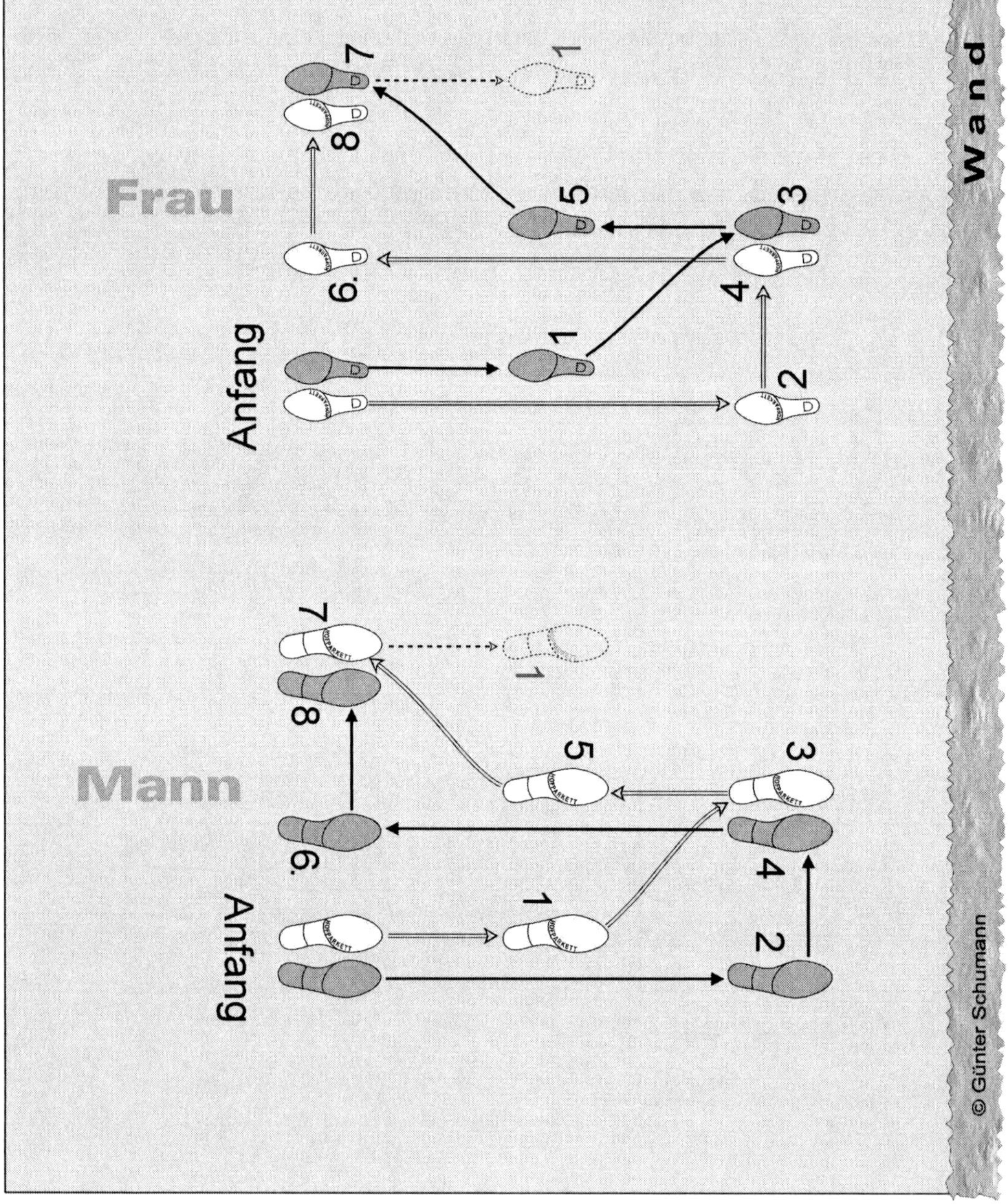

Grundschritt

Foxtrott

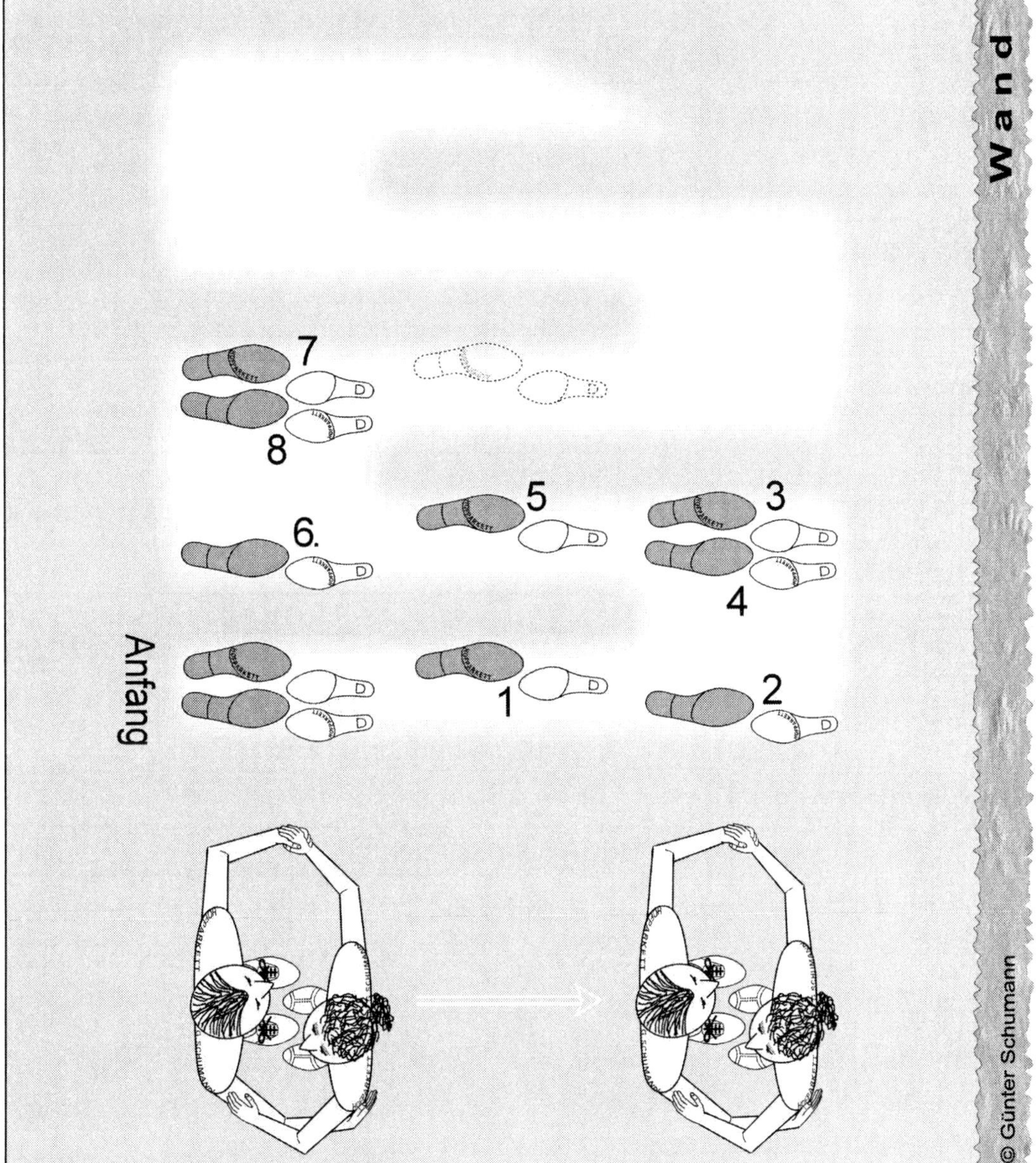

2. Promenade

Davor - Grundschritt rückwärts

Wir tanzen einen Grundschritt vorwärts, eine Promenade nach links an der Wand entlang (seine Sicht) und dann einen Grundschritt rückwärts.

Danach - Grundschritt vorwärts

Grundschritt vorwärts

1 - 2 - 3 - 4	langsam - langsam - schnell - schnell	½ - ½ - ¼ - ¼ - Takt

Promenade

Männerschritte	S	Rhythmus	Frauenschritte
LF seitwärts.	5	langsam ½-Takt	RF seitwärts.
RF vorwärts überkreuz zum LF.	6	langsam ½-Takt	LF vorwärts überkreuz zum RF.
LF seitwärts.	7	schnell ¼-Takt	RF seitwärts.
RF zum linken Fuß schließen und belasten.	8	schnell ¼-Takt	LF zum rechten Fuß schließen und belasten.

Während der Promenade blicken beide in Tanzrichtung.

Grundschritt rückwärts

1 - 2 - 3 - 4	langsam - langsam - schnell - schnell	½ - ½ - ¼ - ¼ - Takt

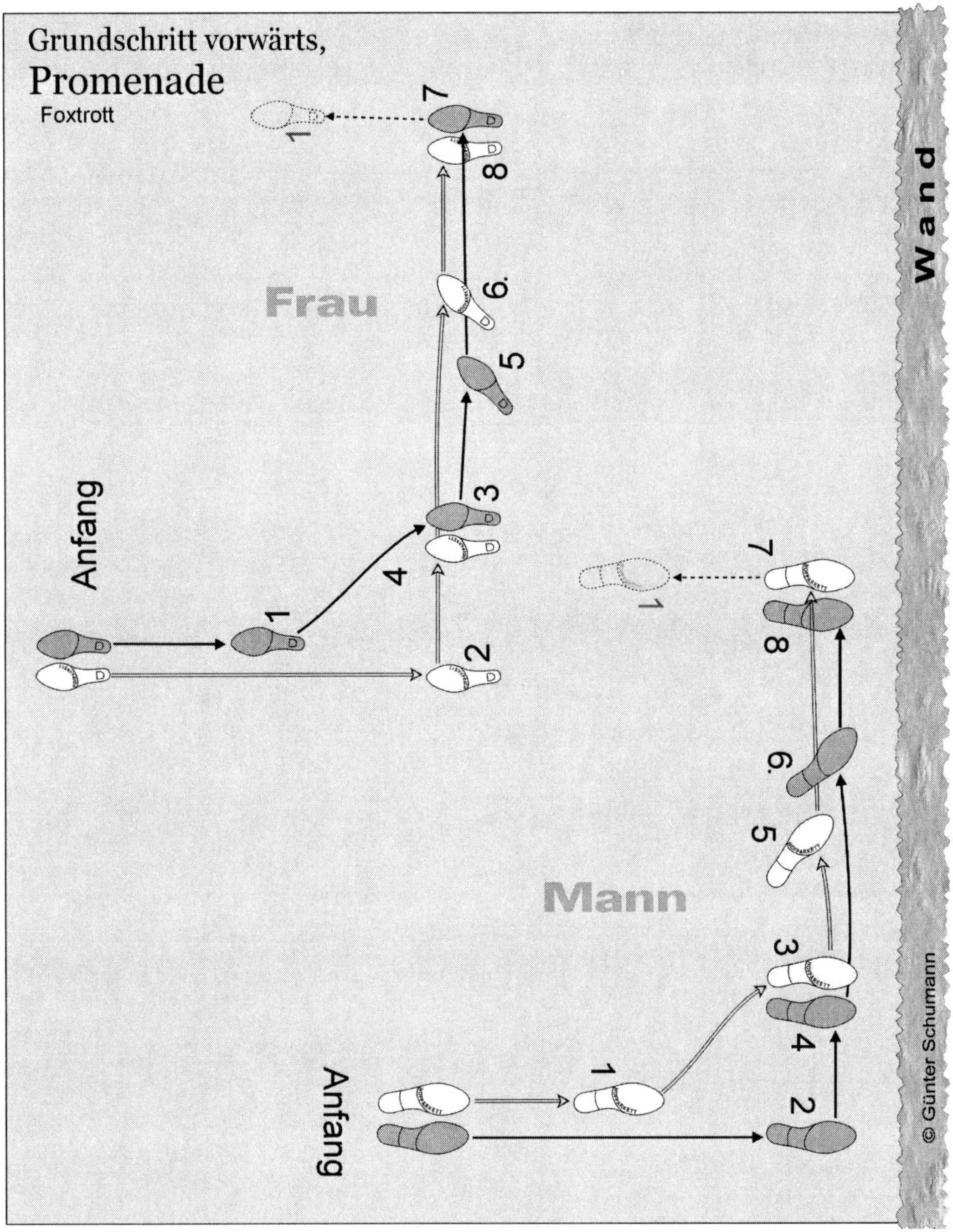
Grundschritt vorwärts,
Promenade
Foxtrott
Anfang
Frau
Mann
Anfang
Wand
© Günter Schumann

Grundschritt vorwärts,

Promenade

Foxtrott

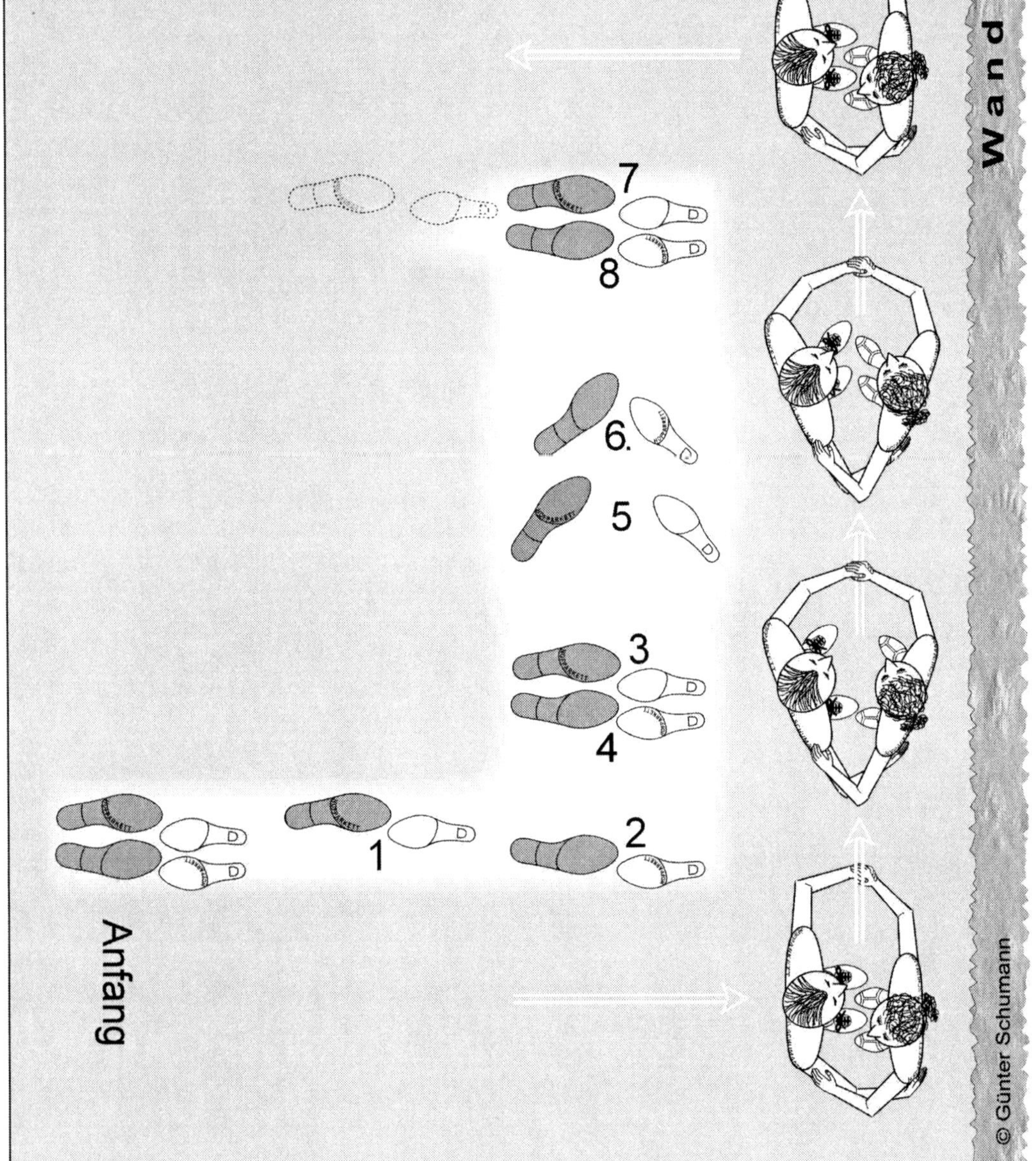

3. Promenade mit Damen-Solodrehung

Davor - Grundschritt rückwärts

Wir tanzen einen Grundschritt vorwärts, eine Promenade nach links an der Wand entlang (seine Sicht). Dann tanzt er eine zweite Promenade und dreht sie dabei in eine Solo-Rechtsdrehung.

Danach - Grundschritt rückwärts (eventuell auch vorwärts).

Grundschritt vorwärts

1 - 2 - 3 - 4	langsam - langsam - schnell - schnell	½ - ½ - ¼ - ¼ - Takt

Promenade

Männerschritte	S	Rhythmus	Frauenschritte
LF seitwärts.	**5**	langsam ½-Takt	RF seitwärts.
RF vorwärts überkreuz zum LF.	**6**	langsam ½-Takt	LF vorwärts überkreuz zum RF.
LF seitwärts.	**7**	schnell ¼-Takt	RF seitwärts.
RF zum linken Fuß schließen und belasten.	**8**	schnell ¼-Takt	LF zum rechten Fuß schließen und belasten.

Promenade mit Damen-Solodrehung

LF seitwärts.	**9**	langsam ½-Takt	RF seitwärts und auf dem RF nach rechts drehen.
RF vorwärts überkreuz zum LF.	**10**	langsam ½-Takt	LF seitwärts und auf LF weiterdrehen.
LF seitwärts.	**11**	schnell ¼-Takt	RF seitwärts.
RF zum linken Fuß schließen und belasten.	**12**	schnell ¼-Takt	LF zum rechten Fuß schließen und belasten.

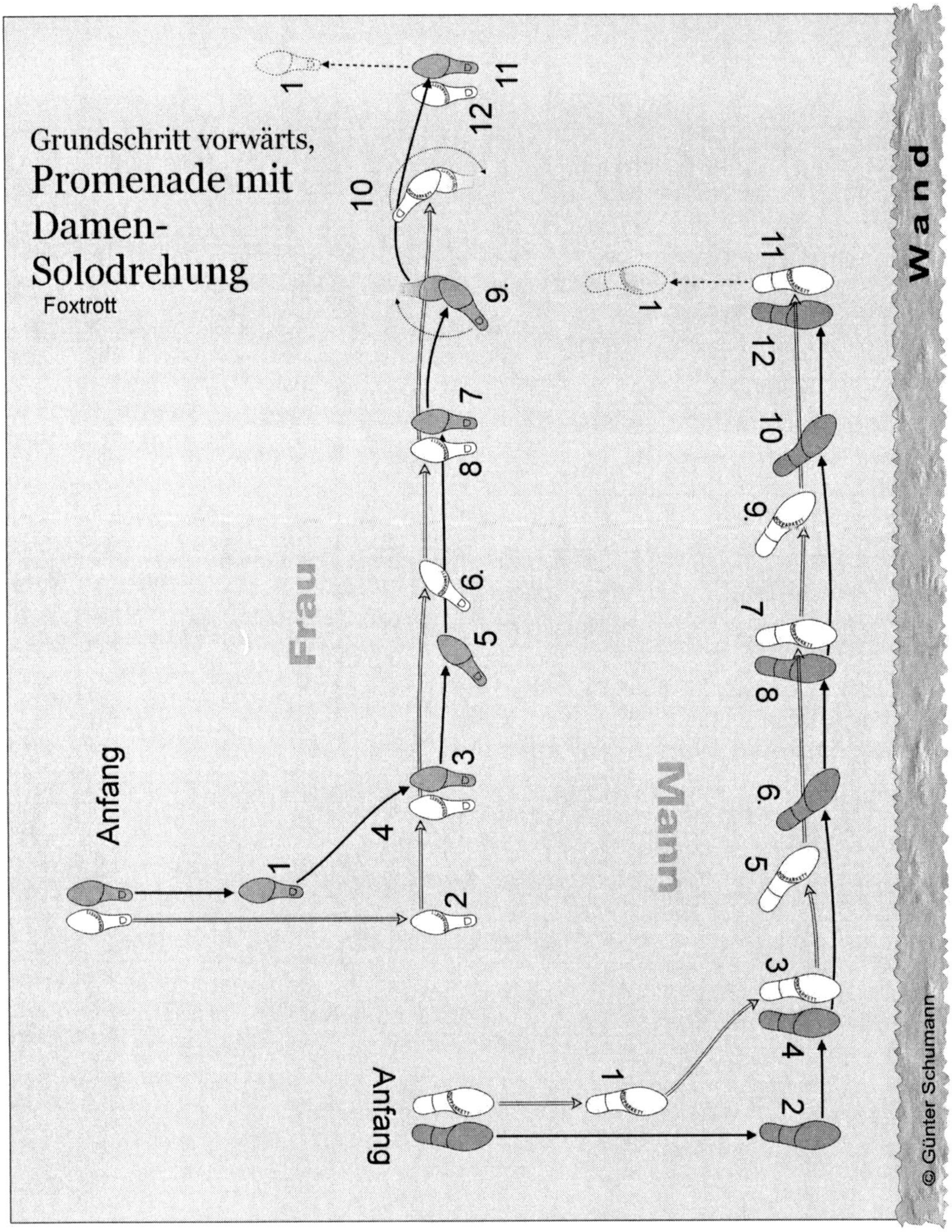
Grundschritt vorwärts,
Promenade mit
Damen-
Solodrehung
Foxtrott
Anfang
Frau
Anfang
Mann
Wand
© Günter Schumann

Grundschritt vorwärts,

Promenade mit Damen-Solodrehung

Foxtrott

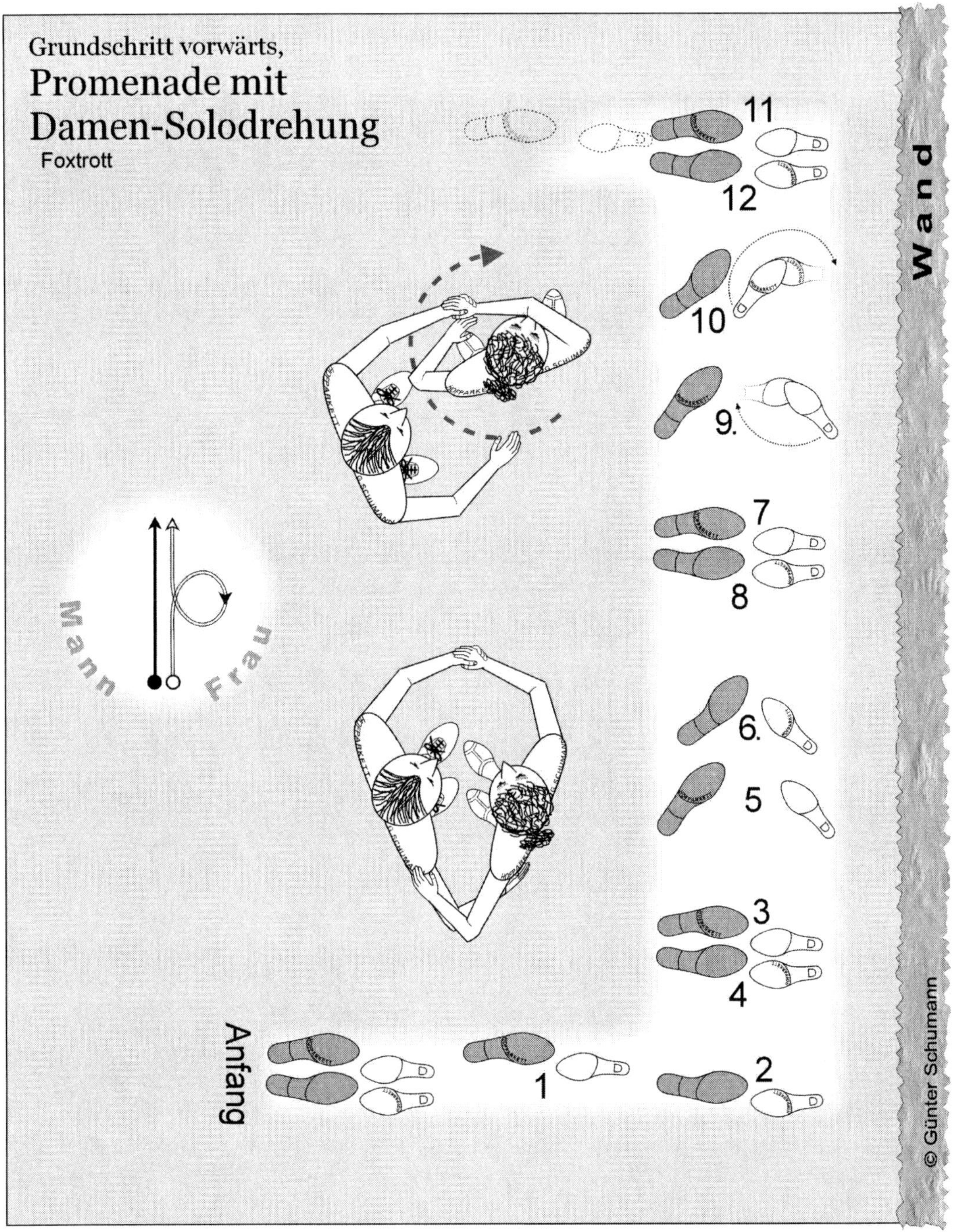

4. Vierteldrehung

Davor - Grundschritt rückwärts

Wir wollen den Grundschritt im Foxtrott etwas verändern. Wir stellen uns schräg nach außen auf (Raumrichtung 3, sie steht schräg rückwärts nach außen), tanzen die beiden ersten Schritte in dieser Richtung, um dann beim „Seit-Schluss" um ein Viertel nach rechts zu drehen. Er steht nun schräg rückwärts zur Mitte (Raumrichtung 4, sie steht schräg zur Mitte).

Beim Grundschritt rückwärts drehen wir den „Seit-Schluss" ein Viertel nach links und stehen wieder in der Startrichtung.

Wir erhalten somit ein Zickzackmuster.

Danach - Grundschritt vorwärts

Grundschritt vorwärts

Männerschritte	S	Rhythmus	Frauenschritte
LF vorwärts.	1	langsam ½-Takt	RF rückwärts.
RF vorwärts.	2	langsam ½-Takt	LF rückwärts.
LF seitwärts und ¼ nach rechts drehen.	3	schnell ¼-Takt	RF seitwärts und ¼ nach rechts drehen.
RF zum linken Fuß schließen und belasten.	4	schnell ¼-Takt	LF zum rechten Fuß schließen und belasten.

Grundschritt rückwärts

LF rückwärts.	5	langsam ½-Takt	RF vorwärts.
RF rückwärts.	6	langsam ½-Takt	LF vorwärts.
LF seitwärts und ¼ nach links drehen.	7	schnell ¼-Takt	RF seitwärts und ¼ nach links drehen.
RF zum linken Fuß schließen und belasten.	8	schnell ¼-Takt	LF zum rechten Fuß schließen und belasten.

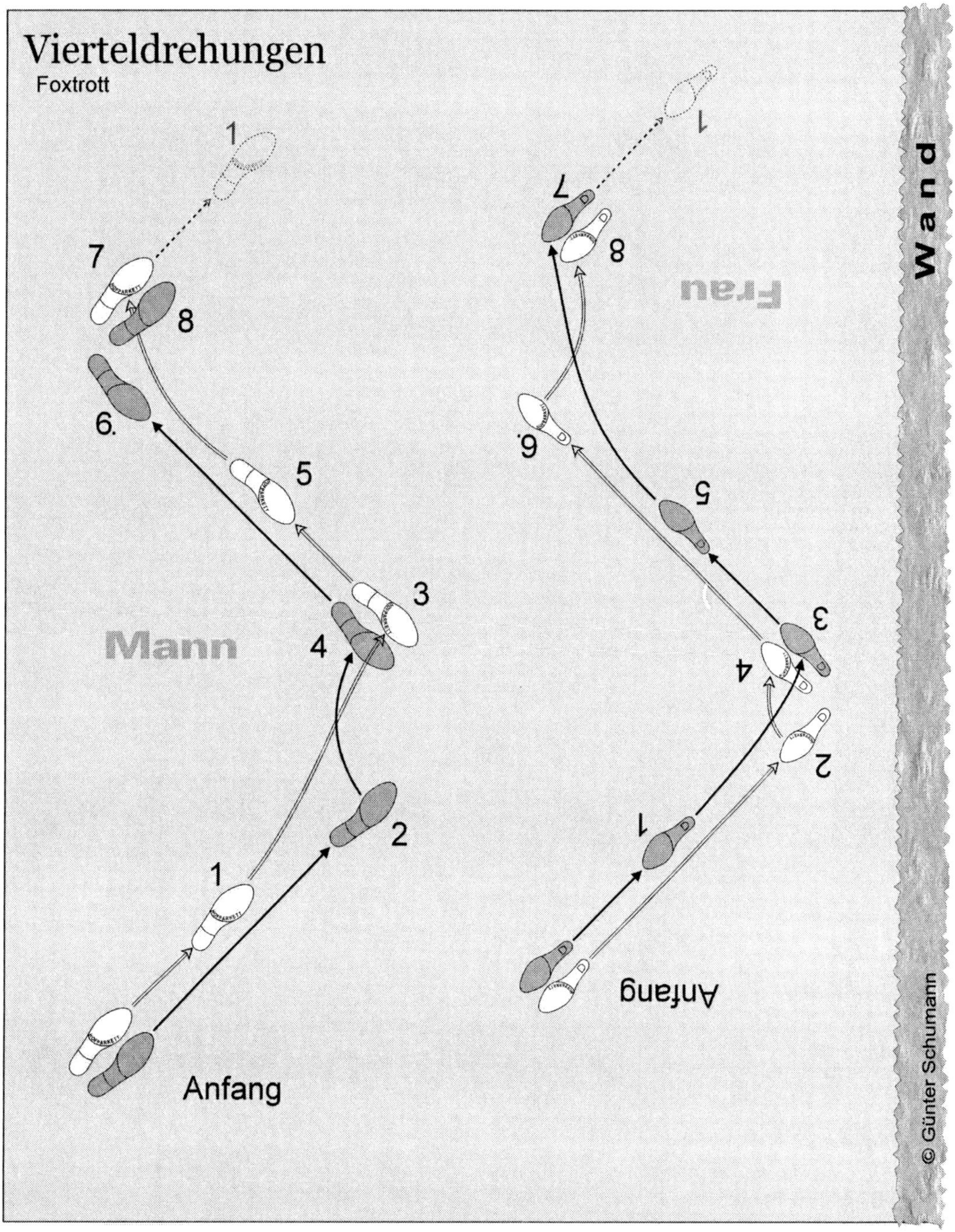
Vierteldrehungen
Foxtrott
Mann
Anfang
1
2
3
4
5
6.
7
8
1
Frau
Anfang
1
2
3
4
5
6.
7
8
1
Wand
© Günter Schumann

Vierteldrehungen
Foxtrott

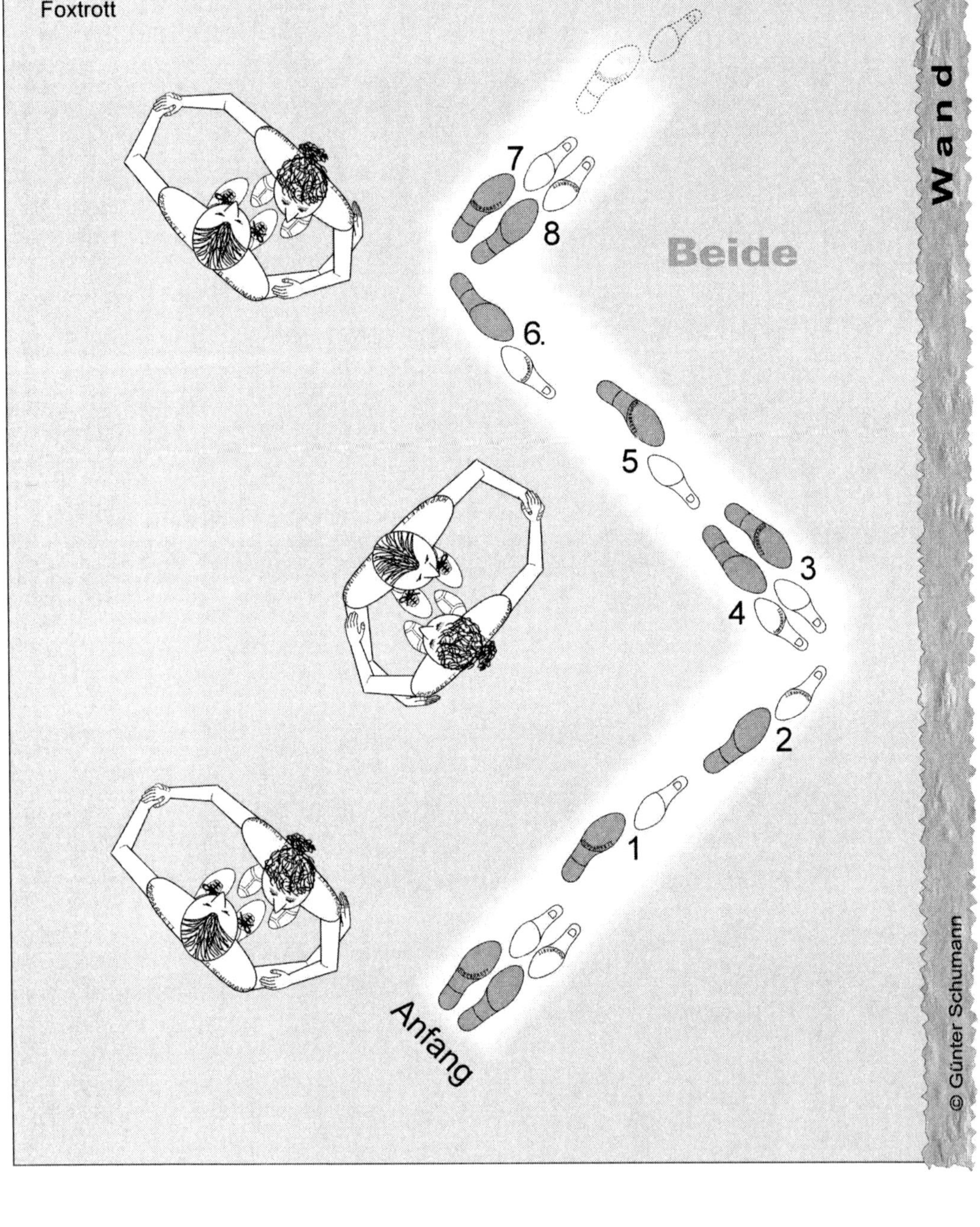

5. Rechtsachsendrehung

Davor - Grundschritt rückwärts

Wir tanzen einen Grundschritt vorwärts den wir stark nach rechts drehen, so dass am Ende er rückwärts in Tanzrichtung ankommt (Raumrichtung 5). Bei der Rechtsachsendrehung tanzt er rückwärts stark aus ihrem Weg, dabei „Schritt 5", dann vorwärts in ihre Position hinein, weiter rechtsdrehend „Schritt 6" und schließt mit einem „Seit-Schluss" ab.

Sie tanzt mit Schritt „5" vorwärts in seine Position hinein, rechtsdrehend und weicht ihm mit Schritt „6" aus, auch rechtsdrehend. Zum Schluss der „Seit-Schluss".

Danach - Grundschritt rückwärts

Grundschritt vorwärts, nach rechts eingedreht

Männerschritte	S	Rhythmus	Frauenschritte
LF vorwärts.	1	langsam ½-Takt	RF rückwärts.
RF vorwärts.	2	langsam ½-Takt	LF rückwärts.
LF seitwärts und ⅜ nach rechts drehen.	3	schnell ¼-Takt	RF seitwärts und ⅜ nach rechts drehen.
RF zum linken Fuß schließen und belasten.	4	schnell ¼-Takt	LF zum rechten Fuß schließen und belasten.

Rechtsachsendrehung

LF rückwärts, seitwärts, aus ihren Weg tanzen, ⅜ nach rechts drehen.	5	langsam ½-Takt	RF vorwärts, seitwärts, ⅜ nach rechts drehen.
RF vorwärts, ⅜ nach rechts drehen.	6	langsam ½-Takt	LF rückwärts, ⅜ nach rechts drehen.
LF seitwärts, ¼ nach rechts drehen.	7	schnell ¼-Takt	RF seitwärts, ¼ nach rechts drehen.
RF zum LF schließen.	8	schnell ¼-Takt	LF zum RF schließen.

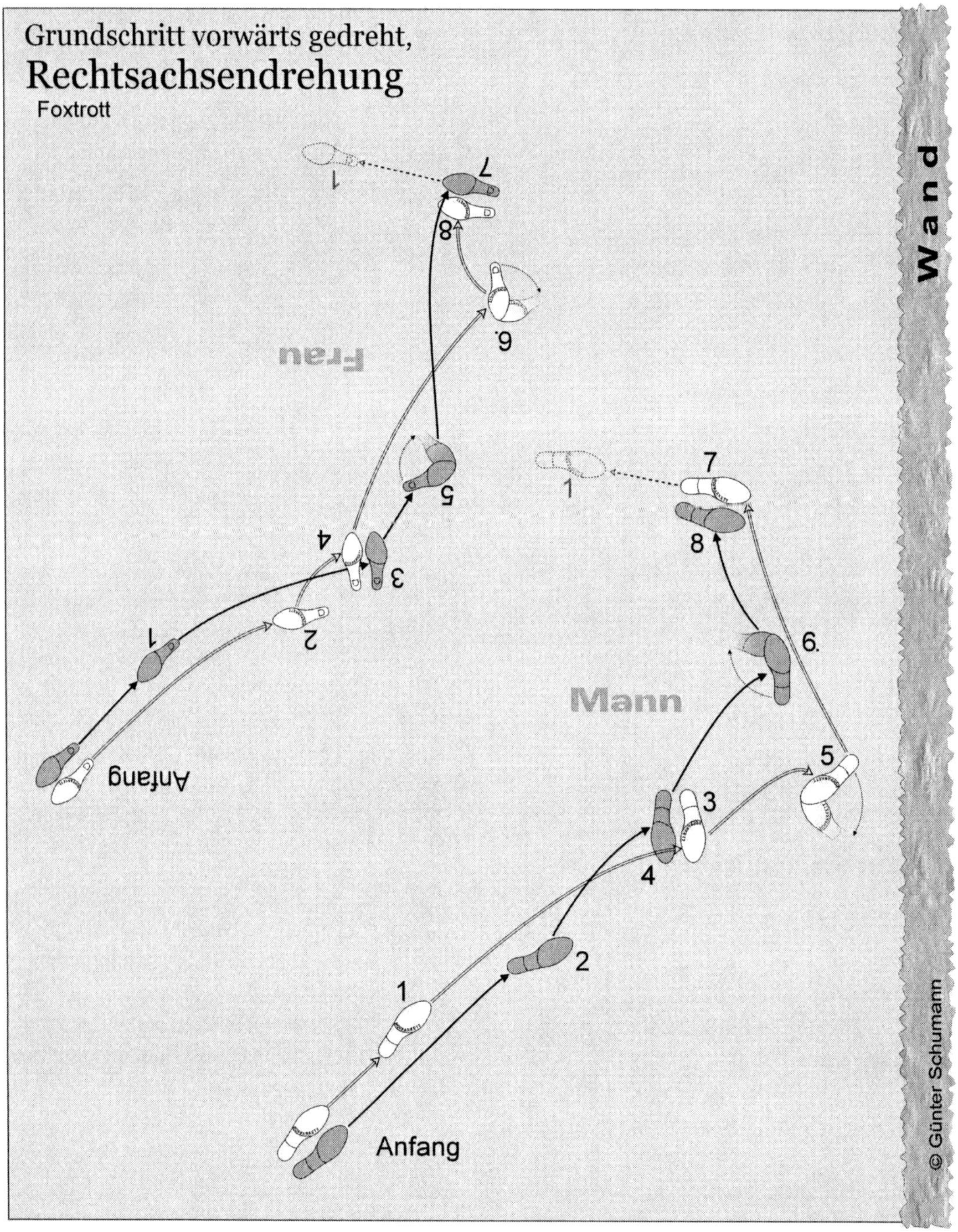
Grundschritt vorwärts gedreht,
Rechtsachsendrehung
Foxtrott
Frau
Anfang
1
2
3
4
5
6.
7
8
1
Mann
Anfang
1
2
3
4
5
6.
7
8
1
Wand
© Günter Schumann

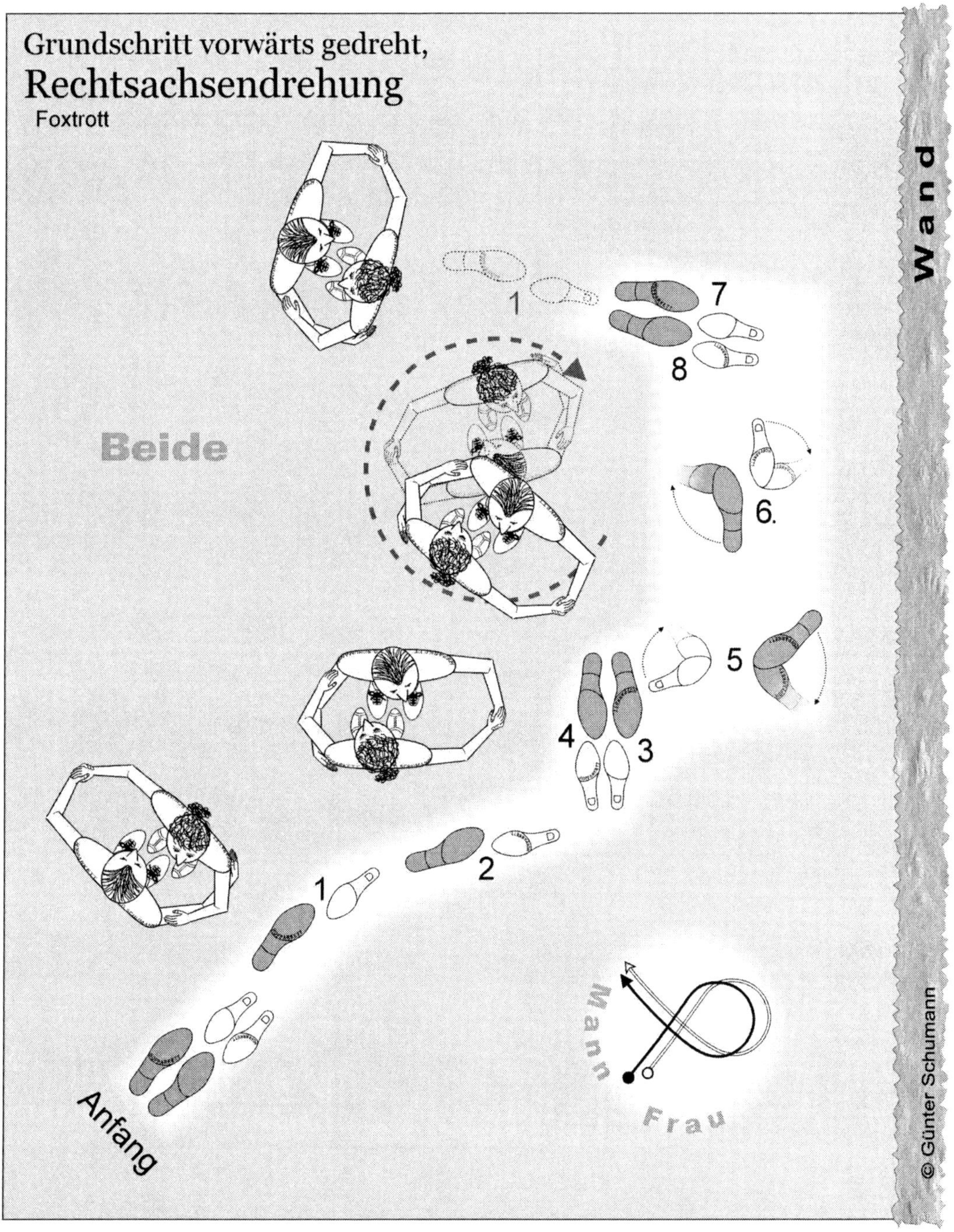
Grundschritt vorwärts gedreht,
Rechtsachsendrehung
Foxtrott
Beide
Wand
1
7
8
6.
5
4
3
2
1
Anfang
Mann
Frau
© Günter Schumann

6. Kreuzschrittpromenade

Davor - Grundschritt rückwärts

Die Kreuzschrittpromenade wird direkt in Tanzrichtung getanzt. Darum tanzen wir einen Grundschritt vorwärts und einen Grundschritt rückwärts, den wir stark nach links eindrehen. Er steht am Ende in Tanzrichtung, sie steht rückwärts in Tanzrichtung, nicht direkt vor ihm sondern in „Seitwärtsposition" (siehe Bild). Beide tanzen die Kreuzschrittpromenade, er vorwärts, sie rückwärts. Am Ende gibt es einen Grundschritt vorwärts, der wieder nach außen gedreht wird (Raumrichtung 3).

Danach - Grundschritt rückwärts

Grundschritt vorwärts

1 - 2 - 3 - 4	langsam - langsam - schnell - schnell	½ - ½ - ¼ - ¼ - Takt

Grundschritt rückwärts, nach links gedreht

Männerschritte	S	Rhythmus	Frauenschritte
LF rückwärts.	1	langsam ½-Takt	RF vorwärts.
RF rückwärts, ¼ nach links drehen.	2	langsam ½-Takt	LF vorwärts, ¼ nach links drehen.
LF rückwärts, seitwärts, ⅛ nach links drehen.	3	schnell ¼-Takt	RF vorwärts, seitwärts, ⅛ nach links drehen.
RF schließen.	4	schnell ¼-Takt	LF schließen.

Kreuzschrittpromenade

LF vorwärts.	5	langsam ½-Takt	RF rückwärts.
RF vorwärts, außenseitlich.	6	langsam ½-Takt	LF rückwärts.
LF vorwärts.	7	schnell ¼-Takt	RF rückwärts.
RF hinter LF kreuzen.	8	schnell ¼-Takt	LF vor RF kreuzen.

Grundschritt vorwärts, nach rechts gedreht

Männerschritte	S	Rhythmus	Frauenschritte
LF vorwärts.	9	langsam ½-Takt	RF rückwärts.
RF vorwärts, außenseitlich an ihr vorbei, nach rechts drehen.	10	langsam ½-Takt	LF rückwärts, nach rechts drehen.
LF seitwärts.	11	schnell ¼-Takt	RF seitwärts.
RF schließen.	12	schnell ¼-Takt	LF schließen.

Figurenfolge: Doppel-Kreuzschrittpromenade

Davor - Grundschritt rückwärts, nach links gedreht

Die Kreuzschrittpromenade lässt sich auch zweimal hintereinander tanzen!

Danach - Grundschritt vorwärts nach rechts gedreht

Männerschritte	S	Rhythmus	Frauenschritte
LF vorwärts.	5	langsam ½-Takt	RF rückwärts.
RF vorwärts, außenseitlich.	6	langsam ½-Takt	LF rückwärts.
LF vorwärts.	7	schnell ¼-Takt	RF rückwärts.
RF hinter LF kreuzen.	8	schnell ¼-Takt	LF vor RF kreuzen.
LF vorwärts.	5	langsam ½-Takt	RF rückwärts.
RF vorwärts, außenseitlich.	6	langsam ½-Takt	LF rückwärts.
LF vorwärts.	7	schnell ¼-Takt	RF rückwärts.
RF hinter LF kreuzen.	8	schnell ¼-Takt	LF vor RF kreuzen.

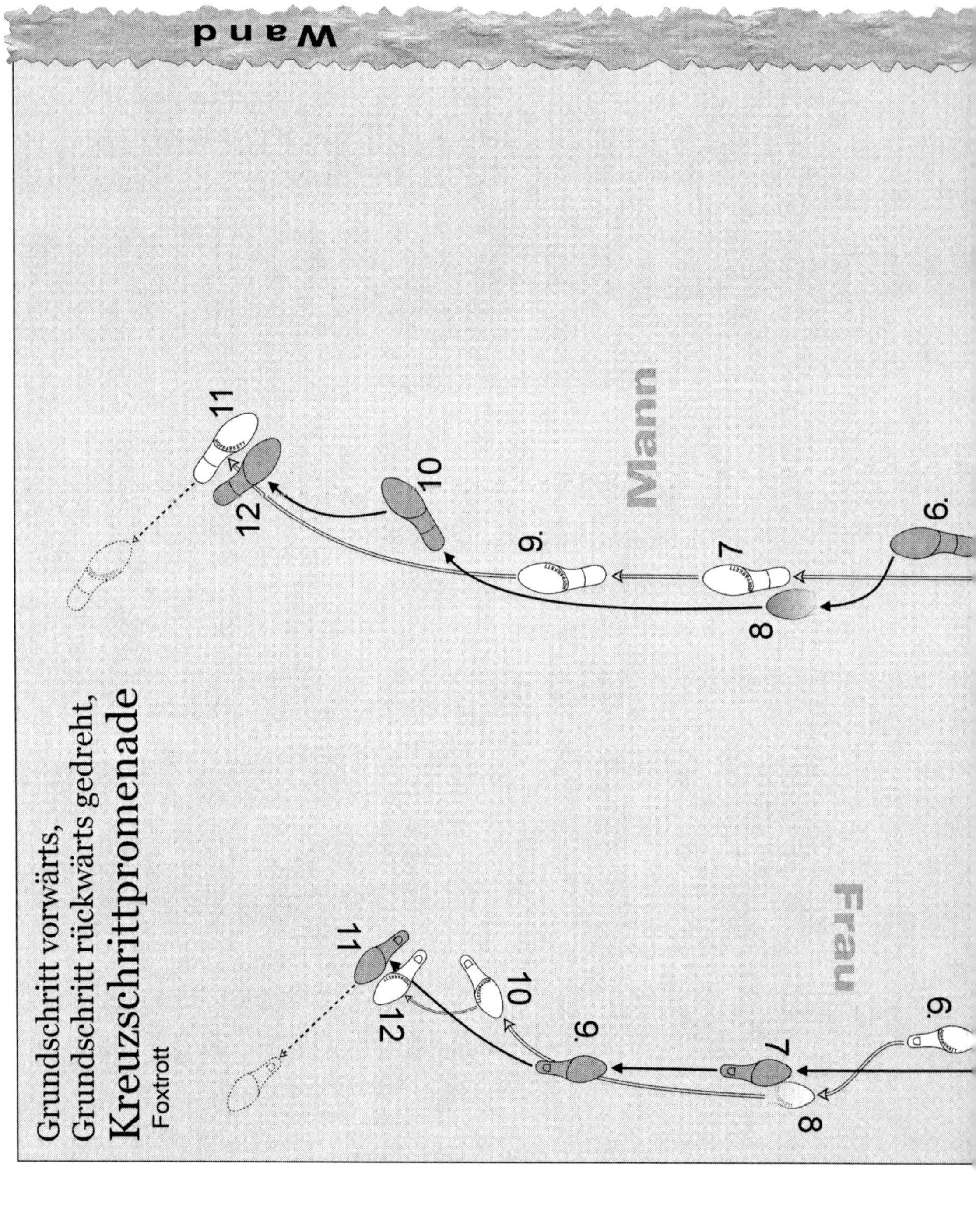
Wand
Grundschritt vorwärts,
Grundschritt rückwärts gedreht,
Kreuzschrittpromenade
Foxtrott
Mann
Frau
6.
7
8
9.
10
11
12
6.
7
8
9.
10
11
12

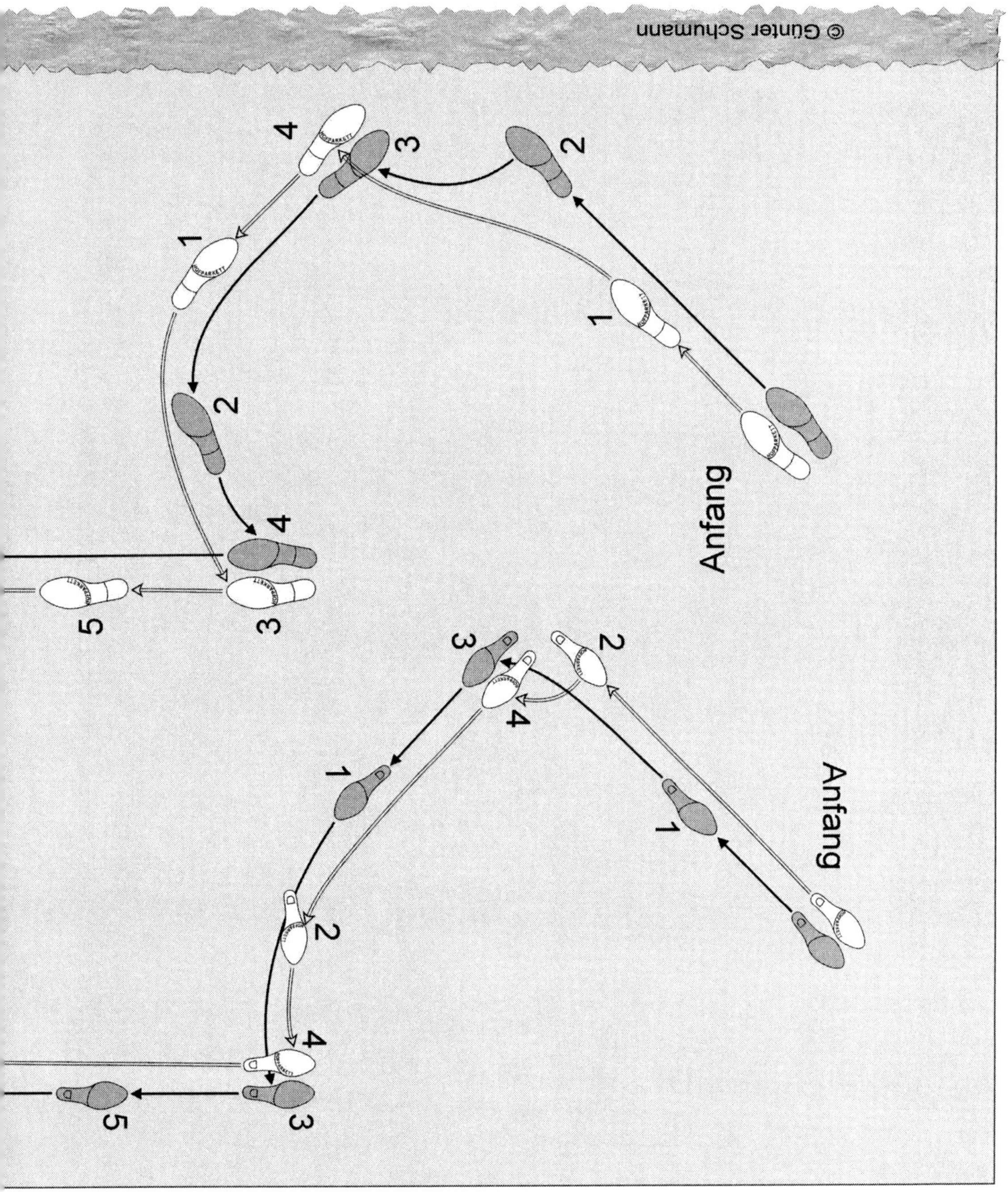
© Günter Schumann
Anfang
Anfang

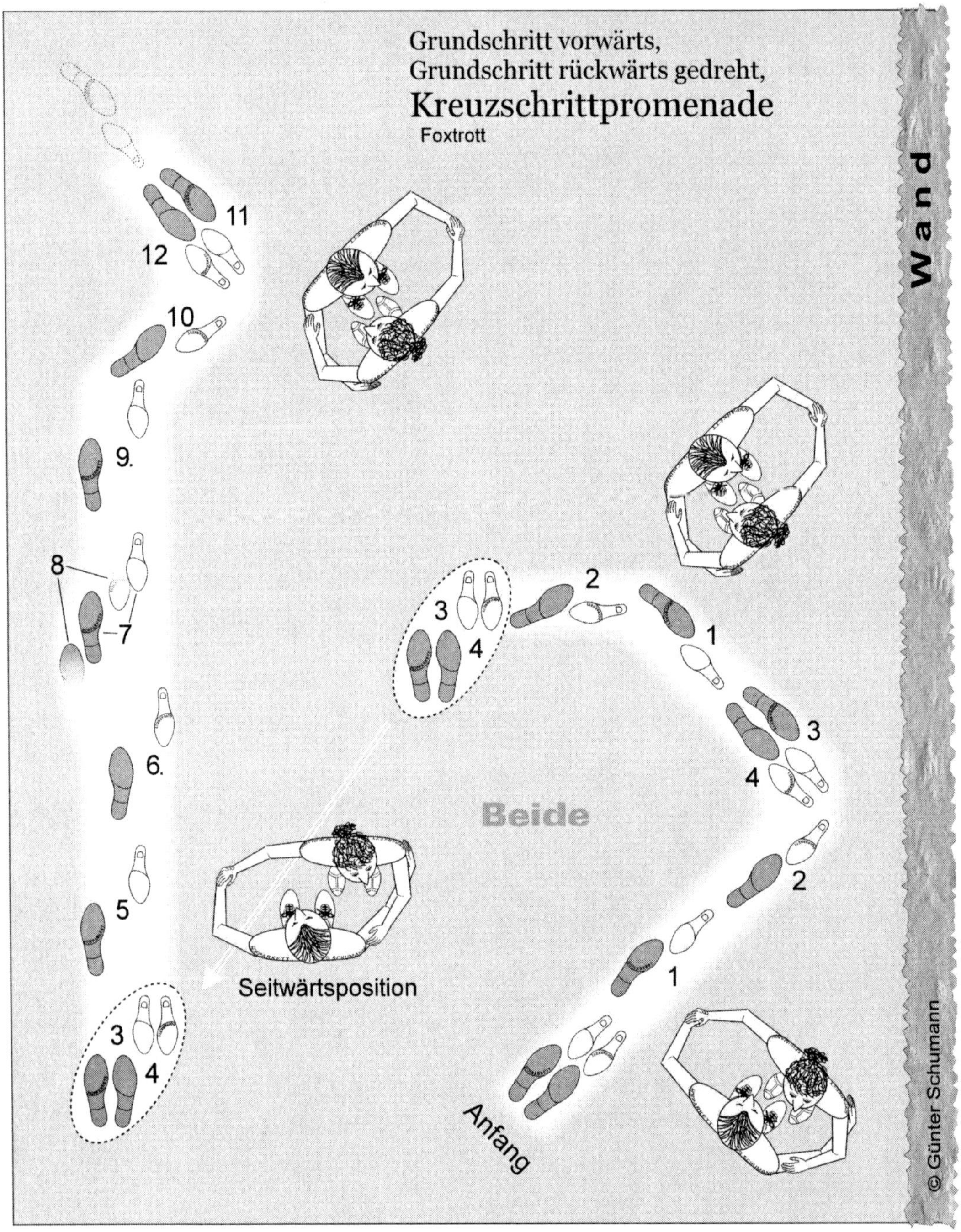
Grundschritt vorwärts,
Grundschritt rückwärts gedreht,
Kreuzschrittpromenade
Foxtrott
Wand
11
12
10
9.
8
7
6.
5
3
4
2
1
3
4
2
1
Beide
Seitwärtsposition
3
4
Anfang
© Günter Schumann

7. Kreuzschrittpromenade mit Damen-Solodrehung

Davor - Grundschritt rückwärts

Wir tanzen einen Grundschritt vorwärts, einen Grundschritt rückwärts und eine Kreuzschrittpromenade. Er tanzt eine weitere Kreuzschrittpromenade vorwärts und führt sie dabei in eine Solodrehung nach links. Am Ende gibt es einen Grundschritt vorwärts, der wieder nach außen gedreht wird. Er steht zum Schluss wieder in der Anfangsstellung schräg nach außen (Raumrichtung 3).

Danach - Grundschritt rückwärts

Grundschritt vorwärts

1 - 2 - 3 - 4	langsam - langsam - schnell - schnell	½ - ½ - ¼ - ¼ - Takt

Grundschritt rückwärts, nach links gedreht

1 - 2 - 3 - 4	langsam - langsam - schnell - schnell	½ - ½ - ¼ - ¼ - Takt

Kreuzschrittpromenade

1 - 2 - 3 - 4	langsam - langsam - schnell - schnell	½ - ½ - ¼ - ¼ - Takt

Kreuzschrittpromenade mit Damen-Solo-Linksdrehung

Männerschritte	S	Rhythmus	Frauenschritte
LF vorwärts.	5	langsam ½-Takt	RF rückwärts dabei auf dem RF nach links drehen.
RF vorwärts.	6	langsam ½-Takt	LF vorwärts dabei auf dem LF nach links drehen.
LF vorwärts.	7	schnell ¼-Takt	RF rückwärts.
RF hinter LF kreuzen.	8	schnell ¼-Takt	LF vor RF kreuzen.

Grundschritt vorwärts nach rechts gedreht

1 - 2 - 3 - 4	langsam - langsam - schnell - schnell	½ - ½ - ¼ - ¼ - Takt

Kreuzschrittpromenade mit Damen-Solodrehung

Foxtrott

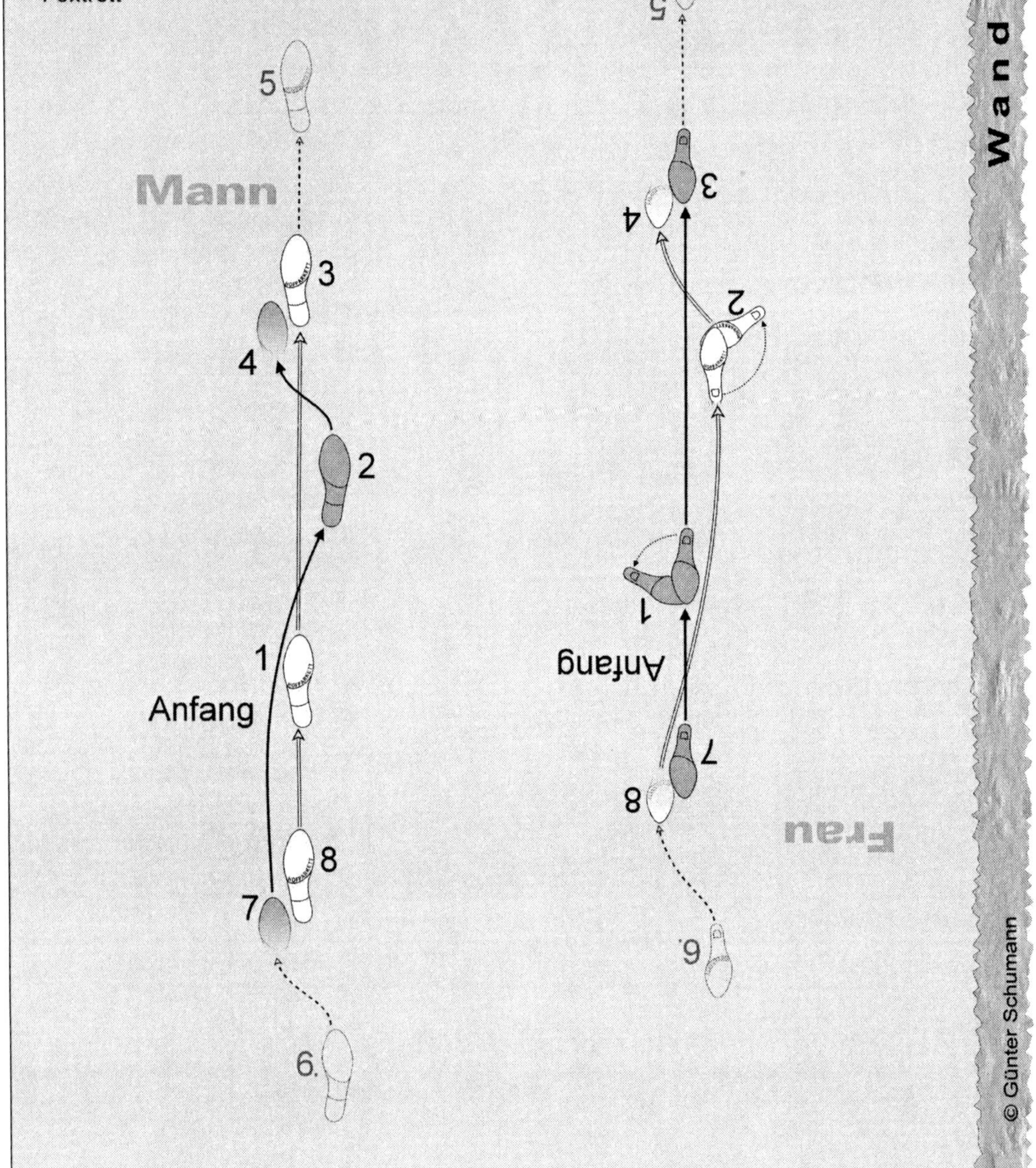

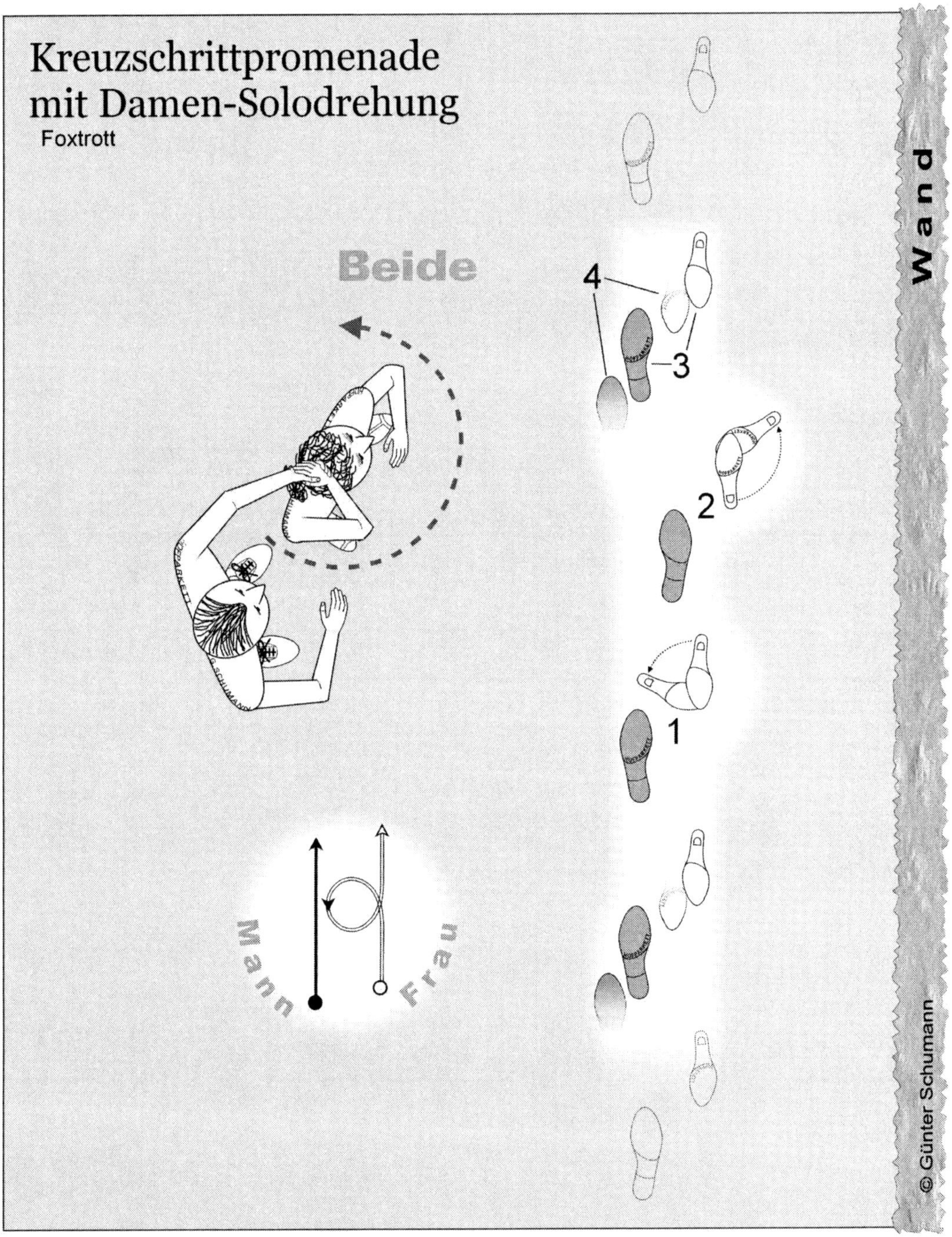
Kreuzschrittpromenade
mit Damen-Solodrehung
Foxtrott
Beide
4
3
2
1
Mann
Frau
Wand
© Günter Schumann

8. Twinkle

Davor - Grundschritt rückwärts

Der Twinkle wird mit drei Vorwärtsschritten, einem schnellen „Seit-Schluss“ nach rechts und einem Promenadenausgang getanzt.

Beim Twinkle ändert sich der übliche Rhythmus von 2x langsam und 2x schnell. Wir tanzen hier:

Rhythmus - 3x langsam, 2x schnell, 1x langsam, 2x schnell.

Danach - Grundschritt rückwärts

Twinkle

Männerschritte	S	Rhythmus		Frauenschritte
LF vorwärts.	1	langsam	½-Takt	RF rückwärts.
RF vorwärts.	2	langsam	½-Takt	LF rückwärts.
LF vorwärts.	3	langsam	½-Takt	RF rückwärts.
RF seitwärts.	4	schnell	¼-Takt	LF seitwärts.
LF zum RF schließen.	5	schnell	¼-Takt	RF zum LF schließen.
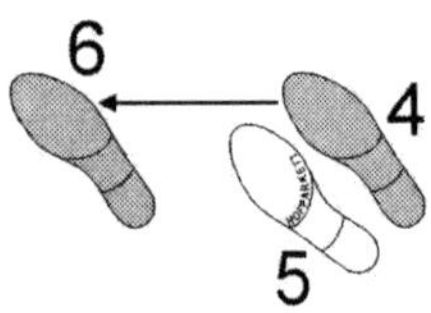	6	langsam	½-Takt	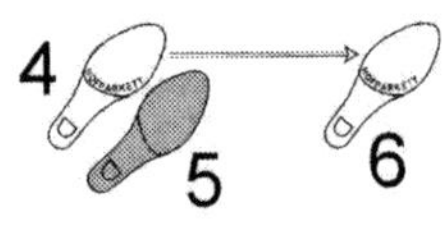
		Er tanzt mit dem RF überkreuz nach links, dabei leicht öffnen zur Promenadenposition. **Sie** tanzt mit dem LF überkreuz nach rechts, dabei öffnen zur Promenadenposition.		
LF seitwärts leicht nach rechts drehen.	7	schnell	¼-Takt	RF seitwärts.
RF zum LF schließen.	8	schnell	¼-Takt	LF zum RF schließen.

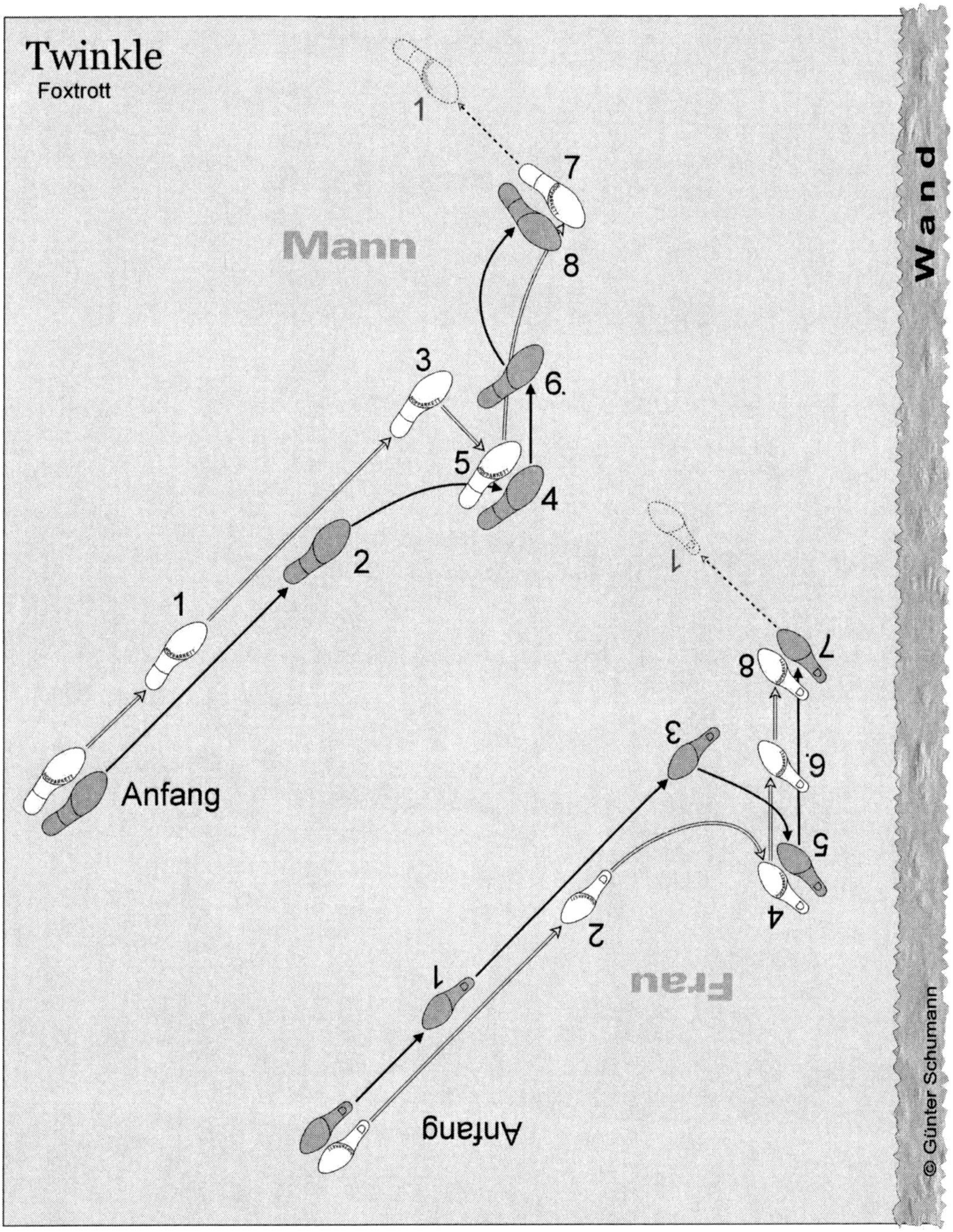
Twinkle
Foxtrott
Mann
Anfang
1
2
3
4
5
6.
7
8
1
Frau
Anfang
1
2
3
4
5
6.
7
8
1
Wand
© Günter Schumann

Twinkle
Foxtrott

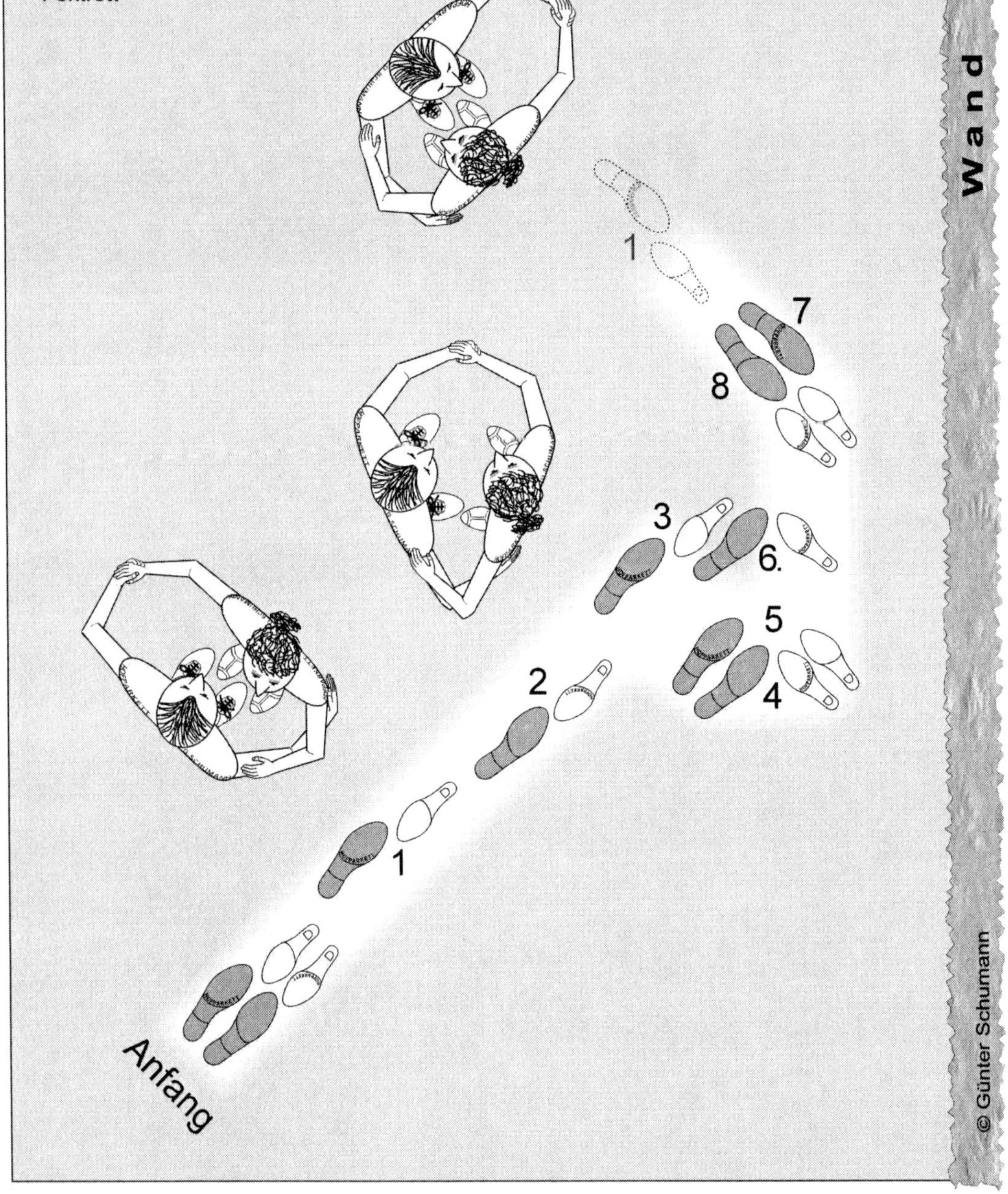

9. Wechselschritt-Linksdrehung

Davor - Grundschritt rückwärts eingedreht

Die Wechselschritt-Linksdrehung startet in Tanzrichtung. Er dreht sie stark nach links in eine halbe Linksdrehung und weicht dann nach hinten aus für eine zweite halbe Linksdrehung. Der Rhythmus ändert sich.

Rhythmus - 1x langsam, 2x schnell, 1x langsam, 2x schnell.

Danach - Grundschritt vorwärts

Grundschritt vorwärts

1 - 2 - 3 - 4	langsam - langsam - schnell - schnell	½ - ½ - ¼ - ¼ - Takt

Grundschritt rückwärts, nach links gedreht

1 - 2 - 3 - 4	langsam - langsam - schnell - schnell	½ - ½ - ¼ - ¼ - Takt

Wechselschritt-Linksdrehung

Männerschritte	S	Rhythmus	Frauenschritte
LF vorwärts, nach links gedreht.	1	langsam ½-Takt	RF rückwärts, seitwärts aus seinem Weg tanzen.
RF seitwärts nach rechts, weiter nach links drehen.	2	schnell ¼-Takt	LF seitwärts, weiterdrehen nach links.
LF zum RF schließen.	3	schnell ¼-Takt	RF zum LF schließen.
RF rückwärts, seitwärts aus ihrem Weg tanzen.	4	langsam ½-Takt	LF vorwärts, nach links drehen.
LF seitwärts weiterdrehen nach links.	5	schnell ¼-Takt	RF seitwärts nach rechts, weiter nach links drehen.
RF zum LF schließen.	6	schnell ¼-Takt	LF zum RF schließen.

Grundschritt vorwärts

1 - 2 - 3 - 4	langsam - langsam - schnell - schnell	½ - ½ - ¼ - ¼ - Takt

Wechselschritt-Linksdrehung

Foxtrott

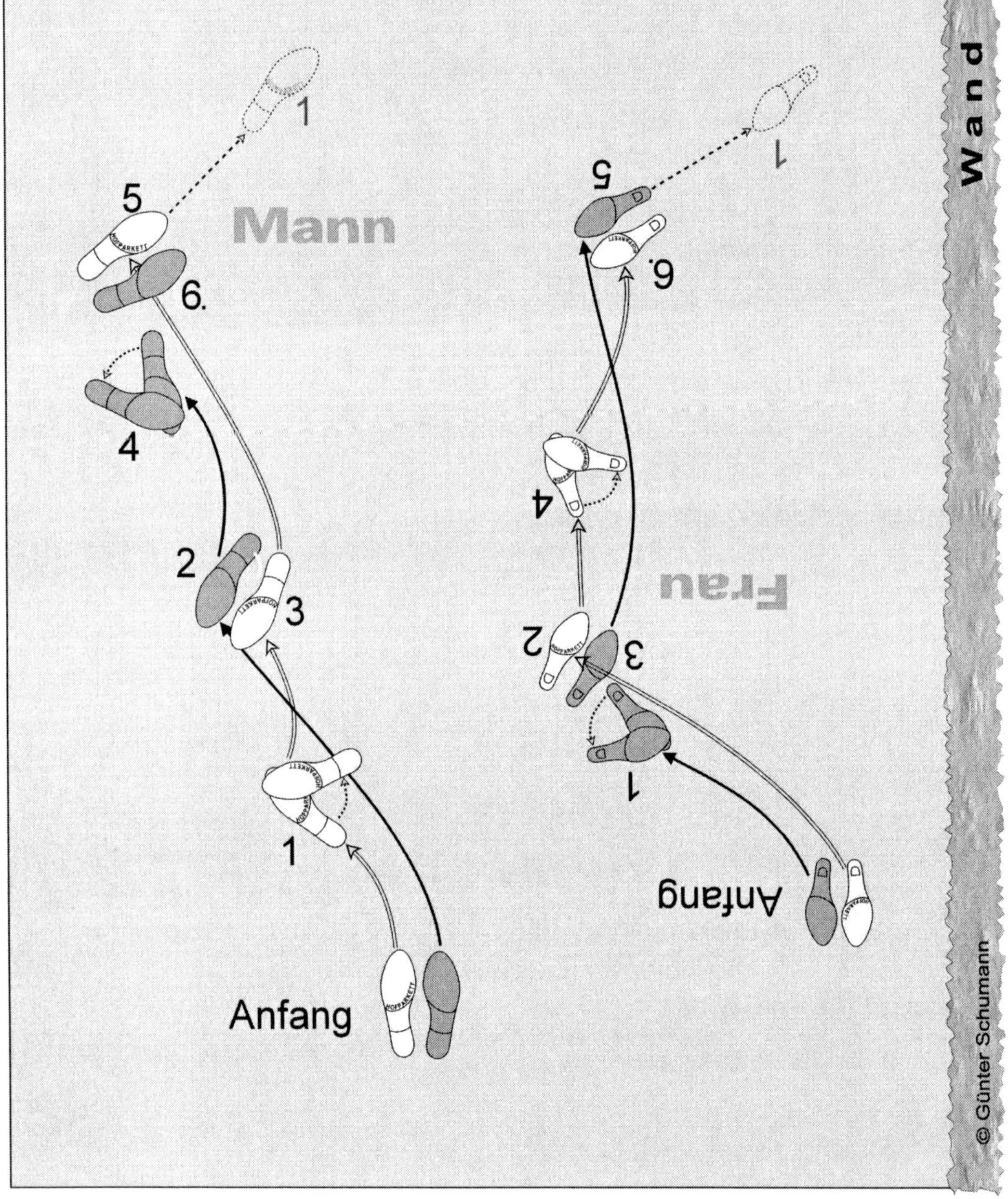

Wechselschritt-Linksdrehung

Foxtrott

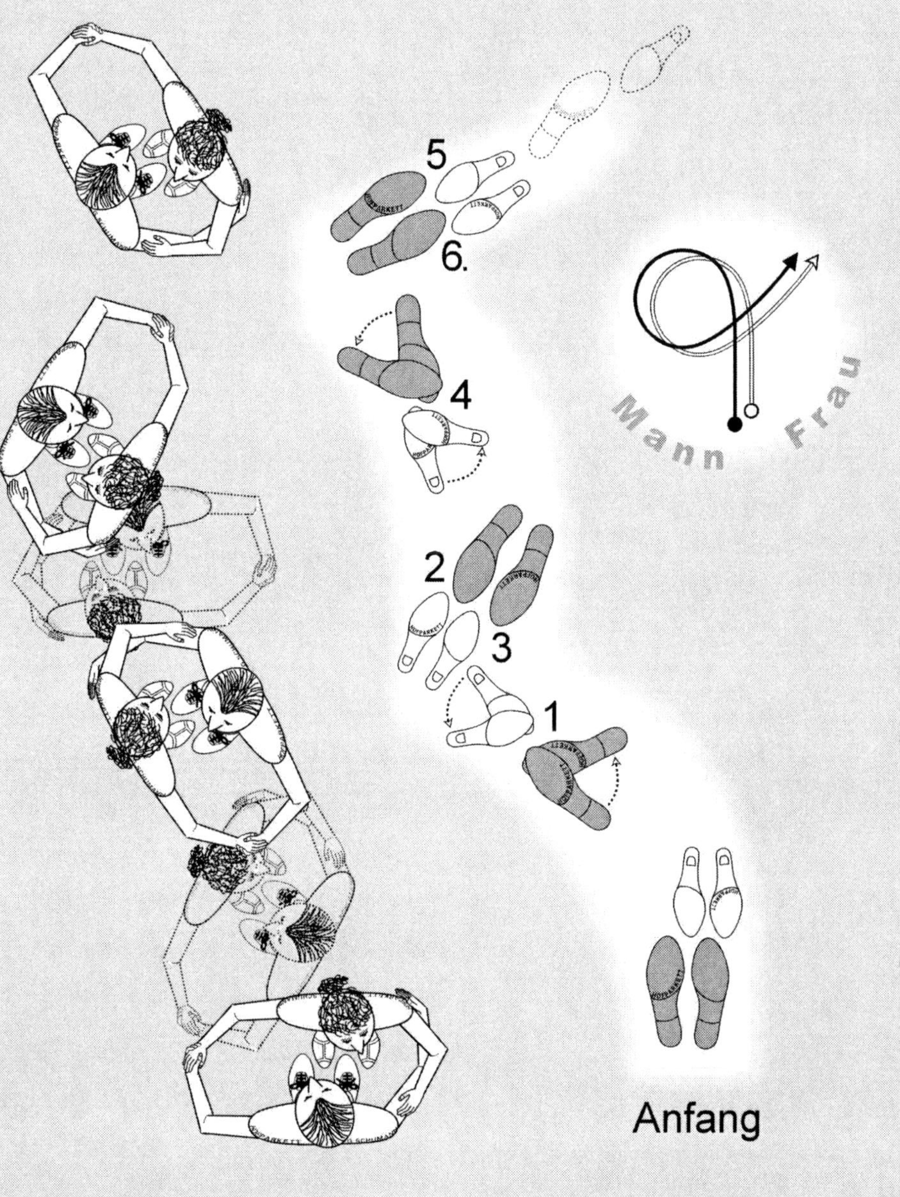

Langsamer Walzer

Langsamer Walzer

Geschichte Der Langsame Walzer ist in England entstanden. Er entwickelte sich aus dem Boston, der wiederum aus dem Wiener Walzer hervorgegangen ist.

Der Boston, auch „Zögerwalzer“ wegen der kurzen Bewegungspausen, genannt ist 1875 im Nordamerika entstanden. Er wurde nach schneller Walzermusik getanzt. Die Tänzer drehten sich nicht wie beim Walzer im Kreis, sondern tanzten eher aneinander vorbei. 1903 kam der Boston nach London und Paris, wurde hier zum Modetanz und verdrängte den Wiener Walzer.

Aus dem Boston entwickelte sich 1910 der English Waltz durch Vereinfachung der Figuren und eine in Tempo und Betonung veränderte Ausführung der Musik. Der „English Waltz“ war zunächst nur Modetanz, konnte sich aber durch die politischen Ereignisse ab 1914 behaupten. Die österreichischen Walzerkapellen verließen während des 1. Weltkrieges England und nahmen ihren „Wiener Walzer“ mit. Der schon eher langsam gespielte „Englische Walzer“ setzte sich nun durch und verdrängte den Boston. Die Schritte des „English Waltz“ wurden in vielen Konferenzen in England bis zur Turnierreife weiterentwickelt. Bis in die 1940er-Jahre gab es in England nur einen Walzer, den Langsamen.

In Deutschland konnte sich der Boston bis 1926 halten, dann kam der Langsame Walzer („English Waltz“). Der Wiener Walzer blieb in Österreich und auch in Deutschland immer ein beliebter Tanz.

Musik 3/4-Takt, typisch 30 Takte pro Minute.

Taktierung am Beispiel des Grundschrittes (aus Männersicht):

	1.Takt			2.Takt		
T	¼	¼	¼	¼	¼	¼
	langsam	langsam	langsam	langsam	langsam	langsam
S	1	2	3	4	5	6
M	vor	vor/leicht seit	schließen	vor	vor/leicht seit	schließen

Die Walzermusik bildet einen Pendelschwung nach. Wir setzen uns mit Schritt

„1“ in Bewegung, haben mit Schritt „2“ die größte Geschwindigkeit und Raumgröße und lassen mit Schritt „3“ den aufgebauten Schwung abklingen, indem wir die Füße schließen.

Tanzausführung Der Langsame Walzer gehört zu den Raumtänzen. Er wird in Tanzrichtung begonnen (der Mann hat rechts eine Wand neben sich, sie startet gegen Tanzrichtung). Gestartet wird beim ersten Grundschritt auf der „1“ für ihn RF vorwärts, für sie LF rückwärts.

Grundaufstellung am Anfang

Geschlossene Tanzhaltung. Wir stehen voreinander, leicht nach links versetzt. Die Fußspitzen stehen ineinander. Der Körperabstand voneinander sollte 5-10 cm betragen.	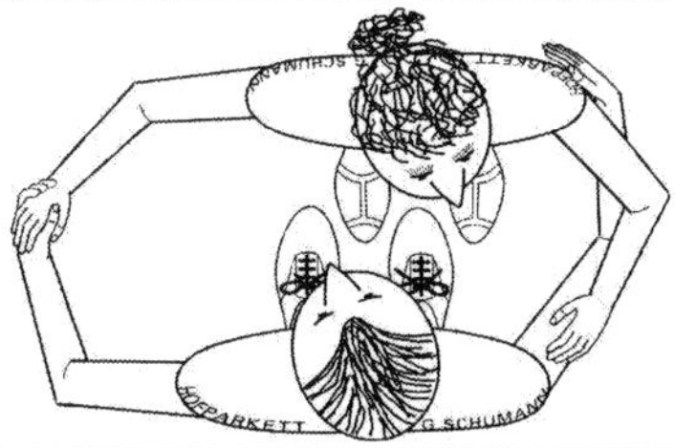
Raumrichtung 1. Er steht in Tanzrichtung, sie steht rückwärts in Tanzrichtung. Wir stehen 4-spurig (bezogen auf die Fußmittellinien).	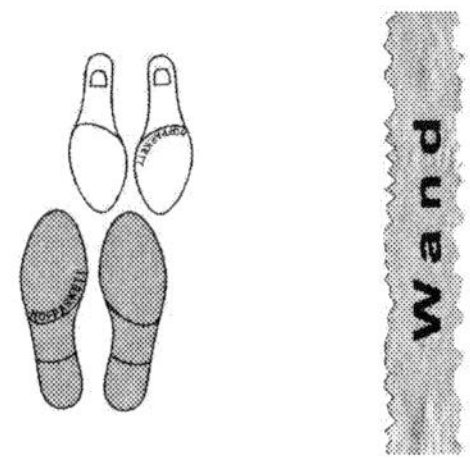

Tanzfiguren

1. Grundschritt

Aufstellung in Tanzrichtung, er hat eine Wand auf seiner rechten Seite. Wir brauchen zwei Takte (6 Schritte) um wieder an den Anfang zu gelangen.

Anmerkung: Der Grundschritt heißt auch Übergangsschritt. Mit seiner Hilfe können wir von einer Rechtsdrehung zu einer Linksdrehung (oder umgekehrt) wechseln.

Grundschritt vorwärts

Männerschritte	S	Rhythmus	Frauenschritte
RF vorwärts.	1	langsam ¼-Takt	LF rückwärts.
LF vorwärts, leicht seitwärts.	2	langsam ¼-Takt	RF rückwärts, leicht seitwärts.
RF zum LF schließen und belasten.	3	langsam ¼-Takt	LF zum RF schließen und belasten.

Grundschritt vorwärts

LF vorwärts.	4	langsam ¼-Takt	RF rückwärts.
RF vorwärts, leicht seitwärts.	5	langsam ¼-Takt	LF rückwärts, leicht seitwärts.
LF zum RF schließen und belasten.	6	langsam ¼-Takt	RF zum LF schließen und belasten.

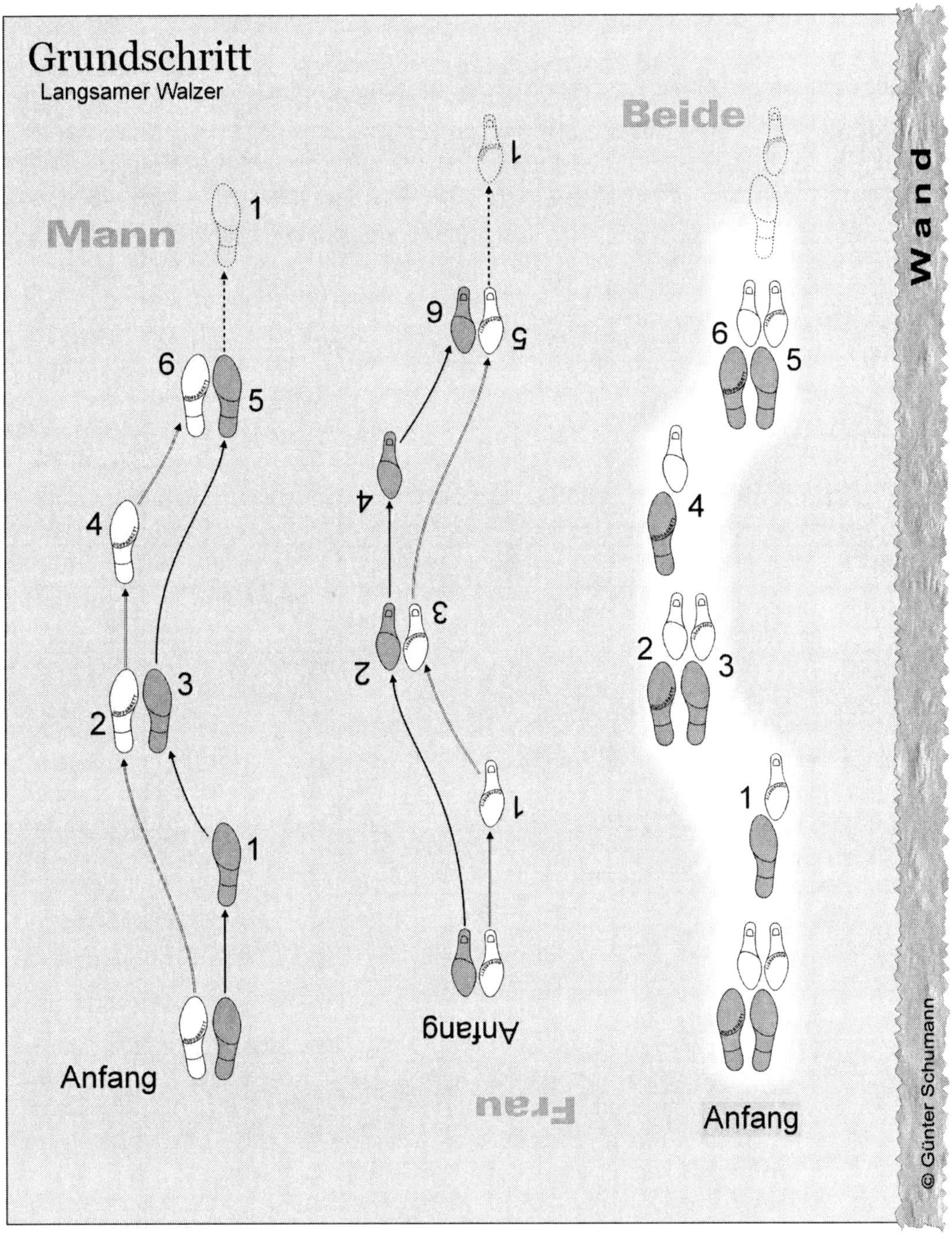
Grundschritt
Langsamer Walzer
Mann
Beide
Wand
Frau
Anfang
Anfang
Anfang
1
2
3
4
5
6
© Günter Schumann

2. Karree

Davor - Grundschritt vorwärts

Beim Karree wird ein Grundschritt vorwärts mit einem Grundschritt rückwärts abgewechselt. Wir wollen mit einem Grundschritt, er rechter Fuß vorwärts, beginnen. Schritt vier geht dann für ihn rückwärts. Das Paar bewegt sich dabei in einem kleinen Linkskarree. Wir brauchen zwei Takte (6 Schritte) um wieder an den Anfang zu gelangen.

Danach - Grundschritt vorwärts

Grundschritt vorwärts

Männerschritte	S	Rhythmus	Frauenschritte
RF vorwärts.	1	langsam ¼-Takt	LF rückwärts.
LF vorwärts, leicht seitwärts.	2	langsam ¼-Takt	RF rückwärts, leicht seitwärts.
RF zum LF schließen und belasten.	3	langsam ¼-Takt	LF zum RF schließen und belasten.

Grundschritt rückwärts

LF rückwärts.	4	langsam ¼-Takt	RF vorwärts.
RF rückwärts, leicht seitwärts.	5	langsam ¼-Takt	LF vorwärts, leicht seitwärts.
LF zum RF schließen und belasten.	6	langsam ¼-Takt	RF zum LF schließen und belasten.

Karree

Langsamer Walzer

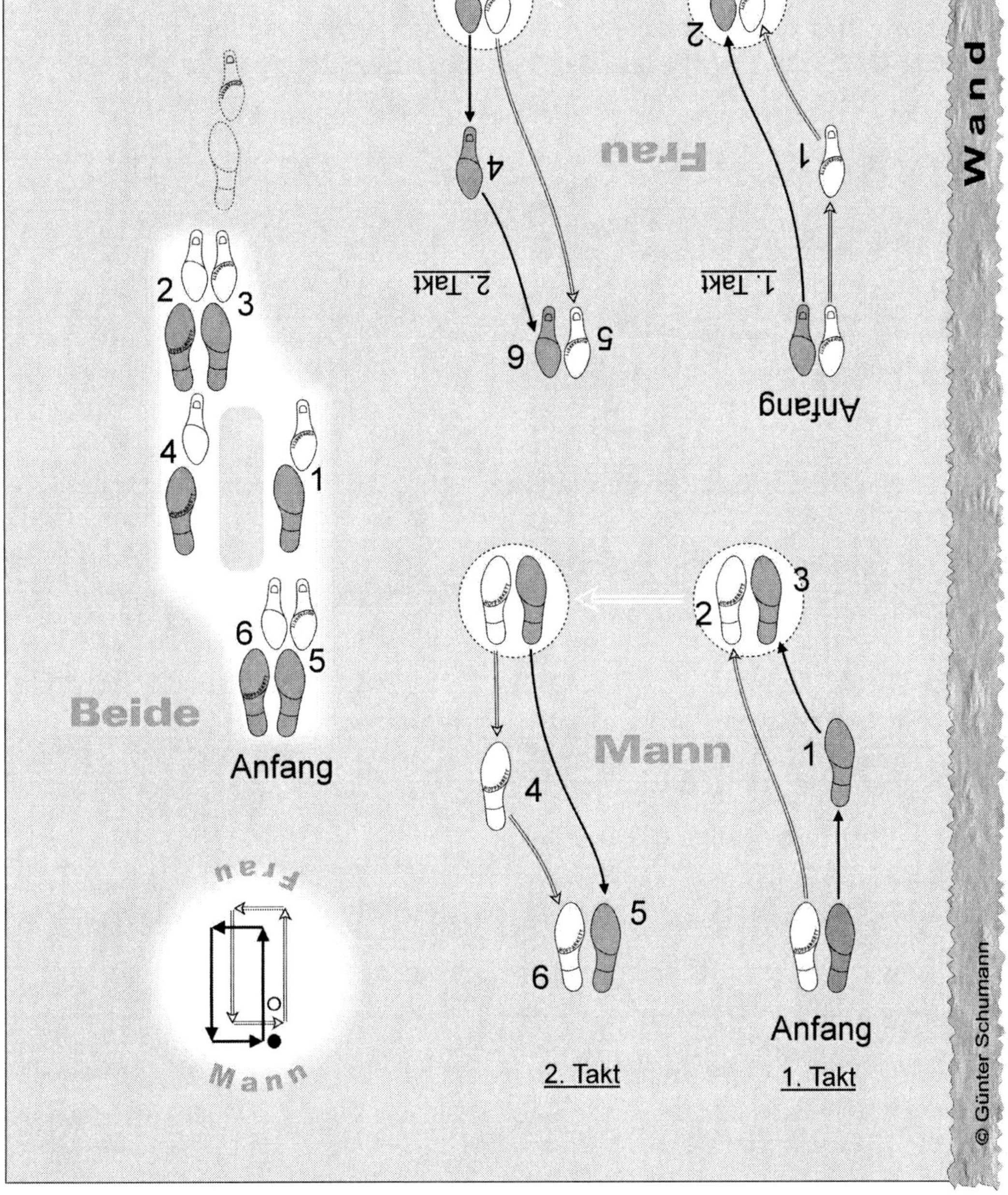

3. Rechtsdrehung

Davor - Grundschritt vorwärts

Wir wollen über drei Takte (9 Schritte) eine ganze Drehung ausführen. Dabei tanzen wir über die ersten beiden Takte ca. eine ⅞-Drehung und mit dem dritten Takt das letzte Achtel, so dass er wieder in Tanzrichtung steht.

Bei Rechtsdrehungen bewegen sich jeweils die rechten Schultern nach hinten.

Danach - Grundschritt vorwärts

„Halbe" Rechtsdrehung vorwärts

Männerschritte	S	Rhythmus	Frauenschritte
RF vorwärts zwischen ihre Füße setzen, dabei den Körper stark nach rechts eindrehen.	1	langsam ¼-Takt	LF seitwärts, rückwärts, stark nach rechts eindrehen und aus seinem Weg tanzen.
LF seitwärts leicht rückwärts.	2	langsam ¼-Takt	RF seitwärts leicht vorwärts.
RF zum LF schließen.	3	langsam ¼-Takt	LF zum RF schließen.

„Halbe" Rechtsdrehung rückwärts

LF seitwärts, rückwärts, stark nach rechts eindrehen und aus ihrem Weg tanzen.	4	langsam ¼-Takt	RF vorwärts zwischen seine Füße setzen, dabei den Körper stark nach rechts eindrehen.
RF seitwärts leicht vorwärts.	5	langsam ¼-Takt	LF seitwärts leicht rückwärts.
LF zum RF schließen.	6	langsam ¼-Takt	RF zum LF schließen.

Grundschritt vorwärts, nachgedreht

LF vorwärts leicht nach rechts eindrehen.	1	langsam ¼-Takt	RF rückwärts leicht nach rechts eindrehen.

2 - 3	langsam - langsam	¼ - ¼ - Takt

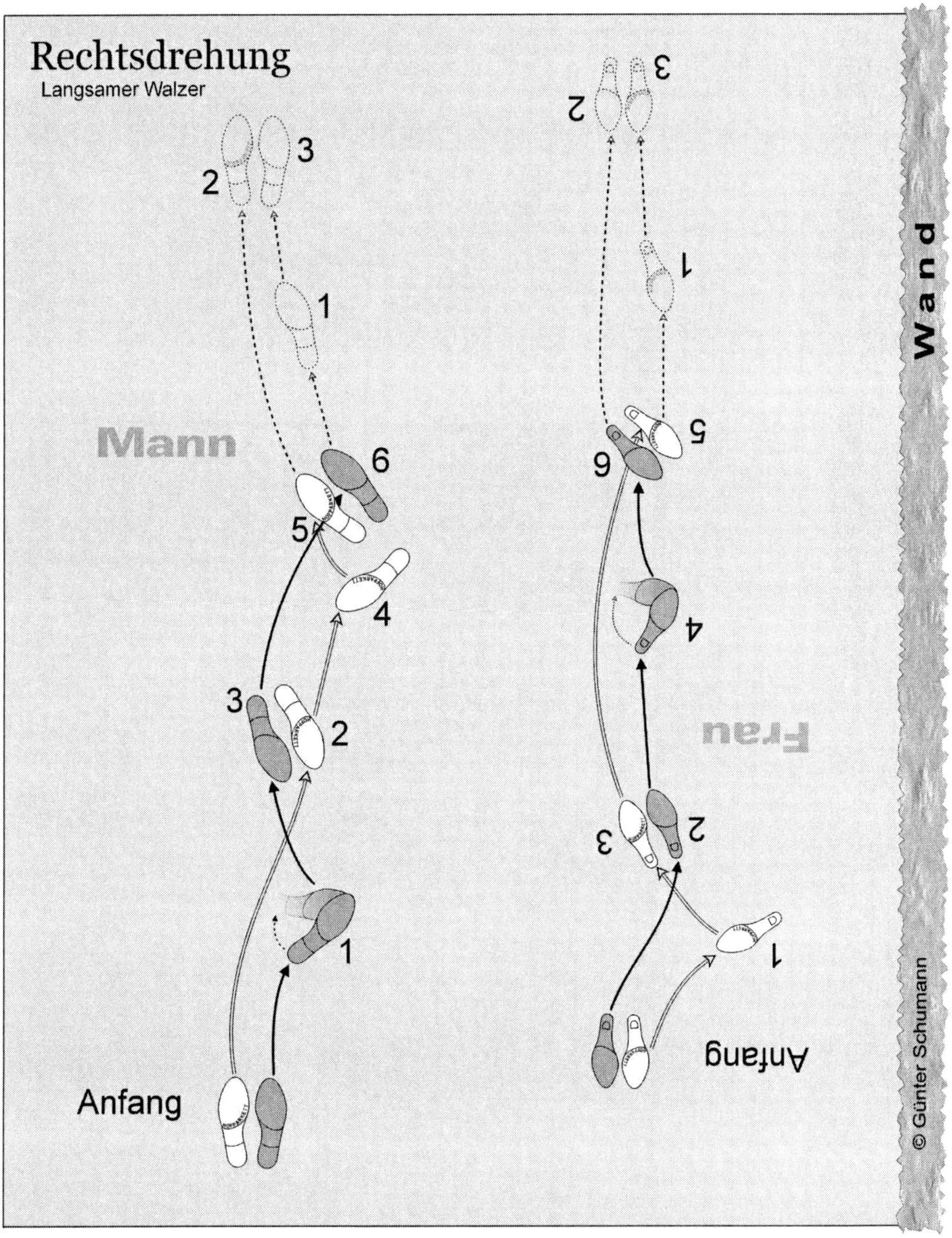
Rechtsdrehung
Langsamer Walzer
Mann
Anfang
Frau
Anfang
Wand
© Günter Schumann

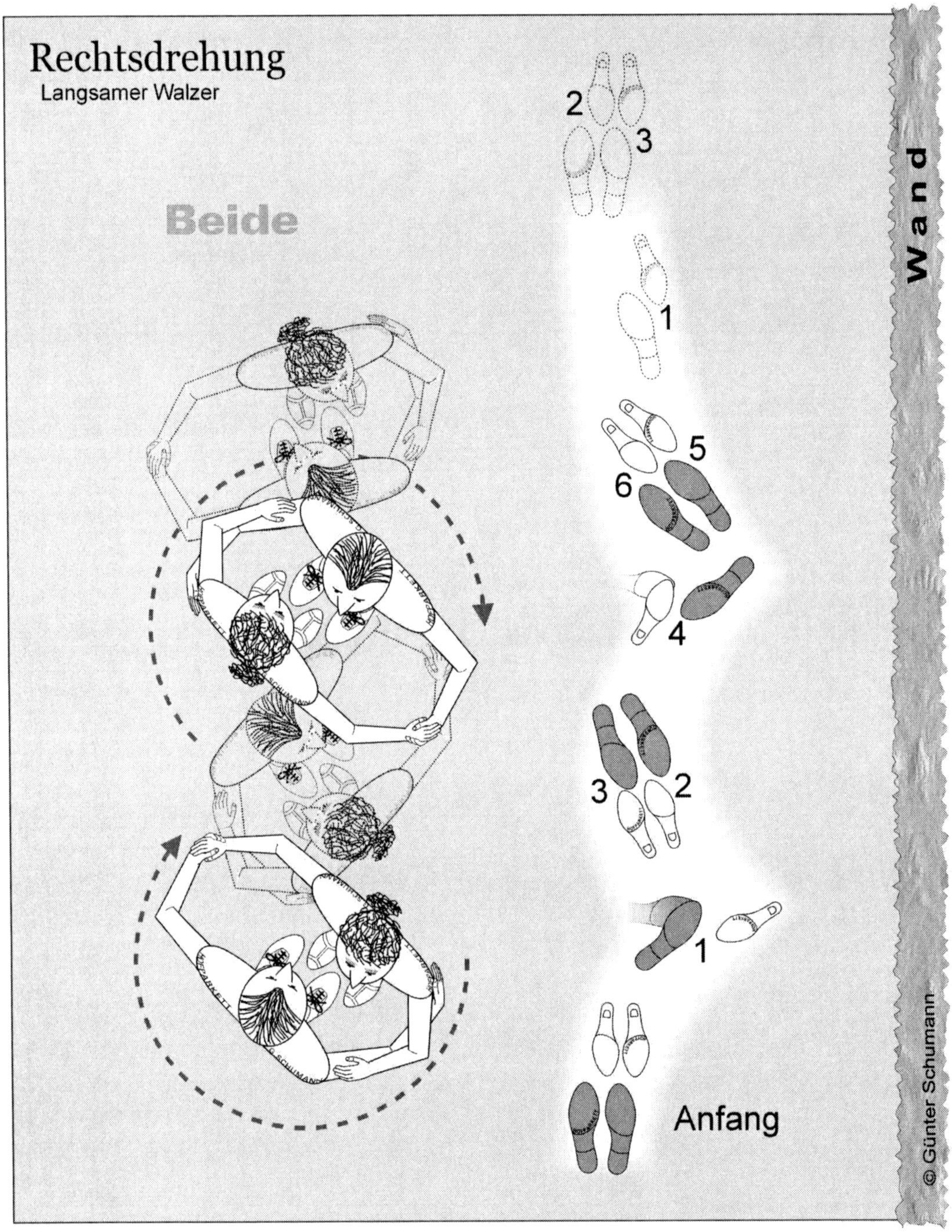
Rechtsdrehung
Langsamer Walzer
Beide
2
3
1
5
6
4
3
2
1
Anfang
Wand
© Günter Schumann

4. Linksdrehung

Davor - Grundschritt vorwärts

Wir wollen über zwei Takte ca. eine 3/4 Linksdrehung tanzen (linke Schultern nach hinten). Dann tanzen wir einen Grundschritt vorwärts, den wir nach links drehen, um wieder in Tanzrichtung zu gelangen.

Danach - Grundschritt vorwärts

„Halbe“ Linksdrehung vorwärts

Männerschritte	S	Rhythmus	Frauenschritte
LF vorwärts nach links außenseitlich, Körper stark nach links drehen.	1	langsam ¼-Takt	RF seitwärts, rückwärts, stark nach links eindrehen und aus seinem Weg tanzen.
RF seitwärts leicht rückwärts.	2	langsam ¼-Takt	LF seitwärts leicht vorwärts.
LF zum RF schließen.	3	langsam ¼-Takt	RF zum LF schließen.

„Halbe“ Linksdrehung rückwärts

RF seitwärts, rückwärts, stark nach links eindrehen und aus ihrem Weg tanzen.	4	langsam ¼-Takt	LF vorwärts nach links außenseitlich, Körper stark nach links drehen.
LF seitwärts leicht vorwärts.	5	langsam ¼-Takt	RF seitwärts leicht rückwärts.
RF zum LF schließen.	6	langsam ¼-Takt	LF zum RF schließen.

Grundschritt vorwärts, nachgedreht

LF vorwärts leicht nach links eindrehen.	1	langsam ¼-Takt	RF rückwärts leicht nach links eindrehen.

2 - 3	langsam - langsam	¼ - ¼ - Takt

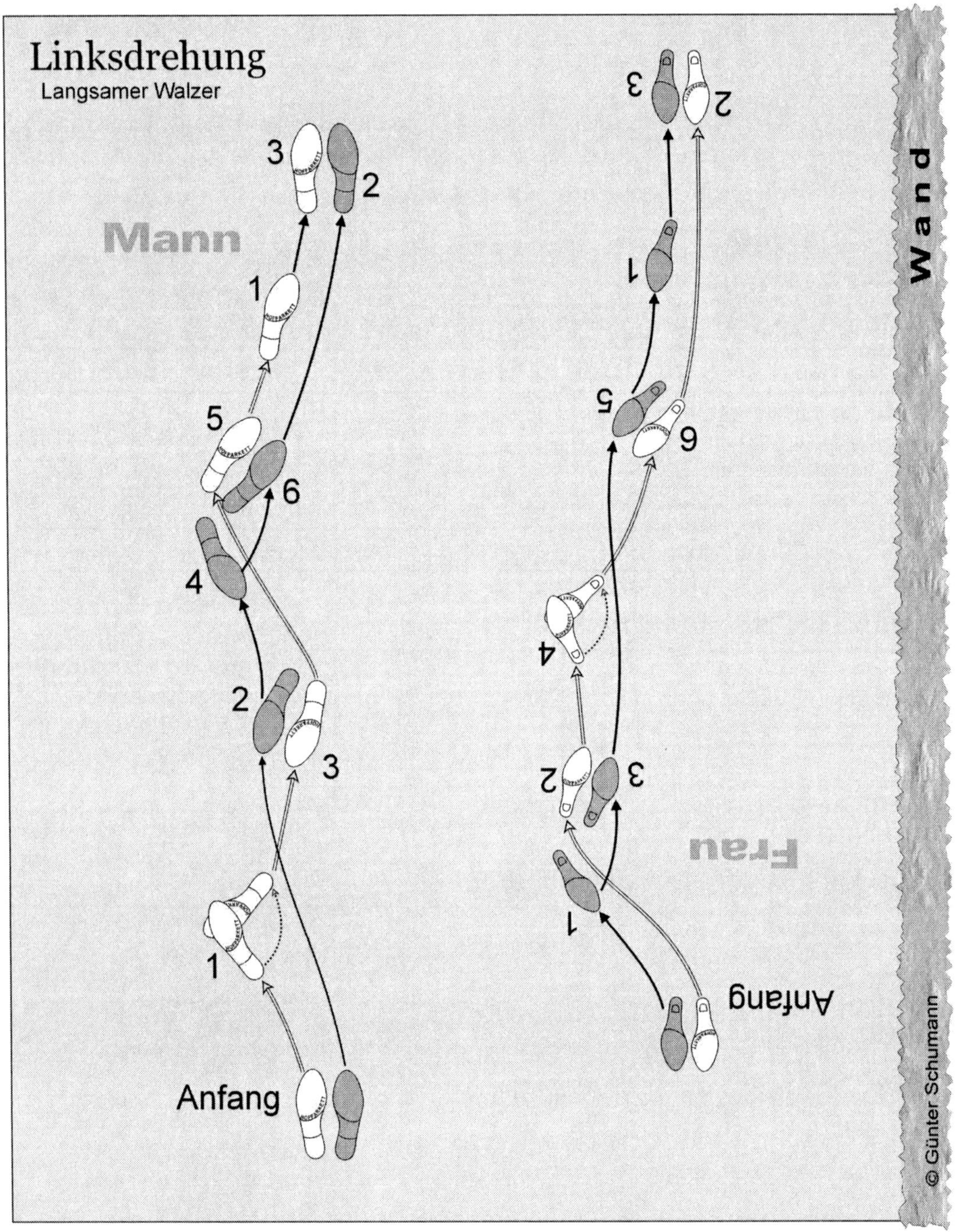
Linksdrehung
Langsamer Walzer
Mann
Anfang
1
2
3
4
5
6
1
2
3
Frau
Anfang
1
2
3
4
5
6
1
2
3
Wand
© Günter Schumann

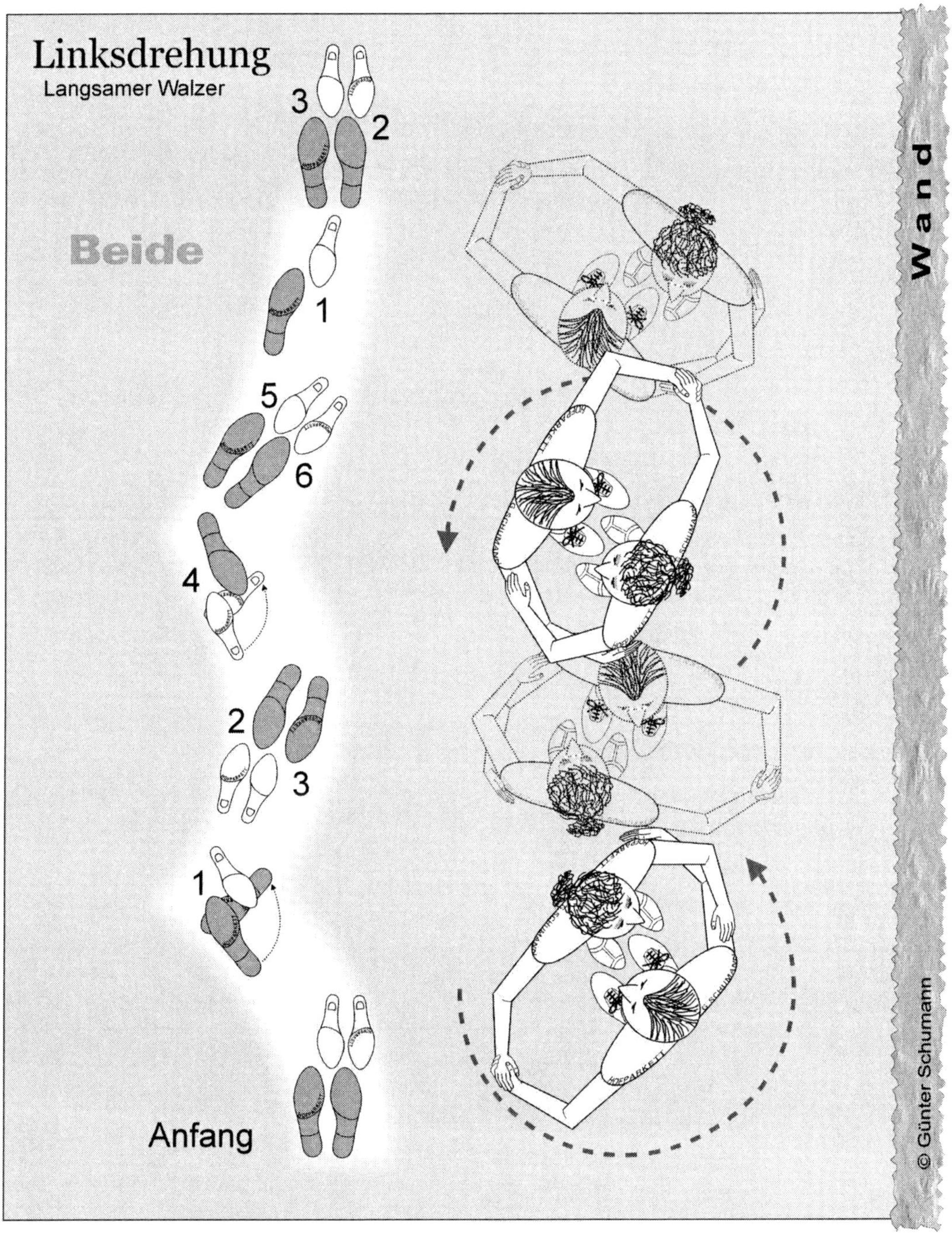
Linksdrehung
Langsamer Walzer
Beide
3
2
1
5
6
4
2
3
1
Anfang
Wand
© Günter Schumann

5. Halbdrehungen

Davor - Grundschritt vorwärts

Wir tanzen eine halbe Rechtsdrehung (Schritte 1-3), dann einen Grundschritt rückwärts leicht nach rechts eingedreht, gefolgt von dem zweiten, rückwärtigen Teil der Linksdrehung. Der nächste Grundschritt vorwärts wird wieder leicht nach links eingedreht und wir stehen wieder in der Ausgangsstellung.

Danach - Grundschritt vorwärts

„Halbe“ Rechtsdrehung vorwärts

Männerschritte	S	Rhythmus	Frauenschritte
RF vorwärts zwischen ihre Füße setzen, dabei den Körper stark nach rechts eindrehen.	1	langsam ¼-Takt	LF seitwärts, rückwärts, stark nach rechts eindrehen und aus seinem Weg tanzen.
LF seitwärts leicht rückwärts.	2	langsam ¼-Takt	RF seitwärts leicht vorwärts.
RF zum LF schließen.	3	langsam ¼-Takt	LF zum RF schließen.

Grundschritt rückwärts, nachgedreht

LF rückwärts leicht nach rechts eindrehen.	4	langsam ¼-Takt	RF vorwärts leicht nach rechts eindrehen.
RF rückwärts, leicht seitwärts.	5	langsam ¼-Takt	LF vorwärts, leicht seitwärts.
LF zum rechten Fuß schließen und belasten.	6	langsam ¼-Takt	RF zum linken Fuß schließen und belasten.

„Halbe“ Linksdrehung rückwärts

RF seitwärts, rückwärts, stark nach links eindrehen und aus ihrem Weg tanzen.	7	langsam ¼-Takt	LF vorwärts nach links außenseitlich, Körper stark nach links drehen.
LF seitwärts leicht vorwärts.	8	langsam ¼-Takt	RF seitwärts leicht rückwärts.
RF zum LF schließen.	9	langsam ¼-Takt	LF zum RF schließen.

Grundschritt vorwärts, nachgedreht

Männerschritte	S	Rhythmus	Frauenschritte
LF vorwärts leicht nach links eindrehen.	10	langsam ¼-Takt	RF rückwärts leicht nach links eindrehen.
RF vorwärts, leicht seitwärts.	11	langsam ¼-Takt	LF rückwärts, leicht seitwärts.
LF zum linken Fuß schließen und belasten.	12	langsam ¼-Takt	RF zum rechten Fuß schlie-ßen und belasten.

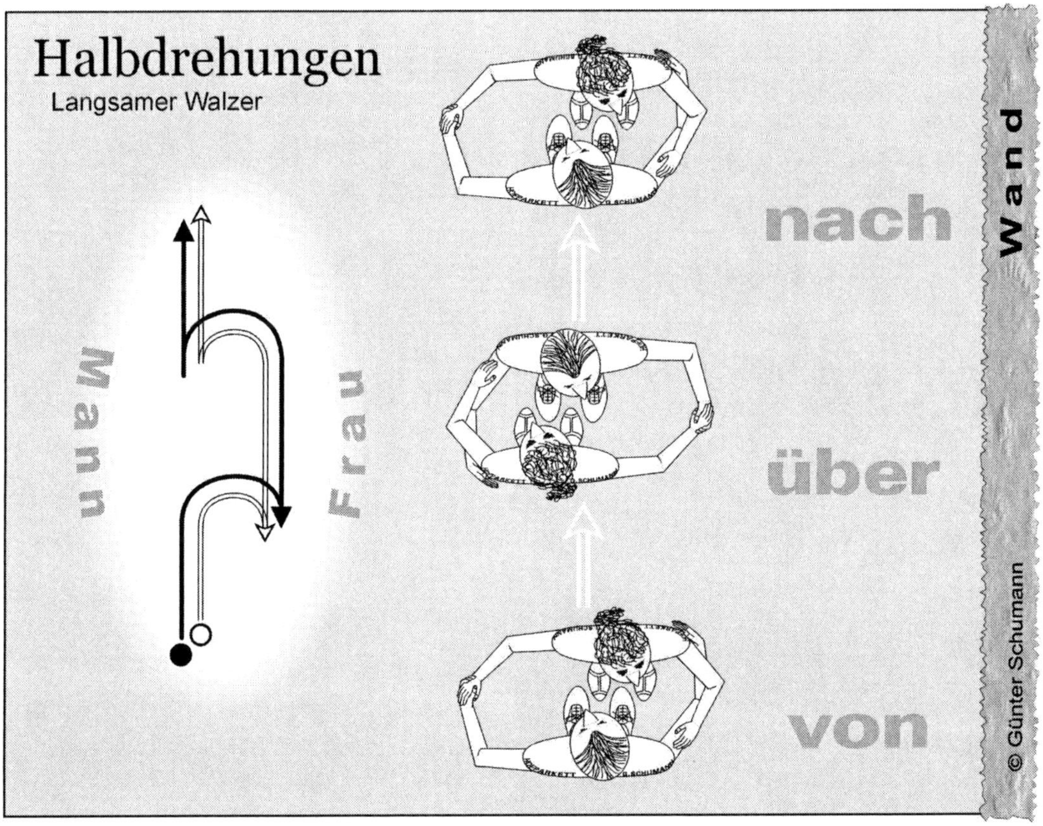

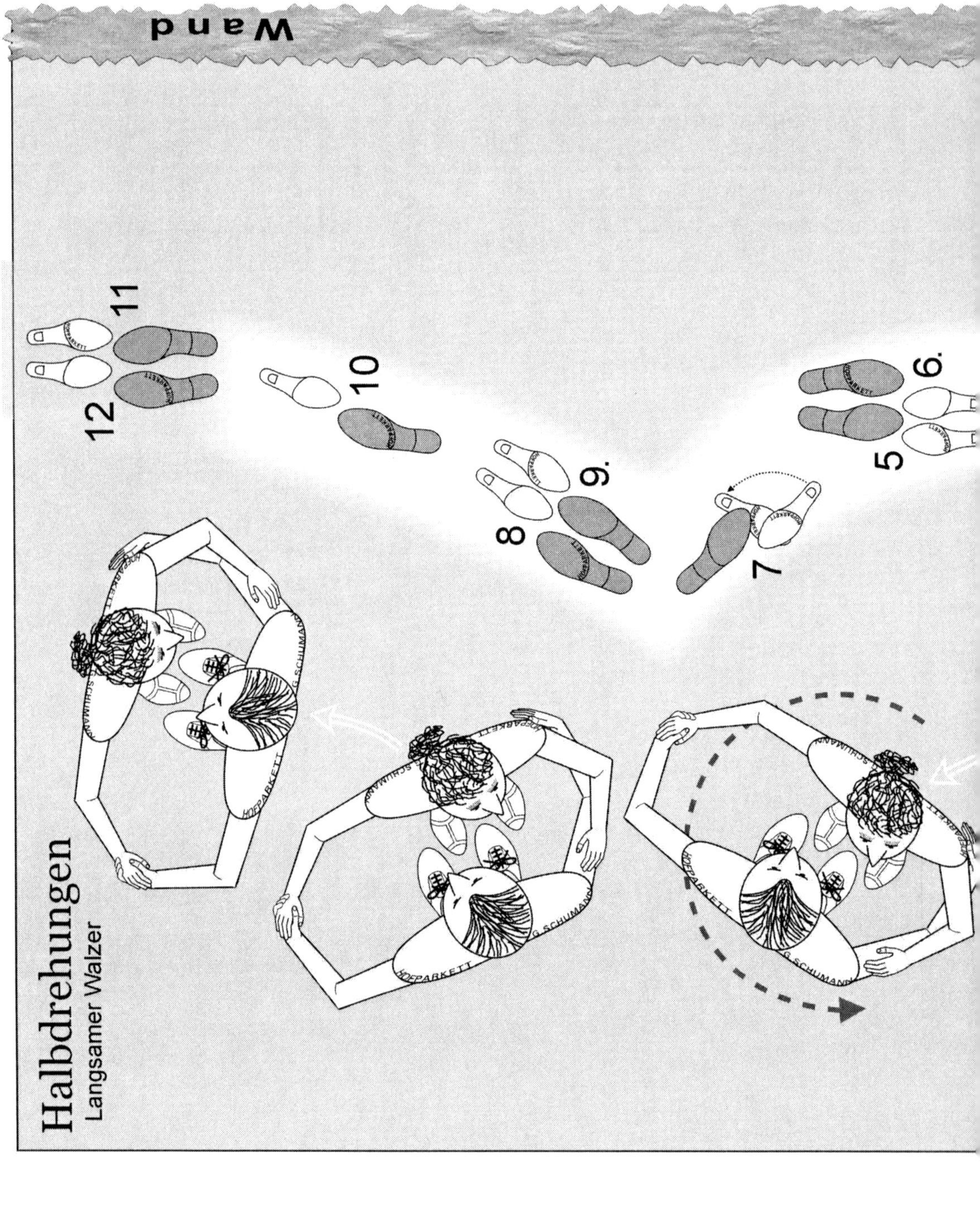
Wand
Halbdrehungen
Langsamer Walzer
5
6.
7
8
9.
10
11
12

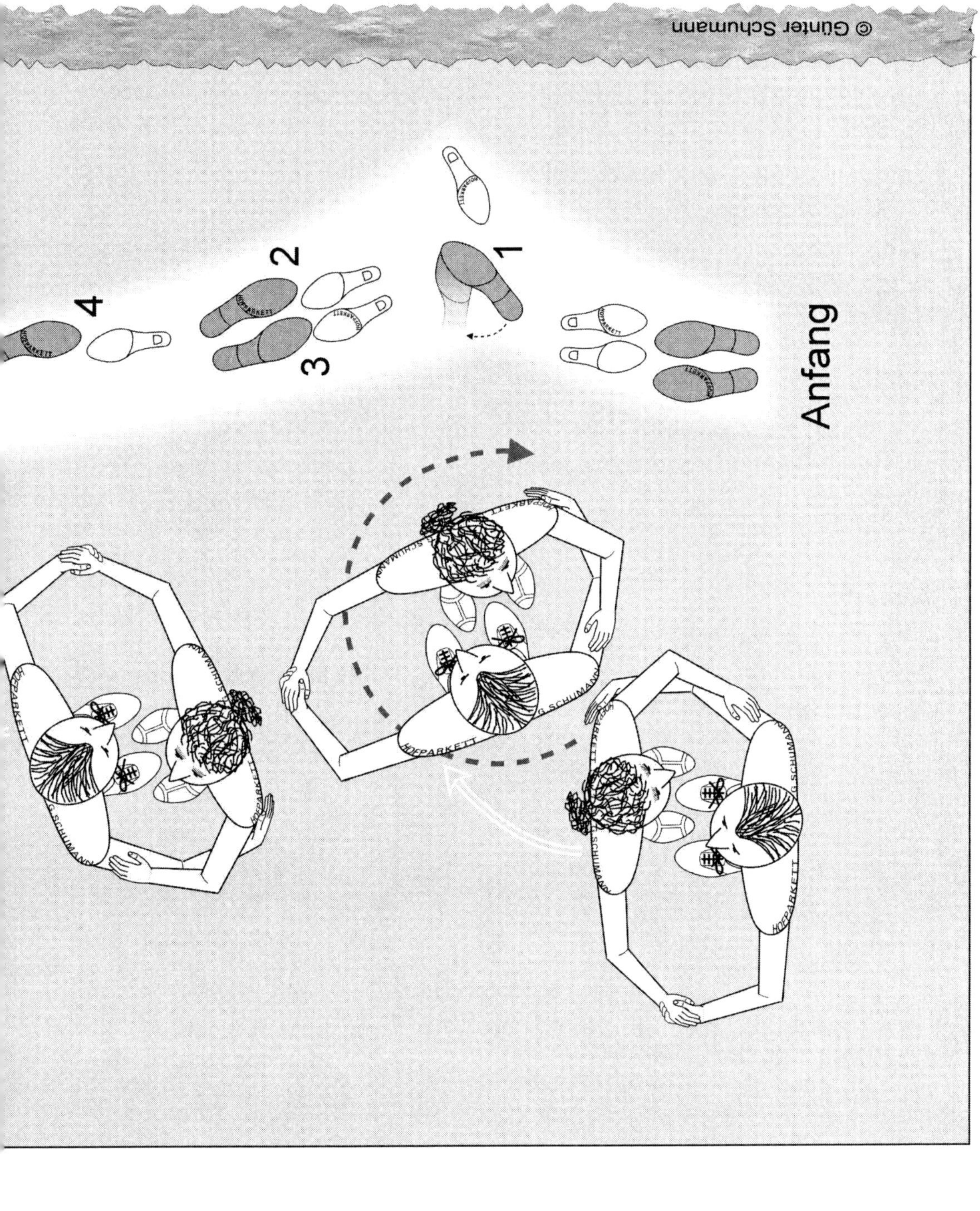
© Günter Schumann
Anfang
1
2
3
4
HOFPARKETT
G. SCHUMANN

6. Außenseitlicher Wechsel

Davor - Grundschritt vorwärts

Wir tanzen eine halbe Rechtsdrehung, die wir aber weniger weit drehen. Am Ende steht er schräg rückwärts zur Mitte (Raumrichtung 4).

Wir tanzen dann zwei Schritte, er rückwärts, sie vorwärts und drehen auf dem dritten Schritt zur Seite.

Der Außenseitliche Wechsel ist eine offene Figur, das bedeutet, dass der dritte Schritt nicht wie bisher beim Walzer schließt, sondern zur Seite gesetzt und etwas nach links gedreht wird (Raumrichtung 3).

Danach weiter tanzen wir mit einer halben Rechtsdrehung (erster Teil), die wir aber mit einem außenseitlichen Schritt beginnen (er außen an ihr vorbei und nicht in Spur). Es folgt eine „halbe" Rechtsdrehung rückwärts um wieder in Tanzrichtung (Raumrichtung 1) zu gelangen.

Danach - (halbe) Rechtsdrehung rückwärts (2.Teil).

„Halbe" Rechtsdrehung vorwärts

Männerschritte	S	Rhythmus	Frauenschritte
RF vorwärts zwischen ihre Füße setzen, dabei den Körper nach rechts eindrehen. *Körperdrehung 3/8 rechts*	1	langsam ¼-Takt	LF seitwärts, rückwärts, nach rechts eindrehen und aus seinem Weg tanzen. *Körperdrehung 3/8 rechts*
LF seitwärts, leicht rückwärts.	2	langsam ¼-Takt	RF seitwärts leicht vorwärts.
RF zum LF schließen.	3	langsam ¼-Takt	LF zum RF schließen.

Außenseitlicher Wechsel

LF rückwärts.	4	langsam ¼-Takt	RF vorwärts.
RF rückwärts.	5	langsam ¼-Takt	LF vorwärts.
LF seitwärts. *Körperdrehung 1/4 links*	6	langsam ¼-Takt	RF seitwärts. *Körperdrehung 1/4 links*

„Halbe“ Rechtsdrehung vorwärts

Männerschritte	S	Rhythmus	Frauenschritte
RF vorwärts, links außenseitlich an ihrem rechten Fuß vorbei und nach rechts drehen. *Körperdrehung nach rechts*	7	langsam ¼-Takt	LF rückwärts und nach rechts eindrehen. *Körperdrehung nach rechts Sie steht nach links versetzt vor ihm (ihre Sicht).*
LF seitwärts, leicht rückwärts.	8	langsam ¼-Takt	RF seitwärts leicht vorwärts.
RF zum LF schließen.	9	langsam ¼-Takt	LF zum RF schließen.

„Halbe“ Rechtsdrehung rückwärts

LF seitwärts, rückwärts, stark nach rechts eindrehen und aus ihrem Weg tanzen.	4	langsam ¼-Takt	RF vorwärts zwischen seine Füße setzen, dabei den Körper stark nach rechts eindrehen.
RF seitwärts leicht vorwärts.	5	langsam ¼-Takt	LF seitwärts leicht rückwärts.
LF zum RF schließen.	6	langsam ¼-Takt	RF zum LF schließen.

Außenseitlicher Wechsel

Langsamer Walzer

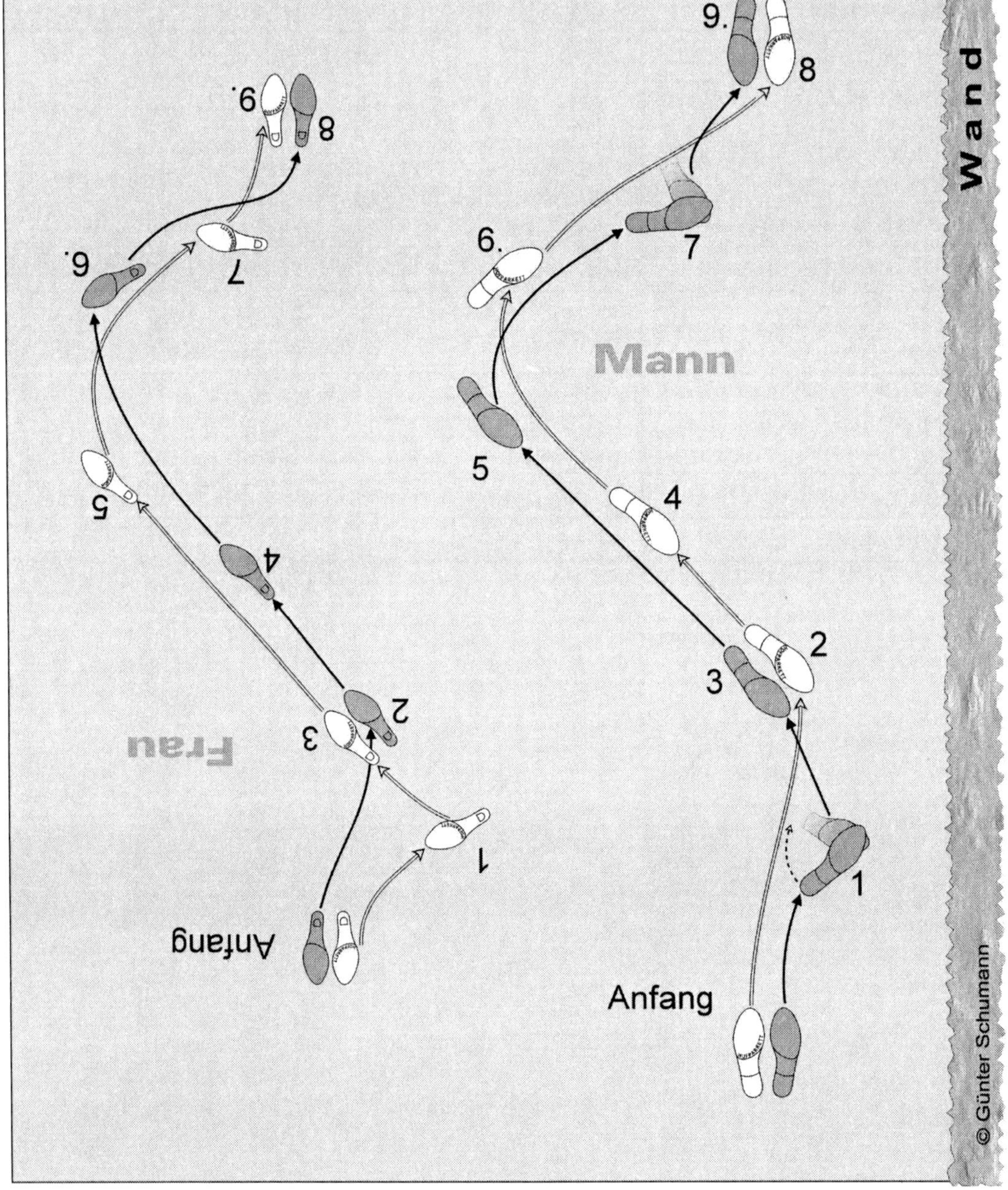

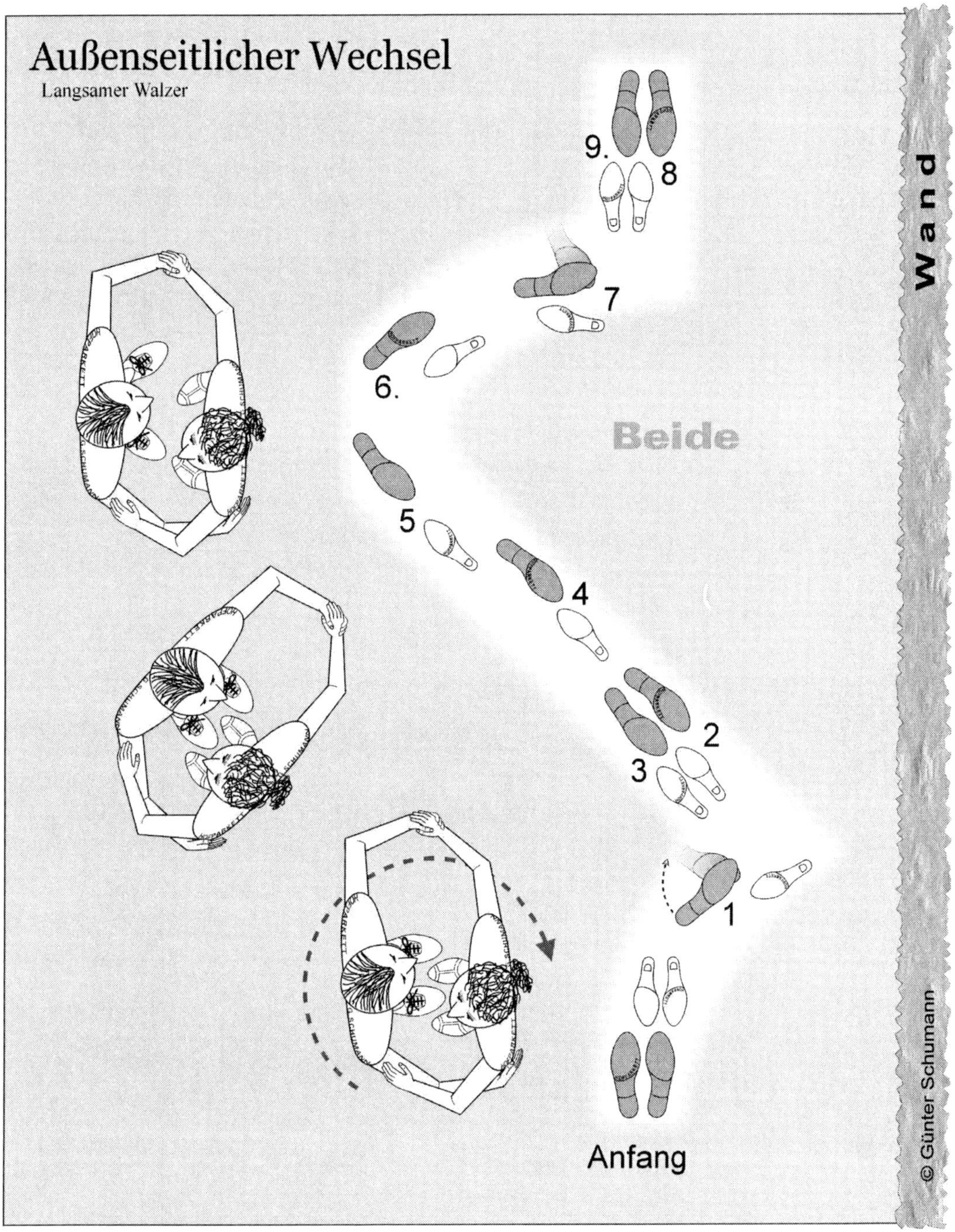
Außenseitlicher Wechsel
Langsamer Walzer
9.
8
7
6.
Beide
5
4
2
3
1
Anfang
Wand
© Günter Schumann

7. Wischer mit Promenade

Davor - Grundschritt rückwärts

Wir tanzen einen Grundschritt, den wir 1/4 nach rechts drehen. Er steht am Ende mit dem Gesicht zur Wand. Es folgt ein Wischer in Richtung Wand, Schritt „3" wird hintergekreuzt. Von hier aus sind verschiedene Figuren möglich, wir tanzen eine Promenade. Er tanzt dabei 1/4 nach links, klein fast am Platz, sie tanzt ein Viertel linksdrehend um ihn herum und kreuzt den dritten Schritt erneut (diesmal vorkreuzen, das erleichtert eine nachfolgende Linksdrehung).

Danach - Grundschritt vorwärts oder Linksdrehung.

Anmerkung: Wir können „Wischer und Promenade" beliebig im Raum oder als Eckfigur tanzen. Bei einer Raumecke tanzen wir den Wischer auf die neue Wand zu, in die Ecke hinein und drehen mit der Promenade in die neue Tanzrichtung. Beliebig im Raum müssen wir zuvor einen Grundschritt tanzen, den wir zur Wand hin drehen. Dann kommt der Wischer und die Promenade dreht wieder in Tanzrichtung.

Grundschritt vorwärts 1/4 nach rechts

Männerschritte	S	Rhythmus	Frauenschritte
RF vorwärts zwischen ihre Füße setzen, 1/4 nach außen gedreht. *Körperdrehung nach rechts*	1	langsam ¼-Takt	LF rückwärts, 1/4 nach außen gedreht. *Körperdrehung nach rechts*
LF vorwärts.	2	langsam ¼-Takt	RF rückwärts.
RF zum LF schließen.	3	langsam ¼-Takt	LF zum RF schließen.

Wischer

LF vorwärts.	4	langsam ¼-Takt	RF rückwärts.
RF vorwärts, seitwärts.	5	langsam ¼-Takt	LF rückwärts, seitwärts.
LF hinter den RF kreuzen.	6	langsam ¼-Takt	RF hinter den LF kreuzen.

Promenade

Männerschritte	S	Rhythmus	Frauenschritte
RF seitwärts, vorwärts kleiner Schritt.	1	langsam ¼-Takt	LF seitwärts, vorwärts, 1/4 nach links gedreht. *Körperdrehung nach links*
LF vorwärts, kleiner Schritt.	2	langsam ¼-Takt	RF seitwärts, leicht rückwärts
RF zum LF schließen.	3	langsam ¼-Takt	LF vor den RF kreuzen.

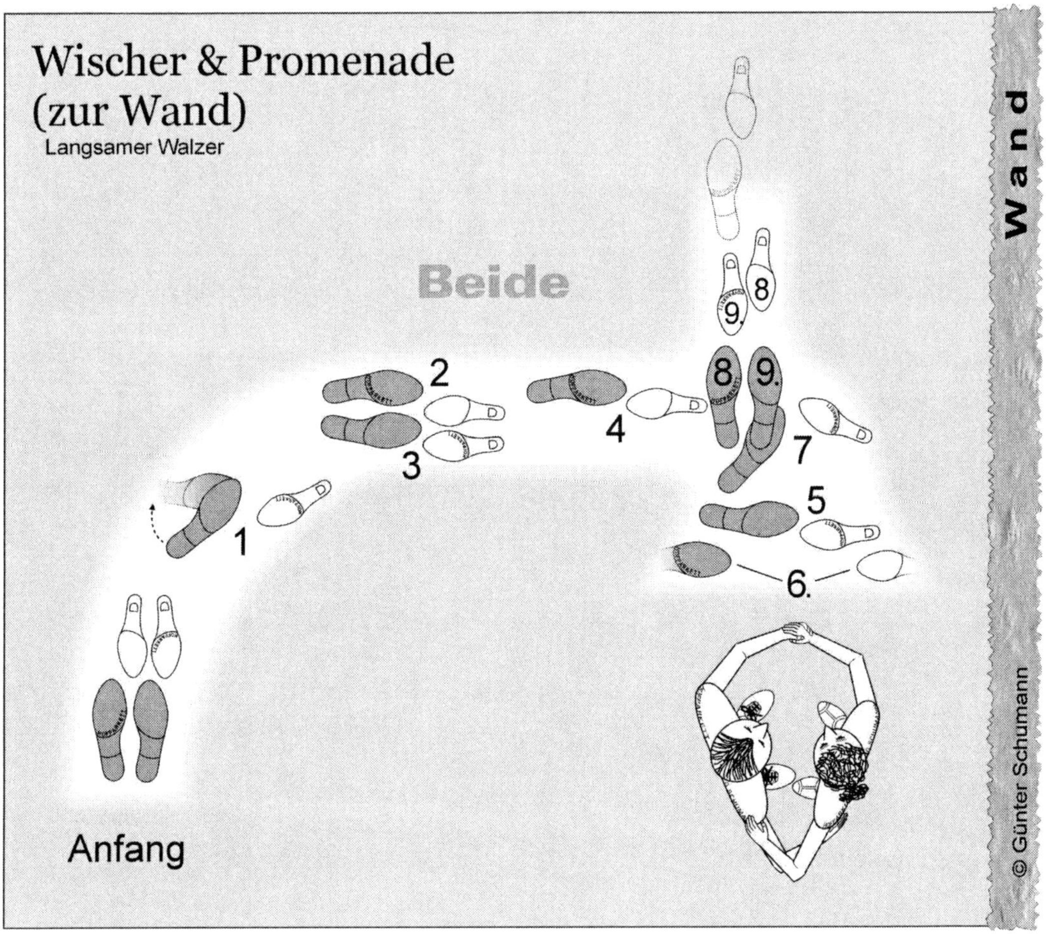

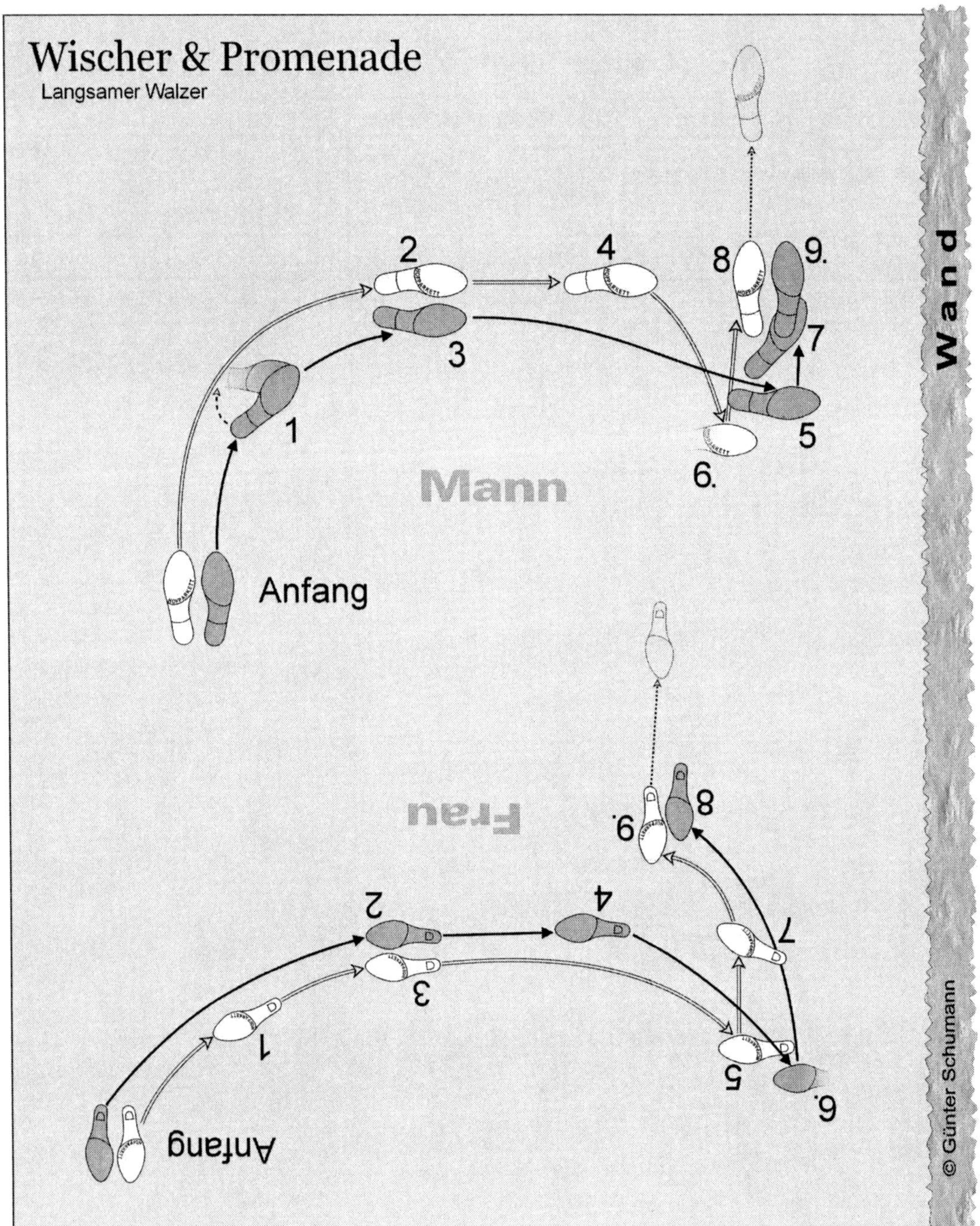
Wischer & Promenade
Langsamer Walzer
Mann
Anfang
1
2
3
4
5
6.
7
8
9.
Frau
Anfang
1
2
3
4
5
6.
7
8
9.
Wand
© Günter Schumann

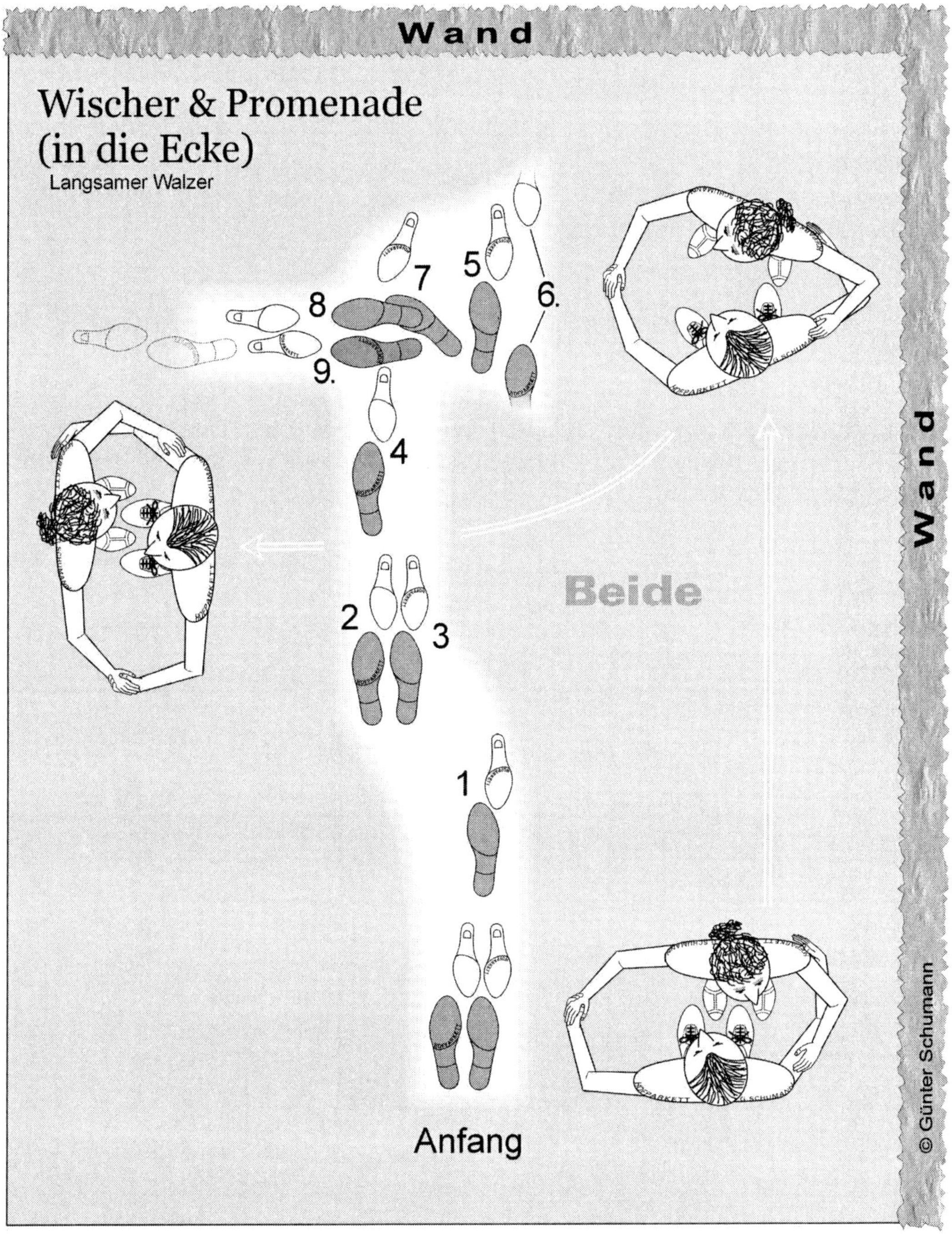
Wand
Wischer & Promenade
(in die Ecke)
Langsamer Walzer
Wand
Beide
1
2
3
4
5
6.
7
8
9.
Anfang
© Günter Schumann

8. Rechtskreiseldrehung

Davor - Grundschritt vorwärts

Den Rechtskreisel starten wir aus (Raumrichtung 3). Wir tanzen zuvor einen Grundschritt, den wir 1/8 nach rechts vordrehen. Dann tanzen wir eine halbe Rechtsdrehung vorwärts, die wir 3/8 weit drehen. Er steht a.E. mit dem Rücken zur Tanzrichtung (Raumrichtung 5).

Mit folgendem Schritt geht er stark nach links rückwärts aus dem Weg, lässt sie vorbei, um danach mit dem rechten Fuß vorwärts auf sie zu tanzen. Der Rechtskreisel wird auf Schritt „2“ gehoben, auf drei geht es wieder herunter. Sie muss auf „2“ weit an ihm vorbei tanzen, um dann Ende „2“ mit ihm zu heben.

Der Rechtskreisel kann unterschiedlich weit gedreht werden, wir wollen hier ca. 7/8 weit drehen, so dass er am Ende mit dem Rücken schräg zur Mitte steht (Raumrichtung 4). (Siehe auch Heben und Senken in der Einleitung).

Danach - Linksdrehung

Halbe Rechtsdrehung vorwärts

Männerschritte	S	Rhythmus	Frauenschritte
RF vorwärts zwischen ihre Füße setzen, dabei den Körper stark nach rechts eindrehen. *Körperdrehung 3/8 rechts*	1	langsam ¼-Takt	LF seitwärts, rückwärts, stark nach rechts eindrehen und aus seinem Weg tanzen. *Körperdrehung 3/8 rechts*
LF seitwärts leicht rückwärts.	2	langsam ¼-Takt	RF seitwärts leicht vorwärts.
RF zum LF schließen.	3	langsam ¼-Takt	LF zum RF schließen.

Rechtskreiseldrehung

LF seitwärts, rückwärts, stark nach rechts eindrehen und aus ihrem Weg tanzen. *Körperdrehung 2/4 rechts*	4	langsam ¼-Takt	RF vorwärts zwischen seine Füße setzen, dabei den Körper stark nach rechts eindrehen. *Körperdrehung 2/4 rechts*

RF seitwärts, vorwärts großer Schritt flach ansetzen zwischen ihre Füße, a.E. auf den Ballen heben. *Körperdrehung 1/4 rechts*	5	langsam	¼-Takt	LF vorwärts, seitwärts an ihm vorbeitanzen, a.E. auf dem LF nach rechts drehen und auf dem Ballen mit ihm zusammen heben. *Körperdrehung 1/4 rechts*
Auf dem RF auf Ballen nach rechts drehen und auf dem LF absenken, kleiner Schritt rückwärts.	6	langsam	¼-Takt	RF zum LF mit einem Brush heranziehen und dann RF vorwärts kleiner Schritt und absenken.

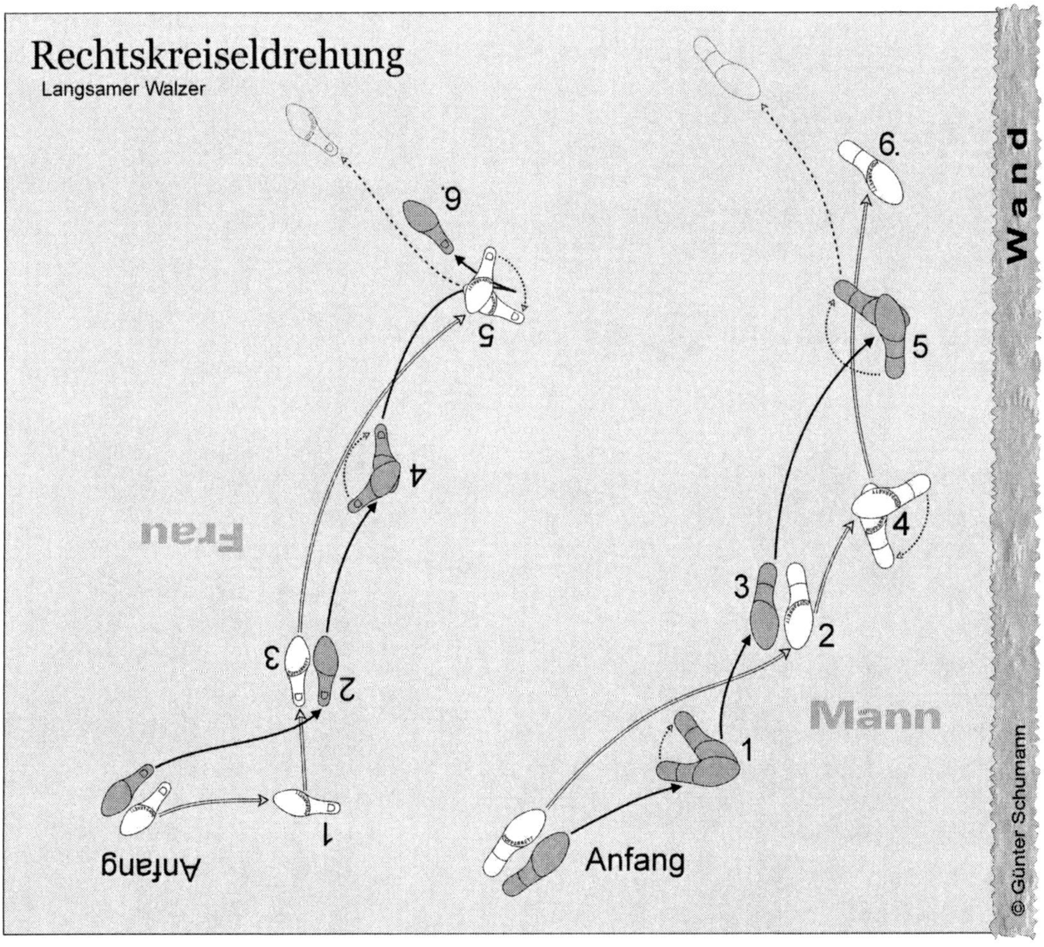

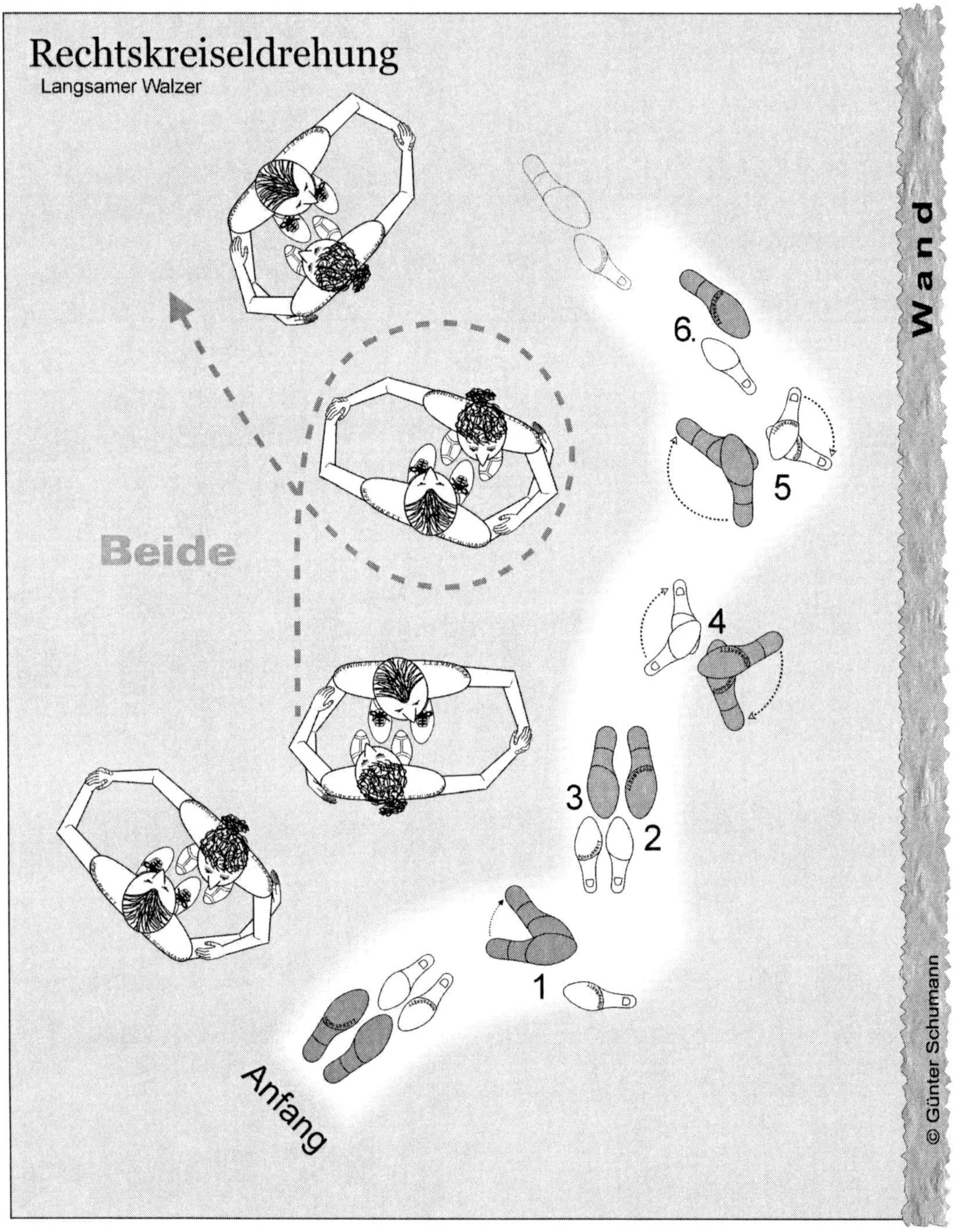
Rechtskreiseldrehung
Langsamer Walzer
Beide
Wand
6.
5
4
3
2
1
Anfang
© Günter Schumann

Rumba

Rumba

Geschichte Rumba ist ein Sammelname für eine Vielzahl historischer und gegenwärtiger Lied- und moderner kubanischer Paartänze, bedeutet „Fest“ oder „Tanz“, und gilt als erotischer Werbetanz.

Es lässt sich nicht sagen, die Rumba habe sich aus einem anderen Tanz "entwickelt", sie ist aus der Fülle der afrokubanischen Tänze im 20. Jh. entstanden. Ursprünge könnten afrokubanische Wurzeln wie Chica, Yuca, Calinda, Tango Congo (ein Tanz der Bantus), oder auch der spanische Fandango sein.

Aus den zahlreichen heute in Kuba getanzten Rumbas haben sich in Europa zwei Versionen durchgesetzt: die Rumba-Bolero (Square Style) und die Rumba Cuban Style (Mambo-Bolero).

In Kuba gibt es weitere Rumbaformen, die wohl älteste Rumba-Variante, den Yambú, einen ruhigen Paartanz mit erotischen Akzenten, die Columbia, eine ländliche Rumba, ein Männertanz. Die heute beliebteste Form der Rumba ist der städtische Guaguancó, echte, lebendige Volkspoesie. Verwandt mit der Rumba ist noch der Son und der alte Danzon (ein feierlicher, fast menuettähnlicher Schreittanz).

Ende der 1920er Jahre kam die Rumba nach Europa und wurde nach dem Grundschritt des kubanischen Danzon getanzt (Square Style). Die Rumba hatte eher einen Modetanzcharakter, konnte sich nur bis 1935 halten und verschwand dann erst einmal aus Europa.

Erst 1947 erreichte sie Europa ein zweites Mal und konnte sich hier durchsetzen. Es entstanden zwei Grundstile: zum einen die in England choreographierte kubanische Rumba (Cuban-Style), auch Mambo-Bolero genannt, und zum anderen der langsame kubanische Bolero (Square-Style), auch Rumba-Bolero genannt. Rumba-Bolero geht auf eine französische Choreographie zurück.

Zwischen englischen und französischen Tanzlehrern entbrannte bald ein Streit über die Ausführung der Rumba, der schließlich in den sogenannten „Rumba Kriegen“ 1956-1958 und 1961-1963 mündete. Diskutiert wurde in dieser Auseinandersetzung die Verteilung der drei Schritte eines Rumba-Grundschrittes und einer Bewegungspause auf die 4 Viertel eines Taktes, also die rhythmische Akzentuierung der Bewegung.

Ergebnis der Debatte war, beide Rumba-Stile als korrekte Ausführung zuzulassen.

Der Grundschritt des „Cuban-Style“ setzt die Schritte auf die Taktschläge 2, 3 und 4, auf Taktschlag 1 ist die Bewegungspause. Diese Variante hat sich im Tanzsportbereich durchgesetzt und ist bei Turnieren vorgeschrieben.

Der Grundschritt des „Square-Style“ wurde ursprünglich ohne Pause getanzt und getaktet in 3/8-3/8-2/8. Werden die 4/4 des Taktes als 8/8-Schläge gezählt, setzt diese Version die Schritte genau auf die rumbatypischen Claves-Schläge (Claves: Klanghölzer, Rhythmusinstrument) bei 1, 4 und 7.

Heute wird der „Square-Style“ allerdings 1/2-1/4-1/4 getaktet, mit Schritt und Pause auf Taktschlag 1 und 2 und zwei Schritten auf den Schlägen 3 und 4.

Diese Art Rumba zu tanzen ist leichter erlernbar als der „Cuban-Style“ und ist deshalb im Gesellschaftstanz sehr weit verbreitet.

In Nordamerika wird „Square-Style“ nicht nur im geselligen Bereich, sondern auch bei Tanzturnieren unter dem Namen „American Rumba“ sehr viel getanzt.

Musik 4/4-Takt, 24-31 Takte pro Minute.

In den Tabellen zeigen wir am Beispiel des „Wiege-Grundschrittes“, wie Schritte und Pause in den verschiedenen Rumba-Stilen auf die Taktschläge verteilt werden.

Die in diesem Buch aufgeführten Grundschritte und Figuren zeigen wir mit der Taktierung des „Square-Style“.

Taktierung am Beispiel des Grundschrittes (aus Männersicht):

Rumba „Square Style“ - Taktierung:

	1.Takt				2.Takt				3.Takt	
T	½		¼	¼	½		¼	¼	½	
	langsam		schnell	schnell	langsam		schnell	schnell	langsam	
S	1	2	3	4	1	2	3	4	1	2
M	seit - Pause		vor	rück	seit - Pause		rück	vor	seit - Pause	

Rumba „Cuban Style“ - Taktierung:

		1.Takt				2.Takt				3.Takt
T	½		¼	¼	½		¼	¼	½	
	langsam		schnell	schnell	langsam		schnell	schnell	langsam	
S	4	1	2	3	4	1	2	3	4	1
M	seit - Pause		vor	rück	seit - Pause		rück	vor	seit - Pause	

Tanzausführung

Wir tanzen weiter auseinander (sein rechter Arm ist gestreckt) und stehen uns genau gegenüber.

Gestartet wird beim ersten Grundschritt auf der „1“ für ihn RF seitwärts, für sie LF seitwärts.

Grundstellung am Anfang

Geschlossene Tanzhaltung mit Abstand

Wir stehen voreinander, genau gegenüber, etwas weiter auseinander. Der Abstand voneinander sollte ca. 30 cm betragen. Er streckt den rechten Arm ganz durch und legt dann die rechte Hand auf ihr Schulterblatt.

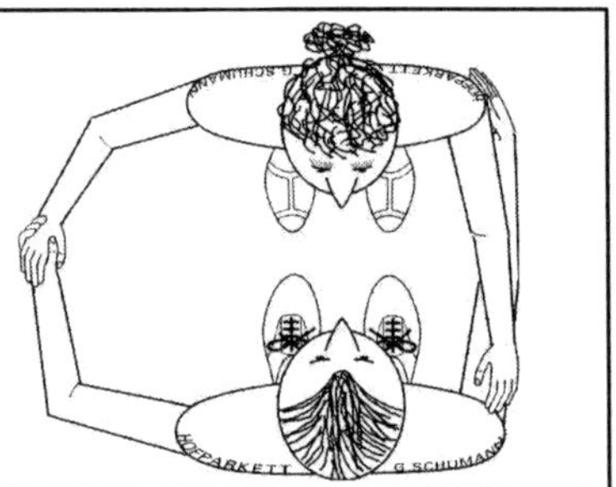

Freie Aufstellung im Raum

Die Füße sind etwas ausgedreht.

Alle Schritte werden mit dem Ballen angesetzt.

2-spurig (bezogen auf die Fußmittellinien).

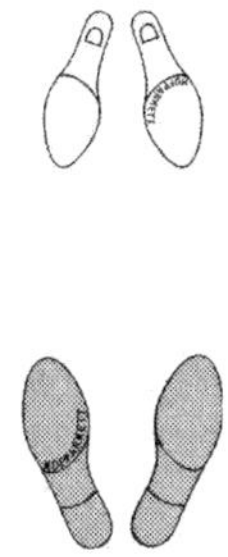

Tanzfiguren

1. Grundschritt

Wir starten die Rumba mit dem langsamen Schritt auf Taktschlag 1 und 2, den wir Vorschritt nennen, und beschreiben im folgenden Grundschritte und Figuren beginnend mit den schnellen Schritten auf Taktschlag 3 und 4 und endend mit dem langsamen Schritt auf Taktschlag 1 und 2, der gleichzeitig wieder vorbereitender Schritt für eine weitere Figur oder den Grundschritt ist.

Vorschritt

Männerschritte	S	Beschreibung	T	Frauenschritte
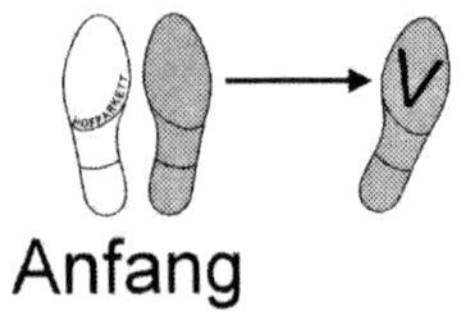	V	langsam ½-Takt V = Vorschritt für den Anfang des Tanzes. **Er** tanzt mit RF nach rechts. **Sie** tanzt LF nach links.	1,2	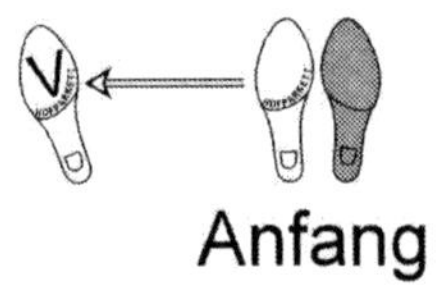

1.Takt Grundschritt vorwärts (sie rückwärts)

Männerschritte	S	Beschreibung	T	Frauenschritte
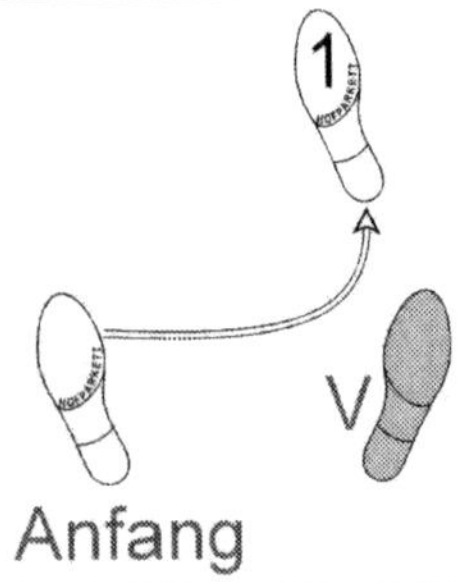	1	schnell ¼-Takt **Er** tanzt mit dem LF einen leichten Bogen nach rechts vorn. *Das Gewicht ist a.E. vorn* **Sie** tanzt mit dem RF einen leichten Bogen nach links hinten. *Das Gewicht ist a.E. hinten.*	3	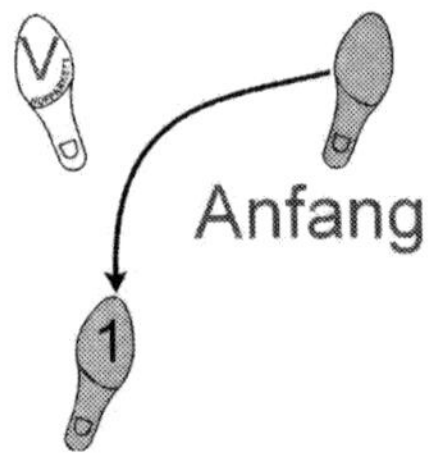
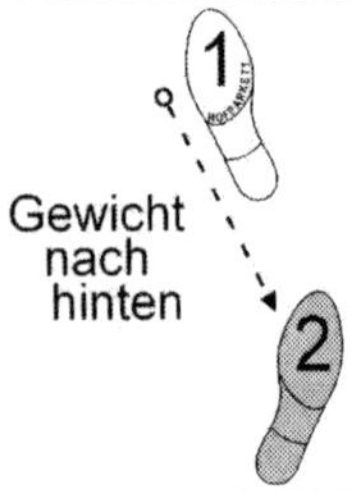	2	schnell ¼-Takt **Er** verlagert sein Gewicht vom LF zum RF. *Das Gewicht ist a.E. hinten..* **Sie** verlagert ihr Gewicht vom RF zum LF. *Das Gewicht ist a.E. vorn.*	4	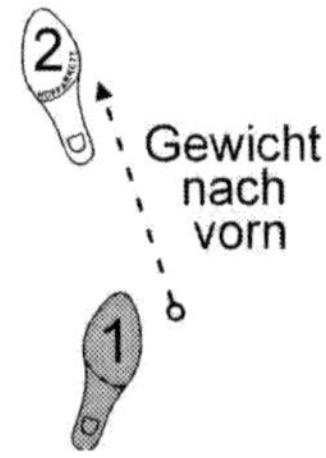

Männerschritte	S	Beschreibung		T	Frauenschritte
	3	langsam	½-Takt	1,2	
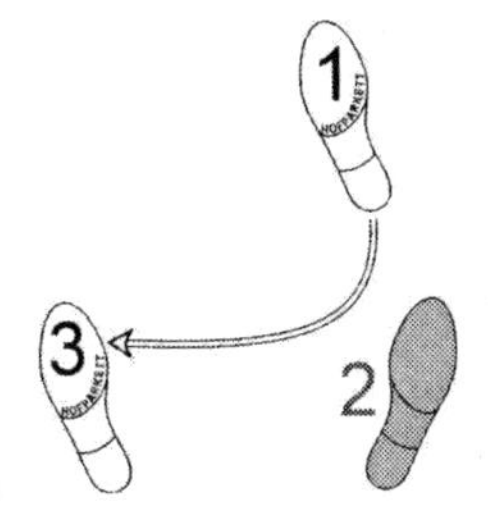		**Er** tanzt mit dem LF einen leichten Bogen nach links hinten. *Das Gewicht ist a.E. links.* **Sie** tanzt mit dem RF einen leichten Bogen nach rechts vorn. *Das Gewicht ist a.E. rechts.*			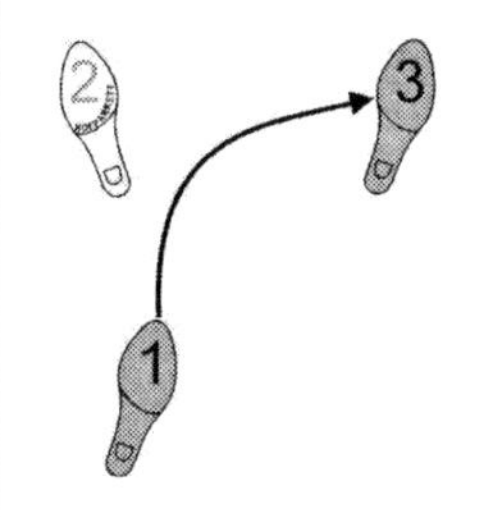

2.Takt Grundschritt rückwärts (sie vorwärts)

Männerschritte	S	Beschreibung		T	Frauenschritte
	4	schnell	½-Takt	3	
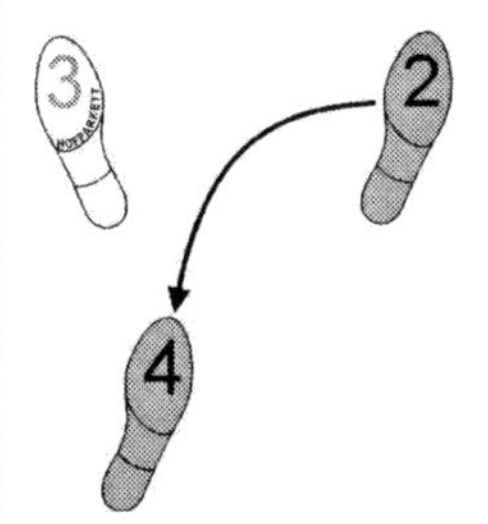		**Er** tanzt mit dem RF einen leichten Bogen nach links hinten. *Das Gewicht ist a.E. hinten.* **Sie** tanzt mit dem LF einen leichten Bogen nach rechts vorn. *Das Gewicht ist a.E. vorn.*			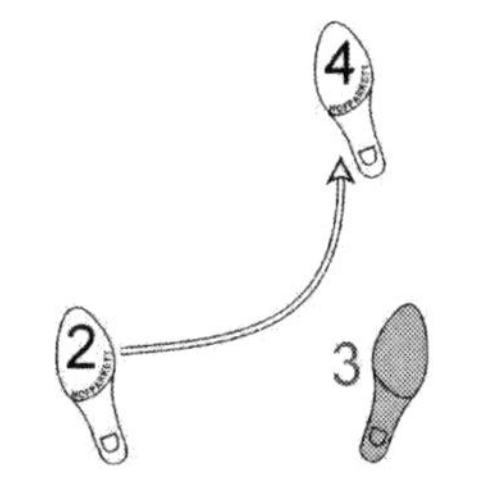
	5	schnell	¼-Takt	4	
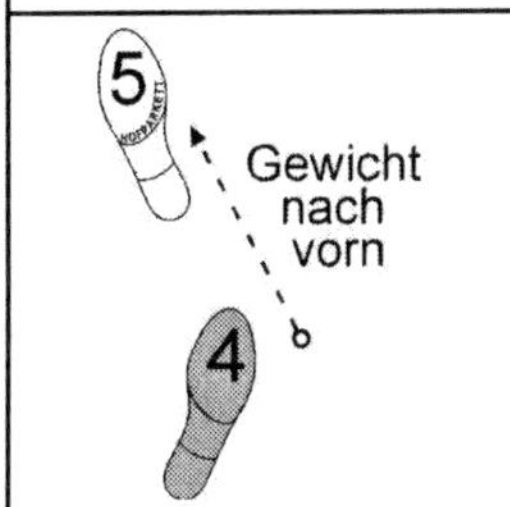		**Er** verlagert sein Gewicht vom RF zum LF. *Das Gewicht ist a.E. vorn.* **Sie** verlagert ihr Gewicht vom LF zum RF. *Das Gewicht ist a.E. hinten.*			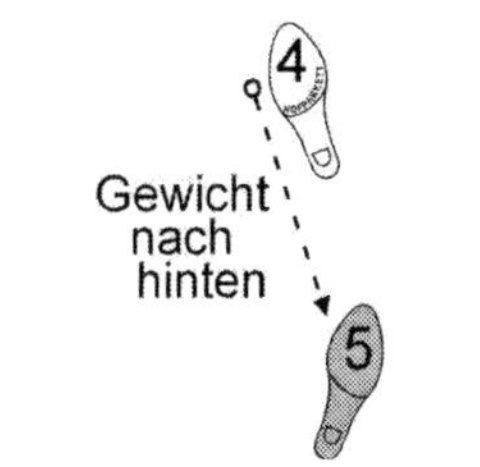
	6	langsam	½-Takt	1,2	
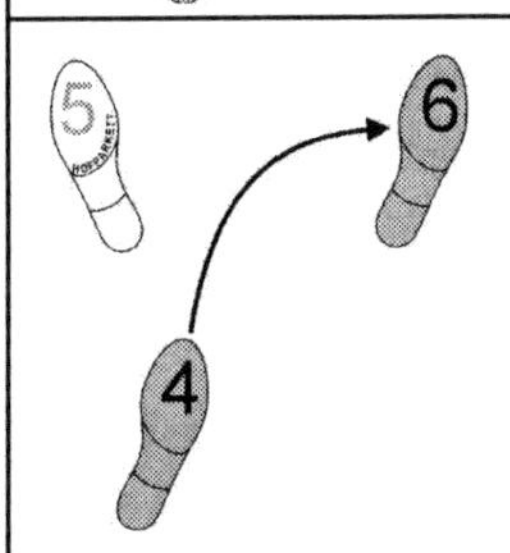		**Er** tanzt mit dem RF einen leichten Bogen nach rechts vorn. *Das Gewicht ist a.E. rechts.* **Sie** tanzt mit dem LF einen leichten Bogen nach links hinten. *Das Gewicht ist a.E. links.*			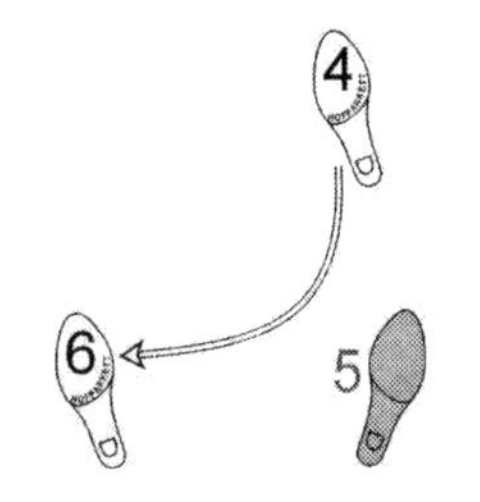

Grundschritt

vorwärts, rückwärts

Rumba

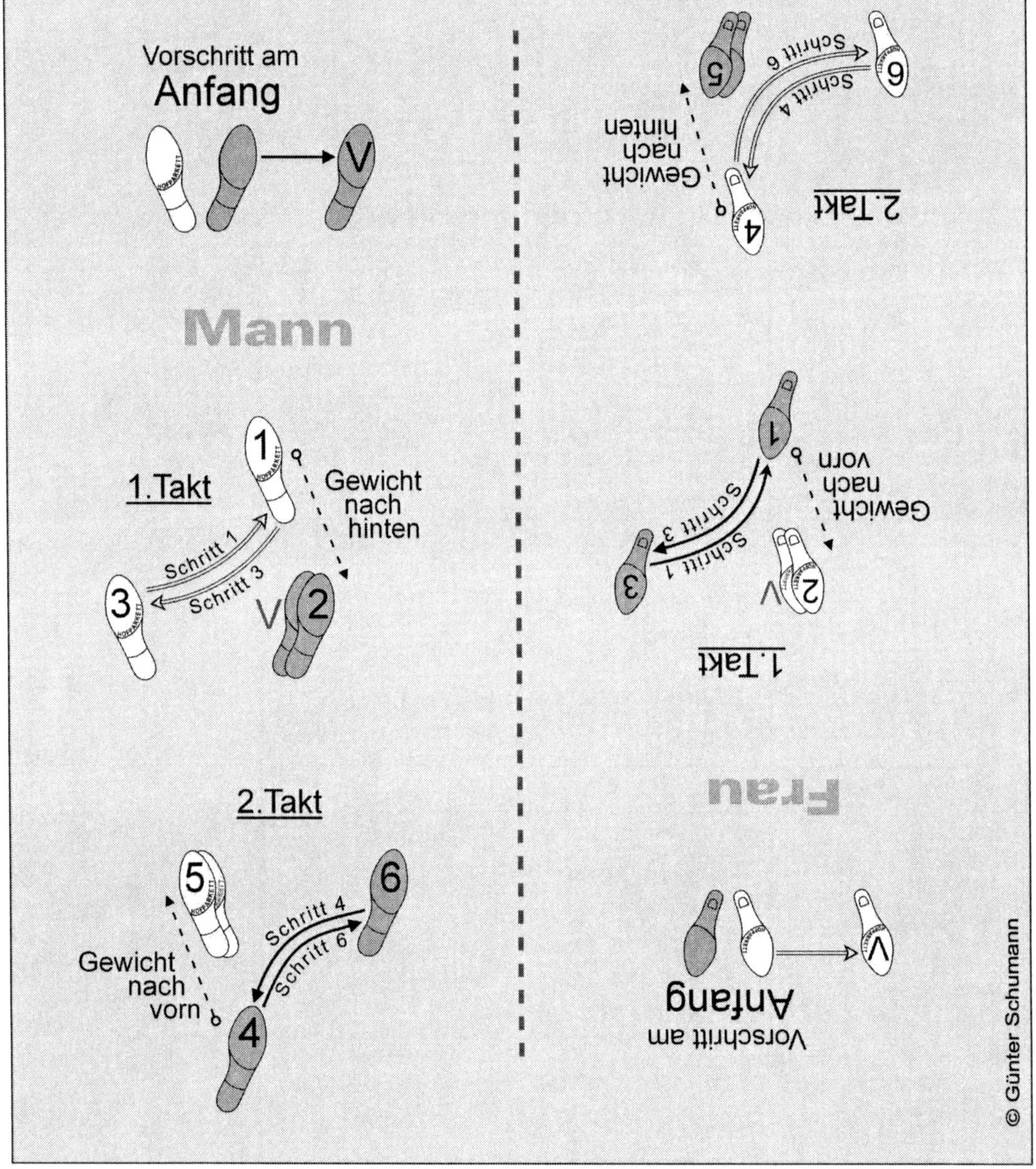

Grundschritt

vorwärts, rückwärts

Rumba

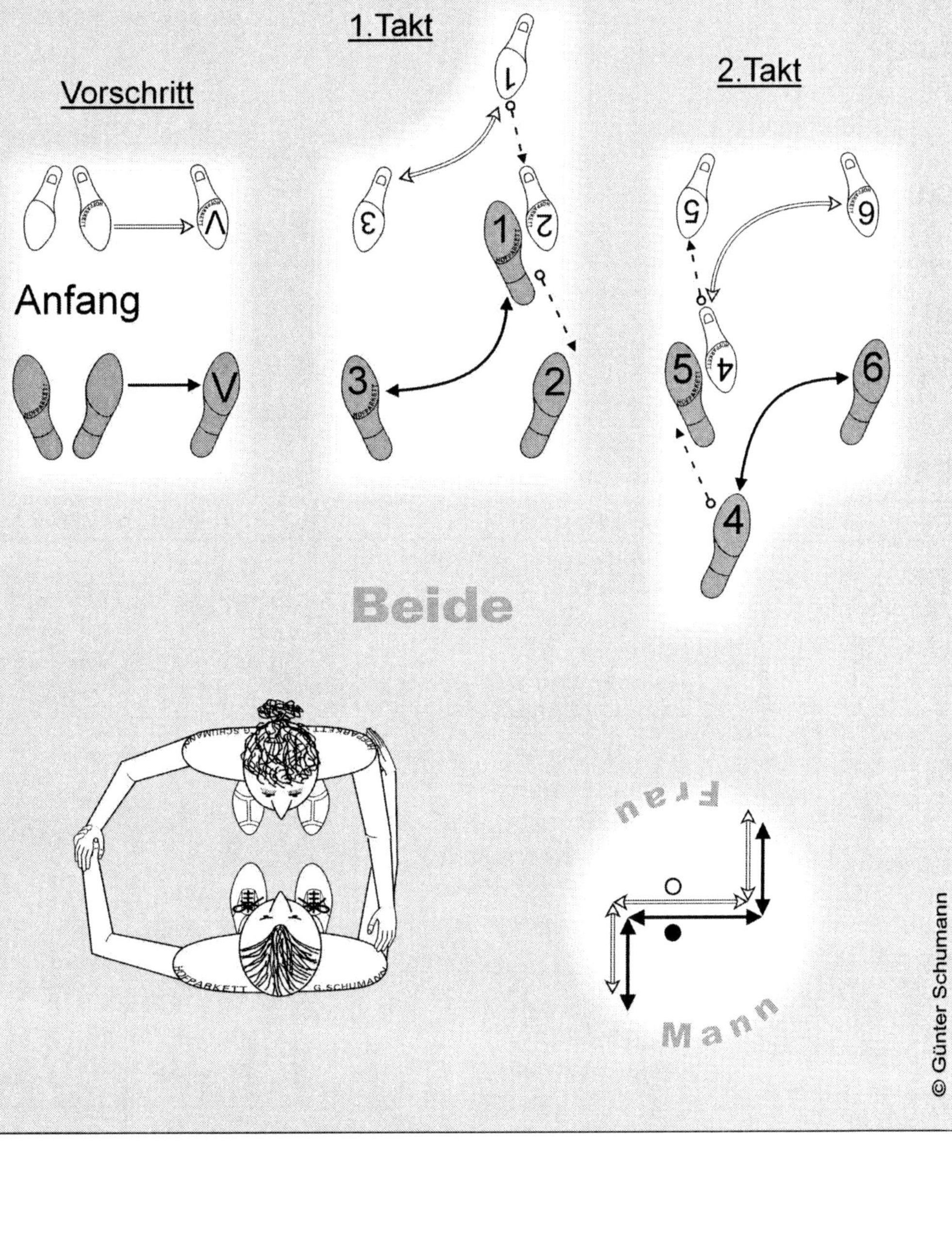

2. Damen-Solodrehung (Spot-Turn)

Davor - Vorschritt oder Grundschritt rückwärts

Wir tanzen einen Grundschritt vorwärts. Er führt sie dann in eine Damen-Solodrehung und macht dabei einen Grundschritt rückwärts.

Danach - Grundschritt vorwärts

Anmerkung: für die Beschreibung der Führung siehe unter Einleitung - Führung.

Grundschritt vorwärts

Männerschritte	S	Beschreibung	T	Frauenschritte
LF vorwärts.	1	schnell ¼-Takt	3	RF rückwärts.
Gewicht nach hinten auf RF.	2	schnell ¼-Takt	4	Gewicht nach vorn auf LF.
LF seitwärts.	3	langsam ½-Takt	1,2	RF seitwärts.

Grundschritt rückwärts / Damen-Solodrehung

Männerschritte	S	Beschreibung	T	Frauenschritte
Er tanzt mit dem RF einen leichten Bogen nach links hinten. *Das Gewicht ist a.E. hinten.*	4	schnell ¼-Takt **Sie** tanzt mit dem LF nach rechts und dreht dabei den RF auch nach rechts *Gewicht a.E. auf LF*	3	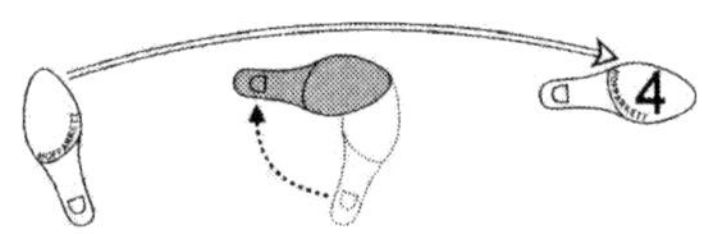
Er verlagert sein Gewicht vom RF zum LF. *Das Gewicht ist a.E. vorn.*	5	schnell ¼-Takt **Sie** dreht auf beiden Füßen weiter nach rechts. *Gewicht a.E. auf RF*	4	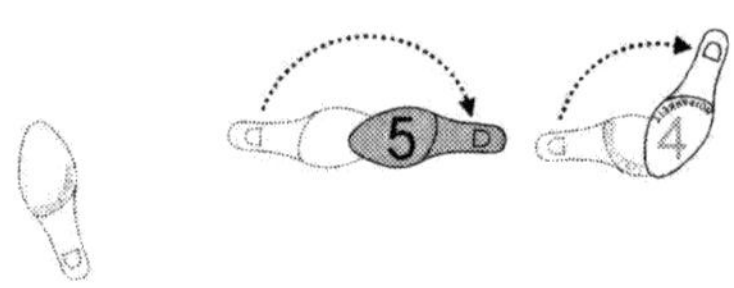
Er tanzt mit dem RF einen leichten Bogen nach rechts vorn. *Das Gewicht ist a.E. rechts.*	6	langsam ½-Takt **Sie** LF seitwärts und zurück zur Grundstellung, dreht dabei auf dem RF.	1,2	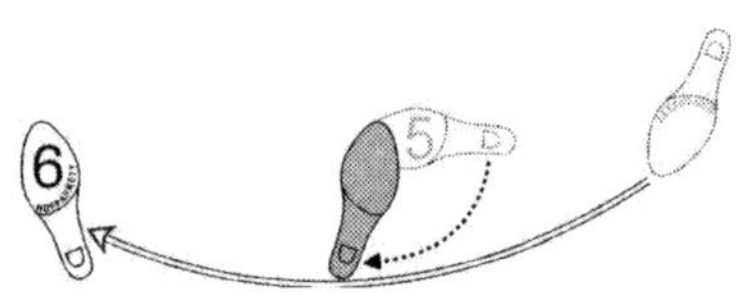

Damen-Solodrehung

Rumba

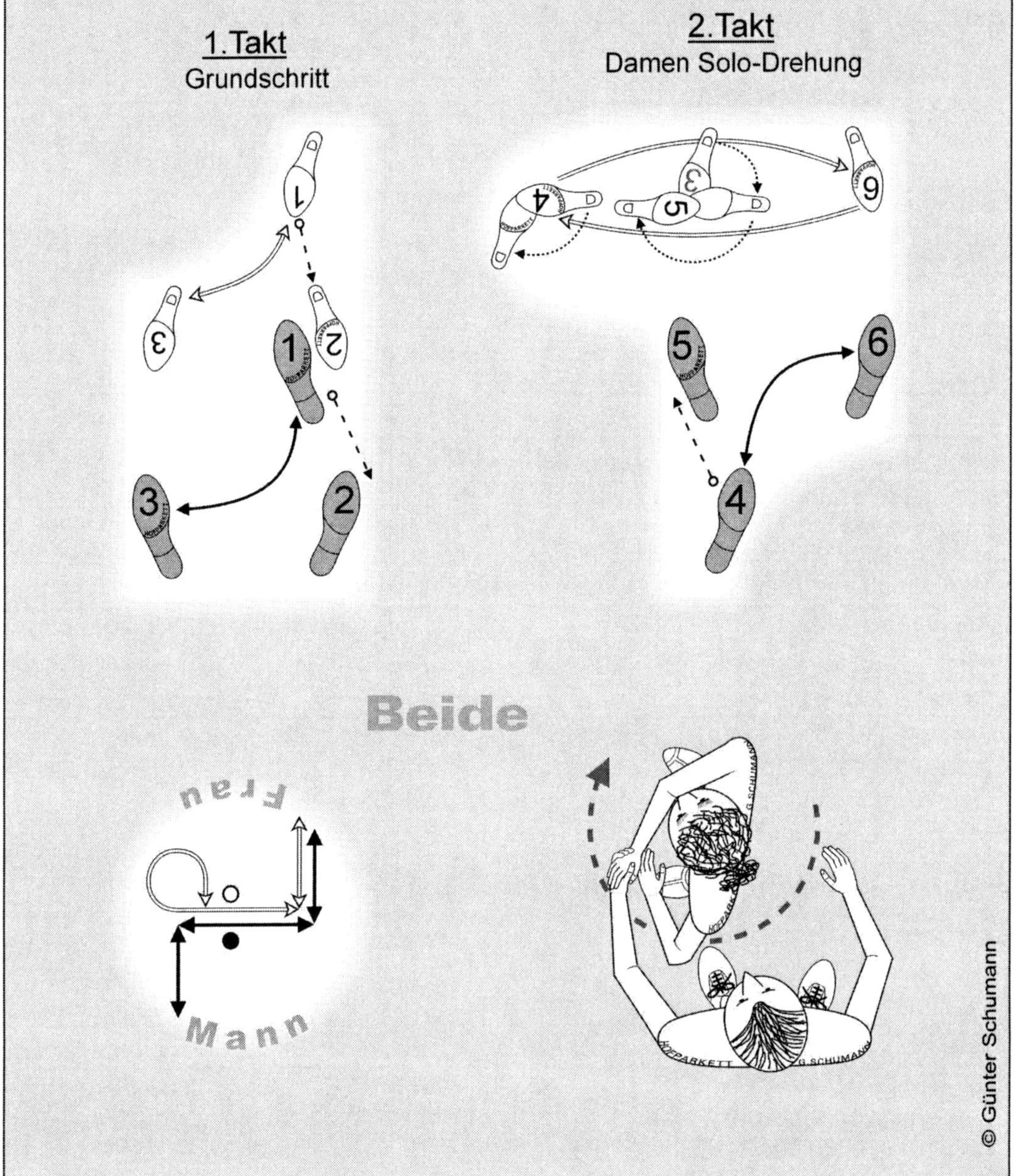

3. Vorwärts-Promenade (New-York)

Davor - Vorschritt oder Grundschritt rückwärts

Wir tanzen zwei Grundschritte, dann eine Vorwärts-Promenade nach rechts und dann eine Vorwärts-Promenade nach links (aus seiner Sicht).

Danach - Grundschritt vorwärts

Anmerkung: für die Beschreibung der Führung siehe unter Einleitung - Führung.

Grundschritt vorwärts

1 - 2 - 3	schnell - schnell - langsam	¼ - ¼ - ½ -Takt

Grundschritt rückwärts

Männerschritte	S	Beschreibung	T	Frauenschritte
RF rückwärts.	4	schnell ¼-Takt	3	LF vorwärts.
Gewicht nach vorn auf LF.	5	schnell ¼-Takt	4	Gewicht nach hinten auf RF.
RF seitwärts.	6	langsam ½-Takt	1,2	LF seitwärts.

Vorwärts-Promenade nach rechts (sie nach links)

Auf dem RF ¼ nach rechts drehen und LF vorwärts. *Das Gewicht ist a.E. vorn*	1	schnell ¼-Takt	3	Auf dem LF ¼ nach links drehen und RF vorwärts. *Das Gewicht ist a.E. vorn*
Gewicht nach hinten auf RF.	2	schnell ¼-Takt	4	Gewicht nach hinten auf LF.
Auf dem RF nach links drehen und LF seitwärts.	3	langsam ½-Takt	1,2	Auf dem LF nach rechts drehen und RF seitwärts.

Vorwärts-Promenade nach links (sie nach rechts)

Auf dem LF ¼ nach links drehen und RF vorwärts. *Das Gewicht ist a.E. vorn*	4	schnell ¼-Takt	3	Auf dem RF ¼ nach rechts drehen und LF vorwärts. *Das Gewicht ist a.E. vorn*
Gewicht nach hinten auf LF.	5	schnell ¼-Takt	4	Gewicht nach hinten auf RF.
Auf dem LF nach rechts drehen und RF seitwärts.	6	langsam ½-Takt	1,2	Auf dem RF nach links drehen und LF seitwärts.

Vorwärts-Promenade

Rumba

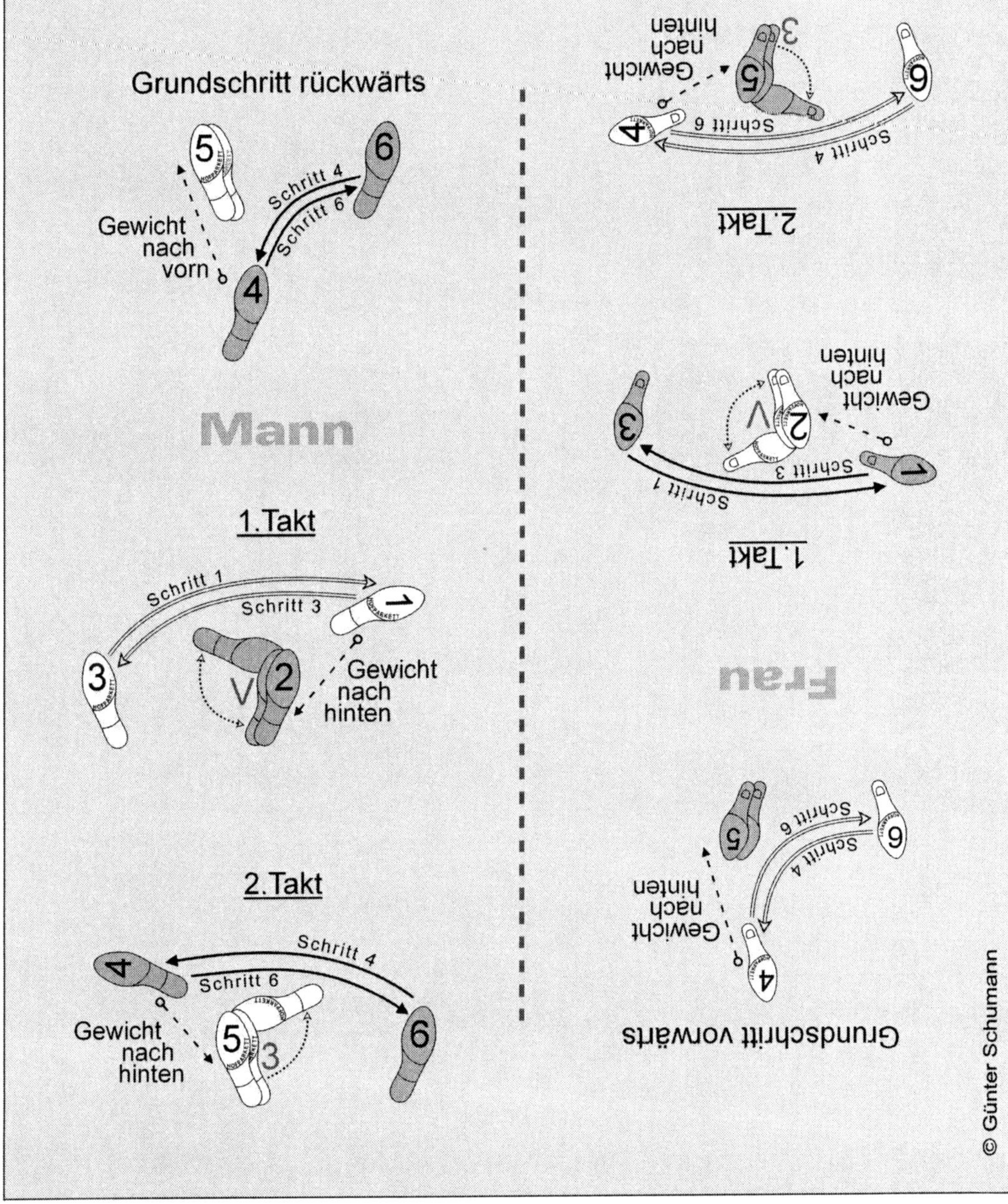

Vorwärts-Promenade

Rumba

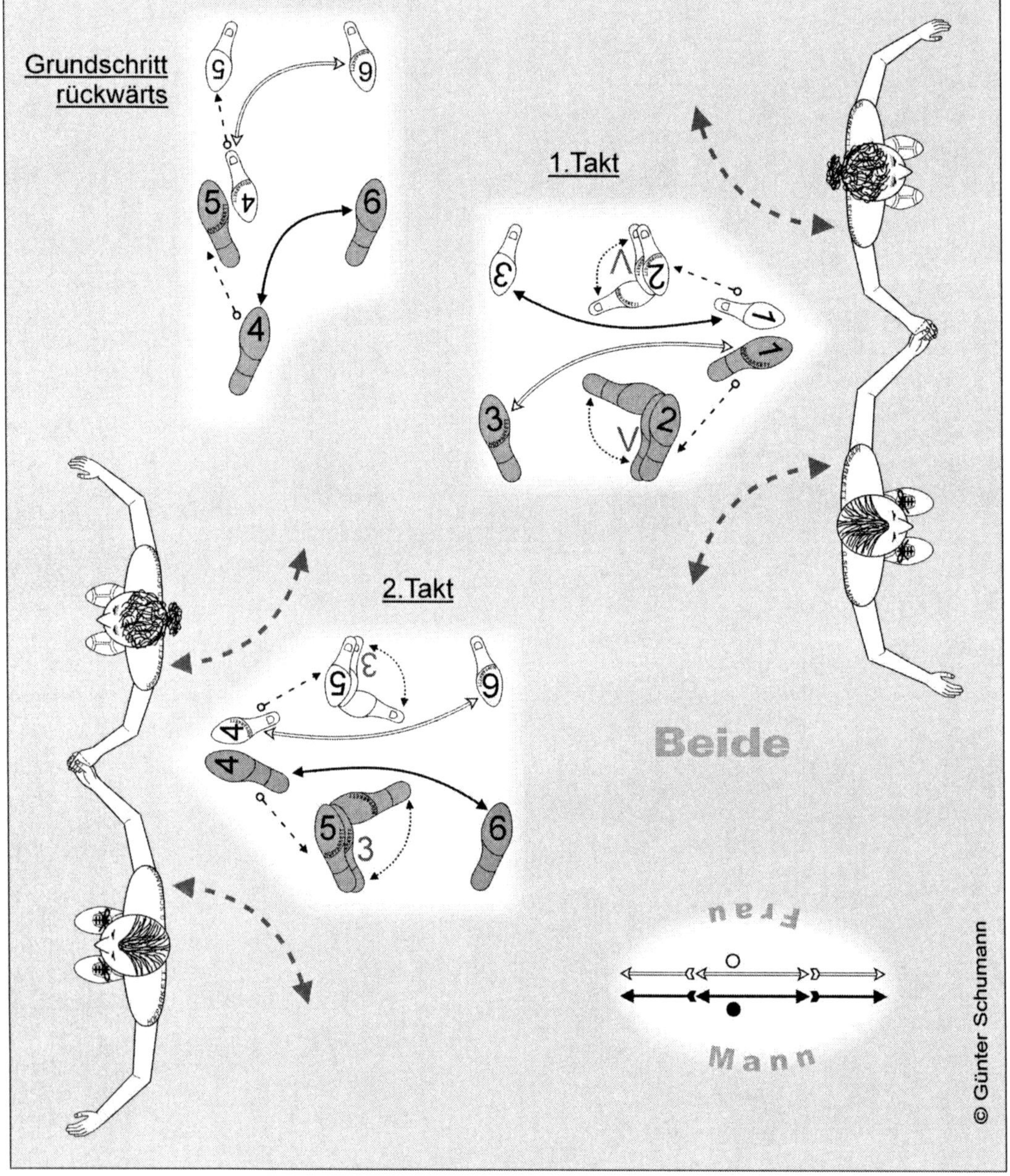

4. Abwechselnd Solodrehung

Davor - Vorschritt oder Grundschritt rückwärts

Wir tanzen einen Grundschritt vorwärts. Er führt sie dann in eine Damen-Solodrehung und macht dabei einen Grundschritt rückwärts. Danach tanzt er eine Solodrehung nach rechts und sie macht einen Grundschritt rückwärts. Sie wird anschließend erneut in eine Solodrehung nach links geführt (seine Sicht). *Danach - Grundschritt vorwärts*

Grundschritt

1 - 2 - 3	schnell - schnell - langsam	¼ - ¼ - ½ -Takt

Damen-Solodrehung (Spot-Turn)

Männerschritte	S	Beschreibung	T	Frauenschritte
RF rückwärts.	**4**	schnell ¼-Takt	**3**	LF nach rechts überkreuz zum RF und dabei auf dem RF auch nach rechts drehen. *Gewicht a.E. auf LF.*
Gewicht nach vorn auf LF.	**5**	schnell ¼-Takt	**4**	Auf beiden Füßen eine halbe Drehung nach rechts. *Gewicht a.E. auf RF.*
RF seitwärts.	**6**	langsam ½-Takt	**1,2**	Auf RF Vierteldrehung nach rechts, LF seitwärts und zurück zur Grundstellung.

Herren-Solodrehung (Spot-Turn) — Grundschritt

Männerschritte	S	Beschreibung	T	Frauenschritte
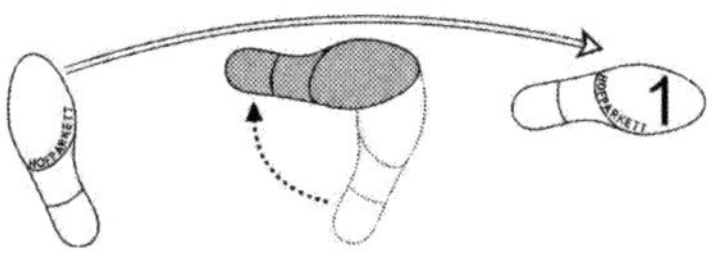	**4**	schnell ¼-Takt	**3**	RF rückwärts.
		Er tanzt mit dem LF nach rechts und dreht dabei den RF auch nach rechts. *Gewicht a.E. auf LF*		

Männerschritte	S	Beschreibung	T	Frauenschritte
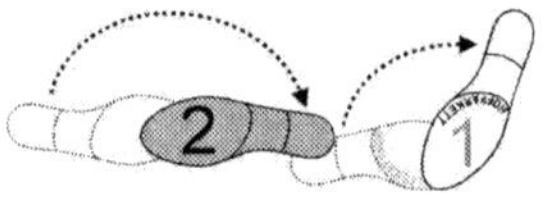	2	schnell ¼-Takt **Er** dreht auf beiden Füßen weiter nach rechts. *Gewicht a.E. auf RF.*	4	*Gewicht nach vorn auf LF.*
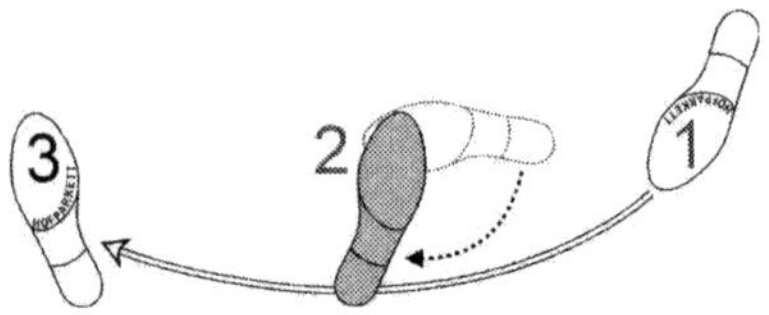	3	schnell ¼-Takt **Er** tanzt mit dem LF seitwärts und zurück zur Grundstellung	1,2	RF seitwärts.

Damen-Solodrehung (Spot-Turn)

4 - 5 - 6	schnell - schnell - langsam	¼ - ¼ - ½ -Takt

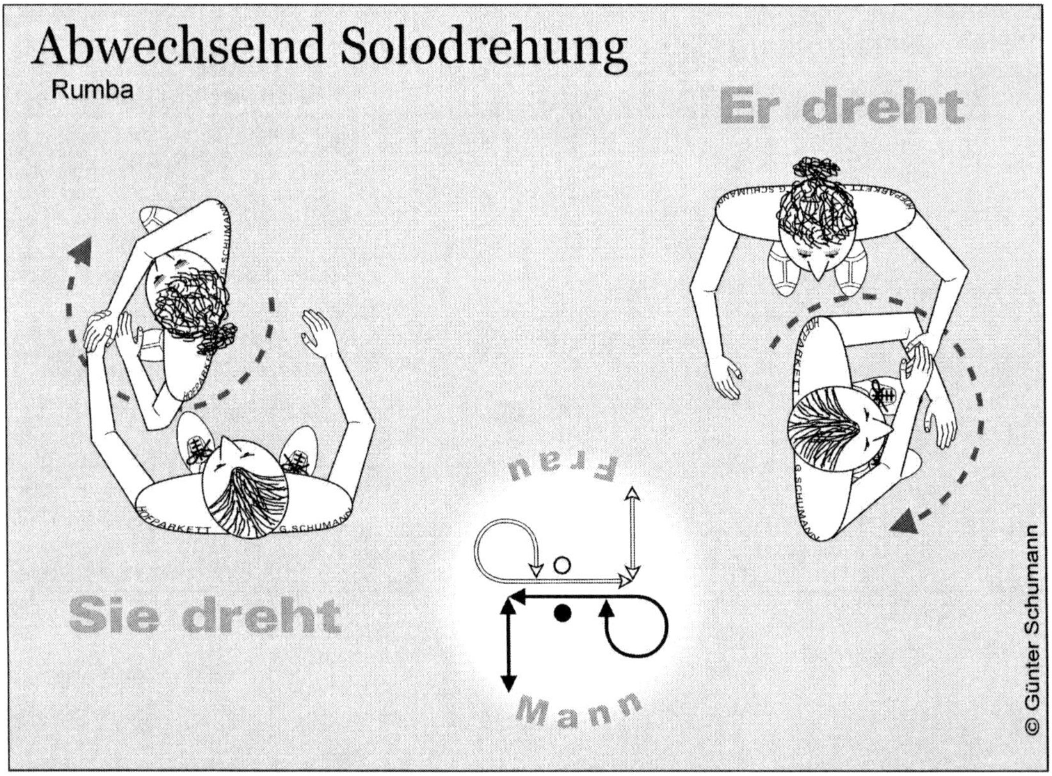

5. Vorwärts-Promenade mit Solodrehung

Davor - Vorschritt oder Grundschritt rückwärts

Kleine Tanzfolge. Wir tanzen einen Grundschritt vorwärts, einen Grundschritt rückwärts, drei Vorwärts-Promenaden (rechts, links, rechts) und beenden mit einer Damen-Solodrehung.

Danach - Grundschritt vorwärts

Grundschritt vorwärts

1 - 2 - 3	schnell - schnell - langsam	¼ - ¼ - ½ -Takt

Grundschritt rückwärts

4 - 5 - 6	schnell - schnell - langsam	¼ - ¼ - ½ -Takt

Vorwärts-Promenade nach rechts

1 - 2 - 3	schnell - schnell - langsam	¼ - ¼ - ½ -Takt

Vorwärts-Promenade nach links

4 - 5 - 6	schnell - schnell - langsam	¼ - ¼ - ½ -Takt

Vorwärts-Promenade nach rechts

1 - 2 - 3	schnell - schnell - langsam	¼ - ¼ - ½ -Takt

Damen-Solodrehung (er Grundschritt rückwärts)

4 - 5 - 6	schnell - schnell - langsam	¼ - ¼ - ½ -Takt

6. Rückwärts-Promenade (Hand to Hand)

Davor - Grundschritt rückwärts oder Damen-Solodrehung

Wir tanzen einen Grundschritt vorwärts und eine Damen-Solodrehung nach links. Am Ende wechselt er die gefassten Händen, er hält nun mit seiner rechten ihre linke Hand. Es folgen eine Rückwärts-Promenade nach rechts, wieder ein Handwechsel und eine Rückwärts-Promenade nach links. Es folgt eine Rückwärts-Promenade nach rechts und eine Damen-Solodrehung nach links.

Danach - Grundschritt vorwärts

Grundschritt vorwärts

1 - 2 - 3	schnell - schnell - langsam	¼ - ¼ - ½ -Takt

Sie Solodrehung nach links, er Grundschritt rückwärts

4 - 5 - 6	schnell - schnell - langsam	¼ - ¼ - ½ -Takt

Rückwärts-Promenade nach rechts (sie nach links)

Männerschritte	S	Beschreibung	T	Frauenschritte
Auf dem RF ¼ nach links drehen und LF rückwärts.	1	schnell ¼-Takt	3	Auf dem LF ¼ nach rechts drehen und RF rückwärts.
Gewicht nach vorn auf RF.	2	schnell ¼-Takt	4	Gewicht nach vorn auf LF.
Auf dem RF nach rechts drehen und LF seitwärts.	3	langsam ½-Takt	1,2	Auf dem LF nach links drehen und RF seitwärts.

Rückwärts -Promenade nach links (sie nach rechts)

Auf dem LF ¼ nach rechts drehen und RF rückwärts.	4	schnell ¼-Takt	3	Auf dem RF ¼ nach links drehen und LF rückwärts.
Gewicht nach vorn auf LF.	5	schnell ¼-Takt	4	Gewicht nach vorn auf RF.
Auf dem LF nach links drehen und RF seitwärts.	6	langsam ½-Takt	1,2	Auf dem RF nach rechts drehen und LF seitwärts.

Rückwärts-Promenade

Rumba

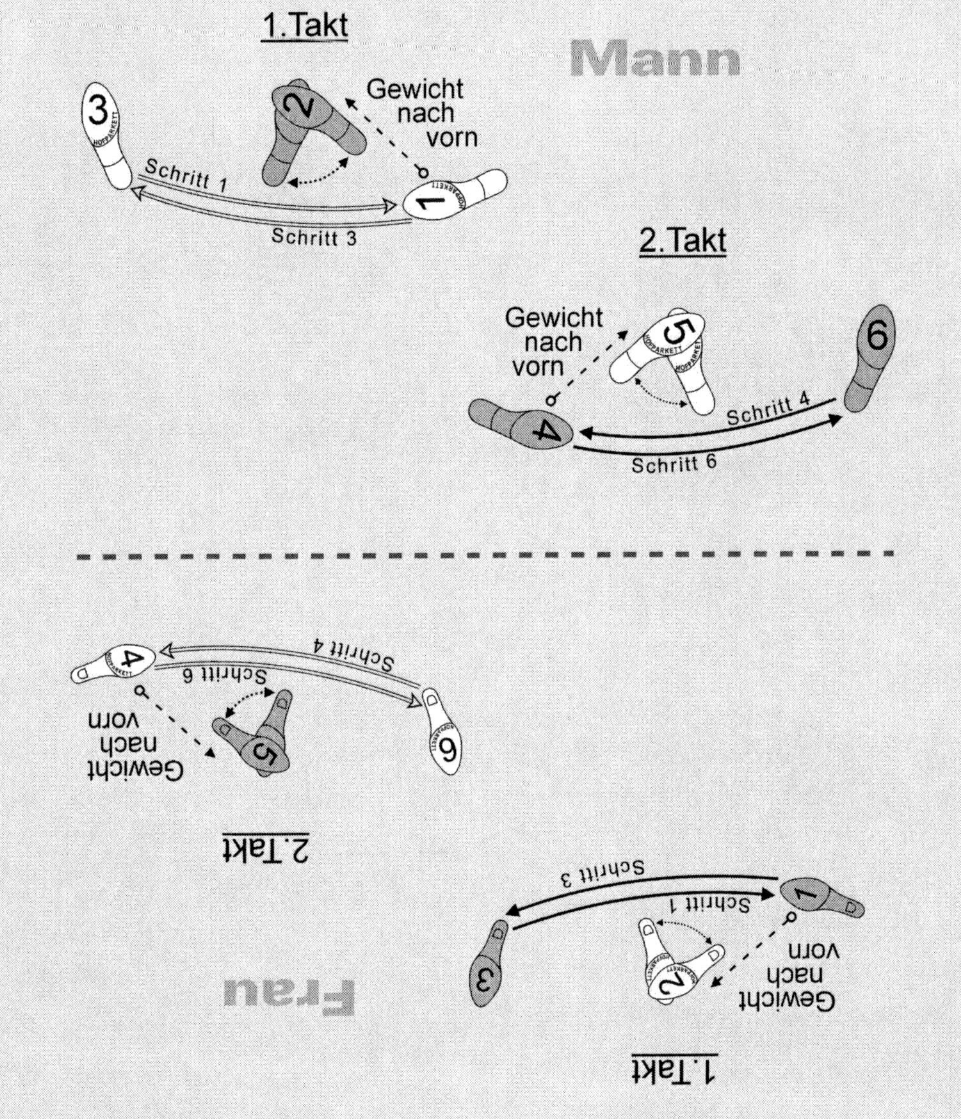

Rückwärts-Promenade

Rumba

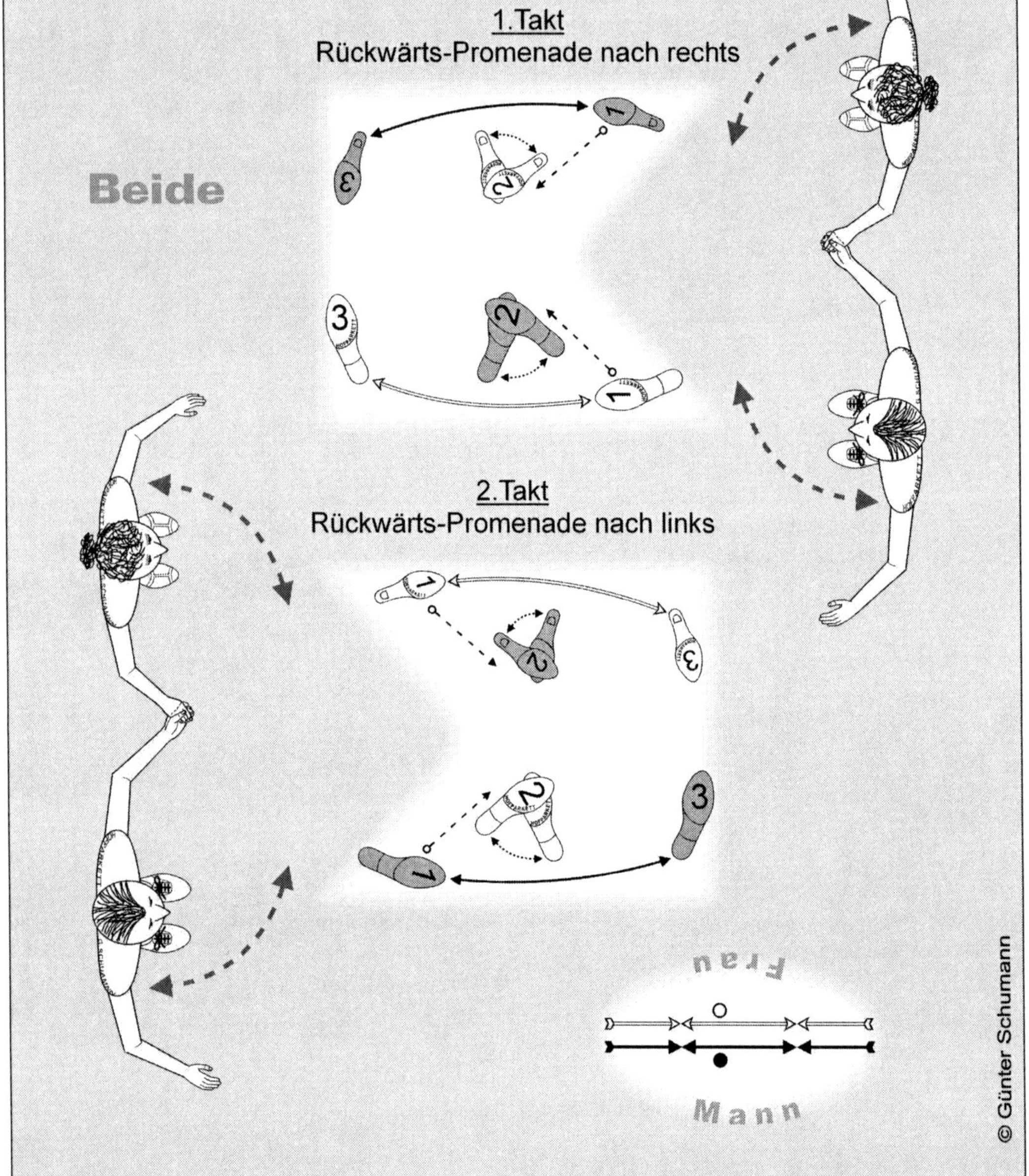

7. Damen-Solodrehung und Öffnen (Opening Out)

Davor - Grundschritt vorwärts

Er tanzt einen Grundschritt rückwärts, der am Ende mit dem RF geschlossen wird. Sie tanzt eine Solodrehung. Es folgt für ihn ein Grundschritt vorwärts, mit geschlossenen Füßen am Ende. Sie tanzt währenddessen ein „Öffnen nach rechts". Es folgt wieder eine Damen-Solodrehung.

Wir können diese beiden Figuren mehrere Male wiederholen.

Danach - Grundschritt vorwärts

Anmerkung: Damit sie nach der ersten Damen-Solodrehung nicht in den Grundschritt tanzt, muss er sie stark nach rechts führen und löst damit ein Öffnen aus.

Grundschritt vorwärts für beide 1-3 (er vorwärts, sie rückwärts)

1 - 2 - 3	schnell - schnell - langsam	¼ - ¼ - ½ -Takt

Grundschritt rückwärts **Damen-Solodrehung**

Männerschritte	S	Beschreibung	T	Frauenschritte
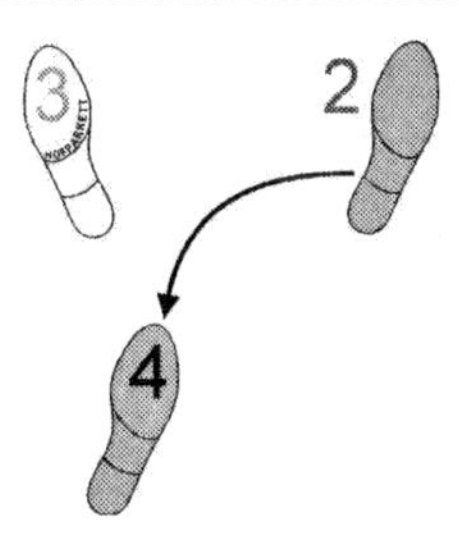	4	Schnell ¼-Takt **Er** tanzt mit dem RF mit einem leichten Bogen nach links hinten. *Gewicht a.E. hinten.* **Sie** tanzt mit dem LF nach rechts und dreht dabei den RF auch nach rechts. *Gewicht a.E. auf LF.*	3	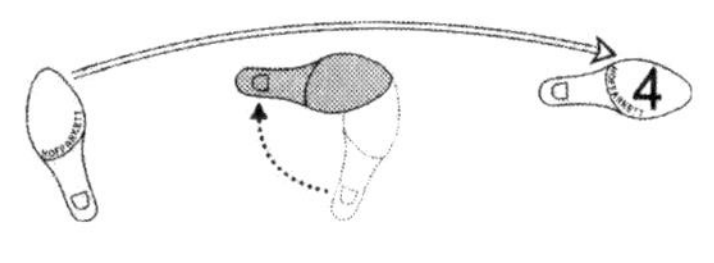
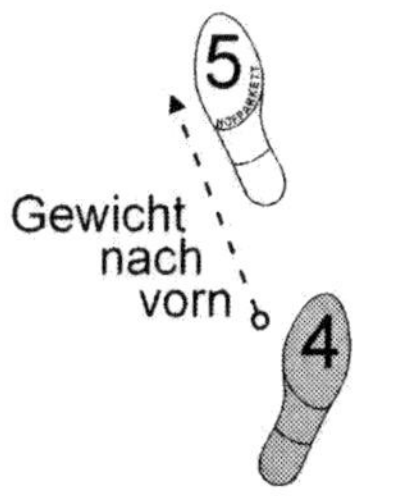	5	Schnell ¼-Takt **Er** verlagert sein Gewicht vom RF zum LF. *Das Gewicht ist vorn.* **Sie** dreht auf beiden Füßen weiter nach rechts. *Gewicht am Ende auf RF.*	4	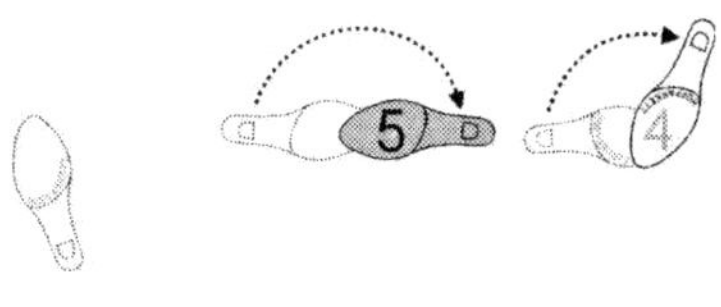

Männerschritte	S	Beschreibung	T	Frauenschritte
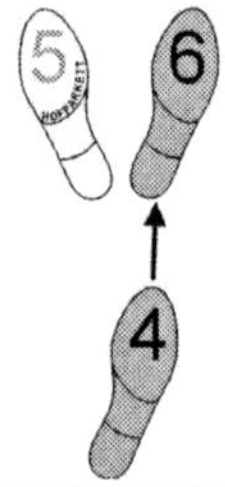	6	Langsam ½-Takt **Er** schließt mit dem RF zum LF. *Das Gewicht ist a.E. rechts.* **Sie** LF seitwärts und zurück zur Grundstellung, dreht dabei auf dem RF.	1,2	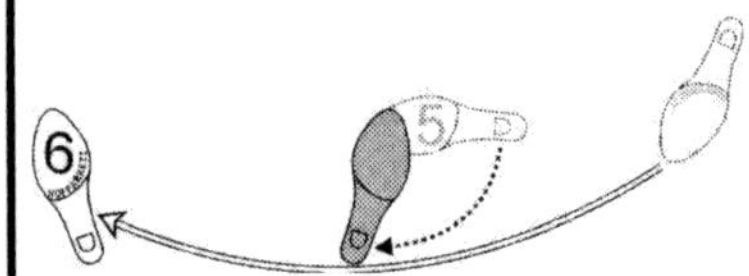

Grundschritt vorwärts **Öffnen nach rechts**

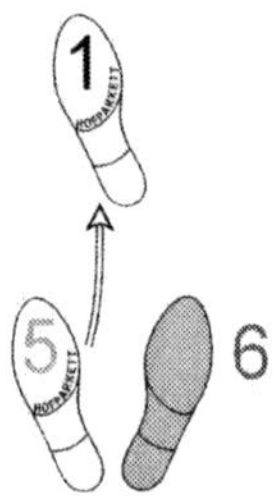	1	Schnell ¼-Takt **Er** tanzt mit LF vorwärts, ohne Seitwärtsbewegung. *Das Gewicht ist vorn.* **Sie** dreht auf LF nach rechts und tanzt mit RF rückwärts.	3	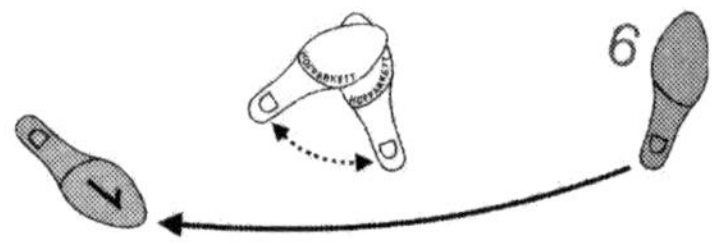
	2	Schnell ¼-Takt **Er** *Gewicht nach hinten zum RF.* **Sie** *Gewicht nach vorn zum LF.*	4	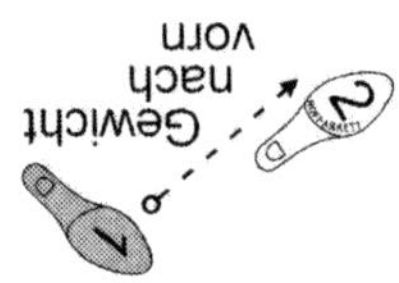
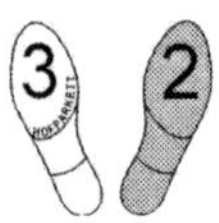	3	Langsam ½-Takt **Er** schließt LF zum RF. *Das Gewicht ist links.* **Sie** mit RF seitwärts, dabei auf LF nach links drehen. *Das Gewicht ist rechts.*	1,2	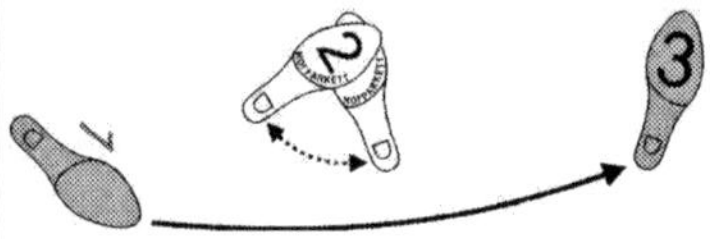

Sie Damen-Solodrehung, er Grundschritt rückwärts

4 - 5 - 6	schnell - schnell - langsam	¼ - ¼ - ½ -Takt

Damen-Solodrehung & Öffnen

Rumba

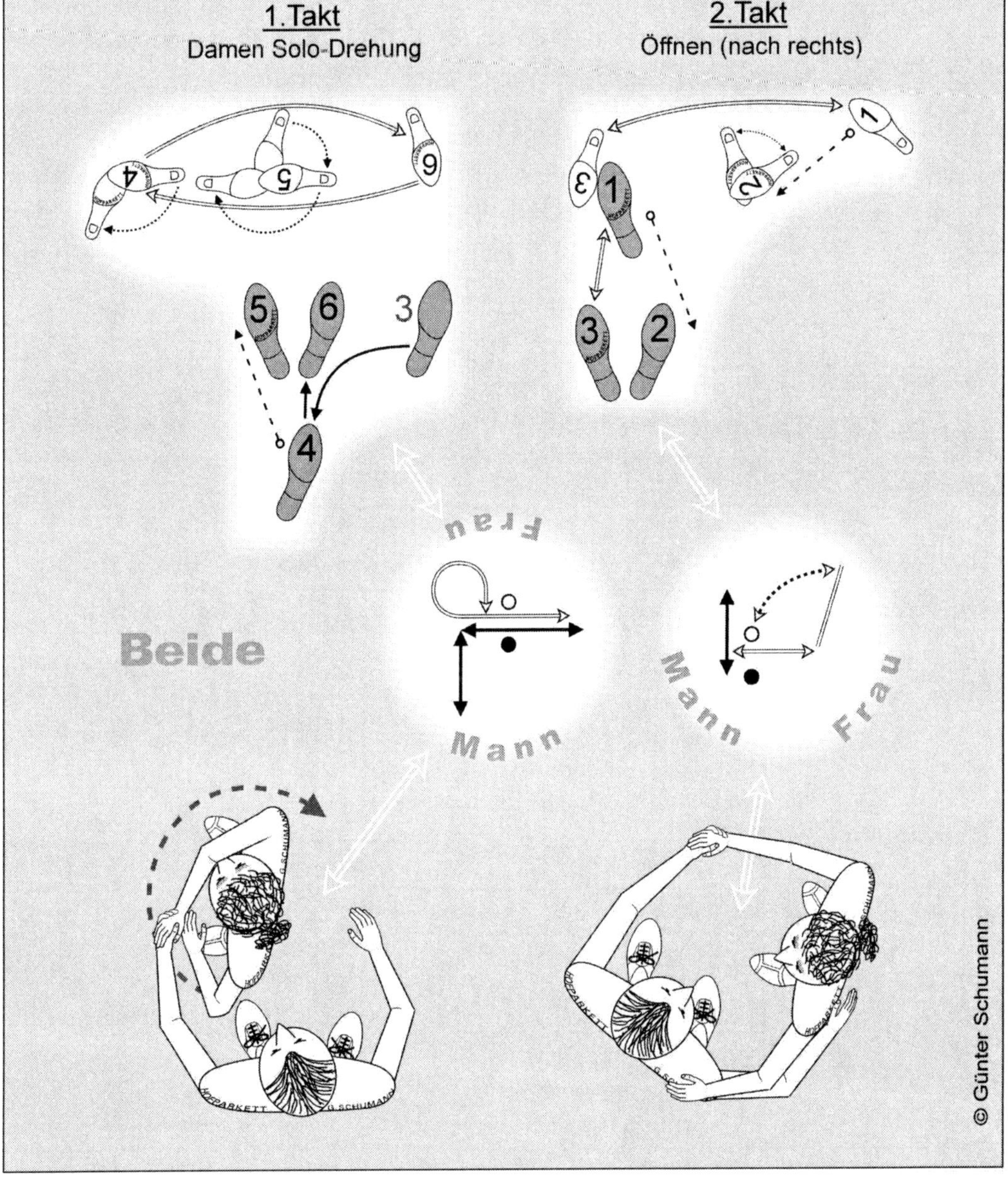

8. Lasso (Rope Spinning)

Davor - Grundschritt vorwärts

Wir tanzen einen Grundschritt vorwärts, dann eine Damen-Solodrehung. Bei seinem Grundschritt rückwärts schließt er die Füße, tanzt danach einen Cucaracha nach links und dann wieder einen Grundschritt rückwärts. Nach der Damen-Solodrehung tanzt sie mit 6 Schritten um ihn herum (Lasso).

Danach - Grundschritt vorwärts

Anmerkung: Bei der Führung ins Lasso lässt er während der Damen-Solodrehung seine rechte Hand auf ihrem Rücken. Durch ihre Drehung wechselt seine rechte Hand von ihrem linken zu ihrem rechten Schulterblatt. Damit kann er sie ins Lasso führen.

Grundschritt vorwärts

1 - 2 - 3	schnell - schnell - langsam	¼ - ¼ - ½ -Takt

Grundschritt rückwärts / Damen-Solodrehung

Männerschritte	S	Beschreibung	T	Frauenschritte
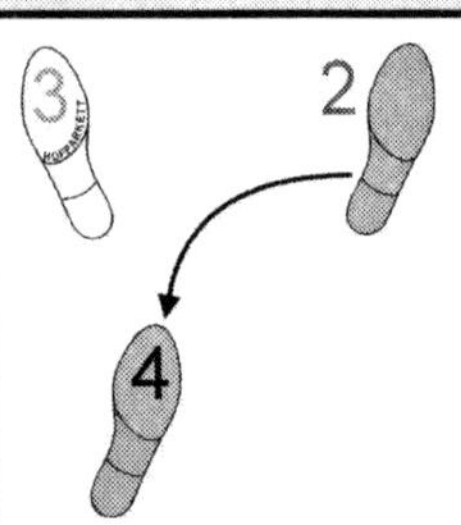	4	Schnell ¼-Takt **Er** tanzt mit dem RF rückwärts. *Das Gewicht ist a.E. hinten.* **Sie** tanzt mit dem LF nach rechts und dreht dabei den RF auch nach rechts. *Gewicht ist a.E. auf LF.*	3	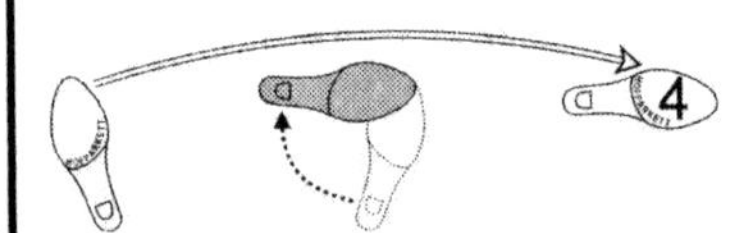
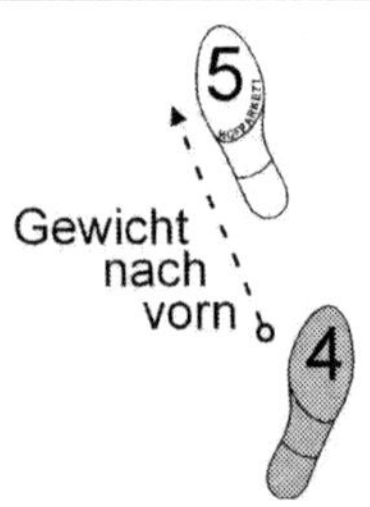	5	Schnell ¼-Takt **Er** verlagert sein Gewicht vom RF zum LF. *Das Gewicht ist vorn.* **Sie** dreht auf beiden Füßen weiter nach rechts. *Gewicht ist a.E. auf RF.*	4	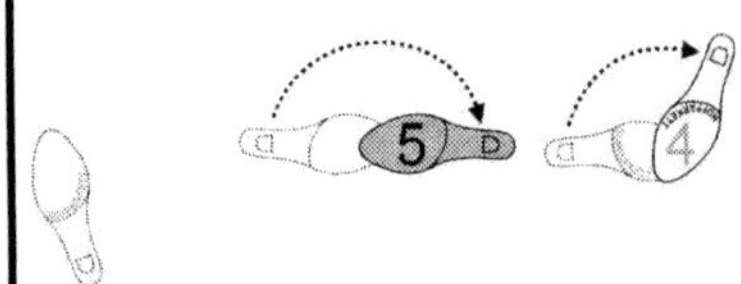

Männerschritte	S	Beschreibung	T	Frauenschritte
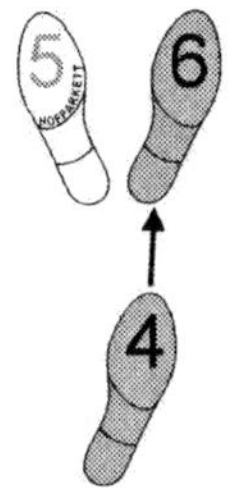	6	Langsam ½-Takt **Er** den RF zum LF. *Das Gewicht ist rechts.* **Sie** LF seitwärts und zurück zur Grundstellung, dreht dabei auf dem RF.	1,2	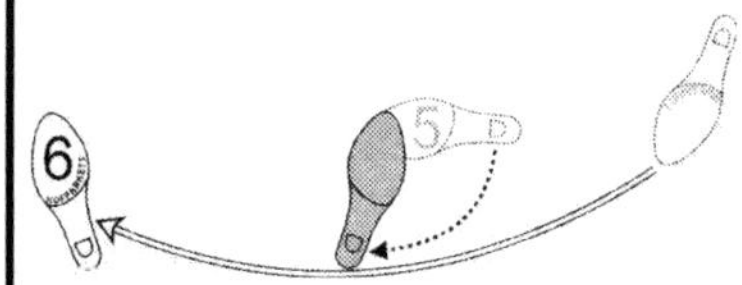

Cucaracha nach links **Lasso Schritte 1-3**

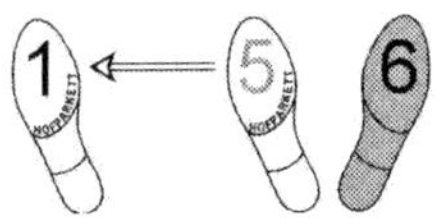	1	Schnell ¼-Takt **Er** tanzt mit dem LF seitwärts. *Das Gewicht ist links.* **Sie** tanzt *„Lasso Schritt 1"* mit dem RF vorwärts. *Das Gewicht ist vorn.*	3	
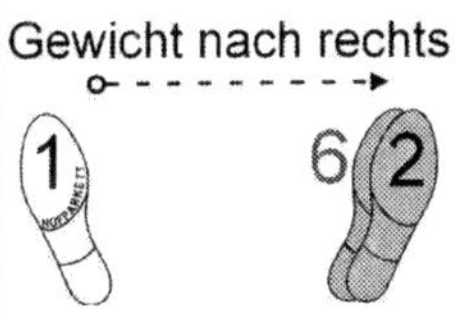	2	Schnell ¼-Takt **Er** verlagert sein Gewicht vom LF zum RF. *Das Gewicht ist rechts.* **Sie** tanzt *„Lasso Schritt 2"* mit dem LF vorwärts. *Das Gewicht ist vorn.*	4	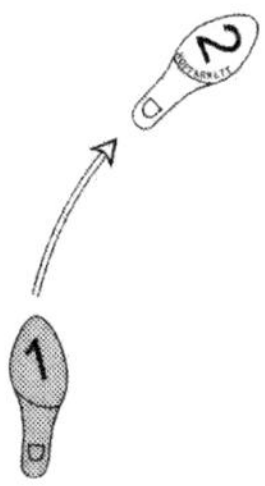
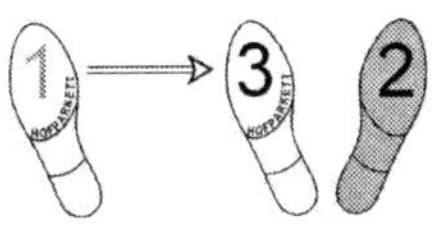	3	Langsam ½-Takt **Er** schließt den LF zum RF. **Sie** tanzt *„Lasso Schritt 3"* mit dem RF vorwärts. *Das Gewicht ist vorn.*	1,2	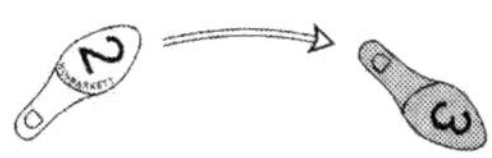

Grundschritt rückwärts **Lasso Schritte 4-6**

Männerschritte	S	Beschreibung	T	Frauenschritte
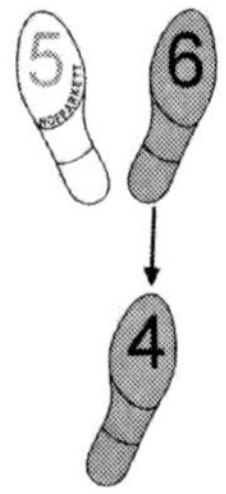	4	Schnell ¼-Takt **Er** tanzt mit dem RF nach hinten. *Das Gewicht ist hinten.* **Sie** tanzt *„Lasso Schritt 4“* mit dem LF vorwärts. *Das Gewicht ist vorn.*	3	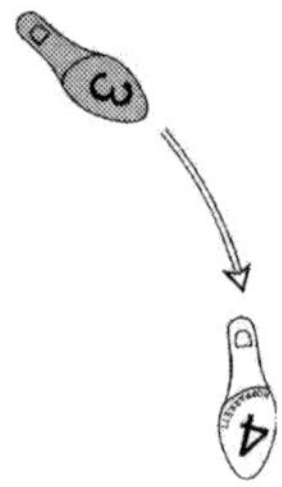
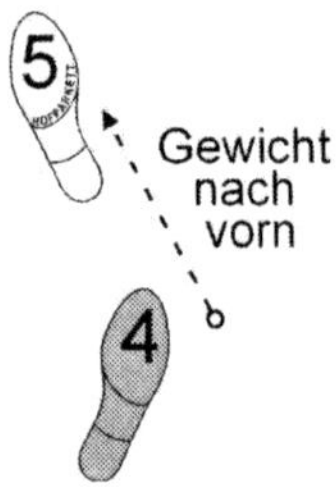	5	Schnell ¼-Takt **Er** verlagert sein Gewicht vom RF zum LF. *Das Gewicht ist vorn.* **Sie** tanzt *„Lasso Schritt 5“* mit dem RF vorwärts. *Das Gewicht ist vorn.*	4	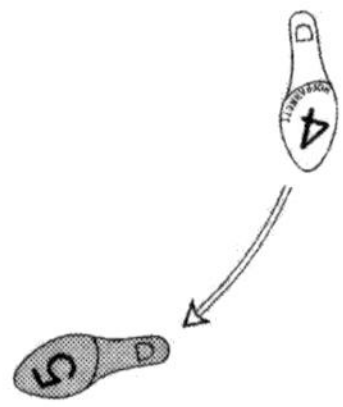
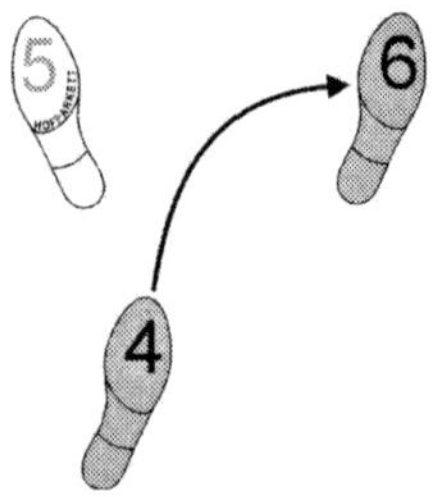	6	Langsam ½-Takt **Er** tanzt mit dem RF mit einem leichten Bogen nach rechts vorn. *Das Gewicht ist vorn.* **Sie** tanzt *„Lasso Schritt 6“* mit dem LF seitwärts, dabei auf dem RF drehen. *Das Gewicht ist links.*	1,2	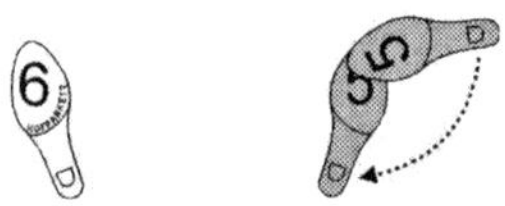

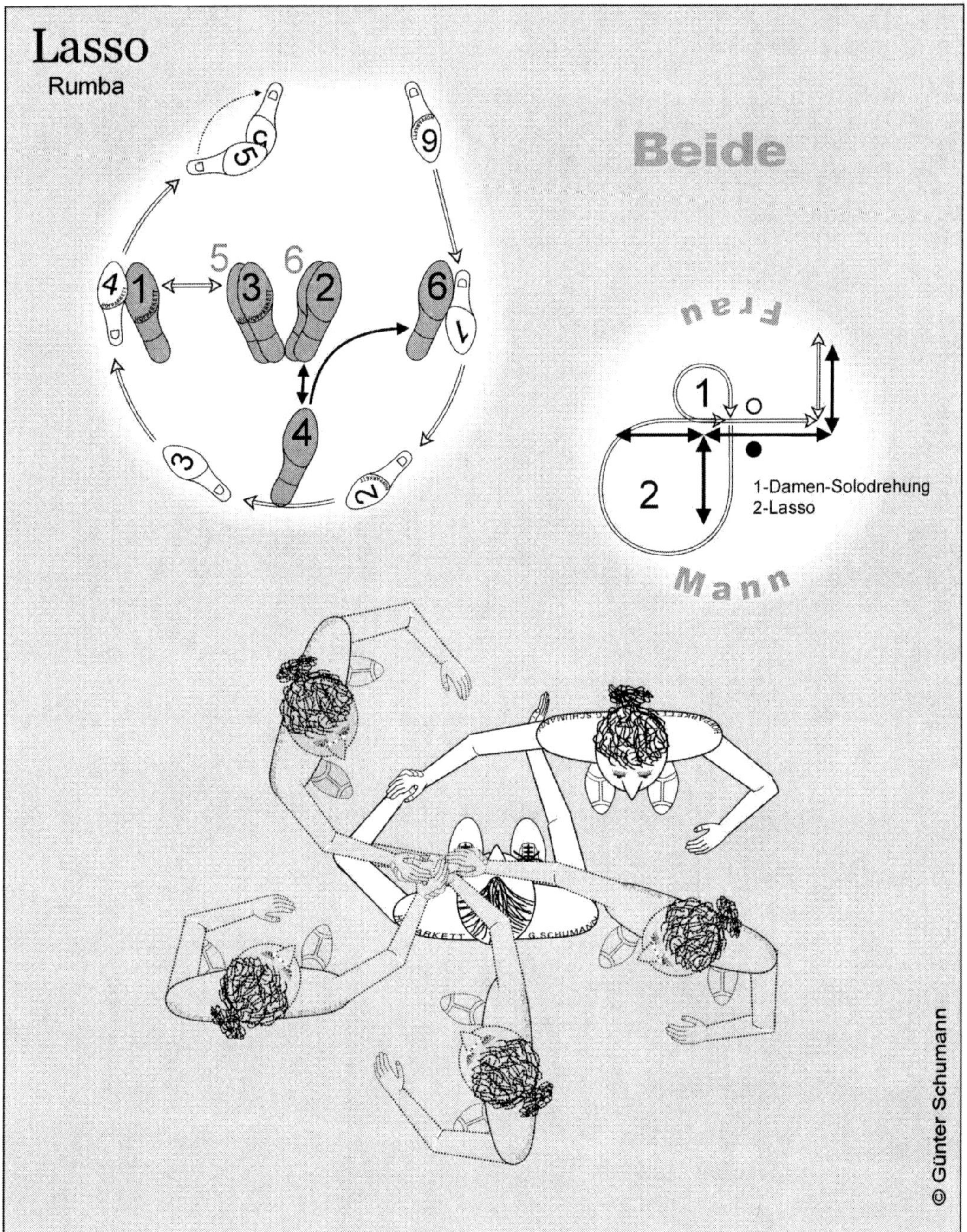
Lasso
Rumba
Beide
Frau
Mann
1
2
1-Damen-Solodrehung
2-Lasso
© Günter Schumann

9. Öffnen nach beiden Seiten

Davor *Grundschritt vorwärts oder Damen Solo-Drehung*

Wir tanzen einen Grundschritt vorwärts, einen Grundschritt rückwärts, er schließt am Ende die Füße. Es folgen dreimal Öffnen (rechts, links, rechts aus seiner Sicht) und eine Damen-Solodrehung.

Danach *Grundschritt vorwärts*

Grundschritt vorwärts

1 - 2 - 3	schnell - schnell - langsam	¼ - ¼ - ½ -Takt

Grundschritt rückwärts, er schließt am Ende die Füße

4 - 5 - 6	schnell - schnell - langsam	¼ - ¼ - ½ -Takt

Cucaracha nach links **Öffnen nach rechts (sie nach links)**

<table>
<tr><th>Männerschritte</th><th>S</th><th>Beschreibung</th><th>T</th><th>Frauenschritte</th></tr>
<tr><td rowspan="2">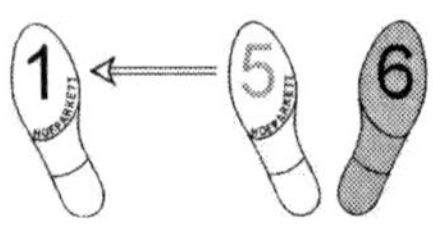
</td><td>1</td><td>Schnell ¼-Takt</td><td>3</td><td rowspan="2">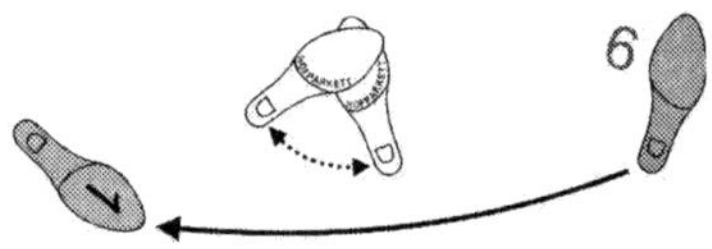
</td></tr>
<tr><td colspan="3">Er tanzt mit dem LF seitwärts.
Das Gewicht ist links.
Sie dreht auf LF nach rechts und geht mit dem RF rückwärts.
Das Gewicht ist rechts.</td></tr>
<tr><td rowspan="2">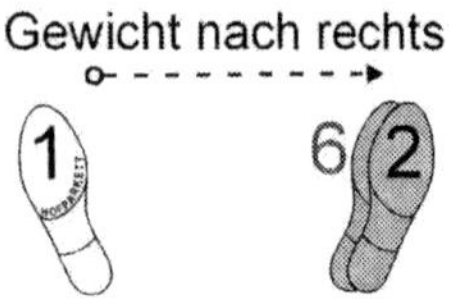
</td><td>2</td><td>Schnell ¼-Takt</td><td>4</td><td rowspan="2">
</td></tr>
<tr><td colspan="3">Er verlagert sein Gewicht vom LF zum RF.
Das Gewicht ist rechts.
Sie Gewicht nach vorn auf den LF.</td></tr>
</table>

Männerschritte	S	Beschreibung		T	Frauenschritte
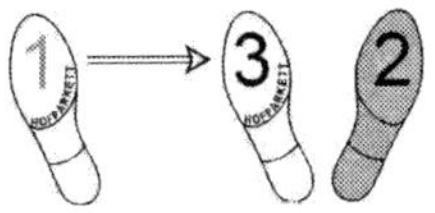	3	Langsam	½-Takt	1,2	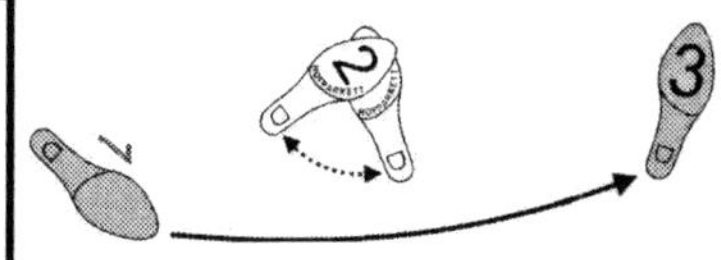
		Er schließt den LF zum RF. *Das Gewicht ist links.* **Sie** RF seitwärts, dabei auf den LF nach links drehen. *Das Gewicht ist rechts.*			

Cucaracha nach rechts

Öffnen nach links (sie nach rechts)

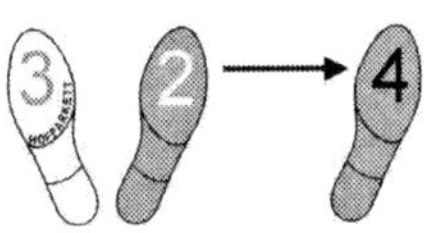	4	Schnell	¼-Takt	3	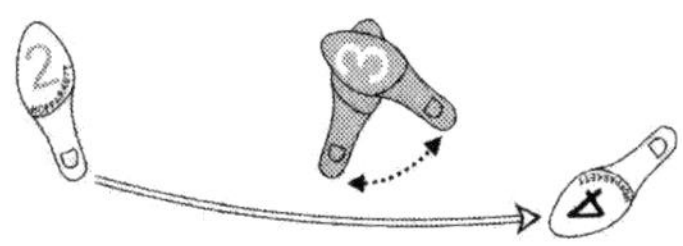
		Er tanzt mit dem RF seitwärts. *Das Gewicht ist rechts.* **Sie** dreht auf RF nach links und geht mit dem LF rückwärts. *Das Gewicht ist links.*			
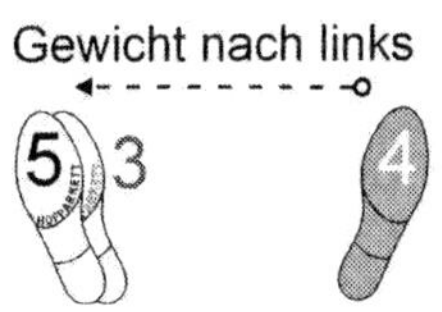	5	Schnell	¼-Takt	4	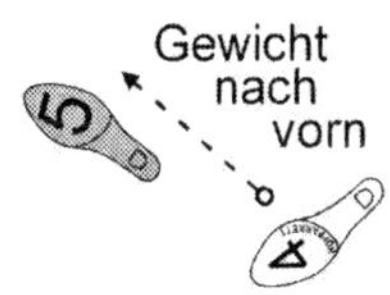
		Er verlagert sein Gewicht vom RF zum LF. *Das Gewicht ist links.* **Sie** *Gewicht nach vorn.*			
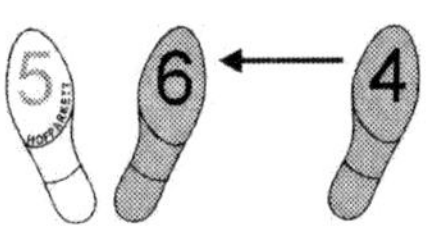	6	Langsam	½-Takt	1,2	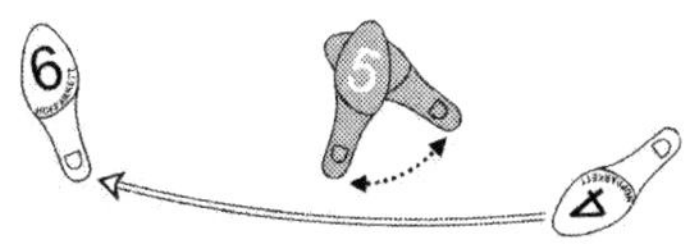
		Er schließt den RF zum LF. *Das Gewicht ist rechts.* **Sie** LF seitwärts, dabei auf RF nach links drehen. *Das Gewicht ist links.*			

Cucaracha nach links

Öffnen nach rechts (sie nach links)

4 - 5 - 6	schnell - schnell - langsam	¼ - ¼ - ½ -Takt

Sie Damen-Solodrehung, er Grundschritt rückwärts

4 - 5 - 6	schnell - schnell - langsam	¼ - ¼ - ½ -Takt

Öffnen nach beiden Seiten

Rumba

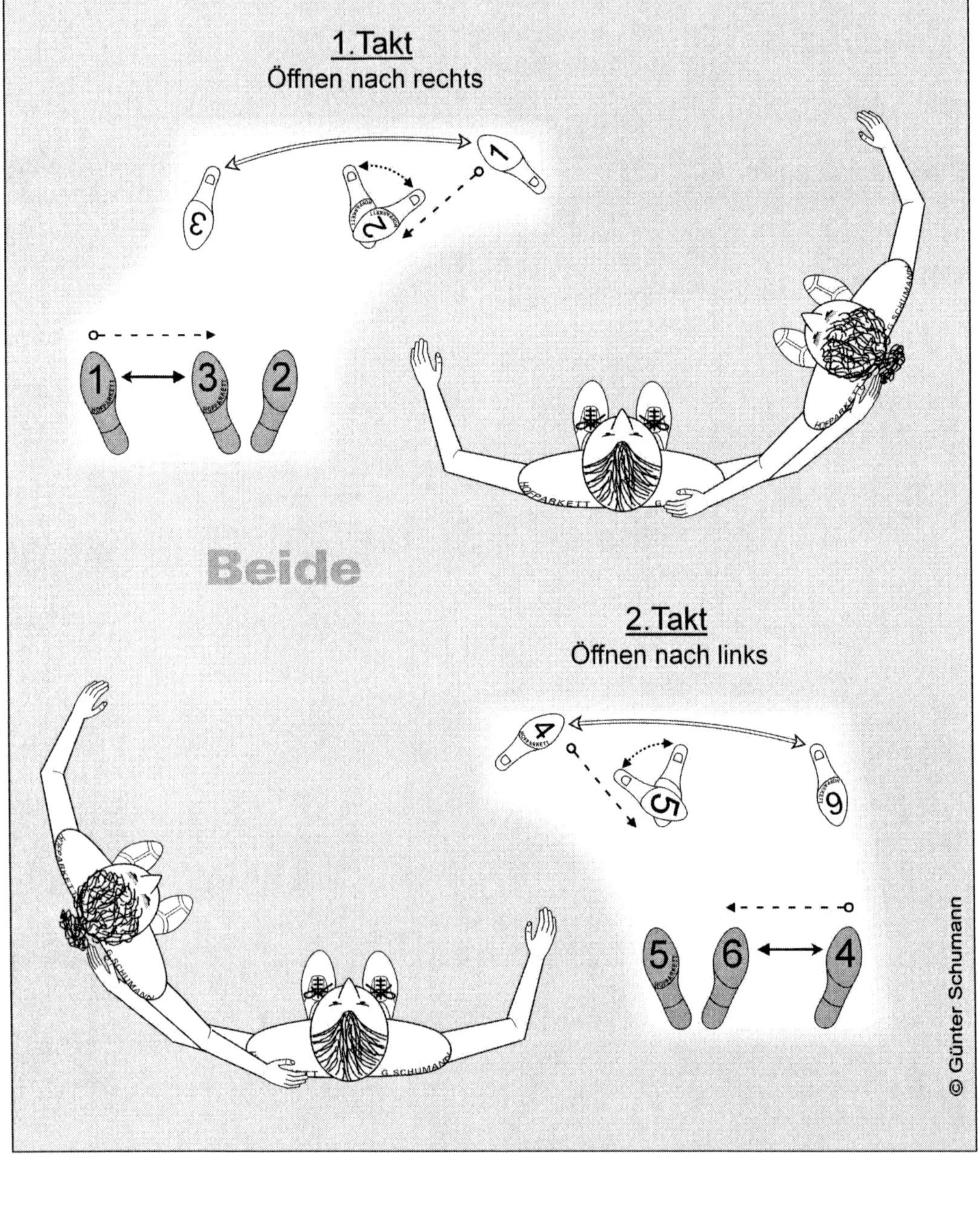

10. Seitenwechsel (Cross-Body-Lead)

Davor Grundschritt vorwärts

Wir tanzen einen Grundschritt vorwärts. Beim Seitenwechsel weicht er ihr rückwärts, seitwärts nach hinten aus. Sie tanzt geradeaus an ihm vorbei, er tanzt hinter ihr her, sie dreht am Ende, beide tanzen den „Seit-Schritt". Das alles innerhalb eines Taktes.

Danach Grundschritt vorwärts

Grundschritt vorwärts

1 - 2 - 3	schnell - schnell - langsam	¼ - ¼ - ½ -Takt

Seitenwechsel

Männerschritte	S	Beschreibung	T	Frauenschritte
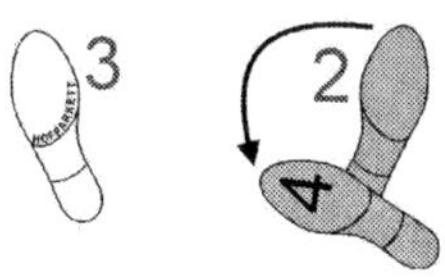	4	Schnell ¼-Takt **Er** mit RF rückwärts nach rechts aus ihrem Weg. *Das Gewicht ist auf RF.* **Sie** LF vorwärts eng an ihm vorbei. *Das Gewicht ist auf dem LF*	3	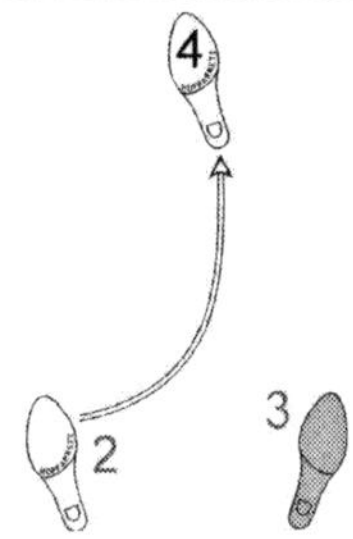
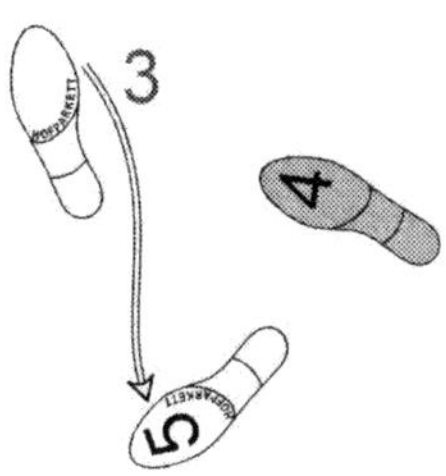	5	Schnell ¼-Takt **Er** tanzt mit LF hinter ihr her. *Das Gewicht ist auf LF.* **Sie** tanzt mit RF vorwärts weiter an ihm vorbei. *Das Gewicht ist auf RF*	4	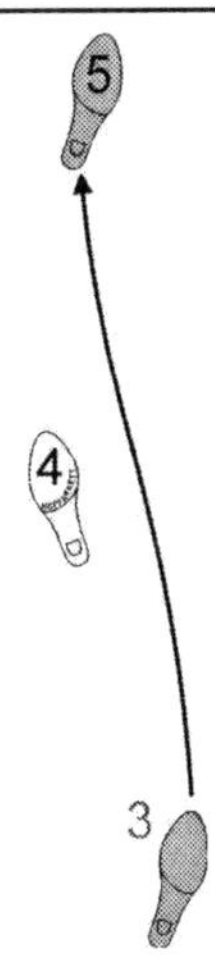

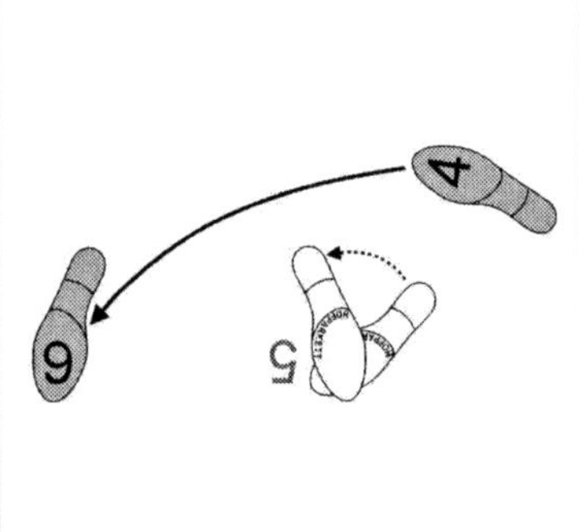

6	Langsam ½-Takt	1,2

Er tanzt mit RF seitwärts, kleine Drehung auf LF.
Das Gewicht ist rechts.
Sie dreht eine halbe Drehung nach links auf dem rechten Fuß und stellt den LF zur Seite.
Das Gewicht ist links.

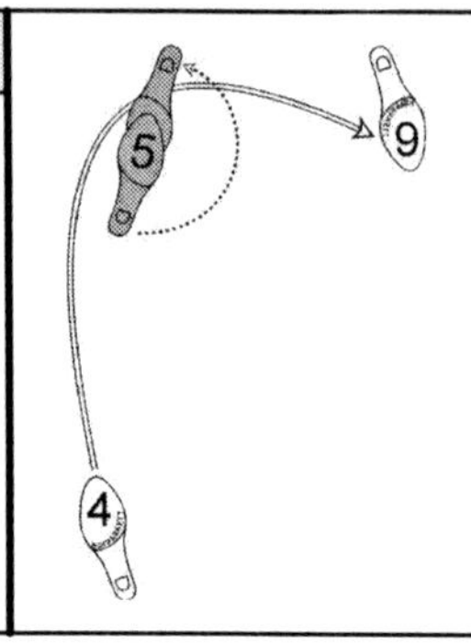

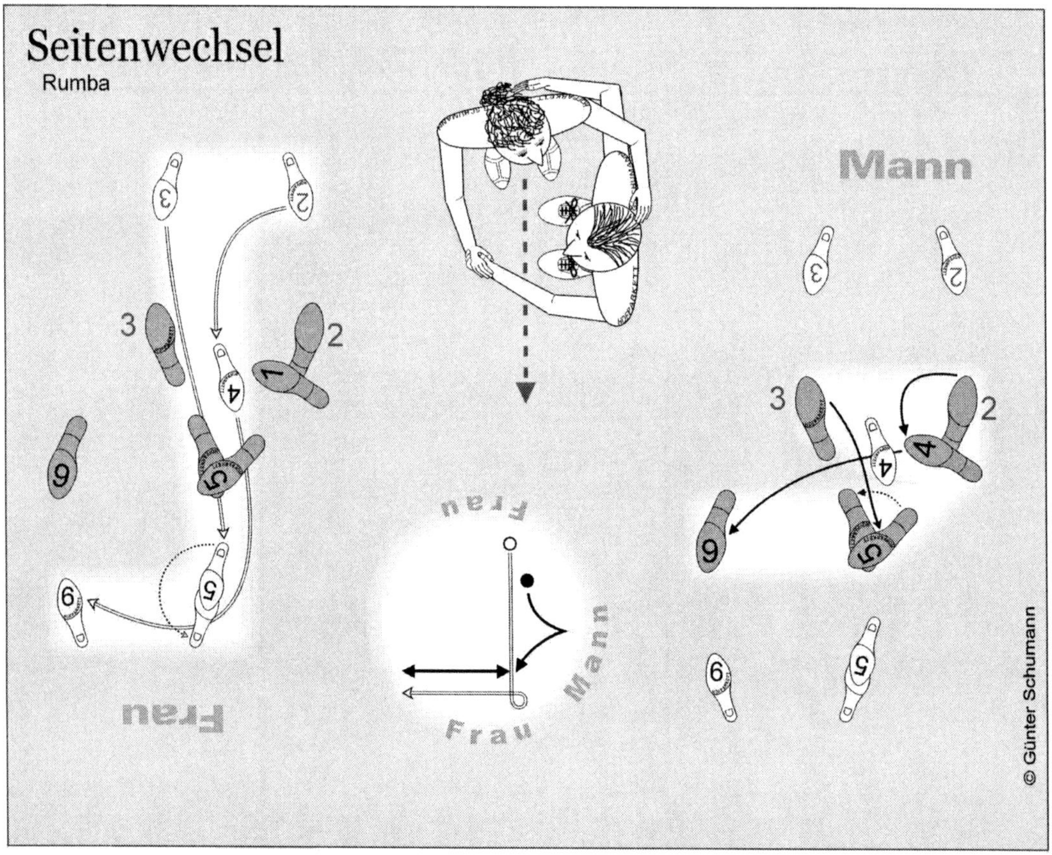

Cha Cha Cha

Cha Cha Cha

Geschichte Der „Cha Cha Cha“ ist wie die mit ihm verwandten Tänze Rumba und Mambo auf Kuba entstanden und zählt somit auch die Musik von Son und Danzon zu seinen Vorläufern.

Der Rhythmus des „Cha Cha Cha“ geht auf den kubanischen Komponisten und Violonisten Enrique Jorrín (geb.1926) zurück, der 1951 das erste Lied („La Engañadora“, die Betrügerin) dieses Musikstils vorstellte. Für ihn selbst waren seine Arrangements eine Mischung aus Rumba und Danzon mit einer kleinen Prise Mambo, der Chachacha damit ein vereinfachter und verlangsamter Mambo.

Zunächst wurde dieser Rhythmus unter dem Namen „neodanzón“ (span. „neuer Danzon“) in Kuba eingeführt. Die schnellen Schläge auf dem vierten Taktteil wurden von den Tänzern durch schnelle Schritte auf den Taktteilen 4 und 1 (1/8, 1/8, 1/4) umgesetzt. Das dabei zu hörende Scharren der Füße, unterstützt durch das Geräusch der geschüttelten Maracas wurde zum lautmalerischen Namen „Cha Cha Cha“ des neuen Tanzes.

Chachacha wurde 1955 am Broadway in New York vorgeführt und entwickelte sich praktisch über Nacht zum Modetanz. Ursprünglich nannte man ihn hier „Mambo-Cha Cha Cha“ oder „Triple-Mambo“.

Mitte der 50er-Jahre erreichte er auch Deutschland. Hier war er anfänglich eine Variante der Rumba. Im Lauf der Zeit wurde er zu einem der beliebtesten Gesellschaftstänze und es kam zu zahlreichen Verbindungen mit anderen Tänzen: „Disco-Cha-Cha“, „Party-Cha-Cha“, „Beat-Cha-Cha“, „Twist-Cha-Cha“, „Cha-Polka“.

Musik 4/4-Takt, 26-34 Takte pro Minute.

Taktierung am Beispiel des Grundschrittes (aus Männersicht):

	1.Takt					2.Takt					
T	1/4	1/4	1/4	1/8	1/8	1/4	1/4	1/4	1/8	1/8	1/4
	langsam	langsam	langsam	schnell	schnell	langsam	langsam	langsam	schnell	schnell	langsam
S	1	2	3	4	&	1	2	3	4	&	1
M	seit	vor	rück	Cha	Cha	Cha	rück	vor	Cha	Cha	Cha

Gestartet wird beim ersten Grundschritt auf der „1“ für ihn RF seitwärts, für sie LF seitwärts.

Charakteristisch für den „Cha Cha Cha“ sind langsames bis mittleres Tempo, klarer Rhythmus mit fast gleichstarken Betonungen aller vier Zählzeiten des 4/4-Taktes sowie die Aufteilung der Taktteile in 1/4-1/4-1/4-1/8-1/8.

Grundstellung

Geschlossene Tanzhaltung mit Abstand Wir stehen voreinander, genau gegenüber, etwas weiter auseinander. Der Abstand voneinander sollte ca. 30 cm betragen. Er streckt den rechten Arm ganz durch und legt dann die rechte Hand auf ihr Schulterblatt.	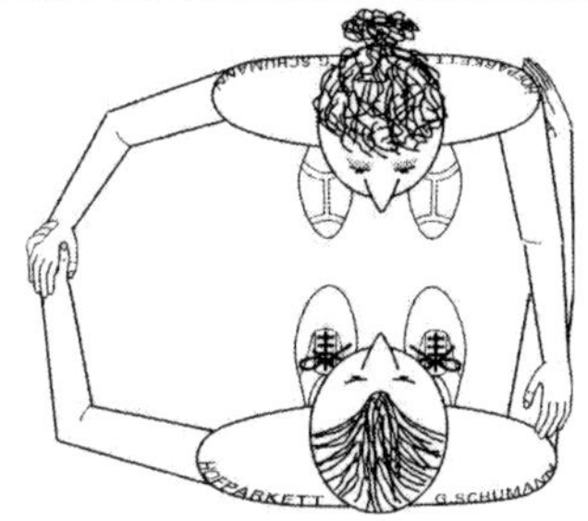
Freie Aufstellung im Raum Die Füße sind etwas ausgedreht. Alle Schritte werden mit dem Ballen angesetzt und am Ende auf den flachen Fuß abgesenkt. 2-spurig (bezogen auf die Fußmittellinien).	

Tanzfiguren

1. Grundschritt

Wir starten den Cha Cha Cha mit einem „Vorschritt“ zur Seite, den wir nur einmal am Anfang des Tanzes tanzen. Dann tanzen wir einen Grundschritt vorwärts, gefolgt von einem Grundschritt rückwärts jeweils über fünf Schritte. Die Schritte „3 und 4“ werden auf dem Ballen getanzt.

Anmerkung: Wir tanzen die Grundschritte und Figuren beginnend auf der musikalischen „2“ und endend mit dem Cha Cha Cha auf musikalisch „4 & 1“.

Vorschritt

Männerschritte	S	Beschreibung		T	Frauenschritte
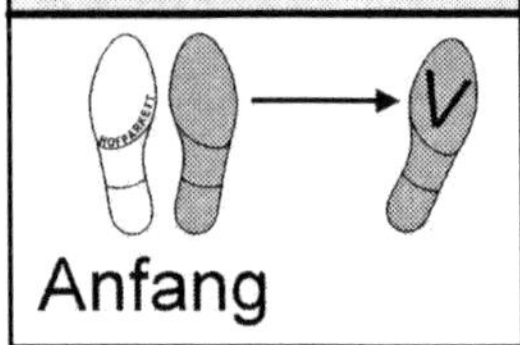	V	langsam	¼-Takt	1	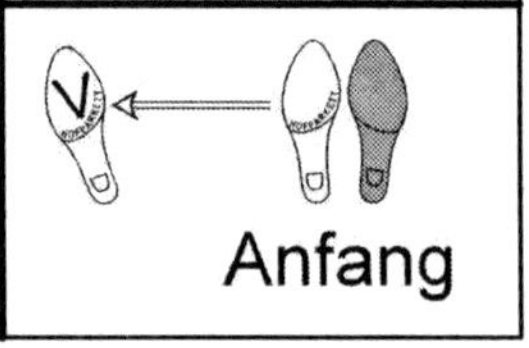
		V = Vorschritt für den Anfang des Tanzes. **Er** tanzt mit dem RF nach rechts. **Sie** tanzt mit dem LF nach links.			

Grundschritt vorwärts

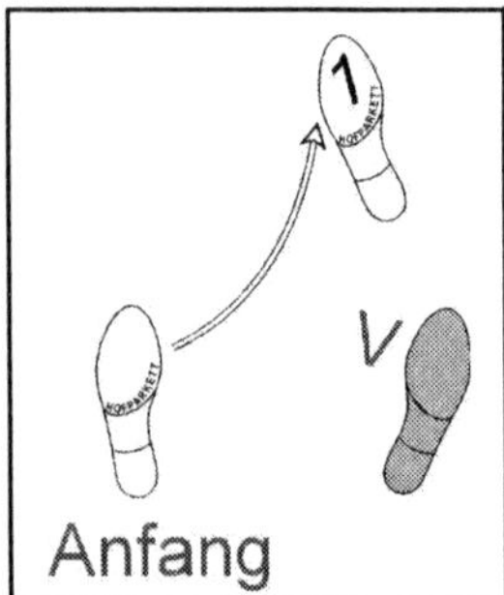	1	langsam	¼-Takt	2	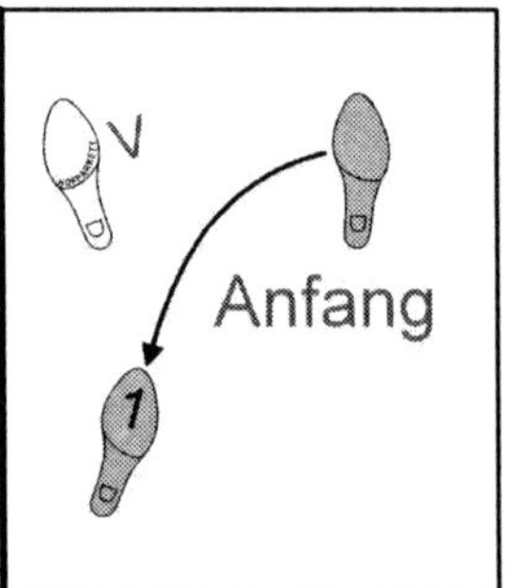
		Er tanzt mit dem LF einen leichten Bogen seitwärts, vorwärts. *Das Gewicht ist a.E. vorn.* **Sie** tanzt mit dem RF einen leichten Bogen seitwärts, rückwärts. *Das Gewicht ist a.E. hinten.*			
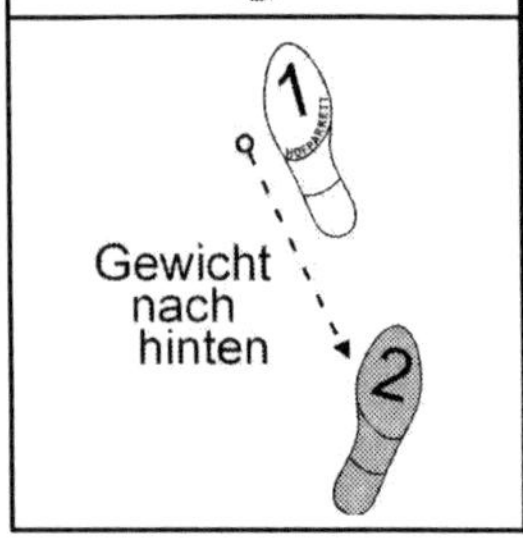	2	langsam	¼-Takt	3	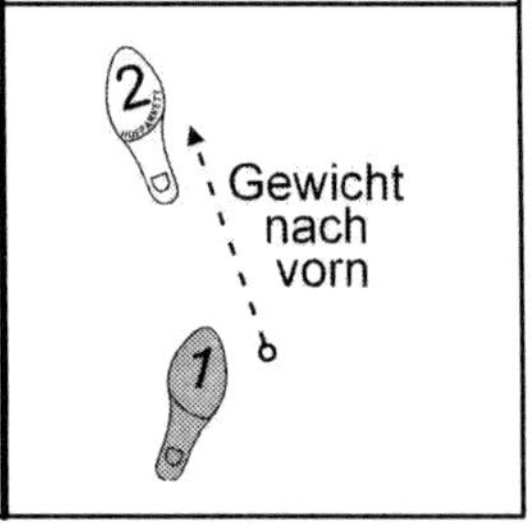
		Er *verschiebt sein Gewicht nach hinten.* **Sie** *verschiebt ihr Gewicht vorn.*			

Männerschritte	S	Beschreibung	T	Frauenschritte
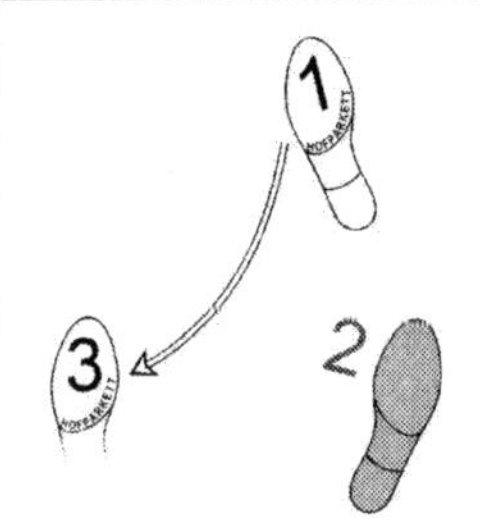	3	schnell ⅛-Takt **Er** tanzt mit dem LF einen leichten Bogen seitwärts, rückwärts, Ballenschritt. *Das Gewicht ist a.E. links.* **Sie** tanzt mit dem RF einen leichten Bogen seitwärts, vorwärts, Ballenschritt. *Das Gewicht ist a.E. rechts.*	4	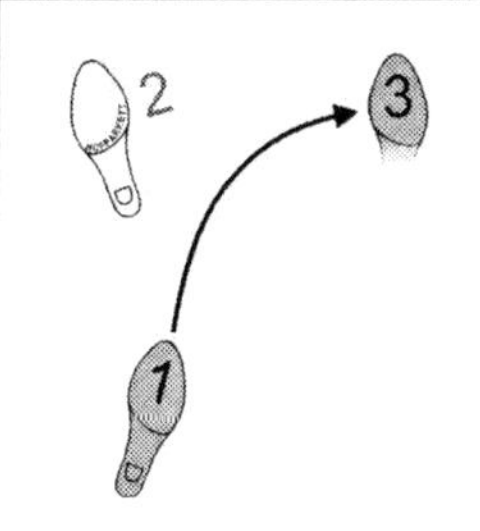
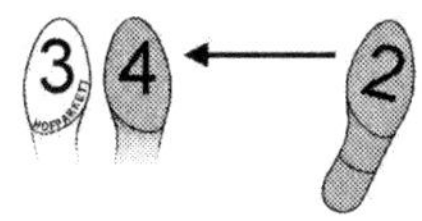	4	schnell ⅛-Takt **Er** schließt RF zum LF, Ballenschritt. *Das Gewicht ist a.E. rechts.* **Sie** schließt LF zu RF, Ballenschritt. *Das Gewicht ist a.E. links.*	&	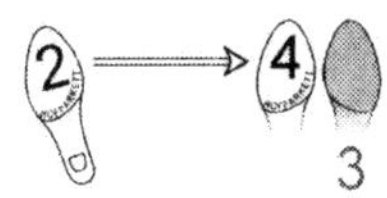
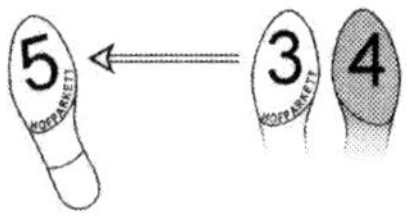	5	langsam ¼-Takt **Er** tanzt mit dem LF nach links. *Das Gewicht ist a.E. links.* **Sie** tanzt mit dem RF nach rechts. *Das Gewicht ist a.E. rechts.*	1	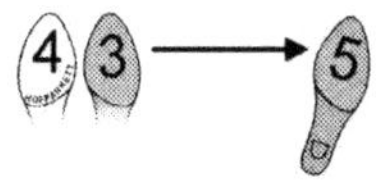

Grundschritt rückwärts

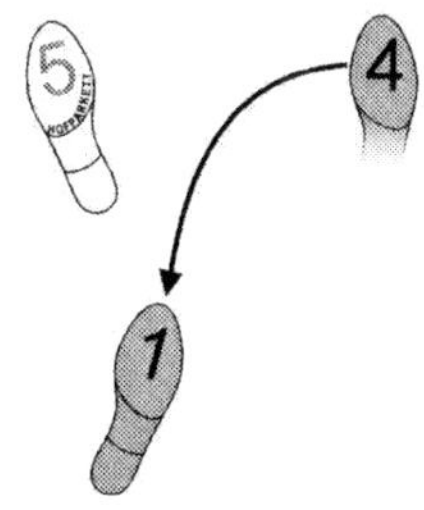	1	langsam ¼-Takt **Er** tanzt mit dem RF einen leichten Bogen seitwärts, rückwärts. *Das Gewicht ist a.E. rechts.* **Sie** tanzt mit dem LF einen leichten Bogen seitwärts, vorwärts. *Das Gewicht ist a.E. links.*	2	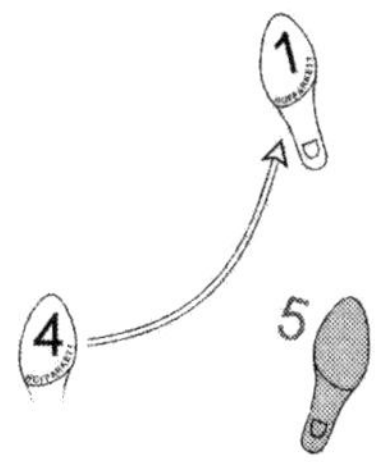
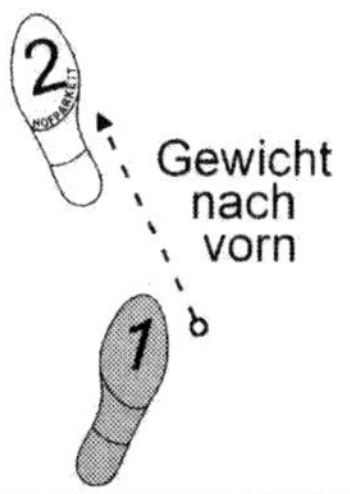	2	langsam ¼-Takt **Er** *verschiebt sein Gewicht nach vorn.* **Sie** *verschiebt ihr Gewicht hinten.*	3	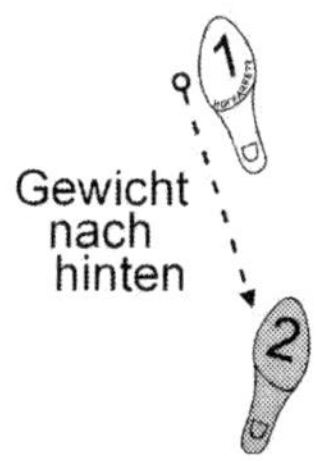

Männerschritte	S	Beschreibung	T	Frauenschritte
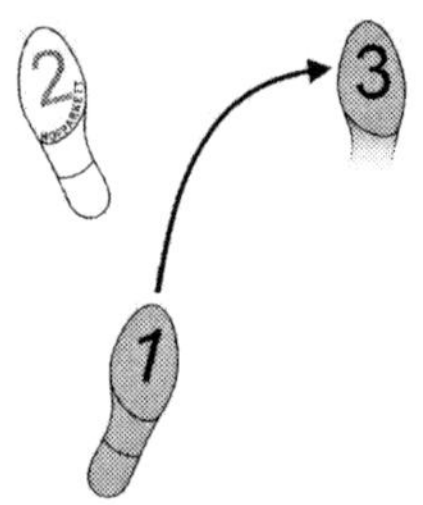	3	schnell ⅛-Takt **Er** tanzt mit dem RF einen leichten Bogen seitwärts, vorwärts, Ballenschritt. *Das Gewicht ist a.E. rechts.* **Sie** tanzt mit dem LF einen leichten Bogen seitwärts, rückwärts, Ballenschritt. *Das Gewicht ist a.E. links.*	4	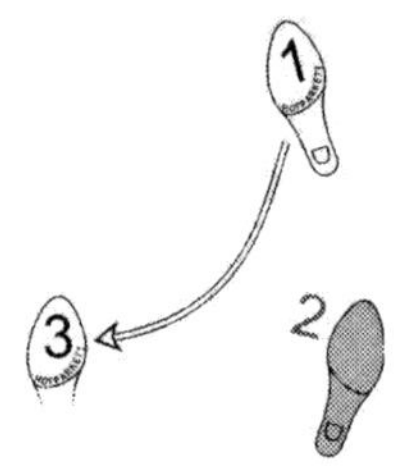
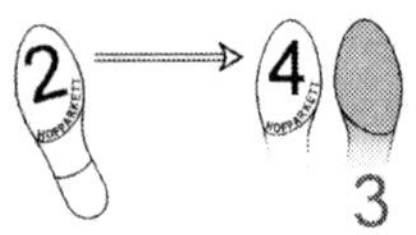	4	schnell ⅛-Takt **Er** schließt LF zu RF, Ballenschritt. *Das Gewicht ist a.E. links.* **Sie** schließt RF zum LF, Ballenschritt. *Das Gewicht ist a.E. rechts.*	&	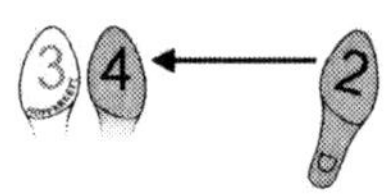
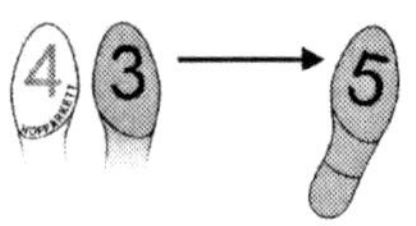	5	langsam ¼-Takt **Er** tanzt mit RF nach rechts. *Das Gewicht ist a.E. rechts.* **Sie** tanzt LF nach links. *Das Gewicht ist a.E. links.*	1	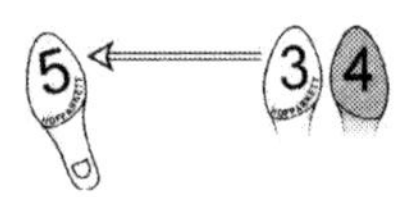

Vorschritt am Anfang des Tanzes

Cha Cha Cha

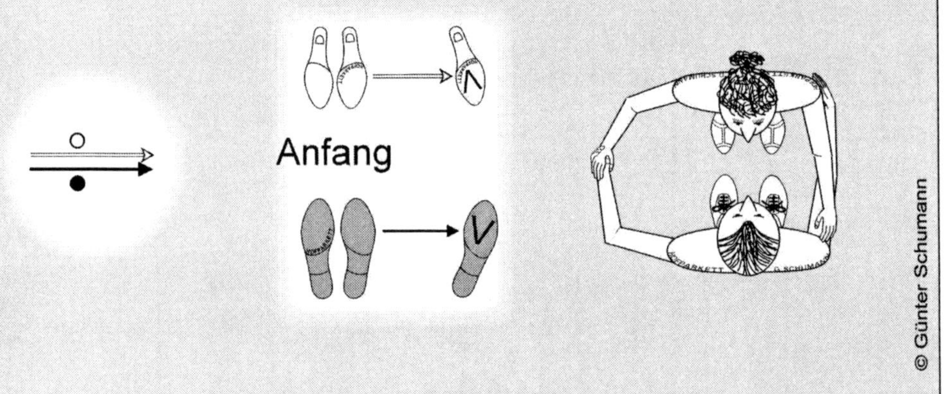

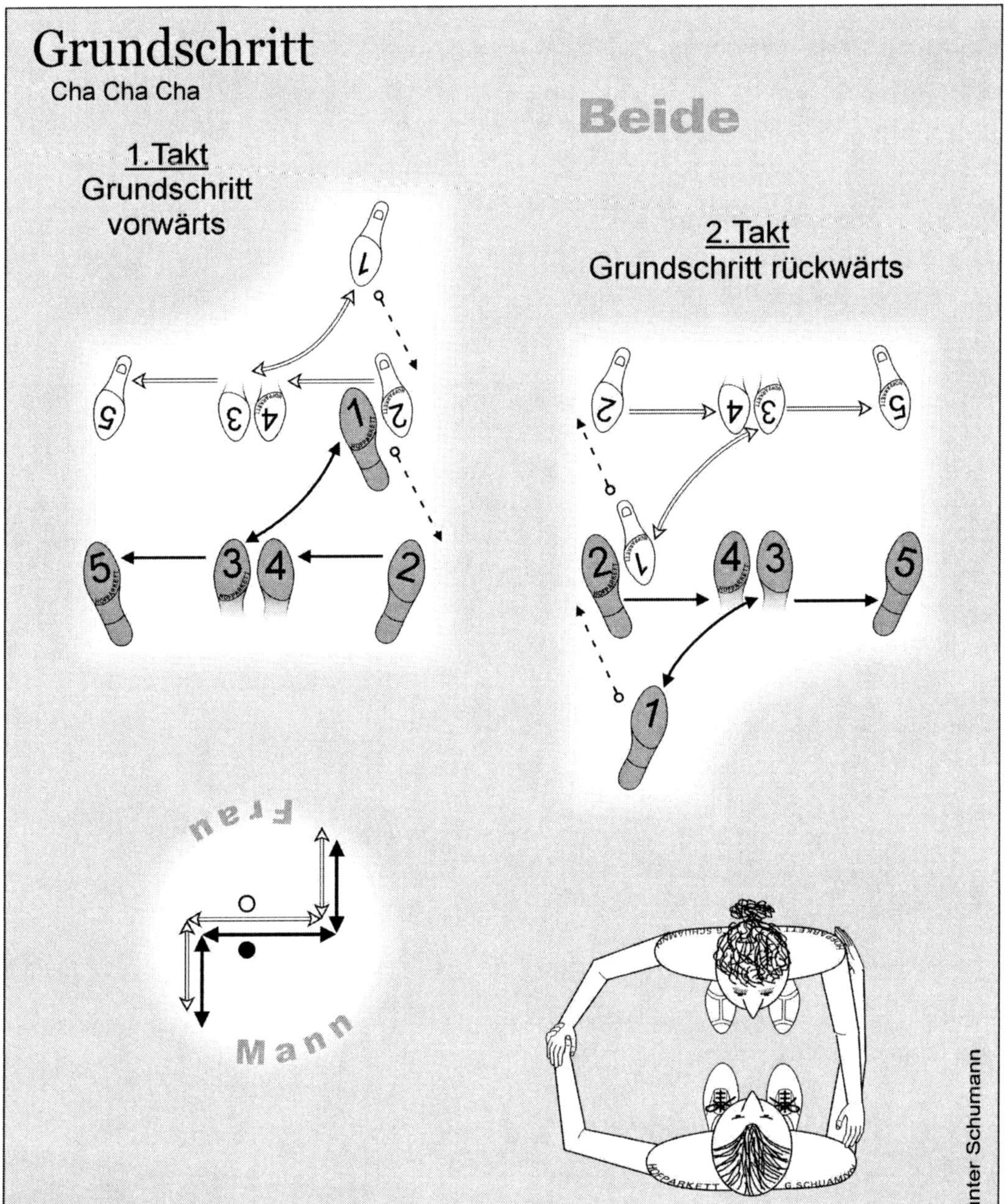
Grundschritt
Cha Cha Cha
Beide
1.Takt
Grundschritt vorwärts
2.Takt
Grundschritt rückwärts
Frau
Mann
HOPPARKETT
G.SCHUMANN
© Günter Schumann

2. Damen-Solodrehung

Davor - Vorschritt oder Grundschritt rückwärts

Wir tanzen einen Grundschritt vorwärts. Er führt sie in eine Solo-Drehung (Rechtsdrehung an seiner linken Seite) nach links und tanzt dabei selbst einen Grundschritt rückwärts.

Danach - Grundschritt vorwärts

Anmerkung: für die Beschreibung der Führung siehe Einleitung.

Grundschritt vorwärts

1 - 2 - 3 - 4 - 5	langsam - langsam - schnell - schnell - langsam	¼ - ¼ - ⅛ - ⅛ - ¼ - Takt

Er Grundschritt rückwärts, sie Damen-Solodrehung nach rechts

S	Frauenschritte			
1	langsam	¼-Takt	2	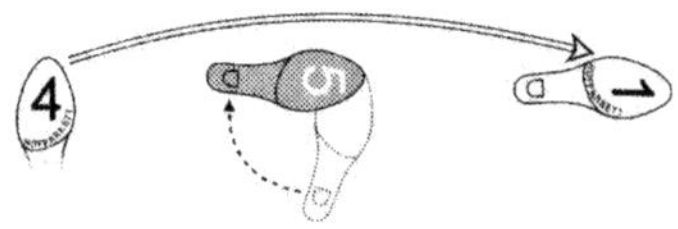
	Sie tanzt mit dem LF nach rechts und dreht dabei auf dem RF nach rechts. *Körper ¼ nach rechts drehen, Gewicht a.E. auf LF.*			
2	langsam	¼-Takt	3	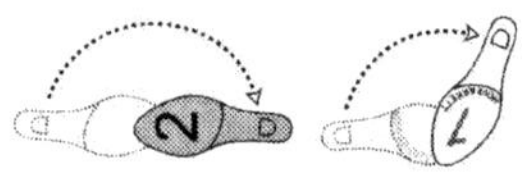
	Sie dreht auf beiden Füßen weiter nach rechts. *Körper ½ nach rechts drehen, Gewicht a.E. auf RF.*			
3	schnell	⅛-Takt	4	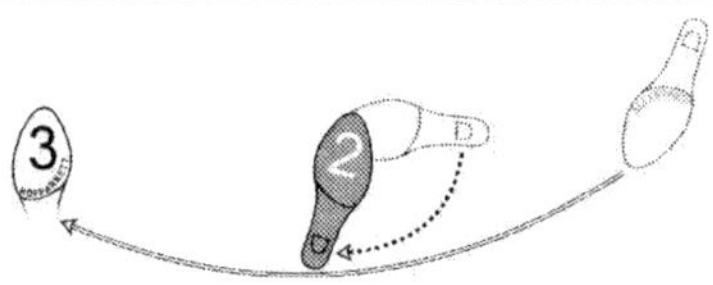
	Sie LF seitwärts und zurück zur Grundstellung, dreht dabei auf dem RF. *Körper ¼ nach rechts drehen, Gewicht a.E. auf LF.*			
4	schnell	⅛-Takt	&	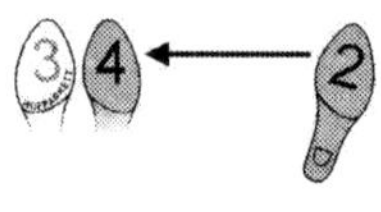
	Sie schließt RF zum LF, Ballenschritt. *Das Gewicht ist a.E. rechts.*			
5	langsam	¼-Takt	1	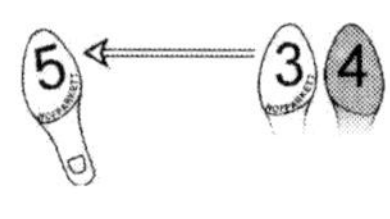
	Sie tanzt LF nach links. *Das Gewicht ist a.E. links.*			

Damen-Solodrehung

Cha Cha Cha

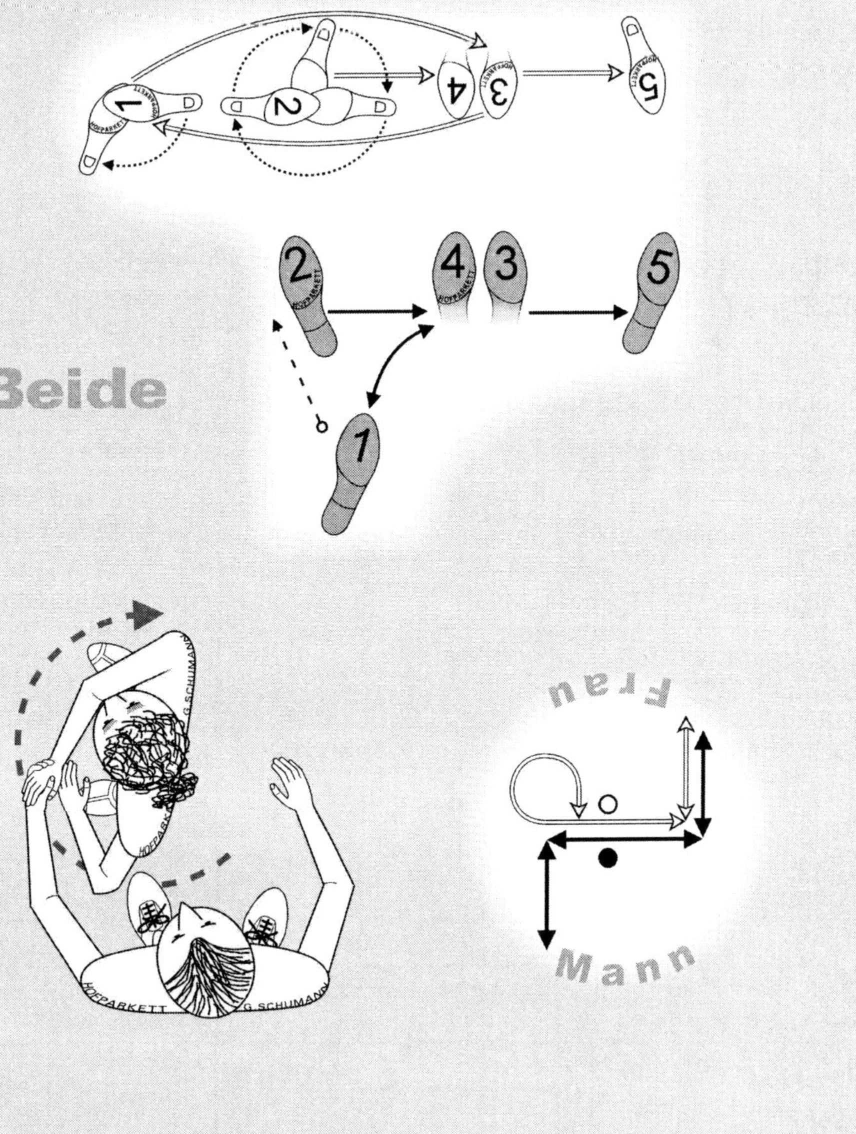

3. Vorwärts-Promenade (New York)

Davor - Grundschritt vorwärts

Wir tanzen einen Grundschritt rückwärts. Es folgen vier Vorwärts-Promenaden, nach rechts, nach links, nach rechts, nach links (aus seiner Sicht) und ein Grundschritt vorwärts.

Danach - Grundschritt vorwärts

Anmerkung: für die Beschreibung der Führung siehe Einleitung.

Grundschritt rückwärts (sie vorwärts)

1 - 2 - 3 - 4 - 5	langsam - langsam - schnell - schnell - langsam	¼ - ¼ - ⅛ - ⅛ - ¼ - Takt

Vorwärts-Promenade nach rechts (sie nach links)

Männerschritte	S	Rhythmus	T	Frauenschritte
Er dreht auf dem RF ¼ nach rechts und tanzt mit dem LF vorwärts. *Das Gewicht ist a.E. vorn.*	1	langsam ¼-Takt	2	**Sie** dreht auf dem LF ¼ nach links und tanzt mit dem RF vorwärts. *Das Gewicht ist a.E. vorn.*
Er überträgt das Gewicht nach hinten auf den RF.	2	langsam ¼-Takt	3	**Sie** überträgt das Gewicht nach hinten auf den LF.
Er dreht auf dem RF ¼ nach links und tanzt mit dem LF seitwärts, Ballenschritt. *Das Gewicht ist a.E. links.*	3	schnell ⅛-Takt	4	**Sie** dreht auf dem LF ¼ nach rechts und tanzt mit dem RF seitwärts, Ballenschritt. *Das Gewicht ist a.E. rechts.*
Er schließt mit dem RF zum LF, Ballenschritt. *Das Gewicht ist a.E. rechts.*	4	schnell ⅛-Takt	&	**Sie** schließt mit dem LF zum RF, Ballenschritt. *Das Gewicht ist a.E. links.*
Er tanzt mit LF nach links. *Das Gewicht ist a.E. links.*	5	langsam ¼-Takt	1	**Sie** tanzt RF nach rechts. *Das Gewicht ist a.E. rechts.*

Vorwärts-Promenade nach links (sie nach rechts)

Männerschritte	S	Rhythmus	T	Frauenschritte
Er dreht auf dem LF ¼ nach links und tanzt mit dem RF vorwärts. *Das Gewicht ist a.E. vorn.*	1	langsam ¼-Takt	2	**Sie** dreht auf dem RF ¼ nach rechts und tanzt mit dem LF vorwärts. *Das Gewicht ist a.E. vorn.*
Er überträgt das Gewicht nach hinten auf den LF.	2	langsam ¼-Takt	3	**Sie** überträgt das Gewicht nach hinten auf den RF.
Er dreht auf dem LF ¼ nach rechts und tanzt mit dem RF seitwärts, Ballenschritt. *Das Gewicht ist a.E. rechts.*	3	schnell ⅛-Takt	4	**Sie** dreht auf dem RF ¼ nach links und tanzt mit dem LF seitwärts, Ballenschritt. *Das Gewicht ist a.E. links.*
Er schließt mit dem LF zum RF, Ballenschritt. *Das Gewicht ist a.E. links.*	4	schnell ⅛-Takt	&	**Sie** schließt mit dem RF zum LF, Ballenschritt. *Das Gewicht ist a.E. rechts.*
Er tanzt mit RF nach rechts. *Das Gewicht ist a.E. rechts.*	5	langsam ¼-Takt	1	**Sie** tanzt LF nach links. *Das Gewicht ist a.E. links.*

Vorwärts-Promenaden rechts & links

Cha Cha Cha

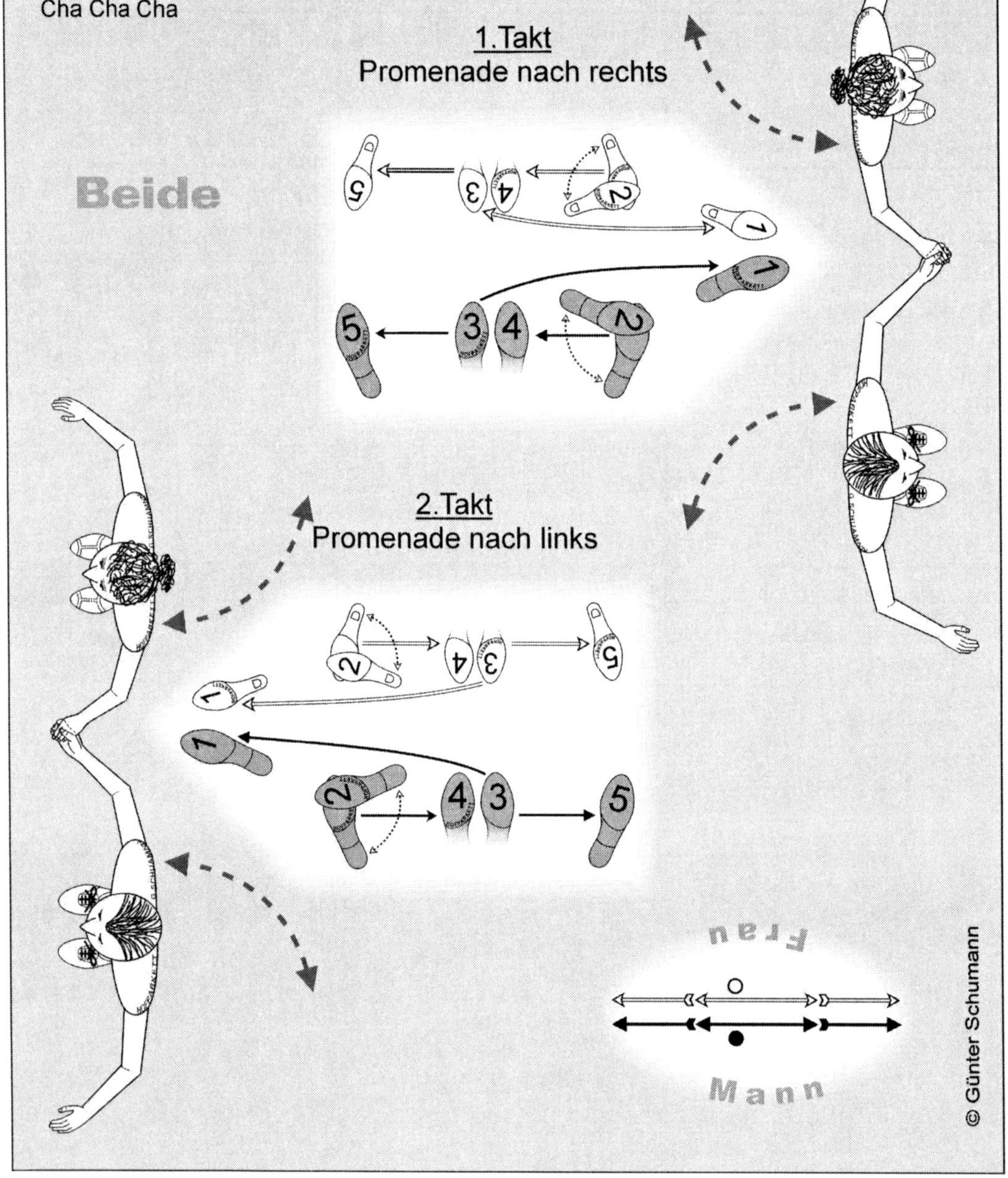

4. Damen-Solodrehung links und rechts

Davor - Vorschritt oder Grundschritt rückwärts

Wir tanzen einen Grundschritt vorwärts. Es folgt eine Damen-Solodrehung nach links und dann eine Damen-Solodrehung nach rechts, bei der er seinen Wiegeschritt auf der rechten Seite nicht vorwärts, sondern rückwärts macht, um nicht in ihren Weg zu tanzen. Die Drehung nach rechts führt er mit der rechten Hand, die nach links mit der linken Hand.

Danach - Grundschritt vorwärts

Anmerkung: für die Beschreibung der Führung siehe Einleitung.

Damen-Solodrehung links (sie nach rechts)

1 - 2 - 3 - 4 - 5	langsam - langsam - schnell - schnell - langsam	¼ - ¼ - ⅛ - ⅛ - ¼ - Takt

Damen-Solodrehung rechts (sie nach links)

Männerschritte	S	Beschreibung	T	Frauenschritte
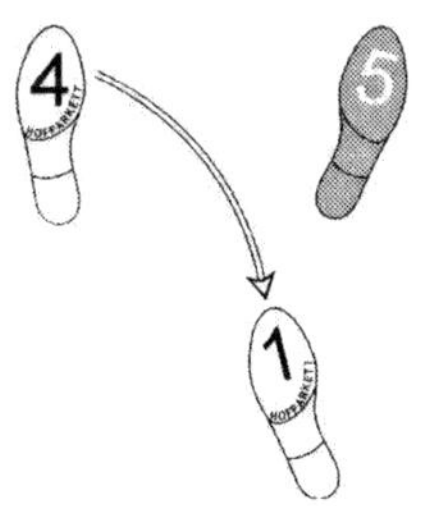	**1**	langsam ¼-Takt **Er** tanzt mit dem LF einen leichten Bogen seitwärts, rückwärts. *Das Gewicht ist a.E. hinten.* **Sie** tanzt mit dem RF nach links und dreht dabei den LF auch nach links. *Körper ¼ nach links drehen, Gewicht a.E. auf RF.*	**2**	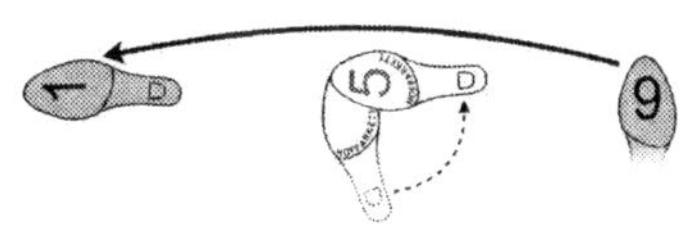
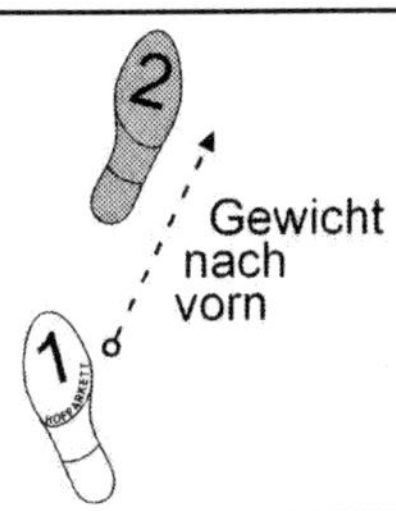	**2**	langsam ¼-Takt **Er** *verschiebt sein Gewicht nach vorn.* **Sie** dreht auf beiden Füßen weiter nach links. *Körper ½ nach links drehen, Gewicht a.E. auf LF.*	**3**	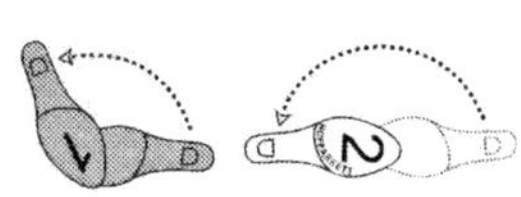

Männerschritte	S	Beschreibung	T	Frauenschritte
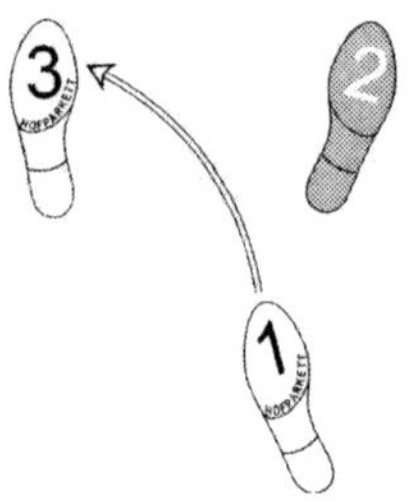	3	schnell ⅛-Takt **Er** tanzt mit dem LF einen leichten Bogen seitwärts, vorwärts, Ballenschritt. *Das Gewicht ist a.E. links.* **Sie** tanzt mit dem RF seitwärts und zurück zur Grundstellung, dreht dabei auf dem LF, Ballenschritt. *Körper ¼ nach links drehen, Gewicht a.E. auf RF.*	4	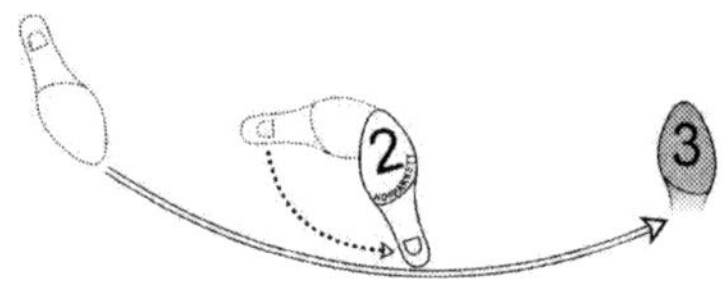
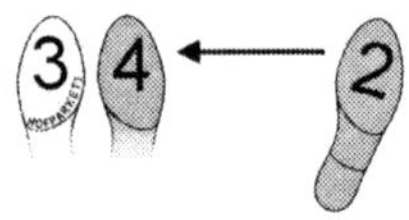	4	schnell ⅛-Takt **Er** schließt RF zum LF, Ballenschritt. *Das Gewicht ist a.E. rechts.* **Sie** schließt LF zu RF, Ballenschritt. *Das Gewicht ist a.E. links.*	&	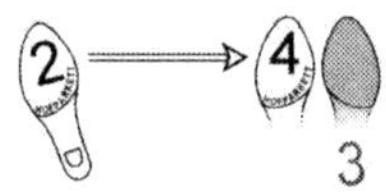
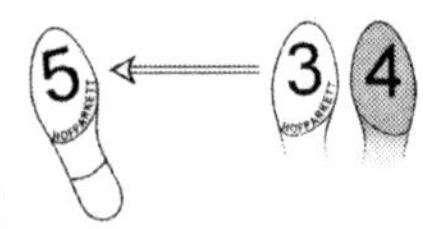	5	langsam ¼-Takt **Er** tanzt mit LF nach links. *Das Gewicht ist a.E. links.* **Sie** tanzt RF nach rechts. *Das Gewicht ist a.E. rechts.*	1	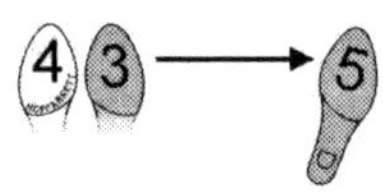

Damen-Solodrehung nach links

1 - 2 - 3 - 4 - 5	langsam - langsam - schnell - schnell - langsam	¼ - ¼ - ⅛ - ⅛ - ¼ - Takt

Damen-Solodrehung links & rechts

Cha Cha Cha

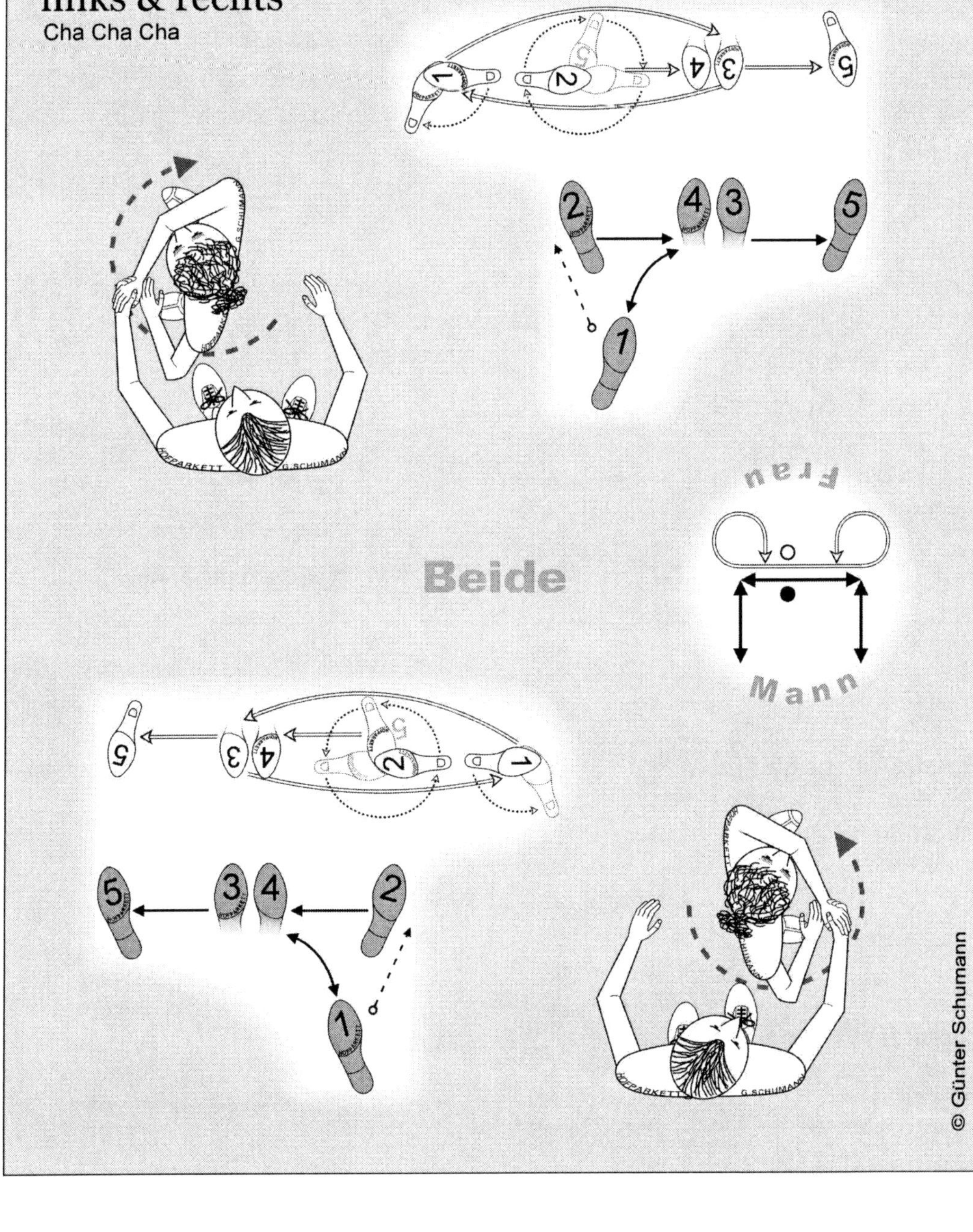

5. Rechts-Karree

Davor - Grundschritt vorwärts

Wir tanzen einen Grundschritt vorwärts. Er tanzt den letzten Schritt „5“ etwas größer zur Seite und platziert sich körperlich am Ende leicht links zu ihr versetzt. Das Karree vorwärts besteht aus Gehschritten vorwärts und Cha-Cha-Cha-Schritten seitwärts. Das Karree rückwärts besteht aus Gehschritten rückwärts und Cha-Cha-Cha-Schritten seitwärts.

Ausgang 1 – wir tanzen ein Karree vorwärts und rückwärts. Den nächsten Schritt „1“ setzen wir rückwärts zum Grundschritt rückwärts.

Ausgang 2 – wir tanzen ein Karree vorwärts und rückwärts und vorwärts. Den nächsten Schritt „1“ tanzen wir in eine Vorwärts-Promenade nach rechts.

Grundschritt vorwärts

1 - 2 - 3 - 4	langsam - langsam - schnell - schnell	¼ - ¼ - ⅛ - ⅛ - Takt

Er tanzt mit dem LF größer zur Seite	5	langsam ¼-Takt	1	**Sie** normal großer Schritt.

Karree vorwärts

Männerschritte	S	Rhythmus	T	Frauenschritte
Er tanzt mit dem RF einen leichten Bogen vorwärts, außen an ihr vorbei. *Das Gewicht ist a.E. vorn.*	1	langsam ¼-Takt	2	**Sie** tanzt mit dem LF einen leichten Bogen rückwärts. *Das Gewicht ist a.E. hinten.*
Er tanzt mit dem LF vorwärts. *Das Gewicht ist a.E. vorn.*	2	langsam ¼-Takt	3	**Sie** tanzt mit dem RF einen leichten Bogen rückwärts. *Das Gewicht ist a.E. hinten.*
Er tanzt mit dem RF seitwärts, Ballenschritt. *Das Gewicht ist a.E. rechts.*	3	schnell ⅛-Takt	4	**Sie** tanzt mit dem LF seitwärts, Ballenschritt. *Das Gewicht ist a.E. links.*

Er schließt den LF zum RF seitwärts, Ballenschritt. *Das Gewicht ist a.E. links.*	4	schnell ⅛-Takt	&	**Sie** schließt den RF zum LF seitwärts, Ballenschritt. *Das Gewicht ist a.E. rechts.*
Er tanzt mit dem RF seitwärts. *Das Gewicht ist a.E. rechts.*	5	langsam ¼-Takt	1	**Sie** tanzt mit dem LF seitwärts. *Das Gewicht ist a.E. links.*

Karree rückwärts

Er tanzt mit dem LF einen leichten Bogen rückwärts. *Das Gewicht ist a.E. hinten.*	1	langsam ¼-Takt	2	**Sie** tanzt mit dem RF einen leichten Bogen vorwärts. *Das Gewicht ist a.E. vorn.*
Er tanzt mit dem RF einen leichten Bogen rückwärts. *Das Gewicht ist a.E. hinten.*	2	langsam ¼-Takt	3	**Sie** tanzt mit dem LF vorwärts. *Das Gewicht ist a.E. vorn.*
Er tanzt mit dem LF seitwärts, Ballenschritt. *Das Gewicht ist a.E. links.*	3	schnell ⅛-Takt	4	**Sie** tanzt mit dem RF seitwärts, Ballenschritt. *Das Gewicht ist a.E. rechts.*
Er schließt den RF zum LF seitwärts, Ballenschritt. *Das Gewicht ist a.E. rechts.*	4	schnell ⅛-Takt	&	**Sie** schließt den LF zum RF seitwärts, Ballenschritt. *Das Gewicht ist a.E. links.*
Er tanzt mit dem LF seitwärts. *Das Gewicht ist a.E. links.*	5	langsam ¼-Takt	1	**Sie** tanzt mit dem RF seitwärts. *Das Gewicht ist a.E. rechts.*

1. Ausgang: Grundschritt rückwärts

1 - 2 - 3 - 4 - 5	langsam - langsam - schnell - schnell - langsam	¼ - ¼ - ⅛ - ⅛ - ¼ - Takt

2. Ausgang: Karree vorwärts und Vorwärts-Promenade nach rechts

1 - 2 - 3 - 4 - 5	langsam - langsam - schnell - schnell - langsam	¼ - ¼ - ⅛ - ⅛ - ¼ - Takt
1 - 2 - 3 - 4 - 5	langsam - langsam - schnell - schnell - langsam	¼ - ¼ - ⅛ - ⅛ - ¼ - Takt

Karree

Cha Cha Cha

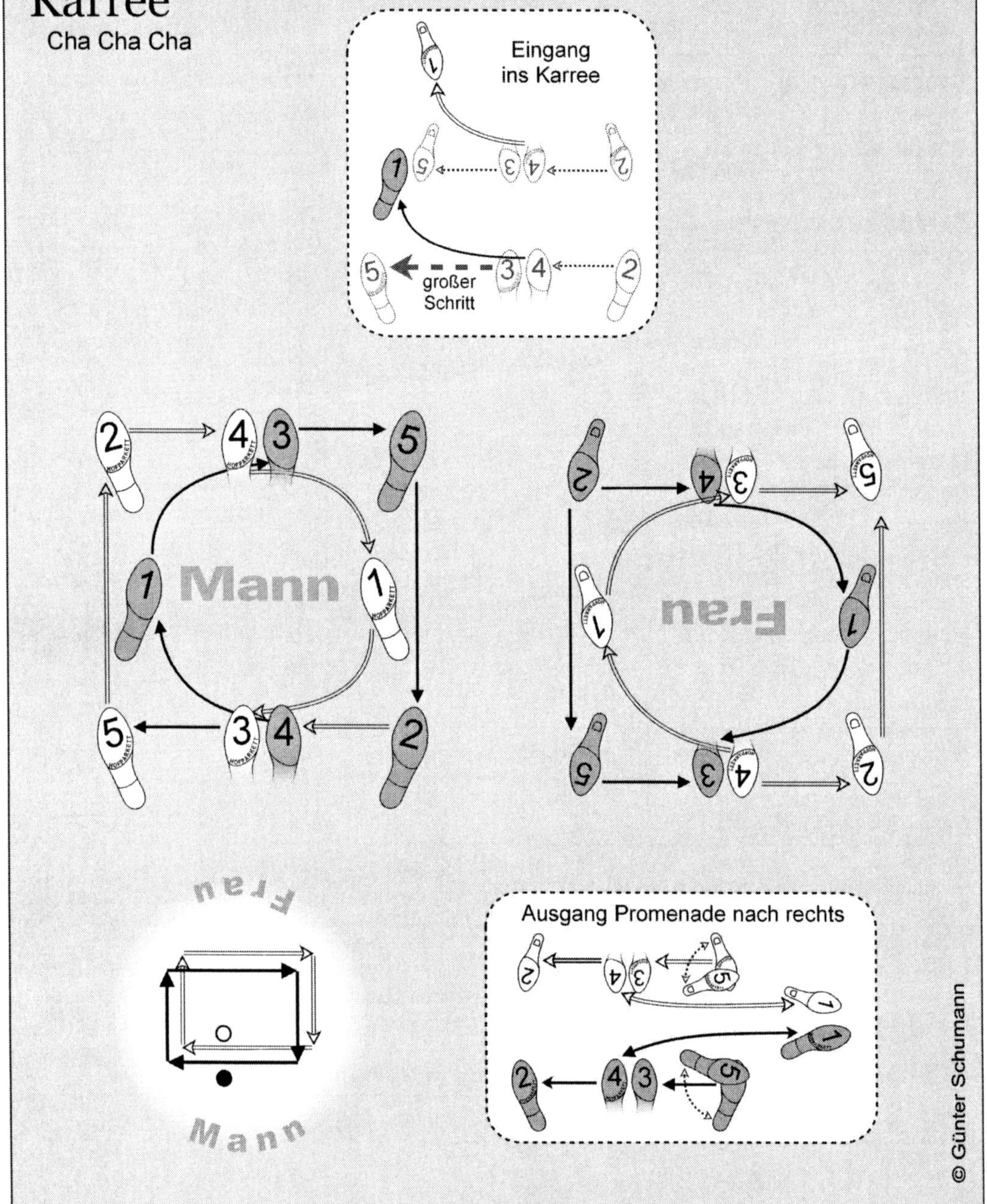

6. Rückwärts-Promenade (Hand to Hand)

Davor - Grundschritt rückwärts

Wir tanzen einen Grundschritt vorwärts, dann eine Damen-Solodrehung nach links. Er wechselt am Ende der Drehung die gefasste Hand und hält ihre Linke nun mit seiner Rechten. Die anderen Hände lassen wir los. Es folgen vier Rückwärts-Promenaden (nach rechts, nach links, nach rechts und nach links), und ein Grundschritt vorwärts. Für jede Promenade werden die Hände gewechselt.

Danach - Grundschritt vorwärts oder nach der dritten Promenade in eine Damen-Solodrehung nach links, gefolgt von Grundschritt vorwärts.

Anmerkung: für die Beschreibung der Führung siehe Einleitung.

Grundschritt vorwärts, Sie rückwärts

1 - 2 - 3 - 4 - 5	langsam - langsam - schnell - schnell - langsam	¼ - ¼ - ⅛ - ⅛ - ¼ - Takt

Damen-Solodrehung nach links, er Grundschritt rückwärts

1 - 2 - 3 - 4 - 5	langsam - langsam - schnell - schnell - langsam	¼ - ¼ - ⅛ - ⅛ - ¼ - Takt

Rückwärts-Promenade nach rechts (sie nach links)

Männerschritte	S	Rhythmus	T	Frauenschritte
Er dreht auf dem RF ¼ nach links und tanzt mit dem LF rückwärts. *Das Gewicht ist a.E. hinten.*	1	langsam ¼-Takt	2	**Sie** dreht auf dem LF ¼ nach rechts und tanzt mit dem RF rückwärts. *Das Gewicht ist a.E. hinten.*
Er überträgt das Gewicht nach vorn auf den RF und dreht ¼ nach rechts.	2	langsam ¼-Takt	3	**Sie** überträgt das Gewicht nach vorn auf den LF und dreht ¼ nach links.
Er tanzt mit dem LF seitwärts, Ballenschritt. *Das Gewicht ist a.E. links.*	3	schnell ⅛-Takt	4	**Sie** tanzt mit dem RF seitwärts, Ballenschritt. *Das Gewicht ist a.E. rechts.*

Männerschritte	S	Rhythmus	T	Frauenschritte
Er schließt den RF zum LF seitwärts, Ballenschritt. *Das Gewicht ist a.E. rechts.*	4	schnell ⅛-Takt	&	**Sie** schließt den LF zum RF seitwärts, Ballenschritt. *Das Gewicht ist a.E. links.*
Er tanzt mit dem LF seitwärts. *Das Gewicht ist a.E. links.*	5	langsam ¼-Takt	1	**Sie** tanzt mit dem RF seitwärts. *Das Gewicht ist a.E. rechts.*

Rückwärts-Promenade nach links (sie nach rechts)

Er dreht auf dem LF ¼ nach rechts und tanzt mit dem RF rückwärts. *Das Gewicht ist a.E. hinten.*	1	langsam ¼-Takt	2	**Sie** dreht auf dem RF ¼ nach links und tanzt mit dem LF rückwärts. *Das Gewicht ist a.E. hinten.*
Er überträgt das Gewicht nach vorn auf den LF und dreht ¼ nach links.	2	langsam ¼-Takt	3	**Sie** überträgt das Gewicht nach vorn auf den RF und dreht ¼ nach rechts.
Er tanzt mit dem RF seitwärts, Ballenschritt. *Das Gewicht ist a.E. rechts.*	3	schnell ⅛-Takt	4	**Sie** tanzt mit dem LF seitwärts, Ballenschritt. *Das Gewicht ist a.E. links.*
Er schließt den LF zum RF seitwärts, Ballenschritt. *Das Gewicht ist a.E. links.*	4	schnell ⅛-Takt	&	**Sie** schließt den RF zum LF seitwärts, Ballenschritt. *Das Gewicht ist a.E. rechts.*
Er tanzt mit dem RF seitwärts. *Das Gewicht ist a.E. rechts.*	5	langsam ¼-Takt	1	**Sie** tanzt mit dem LF seitwärts. *Das Gewicht ist a.E. links.*

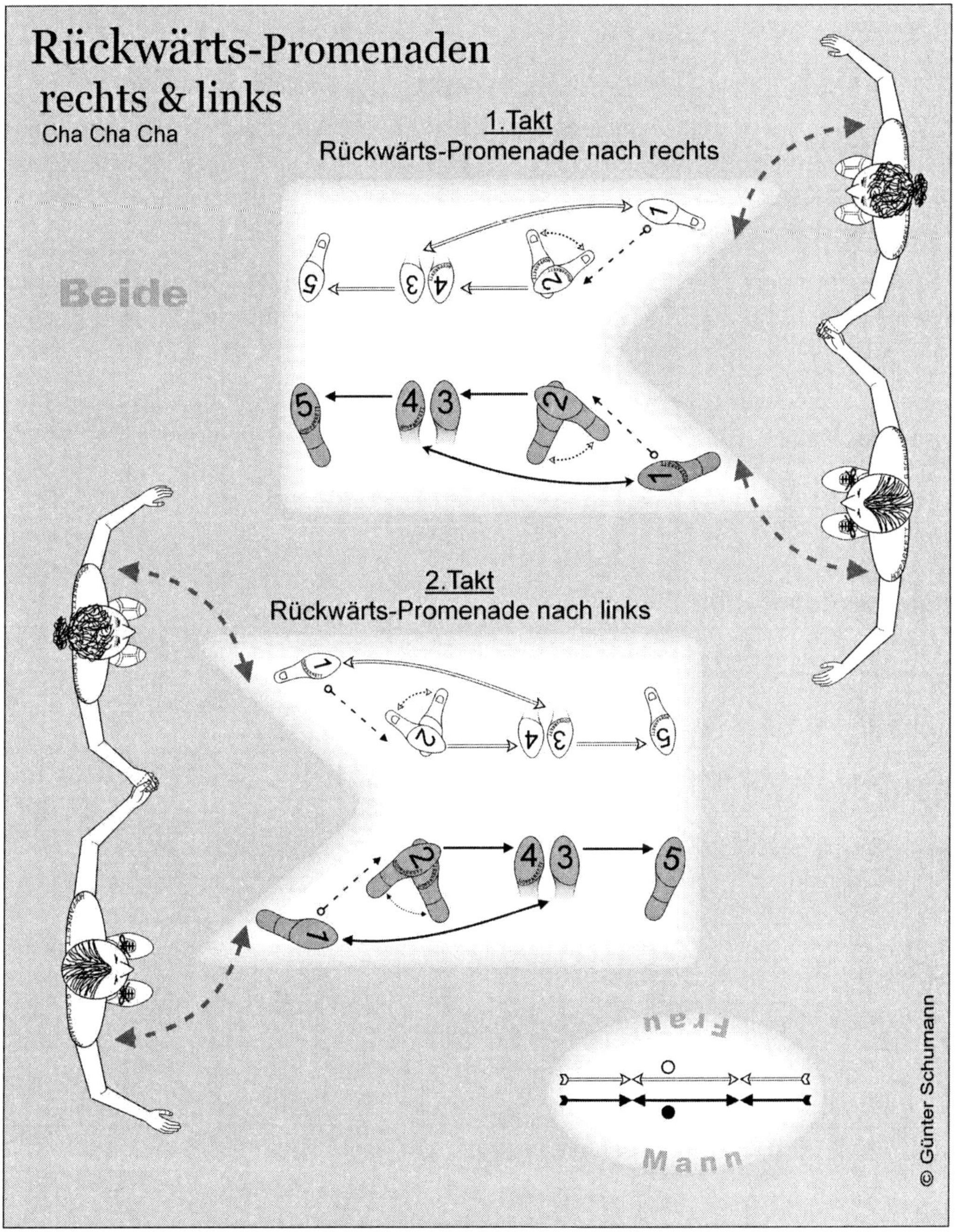
Rückwärts-Promenaden
rechts & links
Cha Cha Cha
1.Takt
Rückwärts-Promenade nach rechts
Beide
2.Takt
Rückwärts-Promenade nach links
Mann
© Günter Schumann

7. Schatten-Promenade

Davor - Grundschritt rückwärts

Die Schatten-Promenade ist von den Schritten her gleich der Rückwärts-Promenade. Den Unterschied machen die Handhaltung und die Körperposition. Wir stehen im Schatten, also jeweils einer hinter dem anderen aber nur wenig seitlich versetzt.

Wir tanzen einen Grundschritt vorwärts, dann eine Damen-Solodrehung nach links. Er wechselt am Ende der Drehung die gefasste Hand und hält ihre Rechte nun mit seiner rechten Hand.

Es folgen drei Rückwärts-Promenaden (nach rechts, nach links, nach rechts) und eine Damen-Solodrehung nach links. Die gefassten (rechten) Hände bleiben während der Schatten-Promenaden dieselben.

Danach - Grundschritt vorwärts.

Damen-Solodrehung nach links

1 - 2 - 3 - 4 - 5	langsam - langsam - schnell - schnell - langsam	¼ - ¼ - ⅛ - ⅛ - ¼ - Takt

Schatten-Promenade nach rechts

1 - 2 - 3 - 4 - 5	langsam - langsam - schnell - schnell - langsam	¼ - ¼ - ⅛ - ⅛ - ¼ - Takt

Schatten-Promenade nach links

1 - 2 - 3 - 4 - 5	langsam - langsam - schnell - schnell - langsam	¼ - ¼ - ⅛ - ⅛ - ¼ - Takt

Schatten-Promenade nach rechts

1 - 2 - 3 - 4 - 5	langsam - langsam - schnell - schnell - langsam	¼ - ¼ - ⅛ - ⅛ - ¼ - Takt

Damen-Solodrehung nach links

1 - 2 - 3 - 4 - 5	langsam - langsam - schnell - schnell - langsam	¼ - ¼ - ⅛ - ⅛ - ¼ - Takt

Schatten-Promenade

Cha Cha Cha

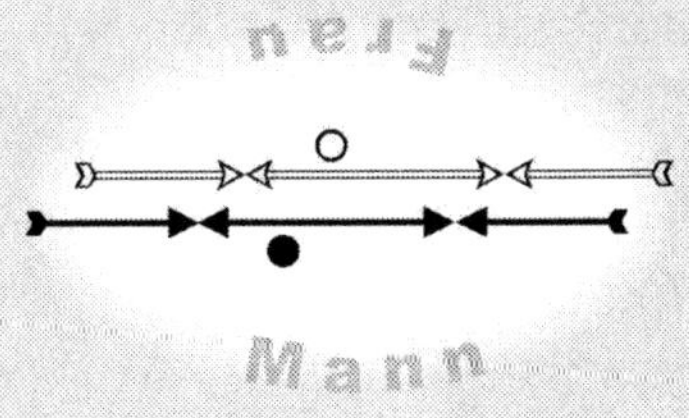

Beide

1.Takt

Rückwärts-Promenade nach rechts

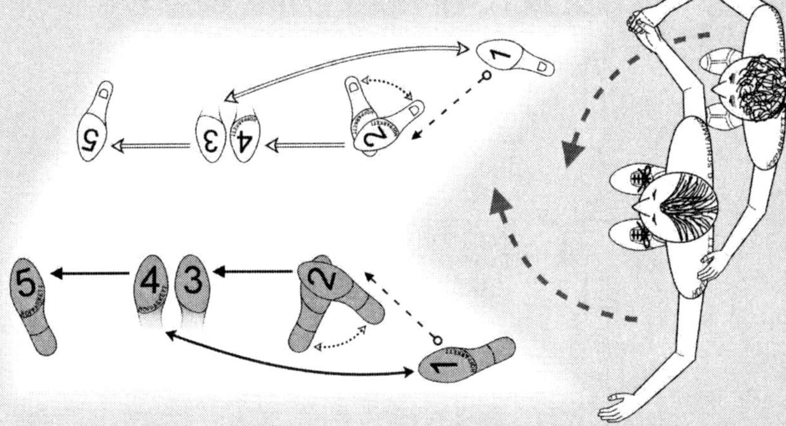

2.Takt

Rückwärts-Promenade nach links

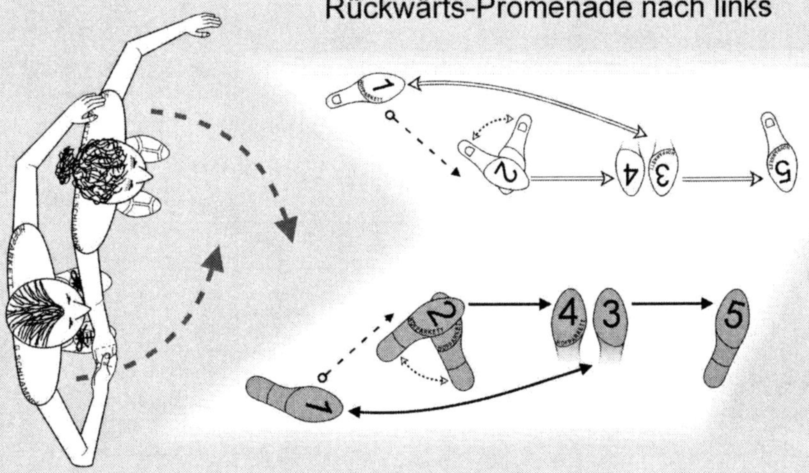

8. Seitenwechsel (Cross-Body-Lead)

Davor - Grundschritt rückwärts

Wir tanzen einen Grundschritt vorwärts. Er leitet den Seitenwechsel ein, indem er stark rückwärts nach rechts ausweicht und sie dabei durch seine Position durchtanzen lässt. Sie tanzt weiter vorwärts und dreht am Ende mit einer scharfen halben Linksdrehung.

Er folgt ihr mit einer halben Linksdrehung. Dann tanzen beide Cha Cha Cha zur Seite (er rechts, sie links)

Danach - Grundschritt vorwärts.

Anmerkung: Die geschlossene Tanzhaltung bleibt erhalten.

Seitenwechsel

Männerschritte	S	Rhythmus	T	Frauenschritte
Er tanzt mit dem RF einen starken Bogen nach rechts, rückwärts, seitwärts, Körper ¼ Linksdrehung. *Das Gewicht ist a.E. hinten.*	1	langsam ¼-Takt	2	**Sie** tanzt mit dem LF vorwärts an ihm rechts vorbei. *Das Gewicht ist a.E. vorn.*
Er tanzt mit dem LF hinter ihr her, vorwärts, seitwärts, Körper ¼ Linksdrehung. *Das Gewicht ist a.E. vorn.*	2	langsam ¼-Takt	3	**Sie** tanzt mit dem RF vorwärts, dreht a.E. *Körper ½ nach links drehen. Das Gewicht ist a.E. rechts.*
Er tanzt mit dem RF seitwärts, Ballenschritt. *Das Gewicht ist a.E. rechts.*	3	schnell ⅛-Takt	4	**Sie** tanzt mit dem LF seitwärts, Ballenschritt. *Das Gewicht ist a.E. links.*
Er schließt den LF zum RF seitwärts, Ballenschritt. *Das Gewicht ist a.E. links.*	4	schnell ⅛-Takt	&	**Sie** schließt den RF zum LF seitwärts, Ballenschritt. *Das Gewicht ist a.E. rechts.*
Er tanzt mit dem RF seitwärts. *Das Gewicht ist a.E. rechts.*	5	langsam ¼-Takt	1	**Sie** tanzt mit dem LF seitwärts. *Das Gewicht ist a.E. links.*

Seitenwechsel

Cha Cha Cha

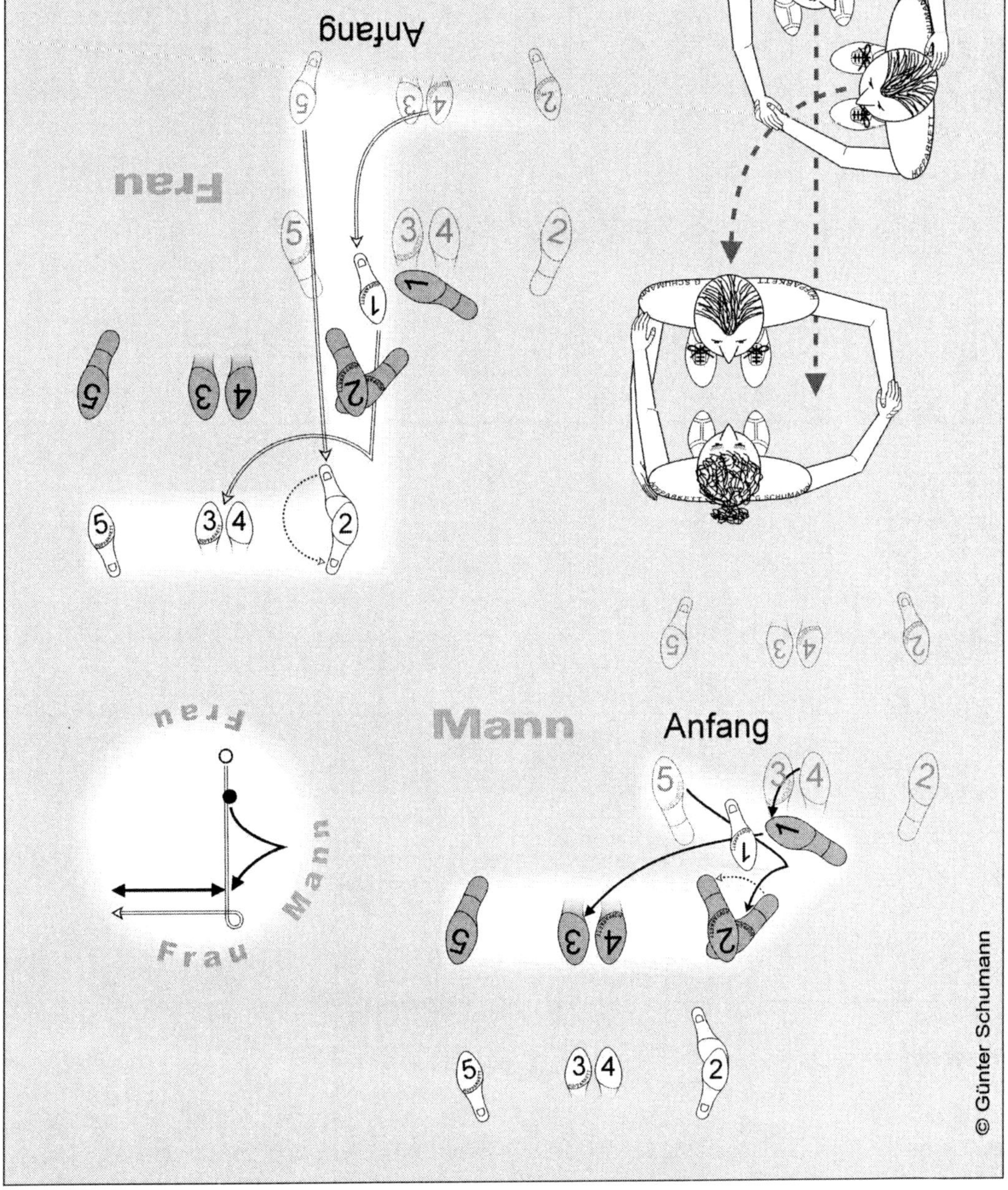

9. Kickfigur

Davor - Grundschritt rückwärts

Die Kickfigur wird nach einem Grundschritt vorwärts getanzt, indem er sich und sie auf dem letzten Schritt „5“ des Grundschritts dreht und beide ein weiteres Cha Cha Cha diesmal vorwärts tanzen. Dann folgt die Kickfigur. Am Ende tanzen beide wieder ein Cha Cha Cha, er nach rechts, sie nach links.

Danach - Grundschritt vorwärts

Anmerkung: Die geschlossene Tanzhaltung bleibt erhalten. Ein Kick beim Tanzen wird mit gestrecktem Fuß getanzt, der Fuß bleibt nah am Boden. Kein Fußball!

Grundschritt vorwärts (sie rückwärts), am Ende gedreht

1 - 2 - 3 - 4	langsam - langsam - schnell - schnell ¼ - ¼ - ⅛ - ⅛ - Takt	
5	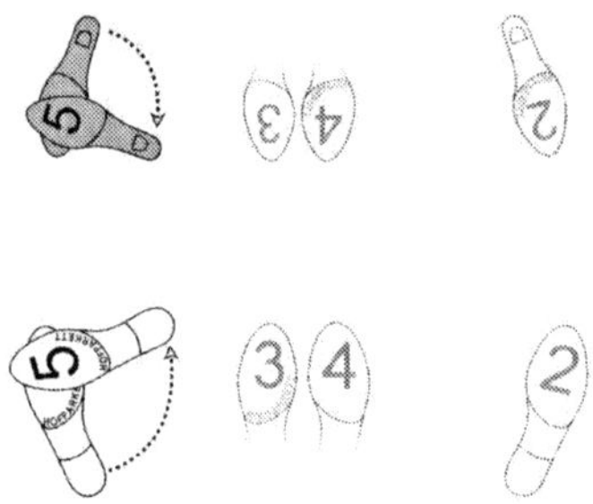	langsam ¼-Takt **Beide** tanzen einen Grundschritt, er vorwärts, sie rückwärts und drehen auf dem 5. Schritt, er ¼ nach links und sie ¼ nach rechts.

Kickfigur

Männerschritte	S	Rhythmus	T	Frauenschritte
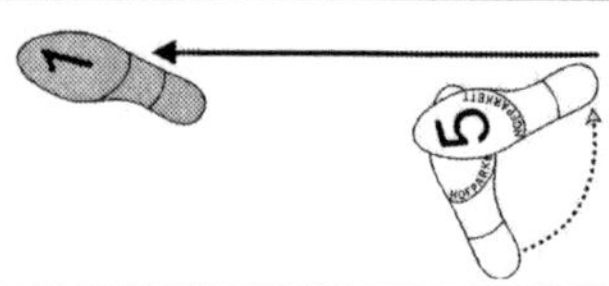	1	schnell ⅛-Takt	2	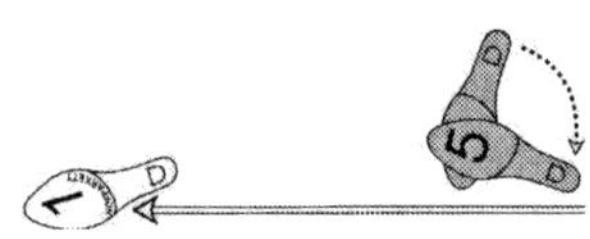
		Er tanzt RF vorwärts. **Sie** tanzt LF vorwärts.		
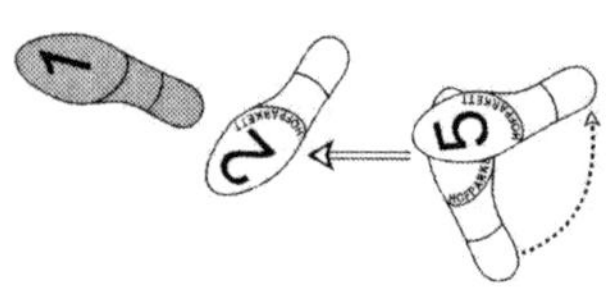	2	schnell ⅛-Takt	&	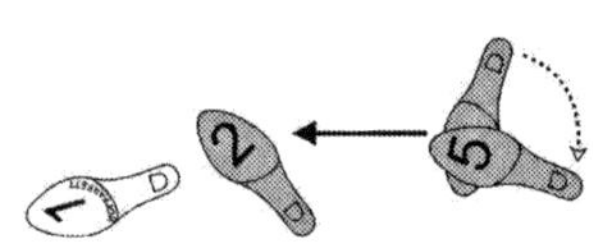
		Er setzt den LF hinter den RF. **Sie** setzt den RF hinter den LF.		

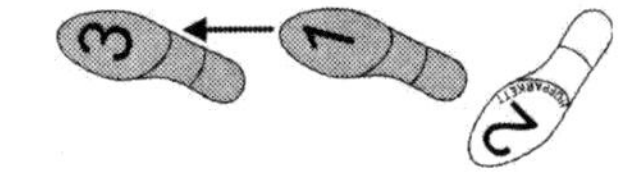	**3** | langsam ¼-Takt | **3** **Er** tanzt RF vorwärts. **Sie** tanzt LF vorwärts.	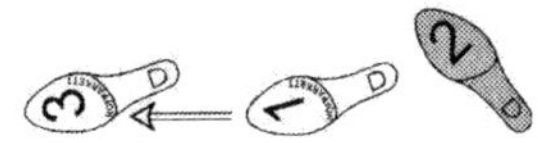
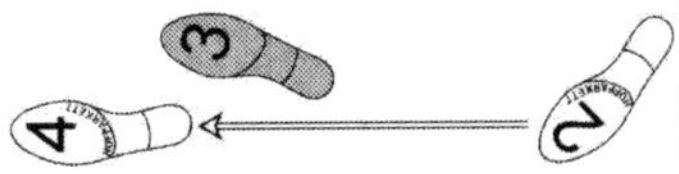	**4** | langsam ¼-Takt | **4** **Er** tanzt LF vorwärts. **Sie** tanzt RF vorwärts.	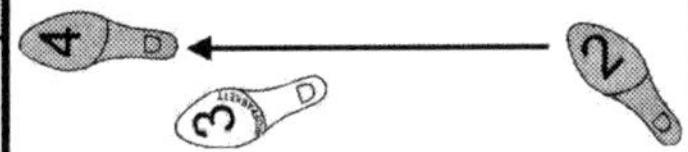
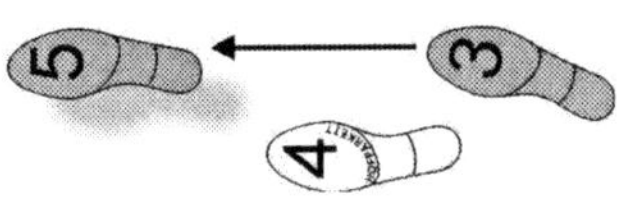	**5** | langsam ¼-Takt | **1** **Er** tanzt RF Kick. **Sie** tanzt LF Kick.	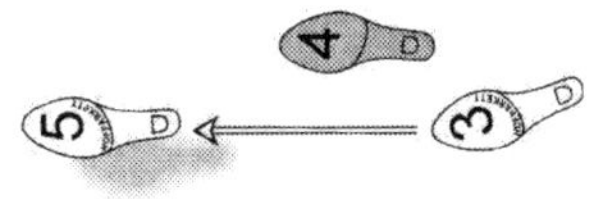
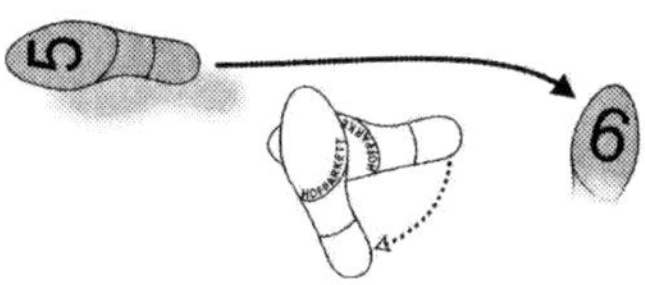	**6** | langsam ¼-Takt | **2** **Er** mit LF nach rechts drehen und RF seitwärts Tap. *Gewicht bleibt links.* **Sie** mit RF nach rechts drehen u. LF seitwärts Tap. *Gewicht bleibt rechts.*	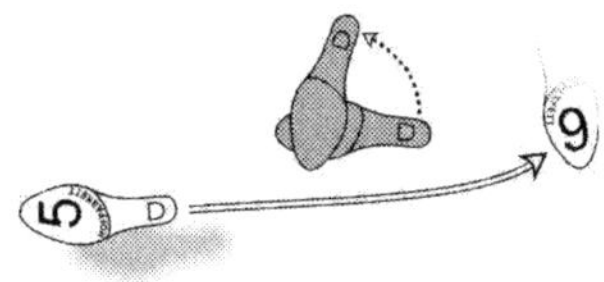
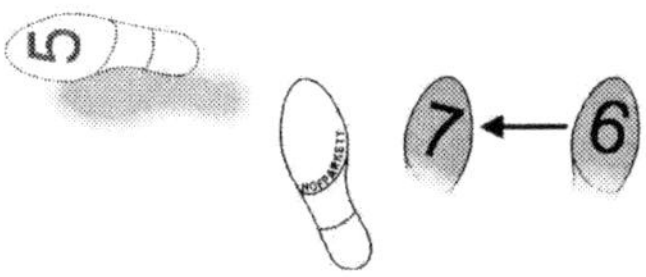	**7** | langsam ¼-Takt | **3** **Er** RF Tap zum LF. **Sie** LF Tap zum RF.	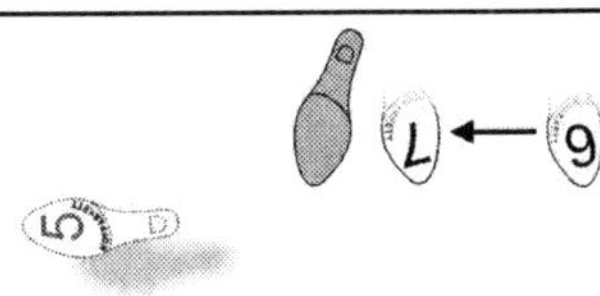
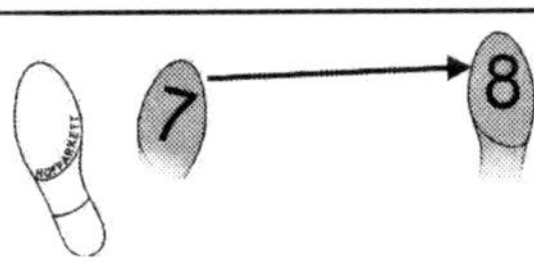	**8** | schnell ⅛-Takt | **4** **Er** RF seitwärts. **Sie** LF seitwärts.	
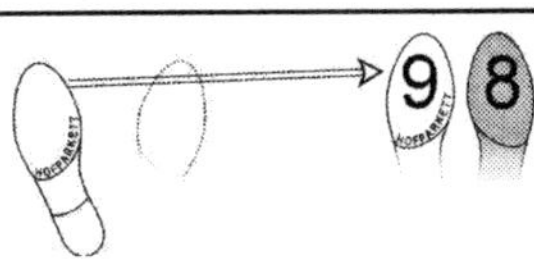	**9** | schnell ⅛-Takt | **&** **Er** LF schließt zu RF. **Sie** RF schließt zu LF.	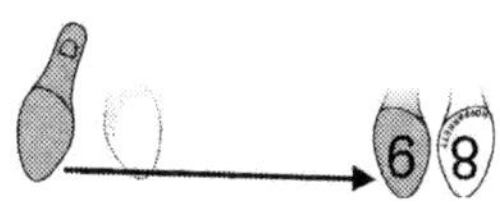
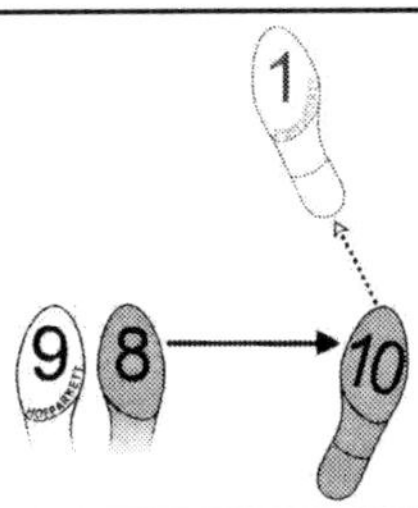	**10** | langsam ¼-Takt | **1** **Er** RF seitwärts. **Sie** LF seitwärts. **Beide** tanzen Grundschritt, er vorwärts, sie rückwärts.	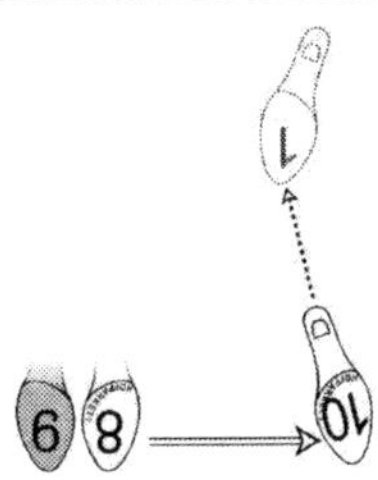

Kickfigur

Cha Cha Cha

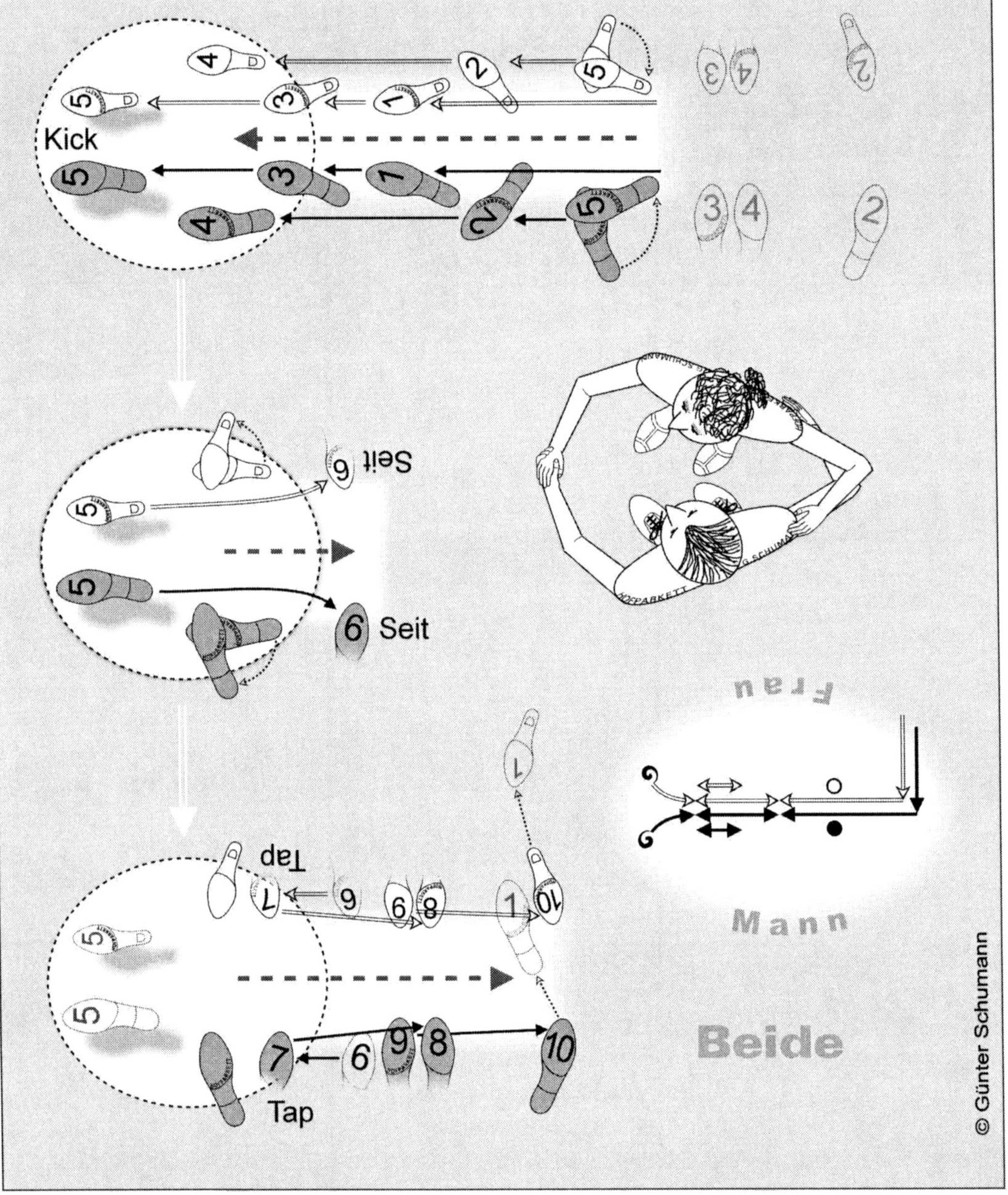

Swing
Jive
Boogie

Swingtänze

Geschichte Unter dem Oberbegriff „Swing“ werden eine Reihe verschiedener Tänze zusammengefasst, die vor allem in den 30er und 40er Jahren des 20. Jahrhunderts populär geworden sind. Der Swing entstand in Nordamerika aus der Konfrontation afrikanischer und europäischer Musikkultur; als ältester Swing-Tanz gilt der „Texas-Tommy“ (ca. 1909). Die Swing-Tänze vereinen die europäische Tradition der Marsch- und Bewegungstänze mit den pantomischen Platztänzen afrikanischen Ursprungs.

Die Erfolgsgeschichte des Swing ist untrennbar verknüpft mit der Musik und dem unverwechselbaren Sound der Big-Bands. Musikalisch betrachtet ist der Swing dem Jazz zuzuordnen. Insbesondere die jazztypische Offenheit für Improvisationen und andere musikalische Einflüsse tragen dazu bei, dass sich der Swing bis heute weiterentwickelt und verändert. Die Vielfalt verschiedener Swing-Tänze, die sich im Laufe der Zeit entwickelt hat, umfasst z. B. Lindy Hop, Shag, Jitterbug, East-Coast-Swing, West-Coast-Swing, Boogie-Woogie, Jive und Rock'n'Roll. Nach dem Zweiten Weltkrieg gelangte der Swing mit den amerikanischen Soldaten nach Europa.

Als eine der ursprünglichsten Varianten, die viele Swing-Vorläufer in sich vereint, gilt der Lindy Hop. Er soll seinen Namen nach der erfolgreichen Atlantik-Überquerung von Charles Lindbergh erhalten haben und wird nach seinem Entstehungsort, dem Savoy-Ballroom in New York City, gelegentlich als „Savoy-Style“ bezeichnet. Alle Swing-Varianten werden als Paartänze getanzt, meist mit gefassten Händen. Im Jitterbug und im Rock'n'Roll werden darüber hinaus häufig Hebe- und Wurf-Figuren ausgeführt. Letzterer gilt auch als Hochleistungssport.

(Blues-)Boogie

Geschichte Der Boogie ist aus einem Pianostil des Blues entstanden und gehört zu den Swing-Tänzen. Er wurden vor dem 2. Weltkrieg zu Swingmusik, nach dem Untergang der Big-Bands zu Rock'n'Roll- Musik getanzt. Unterschieden wird zwischen Single-Time und Double-Time-Boogie; der von uns gelehrte gehört in letztere Kategorie.

Seine erste Blüte erlebte der Boogie im Nordamerika der 30er-Jahre. Nach 1945 gelangte er mit den amerikanischen Soldaten nach Europa. Der Boogie gilt als eine der wesentlichen Wurzeln des Rock'n'Roll und des Jive.

Musik 4/4-Takt, 30-48 Takte pro Minute.

Taktierung am Beispiel des Grundschrittes (aus Männersicht):

	1.Takt				2.Takt				3.Takt			
T	¼	¼	¼	¼	¼	¼	¼	¼	¼	¼	¼	¼
	schnell	schnell	schnell	schnell	schnell	schnell	schnell	schnell	schnell	schnell	schnell	schnell
S	1	2	3	4	5	6	1	2	3	4	5	6
M	rück	vor	seit	tap	seit	tap	rück	vor	seit	tap	seit	tap

Wir beginnen auf der musikalischen „1". Für einen Grundschritt brauchen wir 1½ Takte.

Tanzausführung Der Boogie gehört zu den Platztänzen. Die Aufstellung im Raum ist beliebig. Wir tanzen etwas weiter auseinander (20-25 cm Körperabstand).

Gestartet wird beim ersten Grundschritt auf der musikalischen „1" für ihn LF rückwärts, für sie RF rückwärts.

Grundaufstellung

Geschlossene Tanzhaltung mit Abstand Einseitige Fingerfassung. Wir stehen genau gegenüber. Der Abstand voneinander sollte 20-25 cm betragen.	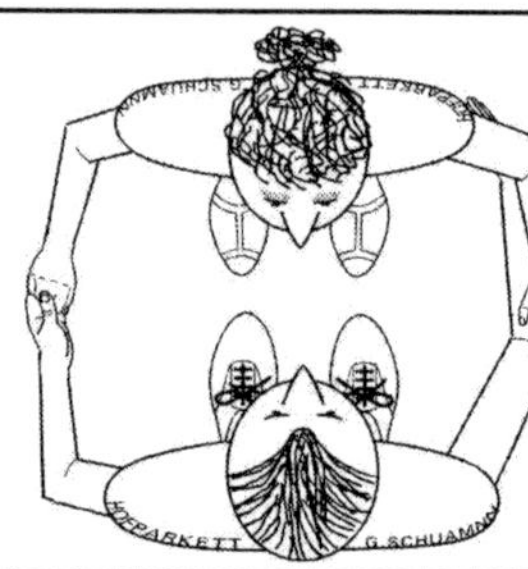
Geschlossene Tanzhaltung. Beidseitige Fingerfassung. Wir stehen genau gegenüber. Der Abstand voneinander sollte 20-25 cm betragen.	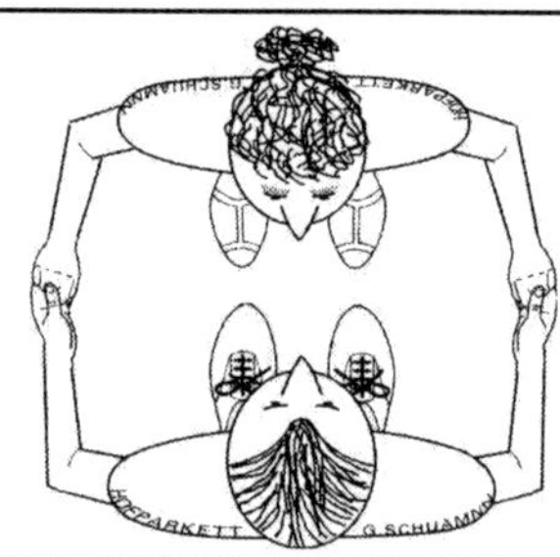
Die Aufstellung im Raum ist beliebig. 2-spurig (bezogen auf die Fußmittellinien).	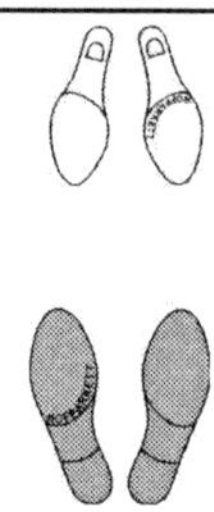

Tanzfiguren

1. Grundschritt

Der Grundschritt beginnt mit einem „Rück-Vor“, beide voneinander weg nach hinten und dann nach vorn. Dann folgt ein Seit-Schritt zur Seite mit einem Tap daneben erst zur einen Seite, dann zur Anderen.

Ein „Tap“ ist ein Aufsetzen der Fußspitze ohne Belastung. Für den folgenden Schritt wird der gleiche Fuß ein zweites Mal genommen.

Die Paaraufstellung im Raum ist beliebig.

Grundschritt am Anfang (aus dem Stand)

Männerschritte	S	Beschreibung	Frauenschritte
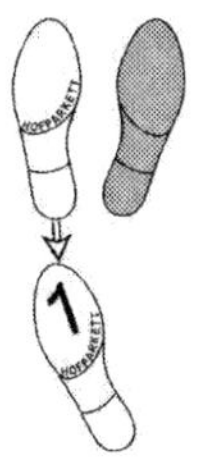	1	schnell ¼-Takt **Er** tanzt mit dem LF einen Schritt rückwärts, leicht eingedreht. *Das Gewicht ist a.E. hinten.* **Sie** tanzt mit dem LF einen Schritt rückwärts, leicht eingedreht. *Das Gewicht ist a.E. hinten.*	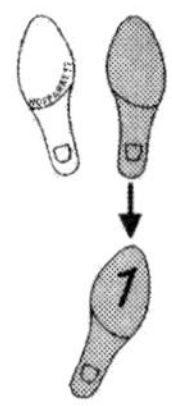
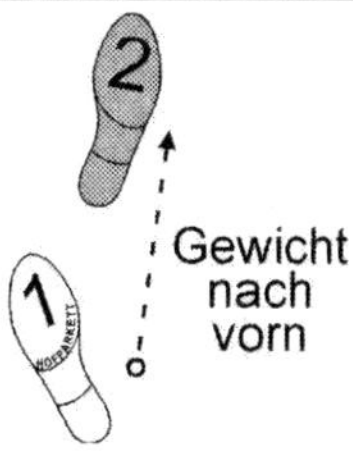	2	schnell ¼-Takt **Er** überträgt das *Gewicht nach vorn.* **Sie** überträgt das *Gewicht nach vorn.*	
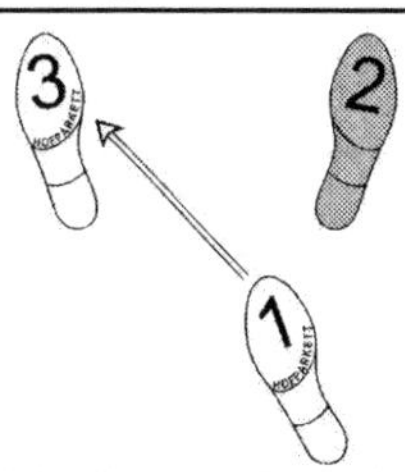	3	schnell ¼-Takt **Er** tanzt mit dem LF seitwärts, vorwärts. **Sie** tanzt mit dem RF seitwärts, vorwärts.	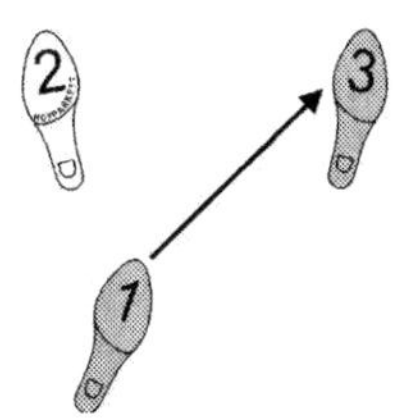

Männerschritte	S	Beschreibung	Frauenschritte
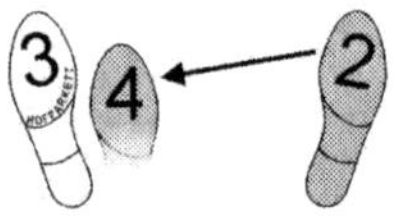	4	schnell ¼-Takt **Er** tanzt mit dem RF einen Tap zum LF. **Sie** tanzt mit dem LF einen Tap zum RF.	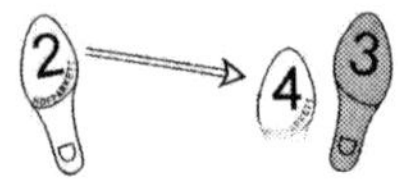
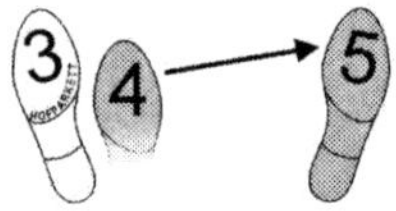	5	schnell ¼-Takt **Er** tanzt mit RF seitwärts. **Sie** tanzt mit LF seitwärts.	
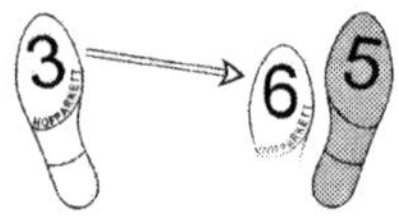	6	schnell ¼-Takt **Er** tanzt mit dem LF einen Tap zum RF. **Sie** tanzt mit dem RF einen Tap zum LF.	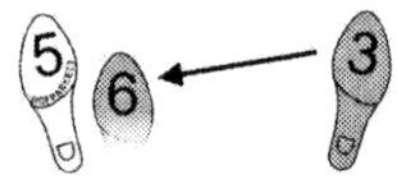

Grundschritt (innerhalb des Tanzes)

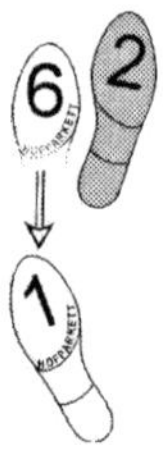	1	schnell ¼-Takt **Er** tanzt mit dem LF einen Schritt rückwärts, leicht eingedreht. *Das Gewicht ist a.E. hinten.* **Sie** tanzt mit dem RF einen Schritt rückwärts, leicht eingedreht. *Das Gewicht ist a.E. hinten.*	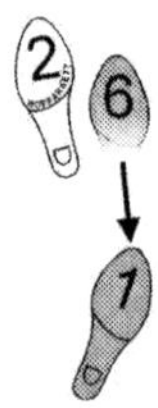
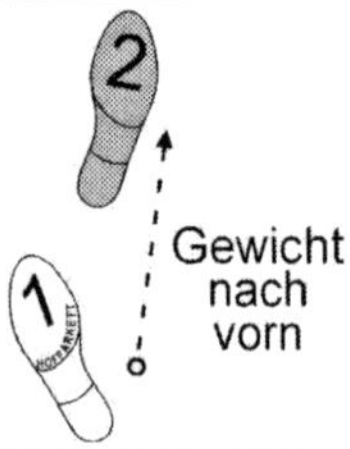	2	schnell ¼-Takt **Er** überträgt das *Gewicht nach vorn.* **Sie** überträgt das *Gewicht nach vorn.*	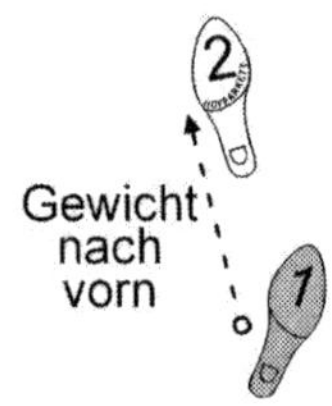

3 - 4 - 5 - 6	schnell - schnell - schnell - schnell	¼ - ¼ - ¼ - ¼ -Takt

Grundschritt

Boogie

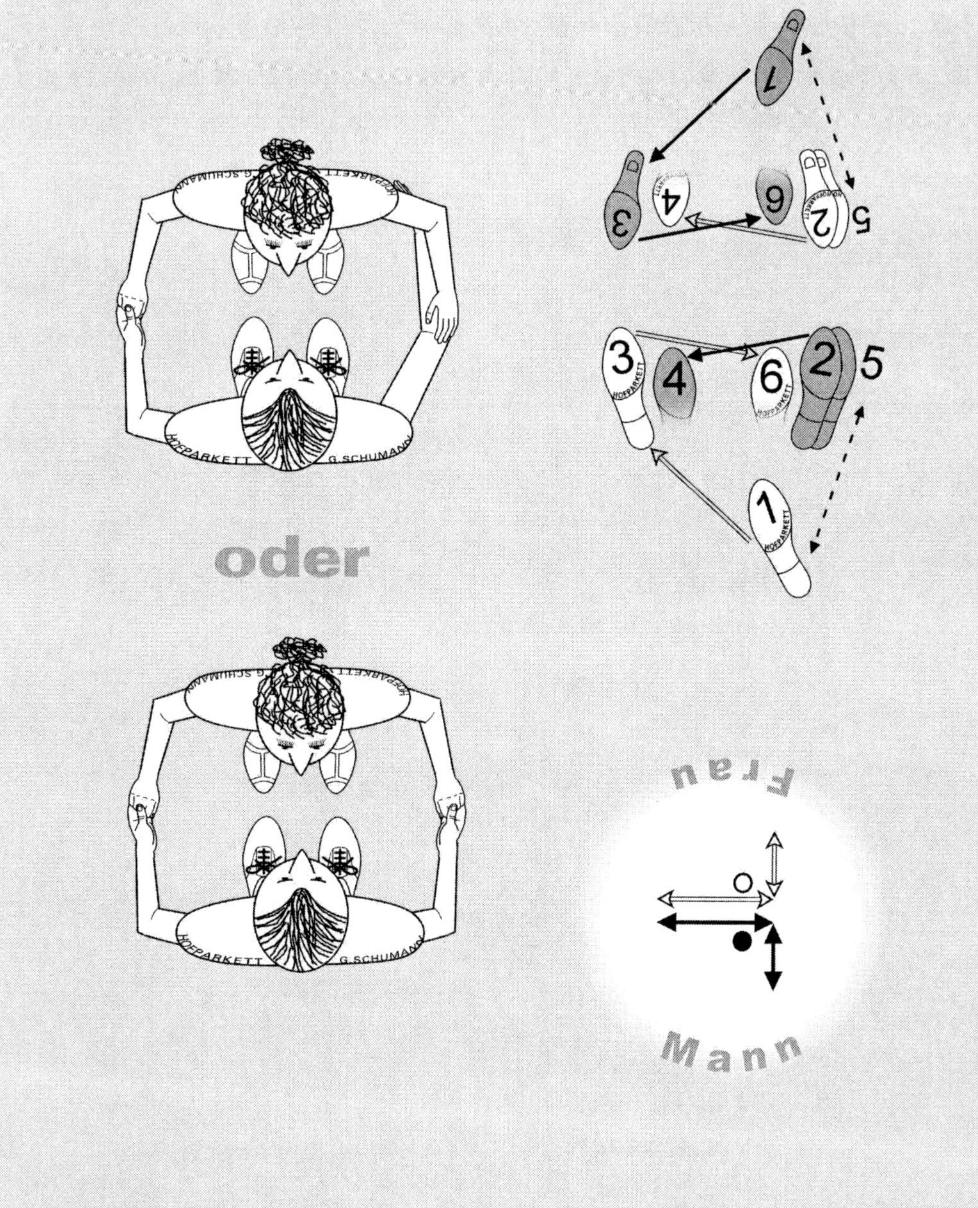

2. Ausdrehen und Zusammengehen

Davor - Grundschritt

Er dreht sie nach links (seine Sicht) aus und dreht sich dabei selbst 1/4 nach links. Sie tanzt eine 3/4 Rechtsdrehung nach rechts (aus ihrer Sicht).

Für die Drehung nimmt er seinen linken und damit ihren rechten Arm hoch und führt sie an seine linke Seite. Die anderen Hände/Tanzhaltung werden gelöst.

Danach - Grundschritt

Ausdrehen

Männerschritte	S	Beschreibung	Frauenschritte
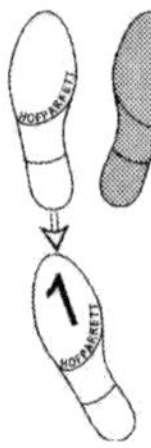	1	schnell ¼-Takt **Er** tanzt mit dem LF einen Schritt rückwärts, leicht eingedreht. *Das Gewicht ist a.E. hinten.* **Sie** tanzt mit dem RF einen Schritt rückwärts, leicht eingedreht. *Das Gewicht ist a.E. hinten.*	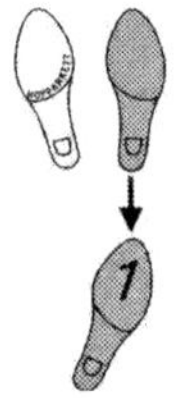
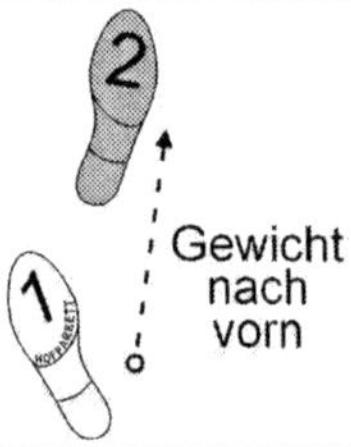	2	schnell ¼-Takt **Er** überträgt das *Gewicht nach vorn.* Linken Arm heben für ihre Drehung. **Sie** überträgt das *Gewicht nach vorn.*	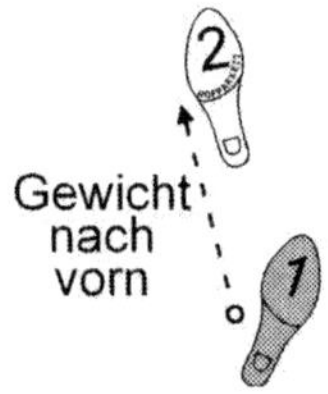
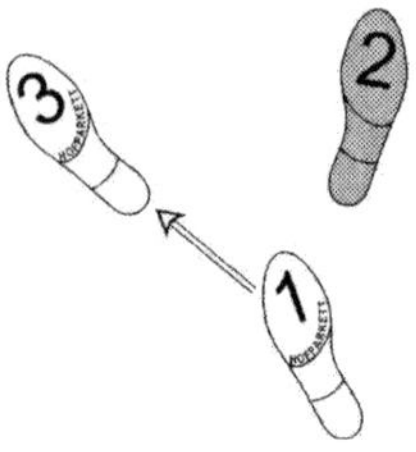	3	schnell ¼-Takt **Er** tanzt mit dem LF seitwärts, leicht vorwärts. *Körperdrehung 1/8 nach links* **Sie** tanzt mit dem RF seitwärts, leicht vorwärts und dreht auf dem Fuß. *Körperdrehung ca. 1/2 nach rechts*	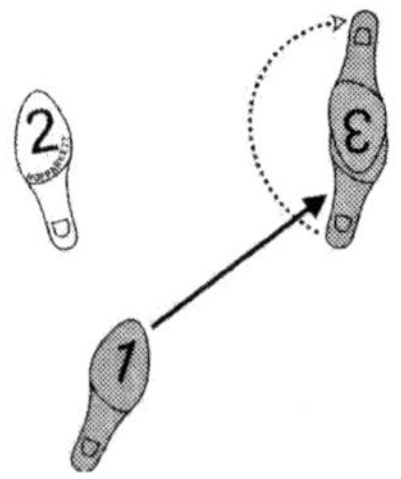

Männerschritte	S	Beschreibung	Frauenschritte
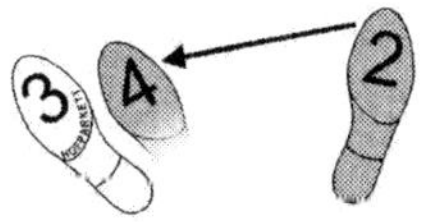	4	schnell ¼-Takt **Er** tanzt mit dem RF einen Tap zum LF. **Sie** tanzt mit dem LF einen Tap zum RF.	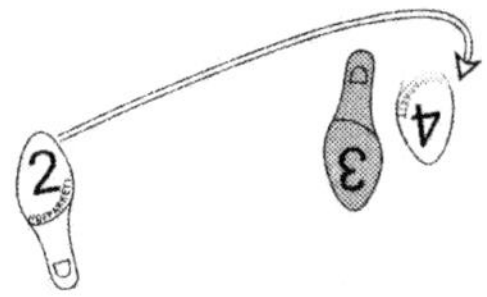
	5	schnell ¼-Takt **Er** tanzt mit RF seitwärts, leicht vorwärts *Körperdrehung 1/8 nach links* **Sie** tanzt mit dem LF seitwärts, leicht vorwärts und dreht auf dem Fuß. *Körperdrehung ca. 1/4 nach rechts*	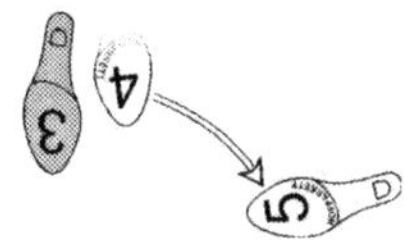
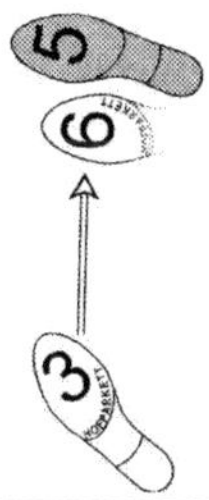	6	schnell ¼-Takt **Er** tanzt mit dem LF einen Tap zum RF. **Sie** tanzt mit dem RF einen Tap zum LF.	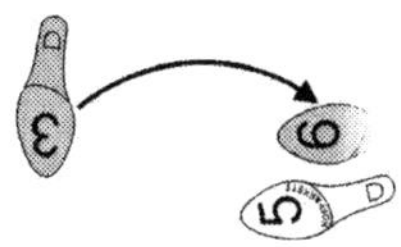

Ausdrehen

Boogie

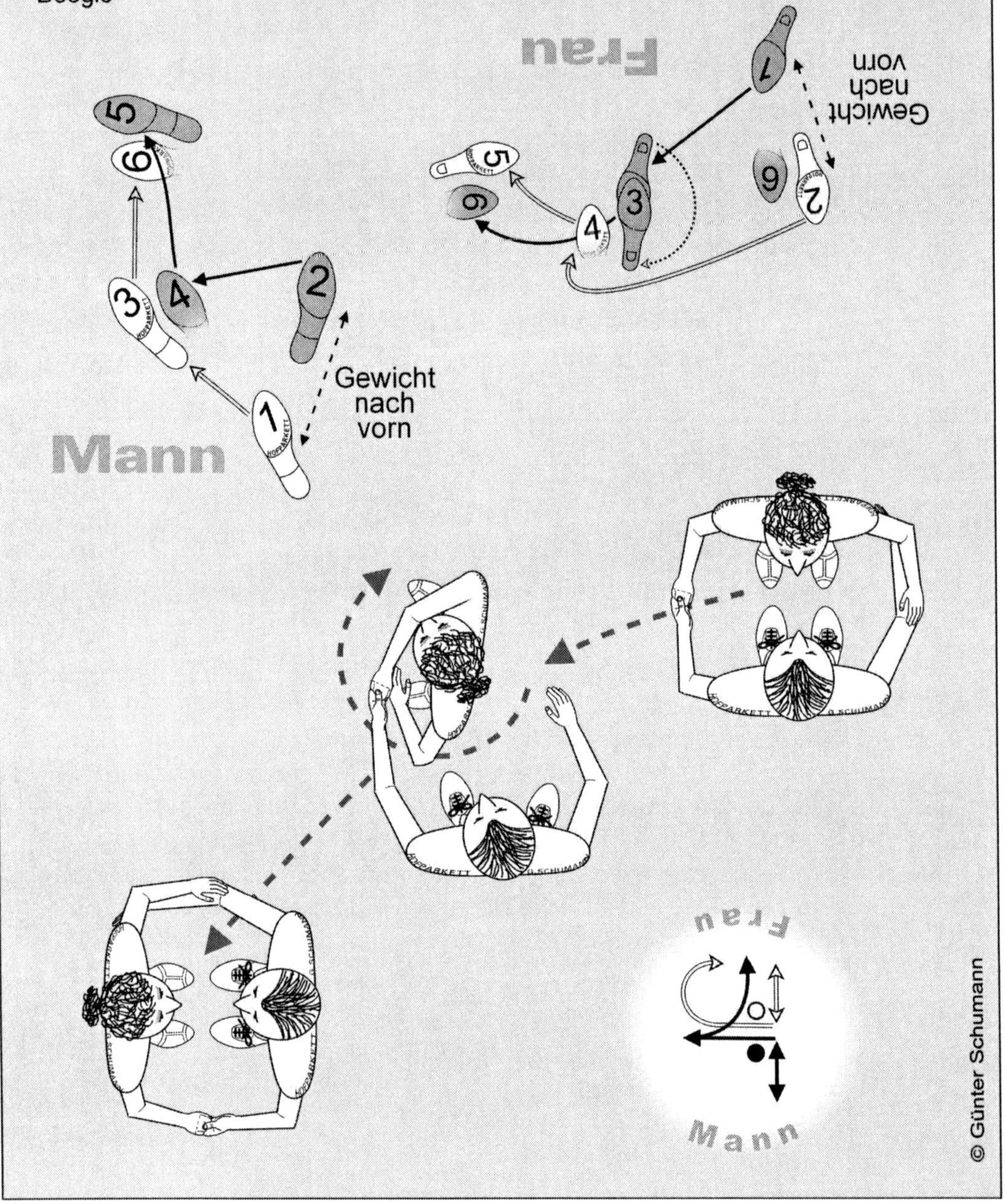

3. Side by Side - Bump

Davor - Ausdrehen, am Ende Einhandfassung

Nach dem „Rück-Vor“ dreht er sich ein Viertel nach rechts, zieht sie mit dem linken Arm an sich heran. Sie dreht dabei ein Viertel nach rechts. Die Schultern und/oder Hüften können sich dabei berühren und „schubsen“ (Bump). Es folgen „Seit-Tap“. Mit dem nächsten „Seit-Tap“ können wir wieder in die Grundaufstellung zurückdrehen oder wir tanzen nebeneinanderstehend seitlich voneinander weg (Seit-Tap, Seit-Tap).

Von hier aus können wir wieder seitwärts aufeinander zu (schubsen) und voneinander weg tanzen, mehrfach hintereinander.

Ein möglicher Abschluss ist das „Zurückdrehen“ (siehe nächste Figurenbeschreibung), das wir nach dem „voneinander weg“ anschließen können.

Danach - zurück zum Grundschritt oder Zurückdrehen

Rück - Vor

1 - 2	schnell - schnell	¼ - ¼ -Takt

Drehen zum Side-by-Side

Männerschritte	S	Beschreibung	Frauenschritte
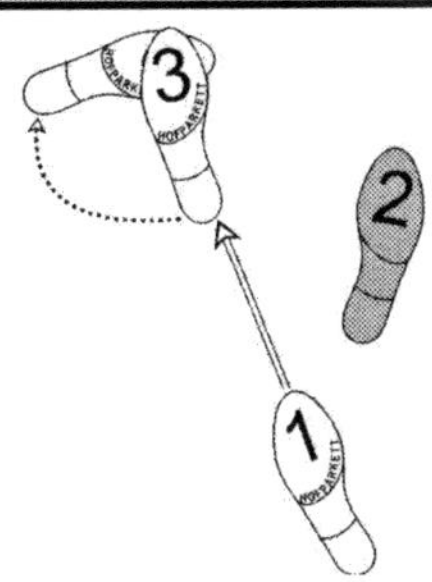	3	schnell ¼-Takt **Er** tanzt mit dem LF seitwärts, leicht vorwärts und dreht dabei nach rechts. *Körperdrehung 1/4 nach rechts* **Sie** tanzt mit dem RF seitwärts, leicht vorwärts und dreht dabei nach links. *Körperdrehung ca. 1/4 nach links*	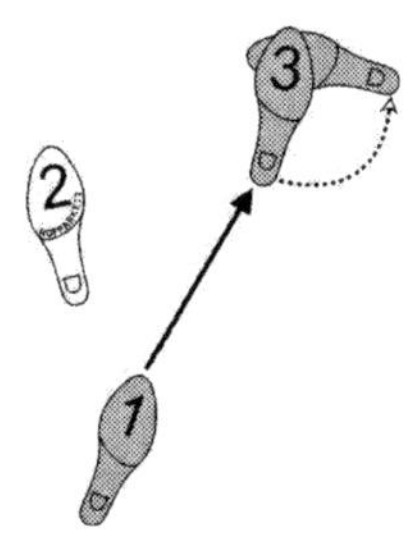

4 - 5 - 6	schnell - schnell - schnell	¼ - ¼ - ¼ -Takt

Side-by-Side (Bump)

Boogie

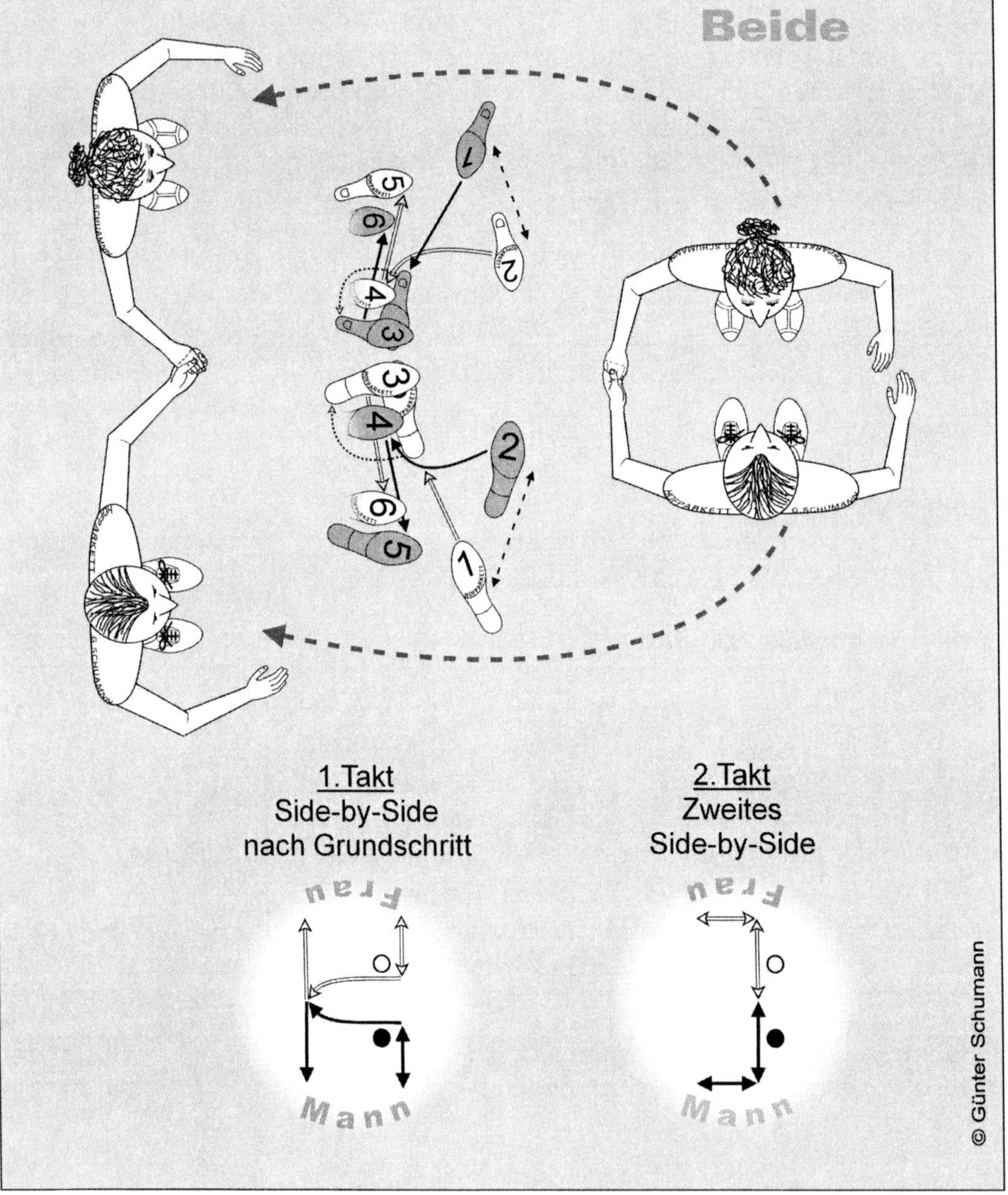

4. Ausdrehen und Zurückdrehen

Davor - Grundschritt

Wir tanzen einen Grundschritt, dann dreht er sie aus und wieder zurück. Beim Zurückdrehen nimmt er wieder seinen linken Arm hoch (ihren rechten Arm) und zieht sie nach rechts etwas von sich weg.

Danach - Grundschritt

Grundschritt

1 - 2 - 3 - 4 5 - 6	schnell - schnell - schnell - schnell - schnell - schnell ¼ - ¼ - ¼ - ¼ - ¼ - ¼ -Takt

Ausdrehen

1 - 2 - 3 - 4 5 - 6	schnell - schnell - schnell - schnell - schnell - schnell ¼ - ¼ - ¼ - ¼ - ¼ - ¼ -Takt

Zurückdrehen

Männerschritte	S	Beschreibung	Frauenschritte
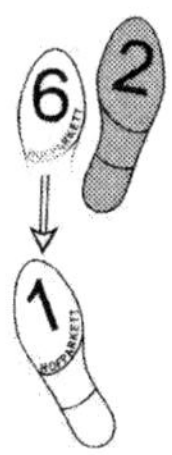	1	schnell ¼-Takt **Er** tanzt mit dem LF einen Schritt rückwärts, leicht eingedreht. *Das Gewicht ist a.E. hinten.* **Sie** tanzt mit dem RF einen Schritt rückwärts, leicht eingedreht. *Das Gewicht ist a.E. hinten.*	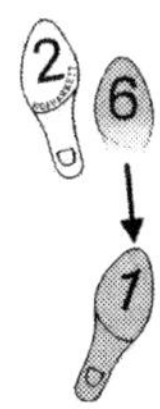
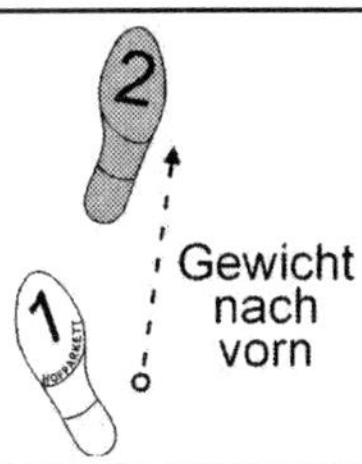	2	schnell ¼-Takt **Er** überträgt das *Gewicht nach vorn.* Linken Arm heben für ihre Drehung. **Sie** überträgt das *Gewicht nach vorn.*	

Männerschritte	S	Beschreibung	Frauenschritte
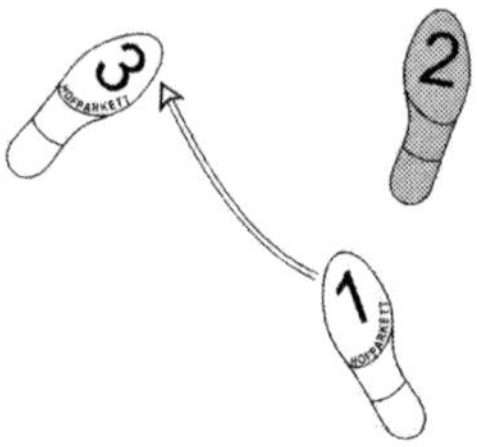	3	schnell ¼-Takt **Er** tanzt mit dem LF seitwärts, leicht vorwärts. *Körperdrehung 1/8 nach rechts* **Sie** tanzt mit dem RF vorwärts, leicht seitwärts und dreht auf dem Fuß. *Körperdrehung ca. 1/2 nach links*	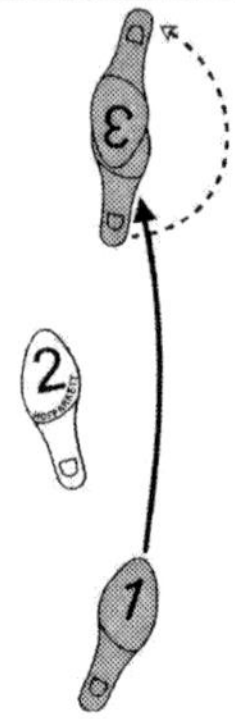
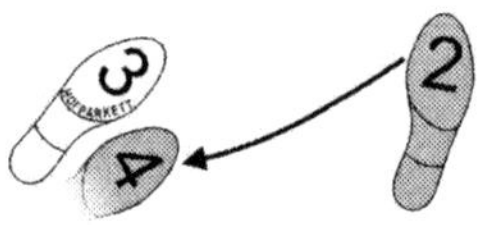	4	schnell ¼-Takt **Er** tanzt mit dem RF einen Tap zum LF. **Sie** tanzt mit dem LF einen Tap zum RF.	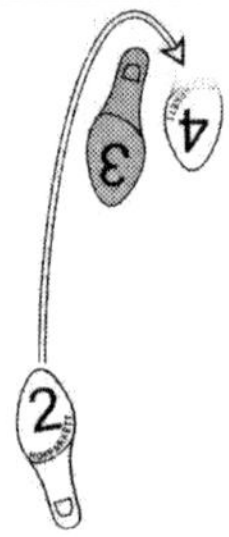
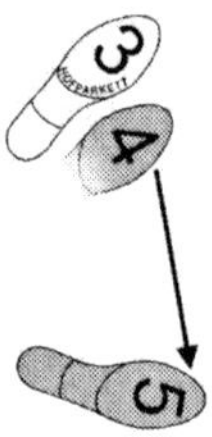	5	schnell ¼-Takt **Er** tanzt mit dem RF seitwärts, leicht vorwärts. *Körperdrehung 1/8 nach rechts* **Sie** tanzt mit dem LF rückwärts, seitwärts und dreht auf dem Fuß. *Körperdrehung ca. 1/4 nach links*	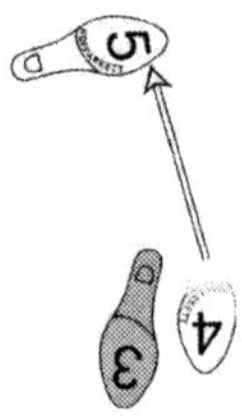
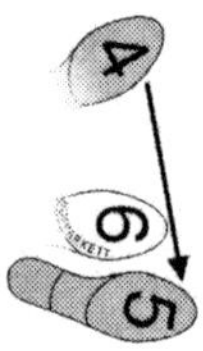	6	schnell ¼-Takt **Er** tanzt mit dem LF einen Tap zum RF. **Sie** tanzt mit dem RF einen Tap zum LF.	

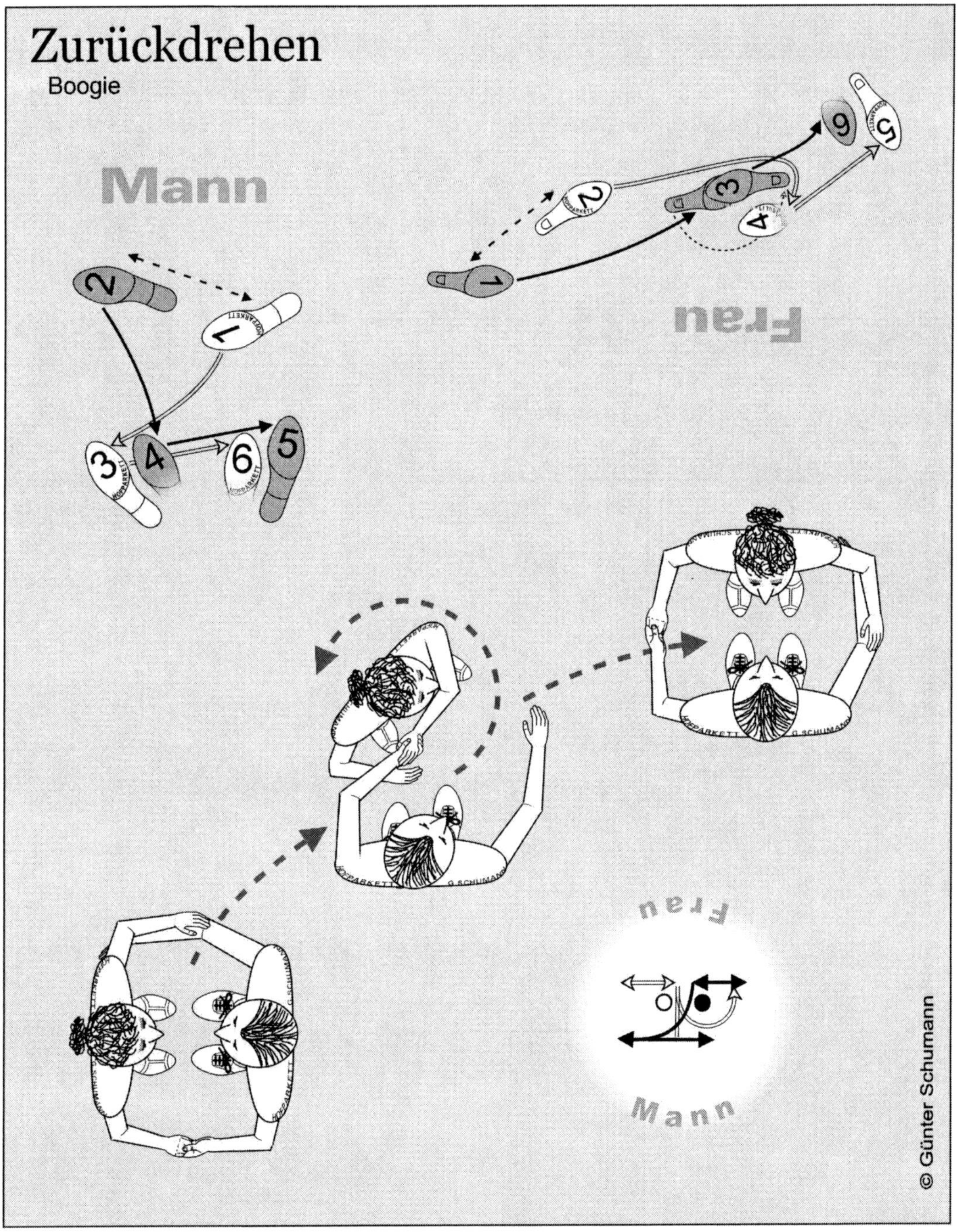
Zurückdrehen
Boogie
Mann
Frau
Frau
Mann
© Günter Schumann

5. Herren Solo: er Linksdrehung, sie am Platz

Davor - Grundschritt

Er tanzt statt zweimal „Seit-Tap"-Schritte vier Schritte im Kreis gedreht. Sie tanzt einen Grundschritt, während er unter seinem linken erhobenen Arm eine Solodrehung links herum tanzt.

Danach - Grundschritt

Rück - Vor

1 - 2	schnell - schnell	¼ - ¼ -Takt

Er Solodrehung, Sie Grundschritt

Männerschritte	S	Beschreibung
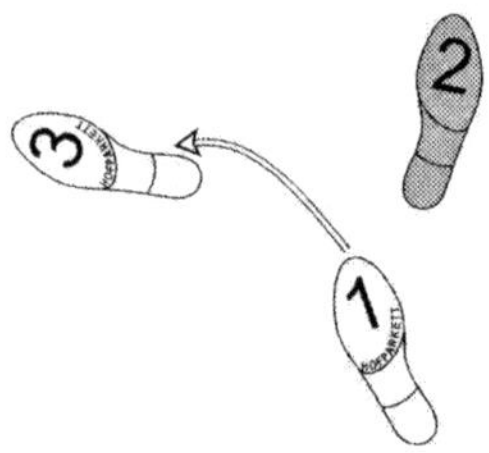	3	schnell ¼-Takt **Er** tanzt mit dem LF seitwärts, stark nach links drehen. *Körperdrehung 1/4 nach links*
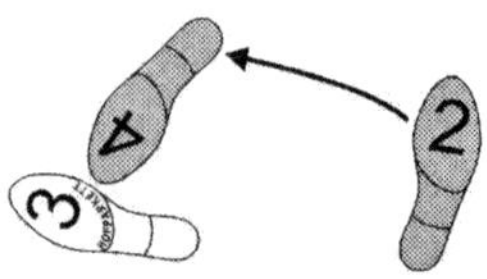	4	schnell ¼-Takt **Er** tanzt mit dem RF seitwärts, stark nach links drehen. *Körperdrehung 1/4 nach links*
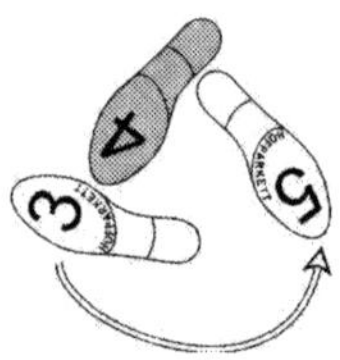	5	schnell ¼-Takt **Er** tanzt mit dem LF seitwärts, stark nach links drehen. *Körperdrehung 1/4 nach links*
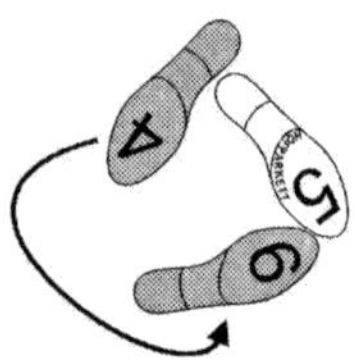	6	schnell ¼-Takt **Er** tanzt mit dem RF seitwärts, stark nach links drehen. *Körperdrehung 1/4 nach links*

Herren-Solodrehung

Boogie

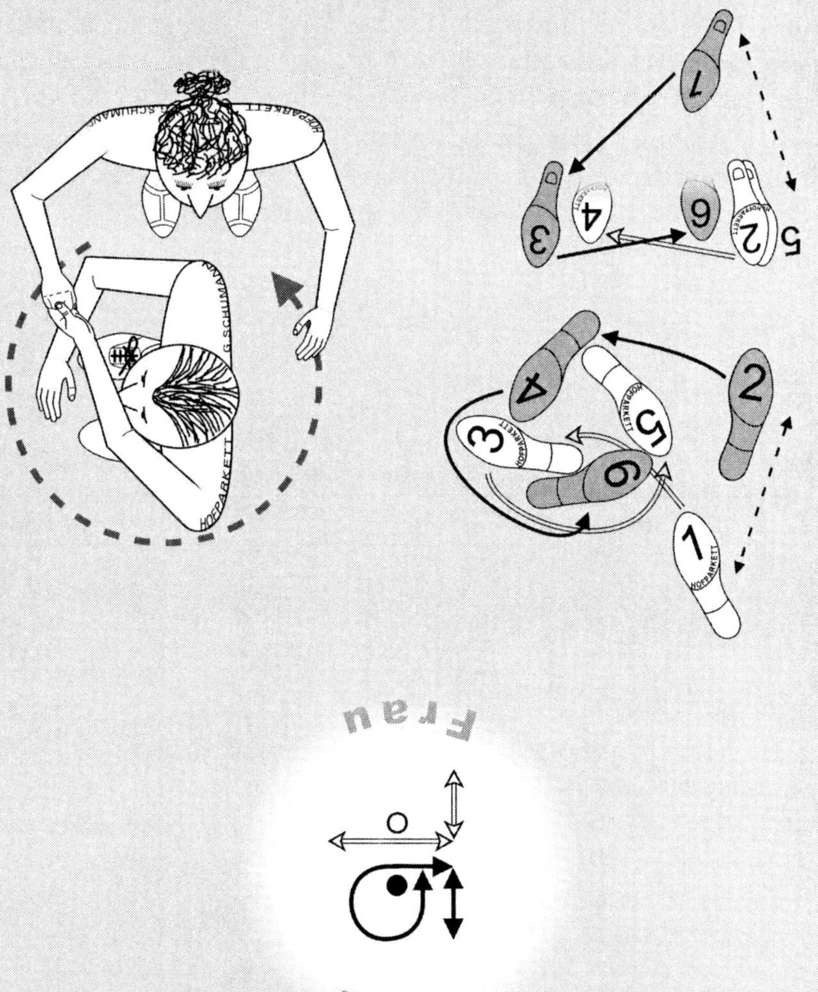

6. Platzwechsel mit Streicheln

Davor - Grundschritt

Für den Platzwechsel müssen wir die Doppelhandhaltung oder geschlossene Haltung lösen. Wir haben nur eine Hand gefasst, er links, sie rechts. Er tanzt links an ihr vorbei auf die andere Seite mit einer halben Linksdrehung, nimmt dabei seine rechte Hand über die gefassten Hände. Sie tanzt in einem Rechtsbogen um ihn herum. Er lässt die gefassten Hände bei seiner Drehung los, sie streichelt mit ihrer rechten Hand an seinem Rücken entlang, er fängt die Hand am Ende wieder ein.

Danach - Platzwechsel oder Grundschritt

Rück - Vor

1 - 2	schnell - schnell	¼ - ¼ -Takt

Drehen zum Side-by-Side

Männerschritte	S	Beschreibung	Frauenschritte
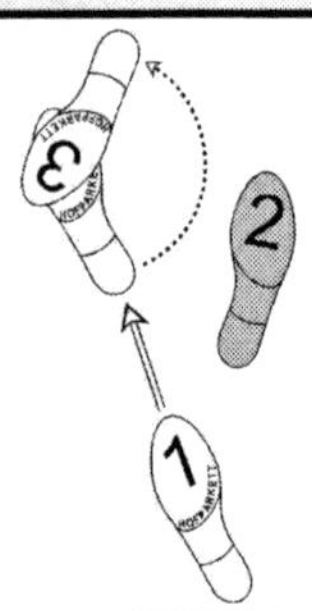	3	schnell ¼-Takt **Er** tanzt mit dem LF vorwärts und dreht dabei nach links. *Körperdrehung 1/2 nach links* **Sie** tanzt mit dem RF seitwärts, leicht vorwärts und dreht dabei nach rechts. *Körperdrehung ca. 1/4 nach rechts*	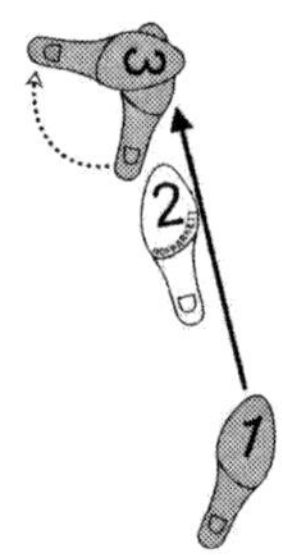
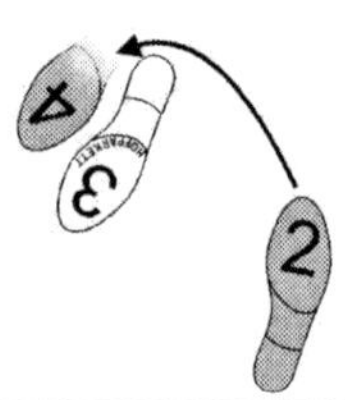	4	schnell ¼-Takt **Er** tanzt mit dem RF einen Tap. **Sie** tanzt mit dem LF einen Tap.	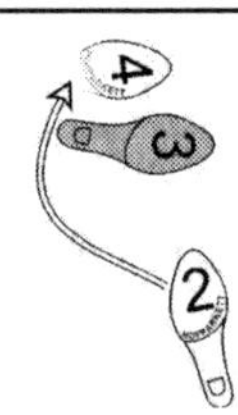

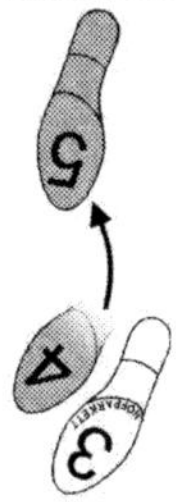	**5** schnell ¼-Takt **Er** tanzt mit dem RF rückwärts. **Sie** tanzt mit dem LF vorwärts, leicht seitwärts, und dreht dabei nach rechts. *Körperdrehung ca. 1/4 nach rechts*	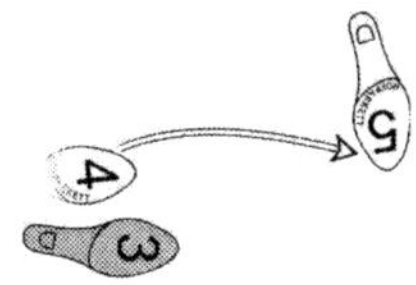
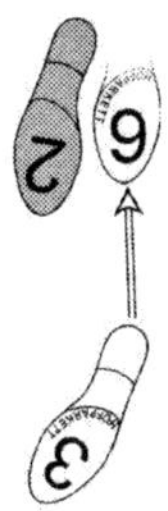	**6** schnell ¼-Takt **Er** tanzt mit dem LF einen Tap **Sie** tanzt mit dem RF einen Tap	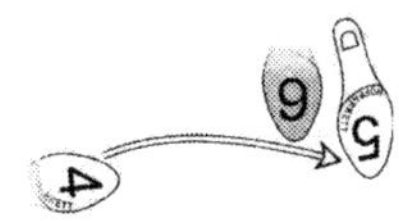

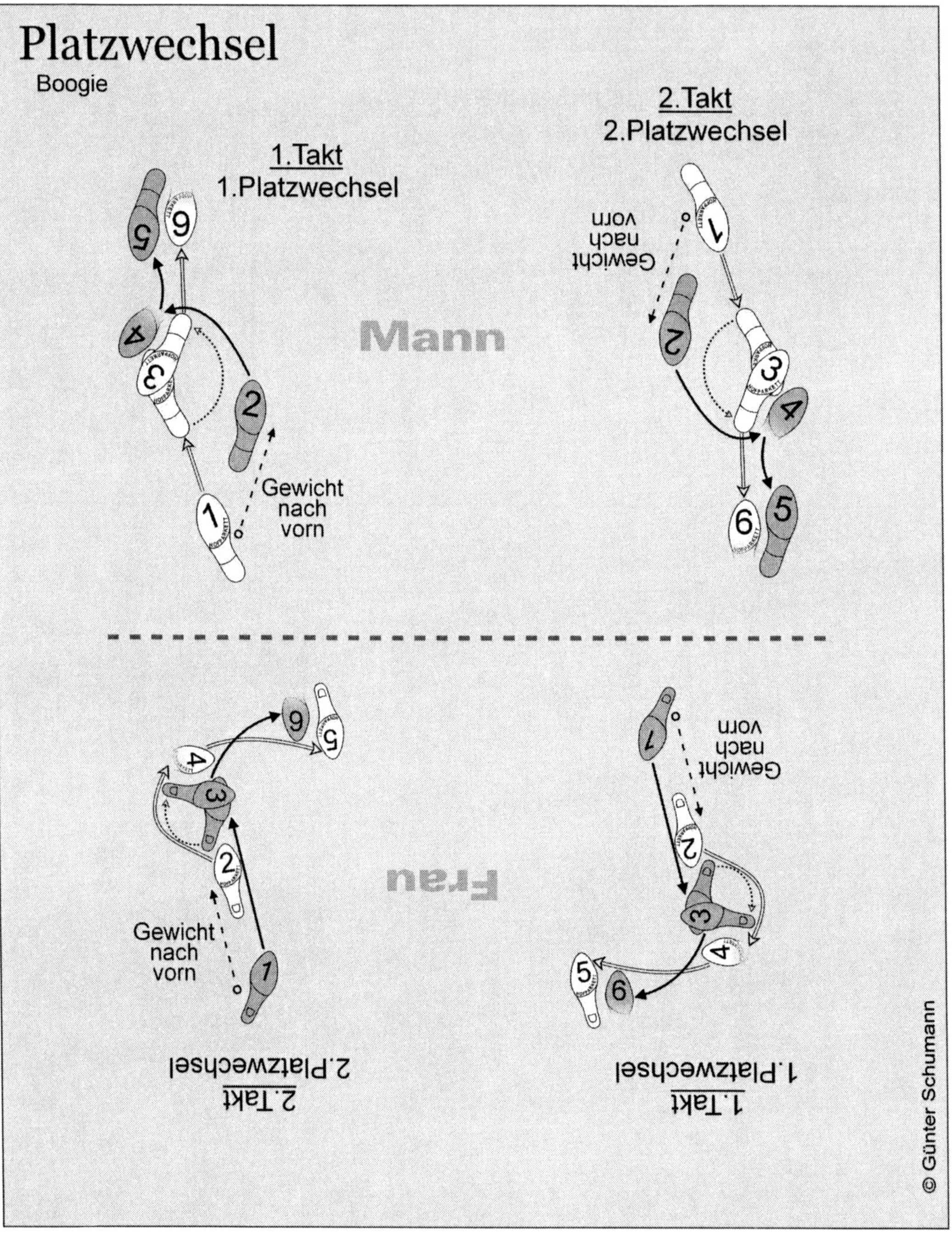
Platzwechsel
Boogie
1.Takt
1.Platzwechsel
2.Takt
2.Platzwechsel
Mann
Gewicht nach vorn
Gewicht nach vorn
Frau
Gewicht nach vorn
Gewicht nach vorn
2.Takt
2.Platzwechsel
1.Takt
1.Platzwechsel
© Günter Schumann

Platzwechsel

Boogie

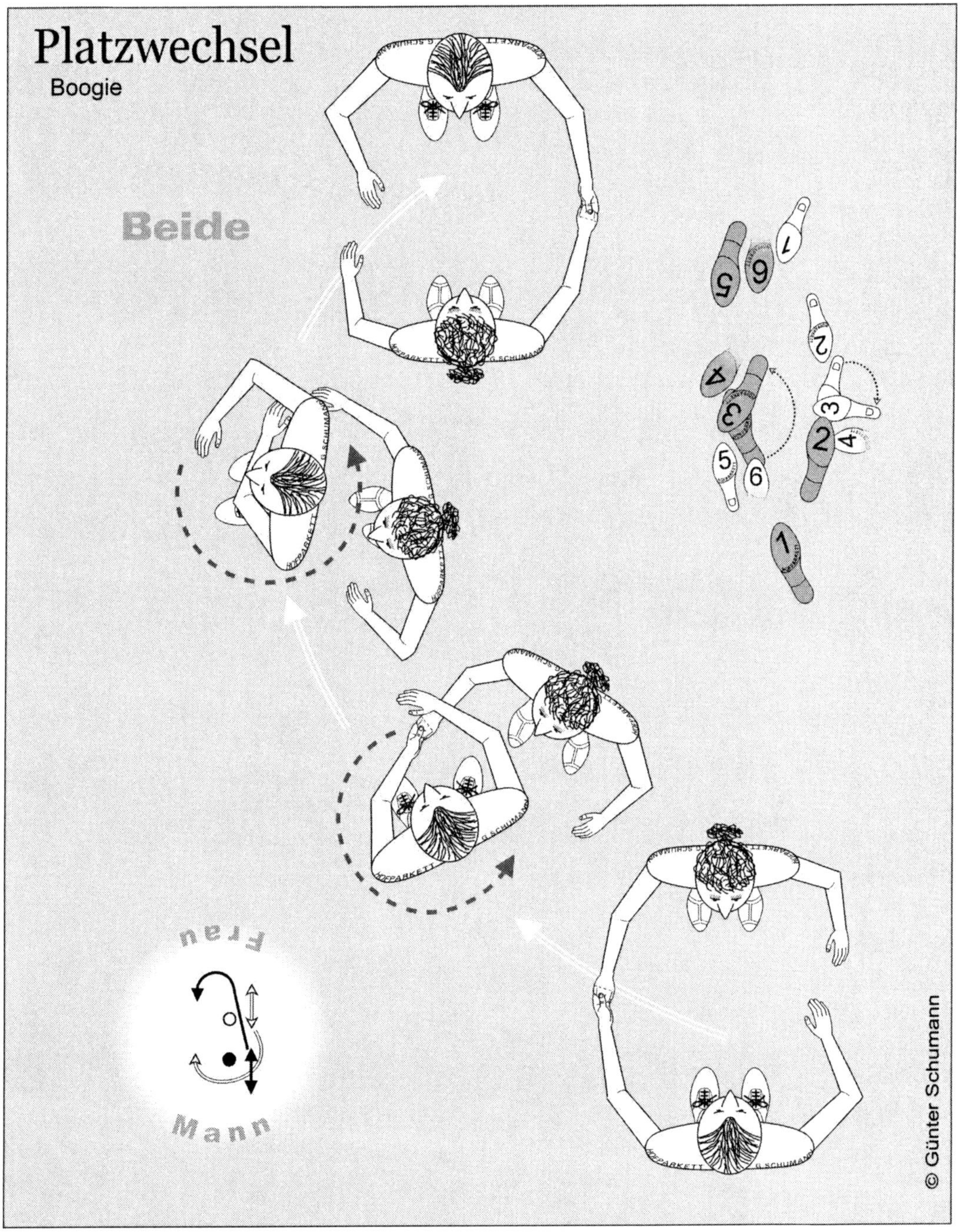

Jive

Geschichte Vorläufer des Jive sind Jitterbug und Boogie-Woogie, die von amerikanischen Soldaten nach Europa gebracht wurden. Der sehr wilde Jitterbug wurde dann von englischen Tanzlehrern in eine milde „gesellschaftsfähige" Form umgewandelt.

Wir tanzen die Triple-Time-Variante mit einem „Rück-Vor" und zweimal „Seit-Schließen-Seit" und betonen damit den ternären Rhythmus des Swing.

Jive und Boogie werden nach Rock'n'Roll-Musik getanzt, der Jive nach den eher langsamen Musikstücken, der Boogie nach den schnellen.

Musik 4/4-Takt, 30-44 Takte pro Minute.

Taktierung am Beispiel des Grundschrittes (aus Männersicht):

	1.Takt					2.Takt →		
T	$\frac{1}{4}$	$\frac{1}{4}$	$\frac{3}{16}$	16	$\frac{1}{4}$	$\frac{3}{16}$	16	$\frac{1}{4}$
	schnell	schnell	schnell	und	schnell	schnell	und	schnell
S	1	2	3	4	5	6	7	8
	rück	vor	seit	und	seit	seit	und	seit

Tanzausführung Der Jive gehört zu den Platztänzen. Die Aufstellung im Raum ist beliebig. Wir beginnen auf der musikalischen „1". Für einen Grundschritt brauchen wir 1½ Takte.

Grundaufstellung

Geschlossene Tanzhaltung mit Abstand Wir stehen genau gegenüber. Der Abstand voneinander sollte 20-25 cm betragen.	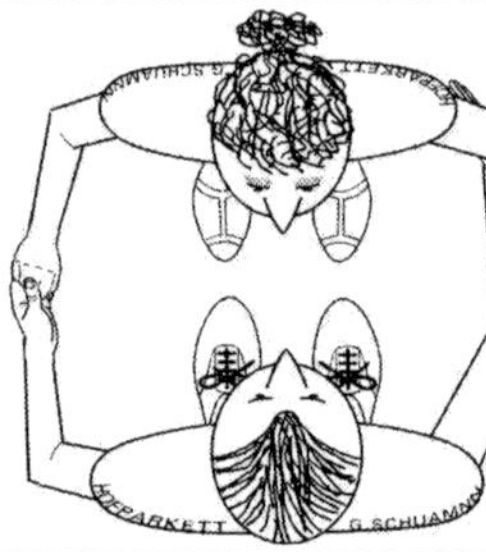
Die Aufstellung im Raum ist beliebig. 2-spurig (bezogen auf die Fußmittellinien).	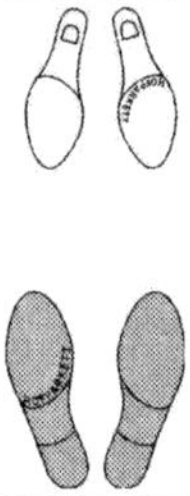

Tanzfiguren

1. Grundschritt

Der Grundschritt beginnt mit einem „Rück-Vor“, beide voneinander weg nach hinten und dann wieder nach vorn. Dann tanzen wir ein „Seit-Schließen-Seit“ zur einen Seite, dann zur anderen Seite. Die Schritte „3,4,6,7“ sind Ballenschritte.

Anmerkung: Die Paaraufstellung im Raum ist beliebig.

Grundschritt

Männerschritte	S	Beschreibung	Frauenschritte
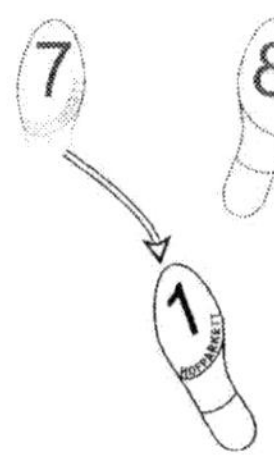	1	langsam ¼-Takt **Er** tanzt mit dem LF einen Schritt rückwärts, leicht eingedreht. *Ballen, dann ganzer Fuß.* *Das Gewicht ist a.E. hinten.* **Sie** tanzt mit dem RF einen Schritt rückwärts, leicht eingedreht. *Ballen, dann ganzer Fuß.* *Das Gewicht ist a.E. hinten.*	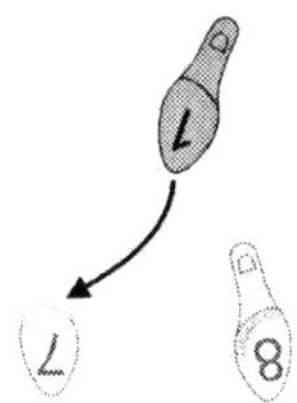
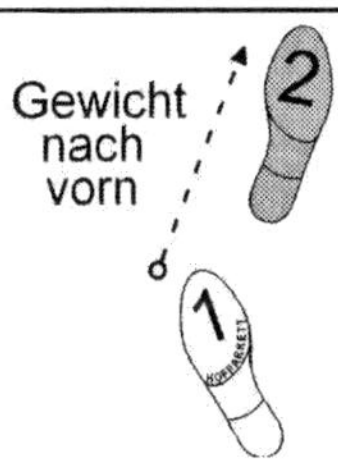	2	langsam ¼-Takt **Er** überträgt das *Gewicht nach vorn. Ballen, dann ganzer Fuß.* **Sie** überträgt das *Gewicht nach vorn. Ballen, dann ganzer Fuß.*	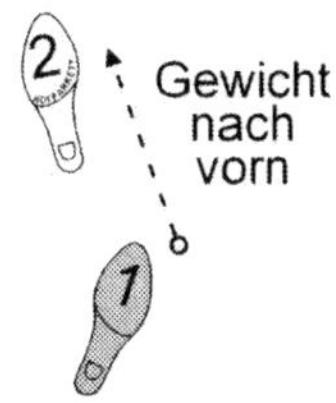
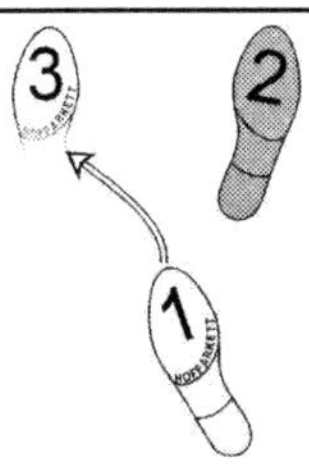	3	schnell ³⁄₁₆ -Takt **Er** tanzt mit dem LF seitwärts, vorwärts, *Ballenschritt.* **Sie** tanzt mit dem RF seitwärts, vorwärts, *Ballenschritt.*	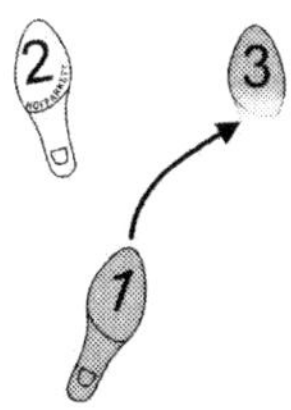
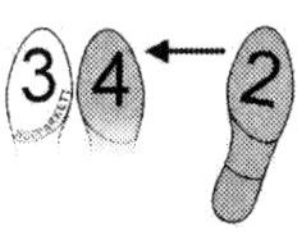	4	schnell ¹⁄₁₆ -Takt **Er** setzt den RF zum LF, *Ballenschritt.* **Sie** setzt den LF zum RF, *Ballenschritt.*	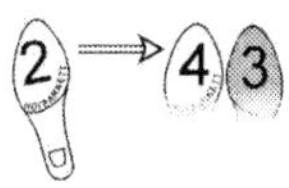

Männerschritte	S	Beschreibung	Frauenschritte
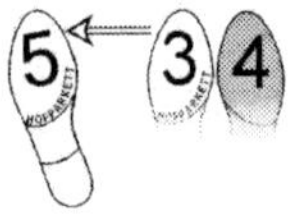	5	langsam ¼-Takt **Er** tanzt mit dem LF seitwärts, RF wird angehoben und leicht nach links mitgenommen (ohne Belastung). *LF Ballen, dann ganzer Fuß.* **Sie** tanzt mit dem RF seitwärts, LF wird angehoben und leicht nach rechts geführt (ohne Belastung). *RF Ballen, dann ganzer Fuß.*	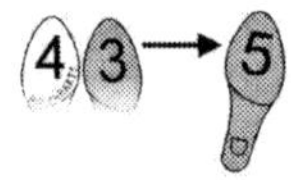
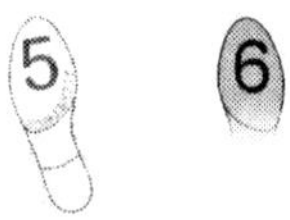	6	schnell $^3/_{16}$ -Takt **Er** tanzt mit dem RF wieder rechts, seitwärts, *Ballenschritt.* **Sie** tanzt mit dem LF wieder links, seitwärts, *Ballenschritt.*	
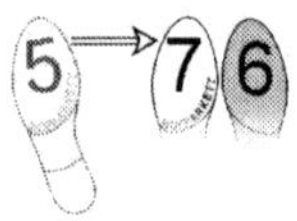	7	schnell $^1/_{16}$ -Takt **Er** schließt den LF zum RF, *Ballenschritt.* **Sie** schließt den RF zum LF, *Ballenschritt.*	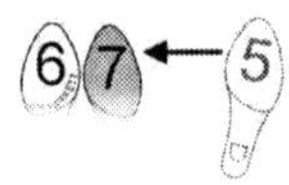
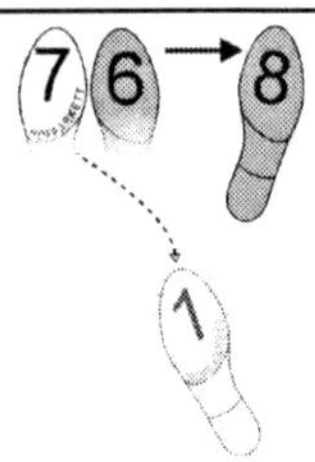	8	langsam ¼-Takt **Er** tanzt mit dem RF seitwärts. *Ballen, dann ganzer Fuß.* **Sie** tanzt mit dem LF seitwärts. *Ballen, dann ganzer Fuß.*	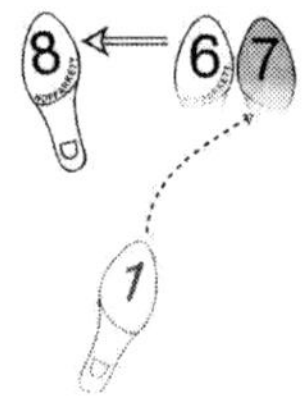

Grundschritt

Jive

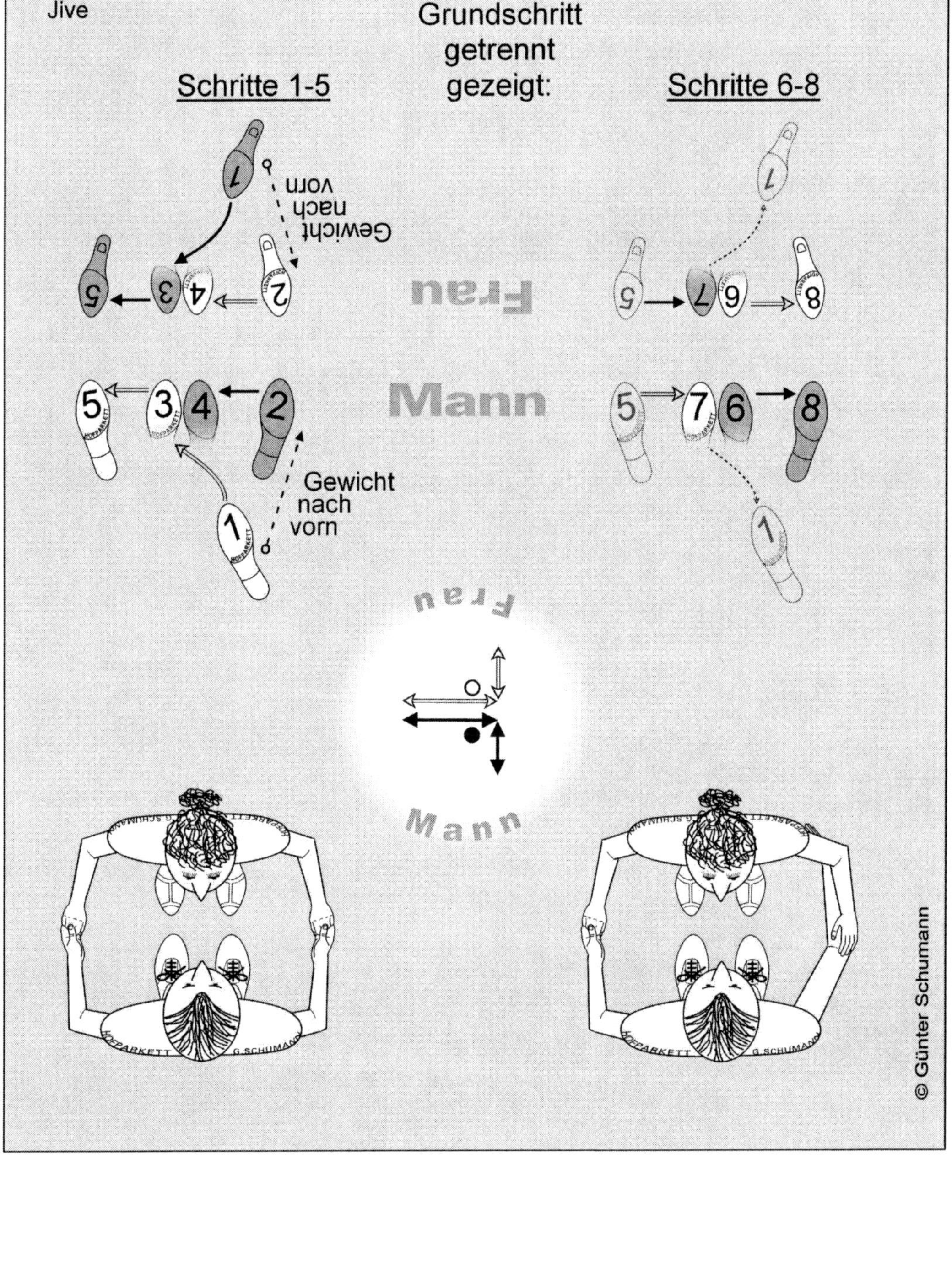

2. Ausdrehen

Davor - Grundschritt

Er dreht sie unter seinem linken erhobenen Arm nach links und wendet sich ihr, durch leichte Linksdrehung, Schritte „6-8“, zu. Sie dreht auf Schritt „5“ eine halbe Rechtsdrehung und auf den Schritten „6-8“ noch etwas weiter.

Danach - Zurückdrehen oder Grundschritt

Grundschritt 1-4

1 - 2 - 3 - 4	langsam - langsam - schnell - schnell	¼ - ¼ - 3/16 - 1/16

Ausdrehen 5-8

Männerschritte	S	Beschreibung	Frauenschritte
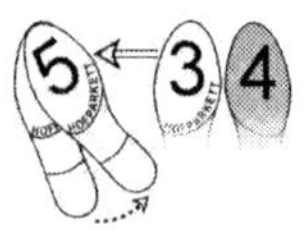	5	langsam ¼-Takt **Er** tanzt mit dem LF seitwärts. Er hebt seinen linken Arm für ihre Drehung und dreht leicht nach links. *Ballenschritt.* **Sie** tanzt mit dem RF seitwärts, ½ Rechtsdrehung, *Ballen, dann ganzer Fuß.*	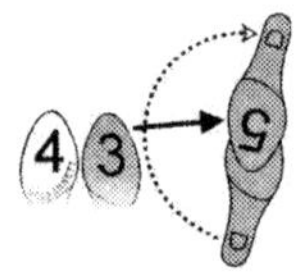
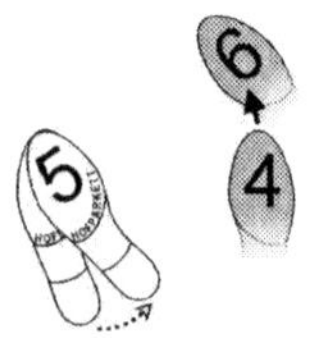	6	schnell 3/16 -Takt **Er** tanzt mit dem RF seitwärts, dreht leicht nach links. *Ballenschritt.* **Sie** tanzt mit dem LF seitwärts, *Ballenschritt*	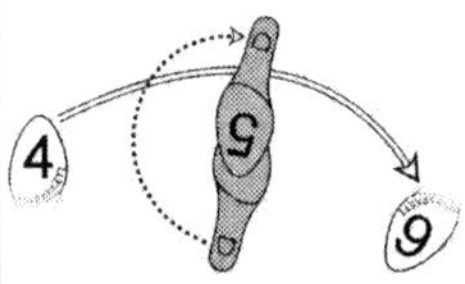
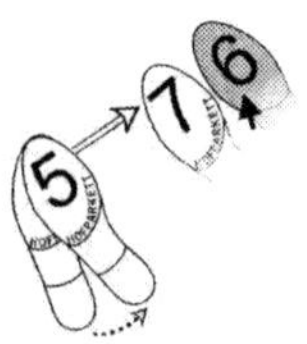	7	schnell 1/16 -Takt **Er** LF zum RF schließen, *Ballenschritt.* **Sie** RF zum LF schließen, *Ballenschritt.*	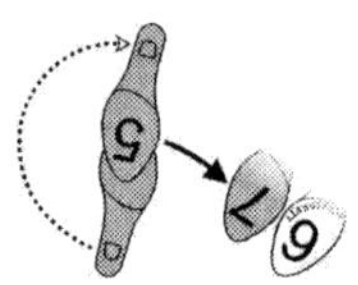
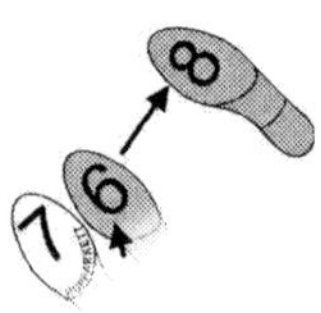	8	langsam ¼-Takt **Er** RF seitwärts. *Ballen, dann ganzer Fuß.* **Sie** LF seitwärts. *Ballen, dann ganzer Fuß.*	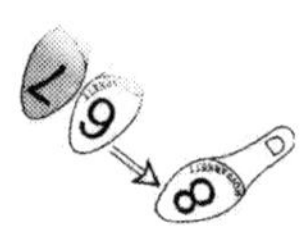

Ausdrehen

Jive

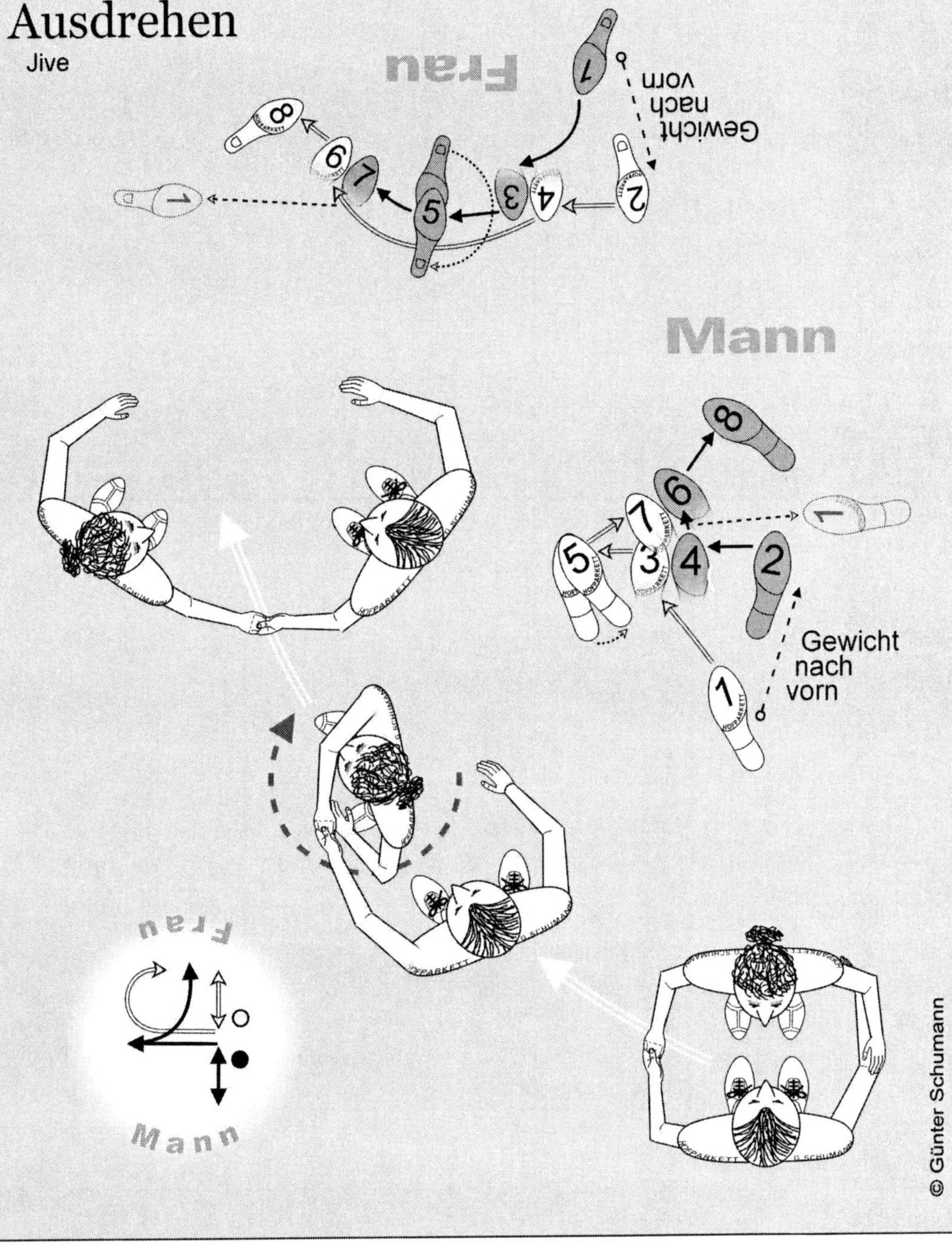

3. Zurückdrehen

Davor - Ausdrehen oder Grundschritt

Er dreht sie unter seinem linken erhobenen Arm nach rechts zurück und wendet sich ihr durch leichte Rechtsdrehung, Schritte „6-8“, zu. Sie dreht auf Schritt „5“ eine halbe Linksdrehung und ist mit den Schritten „6-8“ wieder vor ihm.

Danach - Grundschritt

Grundschritt

1 - 2	langsam - langsam	¼ - ¼

Zurückdrehen

Männerschritte	S	Beschreibung	Frauenschritte
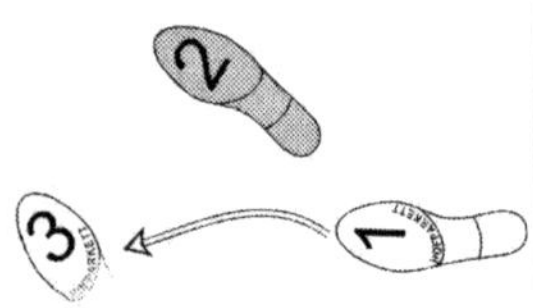	3	schnell 3/16 -Takt **Er** tanzt mit dem LF vorwärts, seitwärts. Er hebt seinen linken Arm zur Drehung. *Ballenschritt.* **Sie** RF vorwärts, seitwärts, *Ballenschritt.*	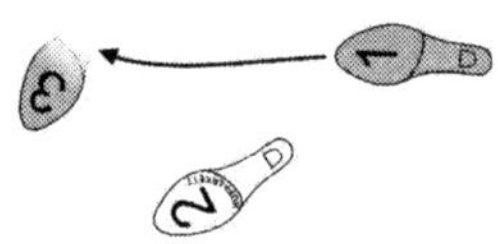
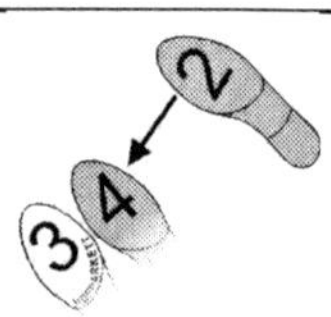	4	schnell 1/16 -Takt **Er** RF zum LF schließen, *Ballenschritt.* **Sie** LF zum RF schließen, *Ballenschritt.*	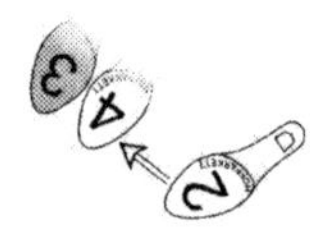
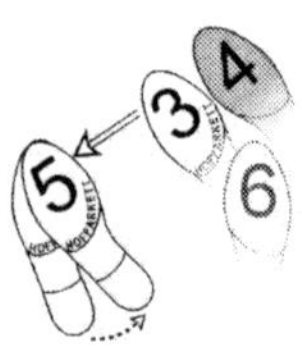	5	langsam ¼-Takt **Er** LF seitwärts, etwas nach links drehen. *Ballen, dann ganzer Fuß.* **Sie** RF seitwärts. ½ Linksdrehung, *Ballen, dann ganzer Fuß.*	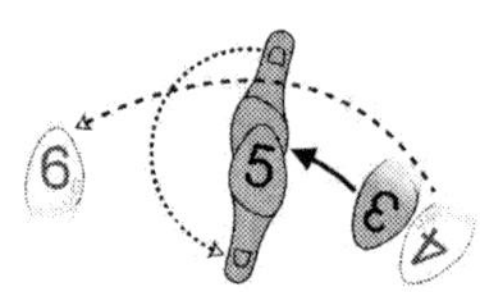

Grundschritt

6 - 7 - 8	schnell - schnell - langsam	3/16 - 1/16 - ¼

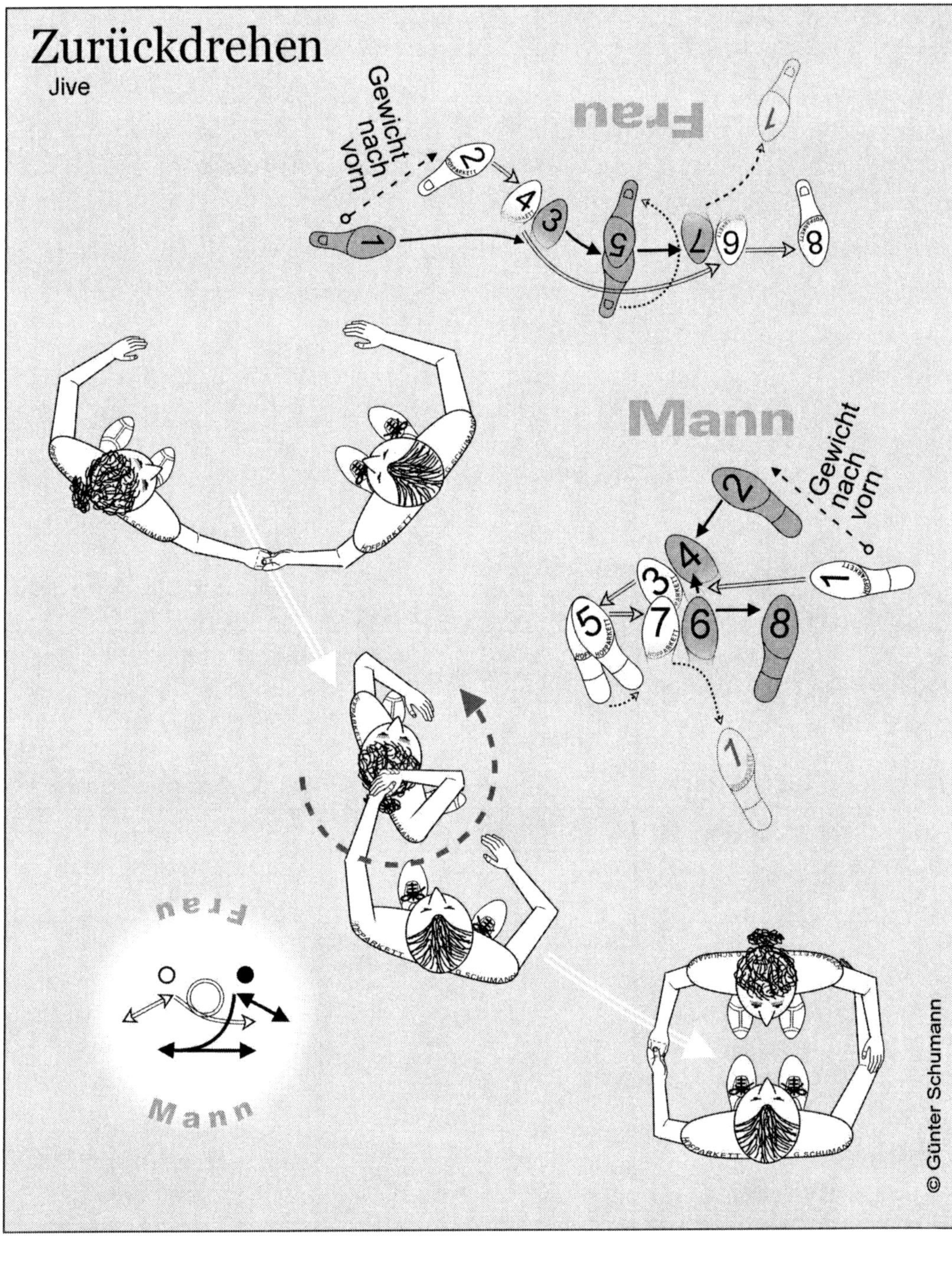
Zurückdrehen
Jive
Gewicht nach vorn
Frau
Mann
Gewicht nach vorn
Frau
Mann
© Günter Schumann

4. Hand- und Platzwechsel

Davor - Damen-Solodrehung oder Grundschritt (nur eine Hand gefasst)

Wir tanzen ein „Rück-Vor". Dann tanzt er links an ihr vorbei, dreht sich auf Schritt „5" mit einer halben Linksdrehung um und hat den Platz und auch die Seite gewechselt. Dabei führt er ihre linke Hand mit seiner rechten Hand einmal um seinen Rücken herum. Sie umrundet ihn mit einer halben Rechtsdrehung.

Mit einem zweiten Platzwechsel kommen wir wieder in die Grundaufstellung.

Danach - Grundschritt

1. Hand- und Platzwechsel

Männerschritte	S	Beschreibung	Frauenschritte
Er tanzt mit dem LF einen Schritt rückwärts, leicht eingedreht. *Ballen, dann ganzer Fuß.* *Das Gewicht ist a.E. hinten.*	1	langsam ¼-Takt	**Sie** tanzt mit dem RF einen Schritt rückwärts, leicht eingedreht. *Ballen, dann ganzer Fuß.* *Das Gewicht ist a.E. hinten.*
Er überträgt das *Gewicht nach vorn. Ballen, dann ganzer Fuß.*	2	langsam ¼-Takt	**Sie** überträgt das *Gewicht nach vorn. Ballen, dann ganzer Fuß.*
Er tanzt mit dem LF vorwärts, *Ballenschritt.* *Er greift mit seiner rechten Hand ihre rechte Hand von oben und lässt mit seiner linken Hand los.*	3	schnell 3/16 -Takt	**Sie** tanzt mit dem RF vorwärts, *Ballenschritt.*
Er setzt den RF hinter den LF, *Ballenschritt.*	4	schnell 1/16 -Takt	**Sie** setzt den LF hinter den RF, *Ballenschritt.*

	**5** langsam ¼-Takt **Er** tanzt mit dem LF vorwärts, ½ Linksdrehung. *LF Ballen. Er führt die gefassten rechten Hände hinter seinen Rücken.* **Sie** tanzt mit dem RF vorwärts, ¼ Rechtsdrehung. *RF Ballen.*	
Er tanzt mit dem RF seitwärts, *Ballenschritt. Er nimmt, hinter seinem Rücken, wieder ihre rechte Hand mit seiner linken Hand.*	**6** schnell 3/16 -Takt	**Sie** tanzt mit dem LF seitwärts, *Ballenschritt.*
Er schließt den LF zum RF, *Ballenschritt.*	**7** schnell 1/16 -Takt	**Sie** schließt den RF zum LF, *Ballenschritt.*
Er tanzt mit dem RF seitwärts. *Ballen, dann ganzer Fuß.*	**8** langsam ¼-Takt	**Sie** tanzt mit dem LF seitwärts. *Ballen, dann ganzer Fuß.*

2. Hand- und Platzwechsel

1 - 2 - 3 - 4 - 5 - 6 - 7 - 8	langsam - langsam - schnell - schnell - langsam - schnell - schnell - langsam ¼ - ¼ - 3/16 - 1/16 - ¼ - 3/16 - 1/16 -¼ -Takt

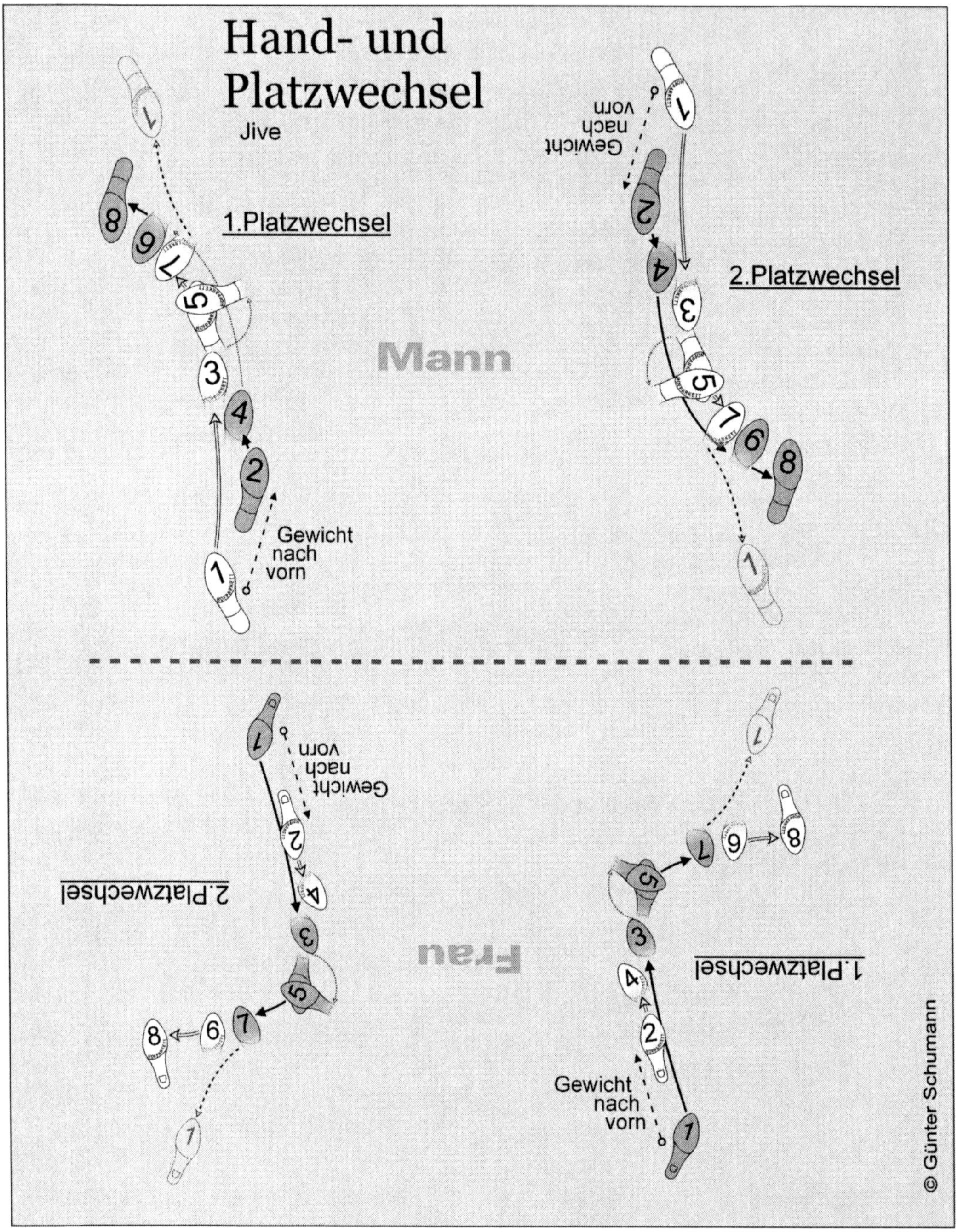
Hand- und
Platzwechsel
Jive
1.Platzwechsel
2.Platzwechsel
Mann
Gewicht
nach
vorn
Gewicht
nach
vorn
Frau
2.Platzwechsel
1.Platzwechsel
Gewicht
nach
vorn
Gewicht
nach
vorn
© Günter Schumann

Hand- und Platz- wechsel

Jive

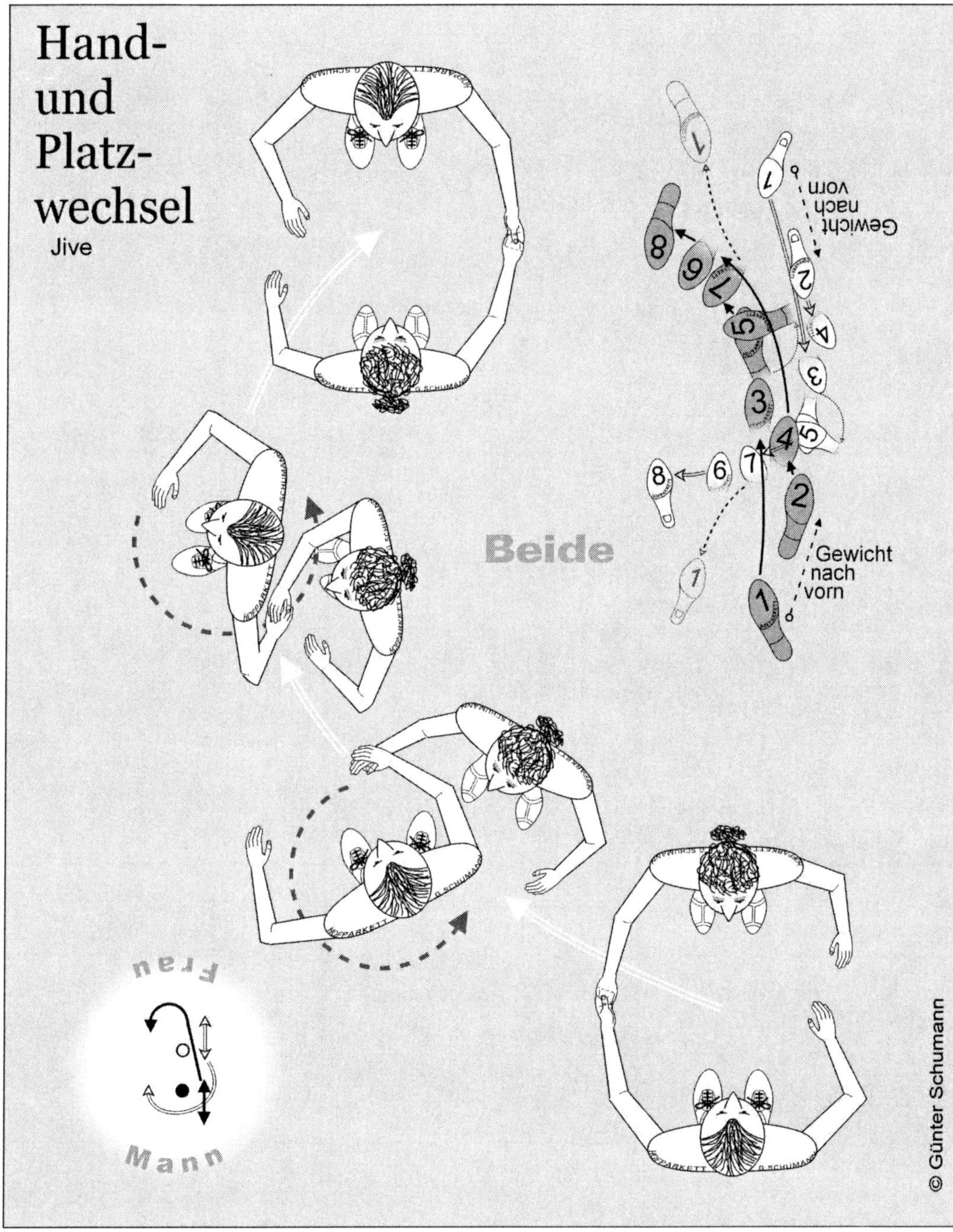

5. Stop and Go

Davor - Ausdrehen

Er dreht sie aus und stoppt sie beim Zurückdrehen bei Schritt „5“. Er tanzt dann ein „Vor-Rück“, sie ein „Rück-Vor“. Dann dreht er sie erneut aus. Das Ganze können wir ein zweites oder drittes Mal wiederholen.

Danach - erneut „Stop and Go“ oder Zurückdrehen

Anmerkung: Diese Figur hat eine andere Rhythmik als die bisherigen Figuren.

Die englische Bezeichnung wird hauptsächlich benutzt.

Zurückdrehen

Männerschritte	S	Beschreibung	Frauenschritte
Er tanzt mit dem LF einen Schritt rückwärts, leicht eingedreht. *Ballen, dann ganzer Fuß.* *Das Gewicht ist a.E. hinten.*	1	langsam ¼-Takt	**Sie** tanzt mit dem RF einen Schritt rückwärts, leicht eingedreht. *Ballen, dann ganzer Fuß.* *Das Gewicht ist a.E. hinten.*
Er überträgt das Gewicht nach vorn zum RF. *Ballen, dann ganzer Fuß.*	2	langsam ¼-Takt	**Sie** überträgt das Gewicht nach vorn zum LF. *Ballen, dann ganzer Fuß.*
Er LF seitwärts, er hebt seinen linken Arm zur Drehung. *Ballenschritt.*	3	schnell 3/16 -Takt	**Sie** RF seitwärts, *Ballenschritt.*
Er RF zum LF schließen, *Ballenschritt.*	4	schnell 1/16 -Takt	**Sie** LF zum RF schließen, *Ballenschritt.*
Er LF seitwärts, sie mit der rechten Hand stoppen, dabei dreht er sich leicht zu ihr. *Ballen, dann ganzer Fuß.*	5	langsam ¼-Takt **Sie** RF seitwärts mit ¼ Linksdrehung. *Ballen, dann ganzer Fuß.*	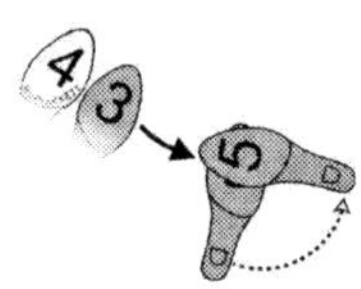

Stop

Männerschritte	S	Beschreibung	Frauenschritte
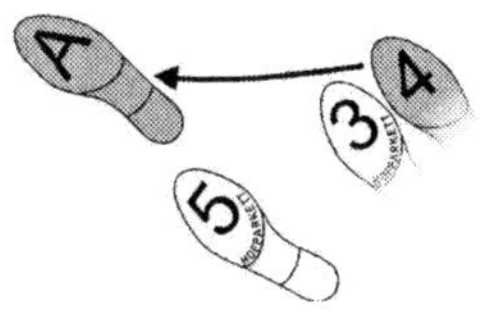	A	langsam ¼-Takt **Er** tanzt mit dem RF einen Schritt vorwärts. *Ballen, dann ganzer Fuß.* *Das Gewicht ist a.E. vorn.* **Sie** tanzt mit dem LF einen Schritt rückwärts. *Ballen, dann ganzer Fuß.* *Das Gewicht ist a.E. hinten.*	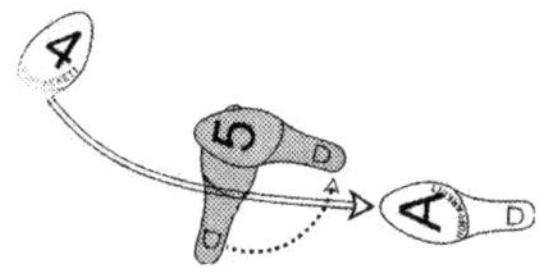

Go

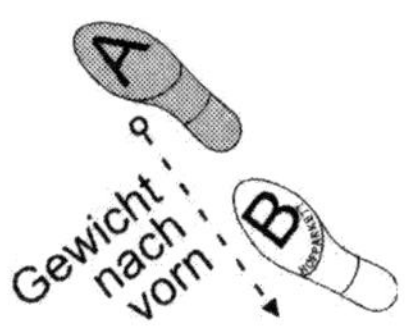	B	langsam ¼-Takt **Er** überträgt das Gewicht nach hinten. *Ballen, dann ganzer Fuß.* **Sie** überträgt das Gewicht nach vorn. *Ballen, dann ganzer Fuß.*	
Er tanzt mit dem RF seitwärts. Er hebt seinen linken Arm zur Drehung. *Ballenschritt.*	6	schnell 3/16-Takt	**Sie** tanzt mit dem LF seitwärts, ¼ Rechtsdrehung. *RF Ballenschritt.*
Er schließt den LF zum RF, *Ballenschritt.*	7	schnell 1/16-Takt	**Sie** schließt den RF zum LF, *Ballenschritt.*
Er tanzt mit dem RF seitwärts, *Ballen, dann ganzer Fuß.*	8	langsam ¼-Takt	**Sie** tanzt mit dem LF seitwärts, *Ballen, dann ganzer Fuß.*

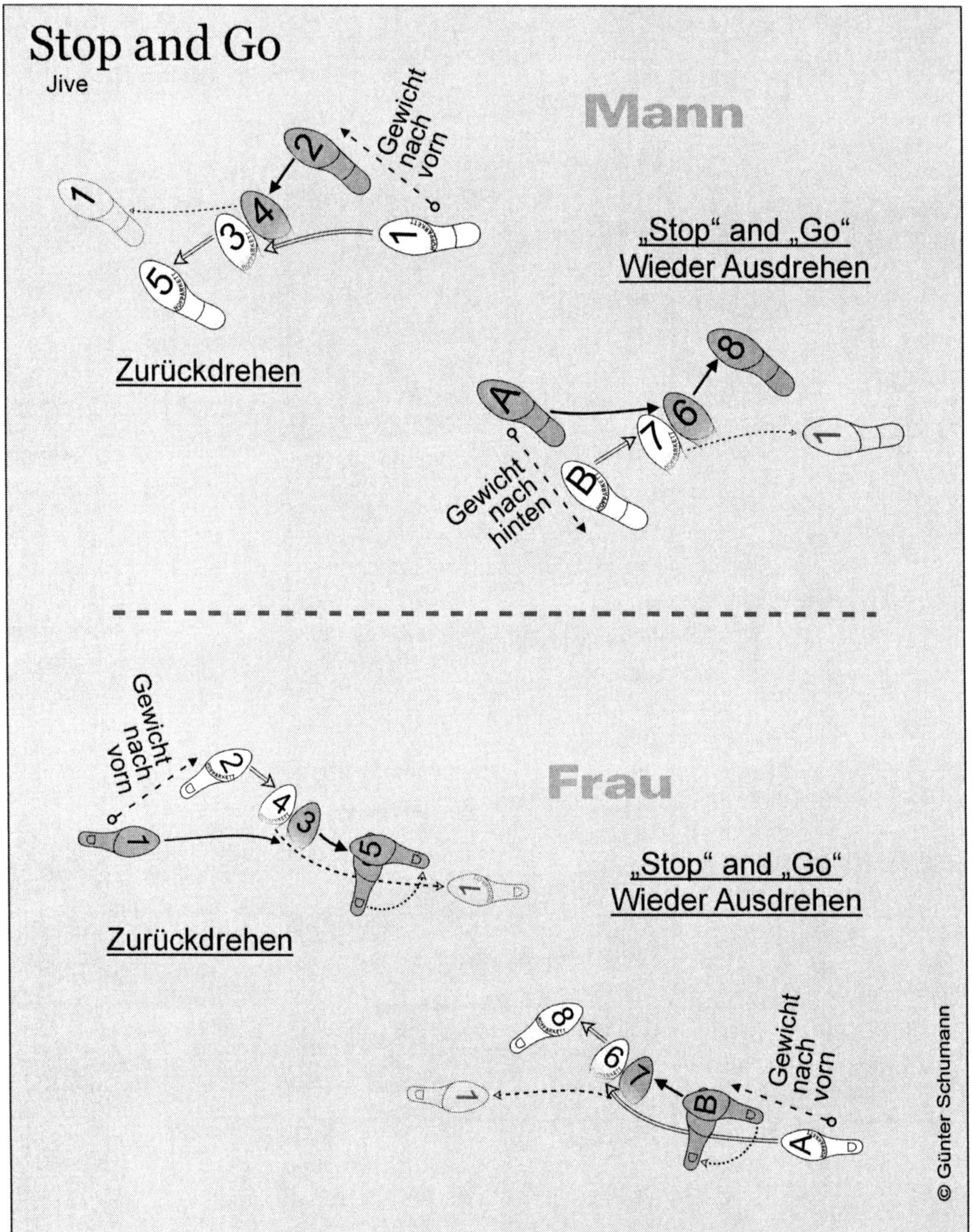
Stop and Go
Jive
Mann
Gewicht nach vorn
Zurückdrehen
„Stop“ and „Go“
Wieder Ausdrehen
Gewicht nach hinten
Frau
Gewicht nach vorn
Zurückdrehen
„Stop“ and „Go“
Wieder Ausdrehen
Gewicht nach vorn
© Günter Schumann

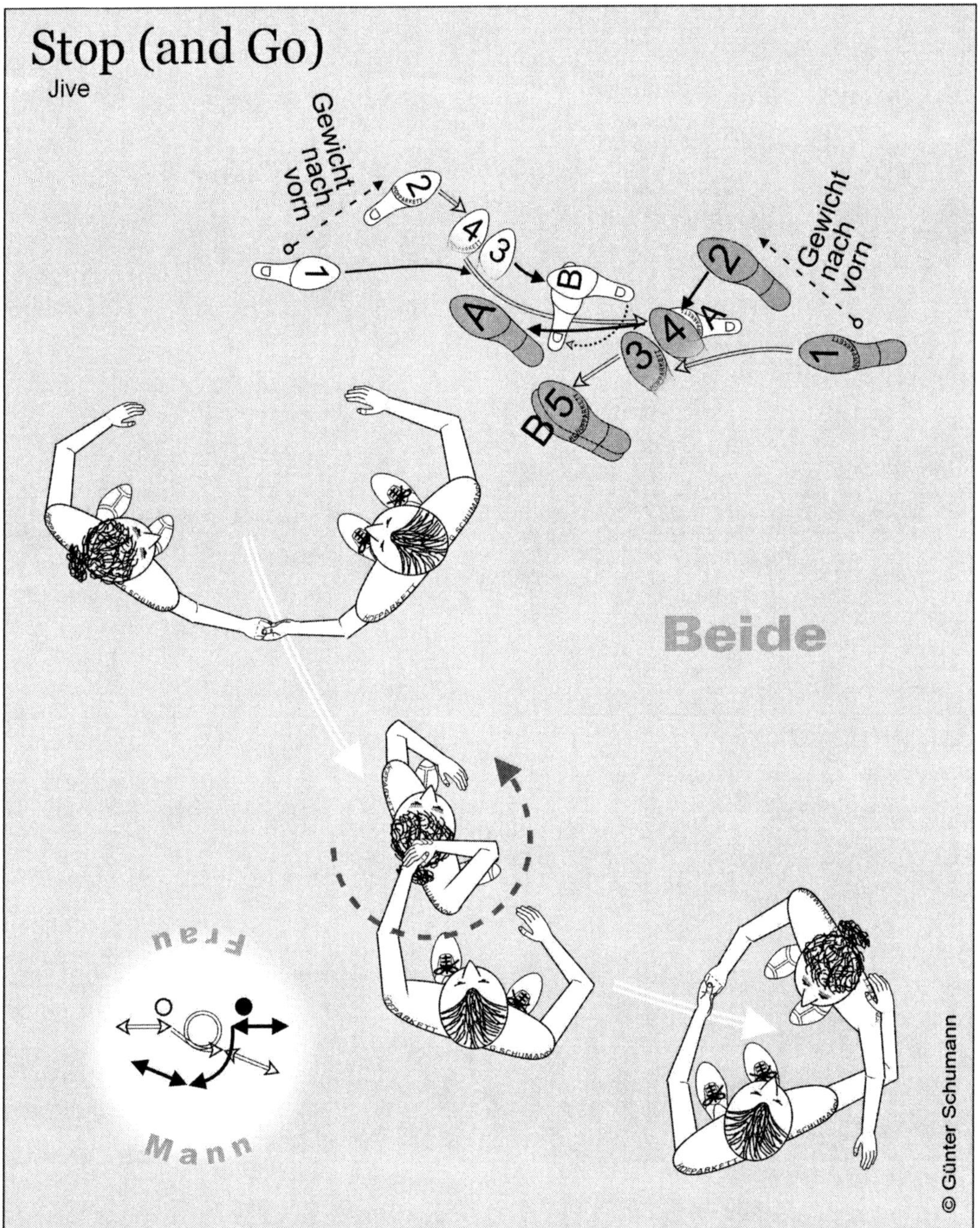
Stop (and Go)
Jive
Gewicht nach vorn
Gewicht nach vorn
Beide
Frau
Mann
© Günter Schumann

6. Durch-Dreher

Davor - Ausdrehen

Er dreht sie aus und wieder zurück, um sie dann direkt in eine weitere Solodrehung (Zweischrittdrehung) zu führen. Dabei tanzt er auch eine Solodrehung (Zweischrittdrehung), sie dreht links herum, er dreht rechts herum.

Danach - Grundschritt

Anmerkung: Auch diese Figur hat eine andere Rhythmik als die bisherigen Figuren. Die Zweischrittdrehung muss von beiden gut auf einer Linie getanzt werden, um nicht zusammenzustoßen.

Zurückdrehen bis Schritt 5

Männerschritte	S	Beschreibung	Frauenschritte
Er tanzt mit dem LF einen Schritt rückwärts, leicht eingedreht. *Ballen, dann ganzer Fuß.* *Das Gewicht ist a.E. hinten.*	1	langsam ¼-Takt	**Sie** tanzt mit dem RF einen Schritt rückwärts, leicht eingedreht. *Ballen, dann ganzer Fuß.* *Das Gewicht ist a.E. hinten.*
Er überträgt das Gewicht nach vorn zum RF. *Ballen, dann ganzer Fuß.*	2	langsam ¼-Takt	**Sie** überträgt das Gewicht nach vorn zum LF. *Ballen, dann ganzer Fuß.*
Er LF seitwärts, er hebt seinen linken Arm zur Drehung. *Ballenschritt.*	3	schnell 1/16 -Takt	**Sie** RF seitwärts, *Ballenschritt.*
Er RF zum LF schließen, *Ballenschritt.*	4	schnell 1/16 -Takt	**Sie** LF zum RF schließen, *Ballenschritt.*
Er LF seitwärts. *Ballen, dann ganzer Fuß.*	5	langsam ¼-Takt	**Sie** LF seitwärts. ½ Linksdrehung, *Ballen, dann ganzer Fuß.*

Zweischrittdrehungen

Männerschritte	S	Beschreibung	Frauenschritte
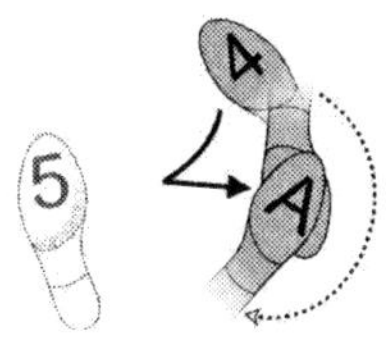	**A**	langsam ¼-Takt **Er** tanzt mit dem RF seitwärts und dreht ½ Rechtsdrehung. Er führt sie mit seinem linken Arm in eine weitere Drehung und lässt a. E. los! *Ballenschritt.* **Sie** tanzt mit dem LF seitwärts und dreht ½ Linksdrehung. *Ballenschritt.*	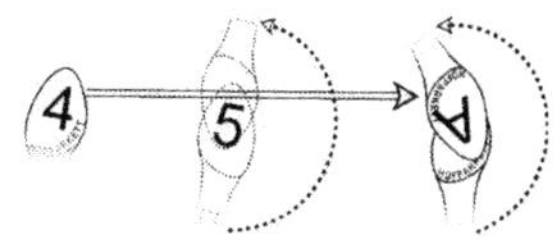
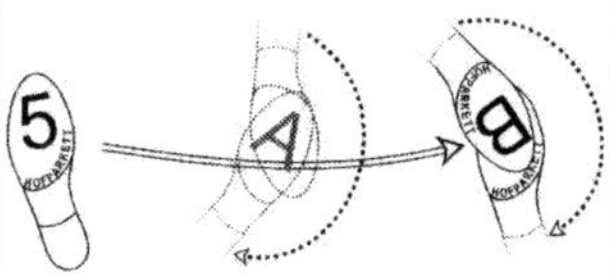	**B**	langsam ¼-Takt **Er** tanzt mit dem LF seitwärts und dreht ½ Rechtsdrehung. *Ballenschritt.* **Sie** tanzt mit dem RF seitwärts und dreht ½ Linksdrehung. *Ballenschritt.*	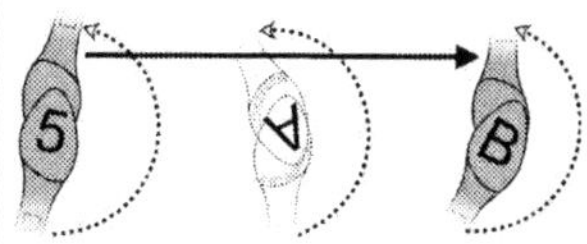

Grundschritt, Schritte 6-8

Er tanzt mit dem RF seitwärts, *Ballenschritt.*	**6**	schnell 3/16-Takt	**Sie** tanzt mit dem LF seitwärts, *Ballenschritt.*
Er schließt mit dem LF zum RF, *Ballenschritt.*	**7**	schnell 1/16-Takt	**Sie** schließt mit dem RF zum LF, *Ballenschritt.*
Er tanzt mit dem RF seitwärts. *Ballen, dann ganzer Fuß.*	**8**	langsam ¼-Takt	**Sie** tanzt mit dem LF seitwärts. *Ballen, dann ganzer Fuß.*

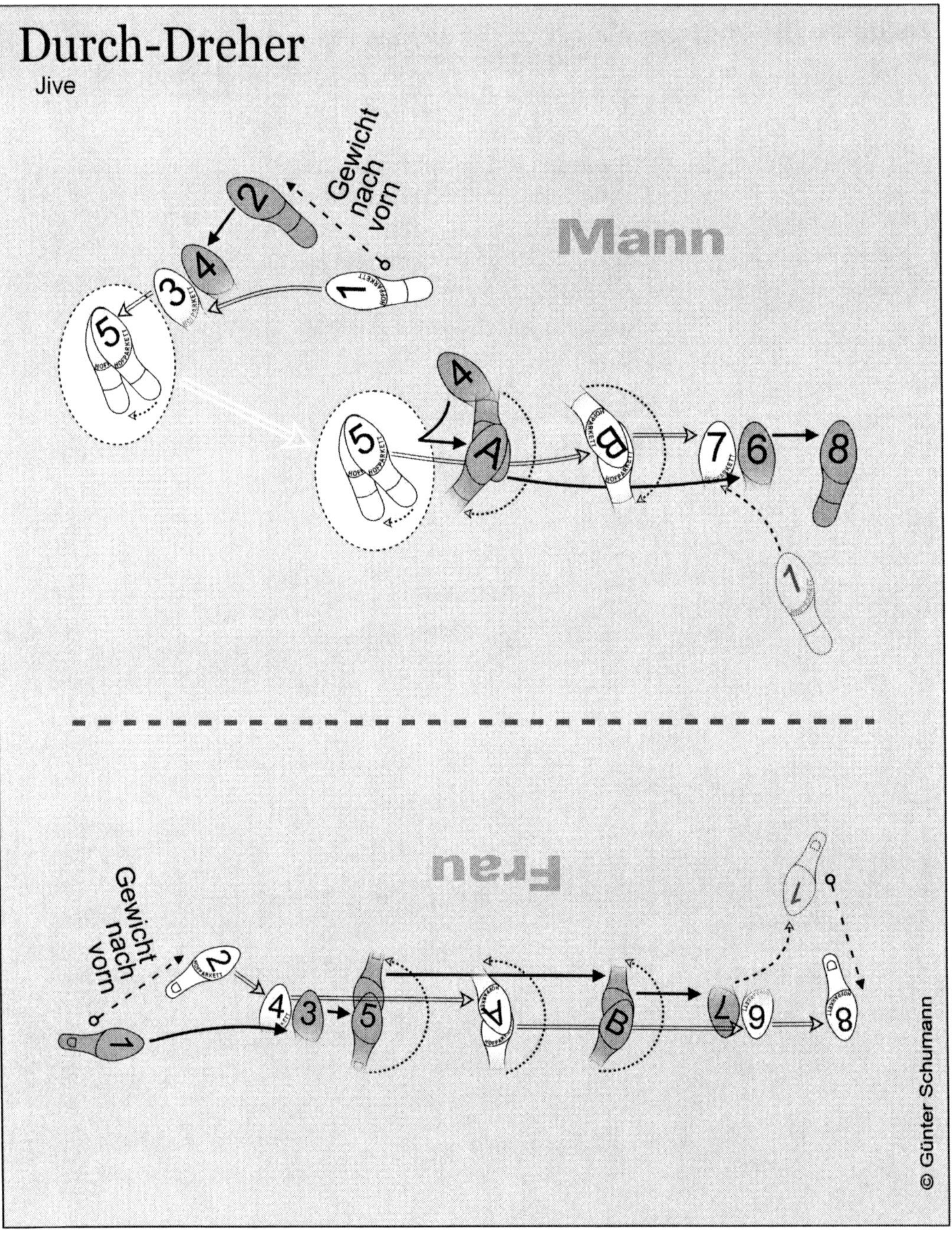
Durch-Dreher
Jive
Gewicht nach vorn
Mann
Frau
Gewicht nach vorn
© Günter Schumann

Durch-Dreher

Jive

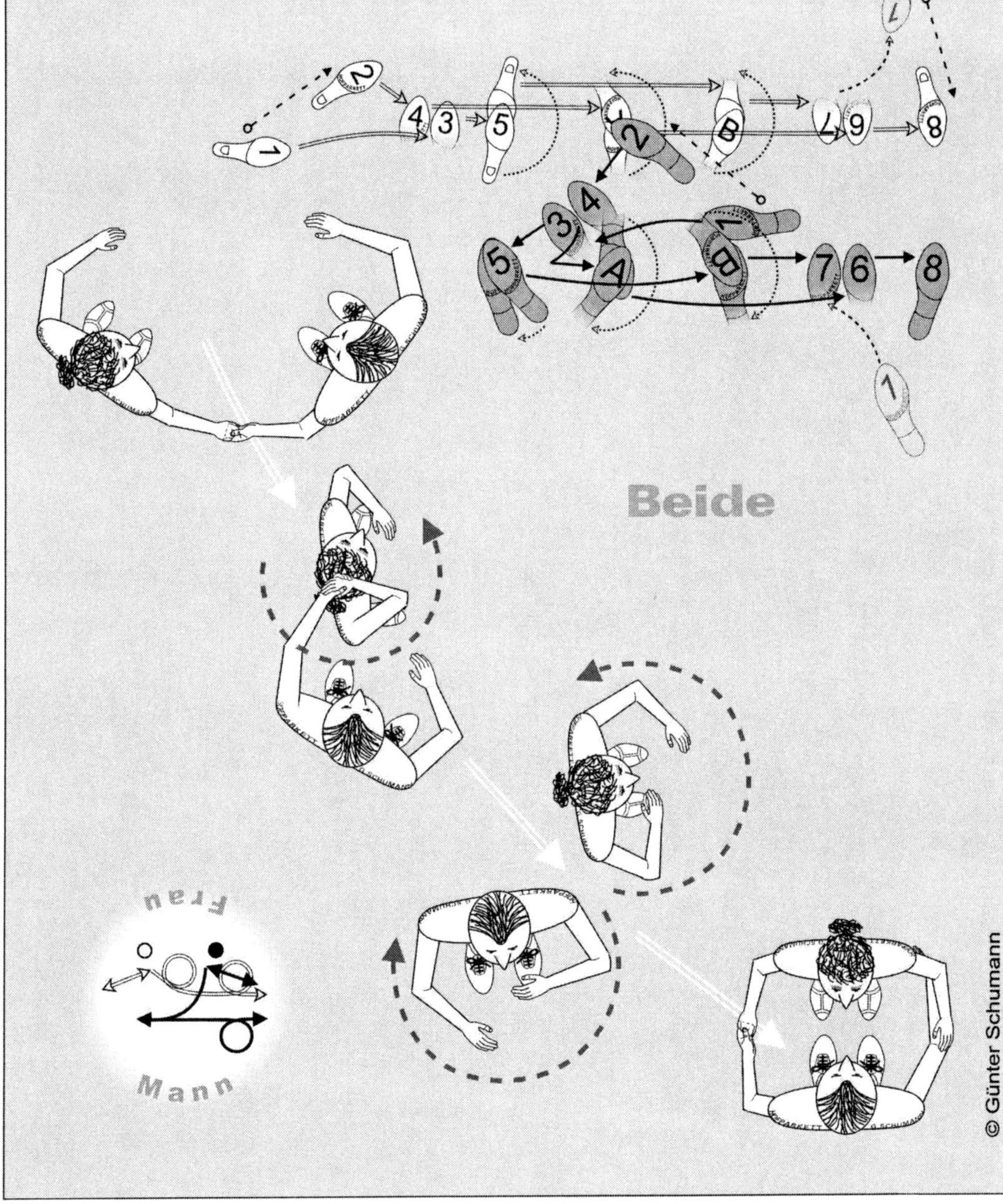

Europäischer Tango

Europäischer Tango

Geschichte Der „europäische Tango“ lässt sich auf den „Tango Argentino“ zurückführen, der 1880 bis 1890 in Buenos Aires und Montevideo entstanden ist. 1907 kam der Tango Argentino nach Europa. 1912 war das eigentliche Siegesjahr des Tango. In London und Paris gab es nun Tango-Partys, Tango-Teas, Tango-Soupers. Wegen der engumschlungenen Tanzhaltung und der teilweise obszönen Bewegungen nannte ihn die „Times“ einen höchst unschicklichen Tanz. Vom Papst wurde er geächtet, vom deutschen Kaiser für die Offiziere verboten. Die tanzten ihn dann trotzdem, ohne Uniform. Noch 1925 hielten die österreichischen Bischöfe den Tango für eine Sünde.

Um 1912 waren die europäischen Hauptstädte regelrecht tangoverrückt. In Paris begann man eine „robe de Tango“ zu schaffen. Die Damen schnitten sich lange Schlitze in ihre Kleider, um größere Schritte machen zu können. Es gab Tango-Frisuren, Tango-Schuhe, Tango-Parfüm, die Tango-Modefarbe war Orange.

Auf den drei großen Tanzlehrer-Konferenzen in London (1920/21) wurde dann der Tango von den Engländern geformt und standardisiert; 1929 wurde die noch heute gültige Form des nun „europäischen Tangos“ festgelegt.

Ab 1930 wurde der Tango in Deutschland härter, ruckartiger getanzt. Die „Quebrada“ (ruckartige Bewegungen des Kopfes und der Schultern), schon bei der Milonga getanzt, tauchte wieder auf. Aber der „europäische Tango“ behält, neben den harten auch weiche Seiten, besteht aus vollkommen geeinten Gegensätzen. Der Tango ist zugleich voll ungeheurer Dynamik und getragener Sanftmut, rapider Bewegung und zögernder Pause, Härte und Angriff auf der einen, Weichheit und Verhaltenheit auf der anderen Seite.

Musik 2/4-Takt, 30-33 Takte pro Minute.

Taktierung am Beispiel der Gehschritte, Verbindungsschritt, geschlossene Promenade (aus Männersicht):

	1.Takt		2.Takt			3.Takt		
T	1/4	1/4	1/8	1/8	1/4	1/8	1/8	1/4
	langsam	langsam	schnell	schnell	langsam	schnell	schnell	langsam
S	1	2	3	4	5	6	7	8
M	vor	vor	seit	schluss	seit	kreuz	seit	schluss

Tanzausführung Der Europäische Tango gehört zu den Raumtänzen. Der Mann beginnt bei den ersten Figuren mit dem Gesicht schräg nach außen, (Raumrichtung 3). Die Frau steht schräg rückwärts nach außen. Wir tanzen etwas enger (5-10 cm Körperabstand) und weicher in den Schritten, schieben die Knie leicht nach vorn, kommen im Paar somit tiefer und bleiben auch während des gesamten Tanzes unten. Es gibt in der Grundbewegung kein Heben und Senken, der Tango wird in den Boden getanzt. Die Schritte werden weich angesetzt, vergleichbar mit dem Laufen von Katzen.

In den ersten Tanzkursen legt sie ihre linke Hand leicht von vorn gegen seinen rechten Oberarm/Schulteransatz und hält somit die Spannung zu ihm. Mit längerer Tanzerfahrung kann sie ihre linke Hand hinter seinem rechten Oberarm mit dem Zeigefinger anlegen, der Daumen ist zum Handinneren angelegt. Das geht nur, wenn sie die Spannung zu ihm aus dem Oberkörper aufbauen kann.

Grundaufstellung am Anfang

Geschlossene enge Tanzhaltung. Wir stehen voreinander, stärker nach links versetzt. Die Fußspitzen stehen ineinander. Der Körperabstand voneinander sollte 5-10 cm betragen.	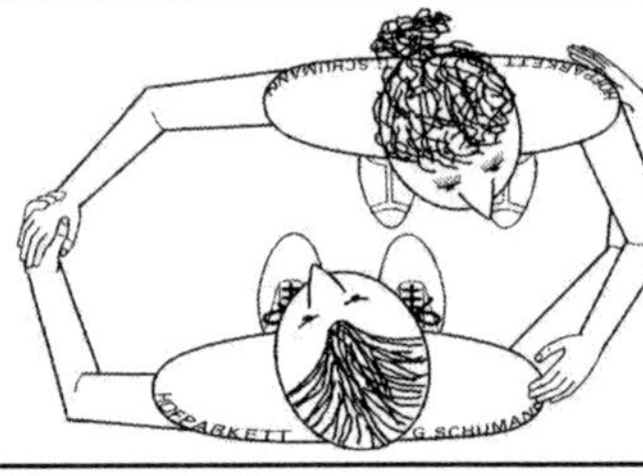
Raumrichtung 3. Er steht nach schräg nach außen, sie steht schräg rückwärts nach außen. Die Fußspitzen stehen ineinander. Wir stehen 3-spurig (bezogen auf die Fußmittellinien).	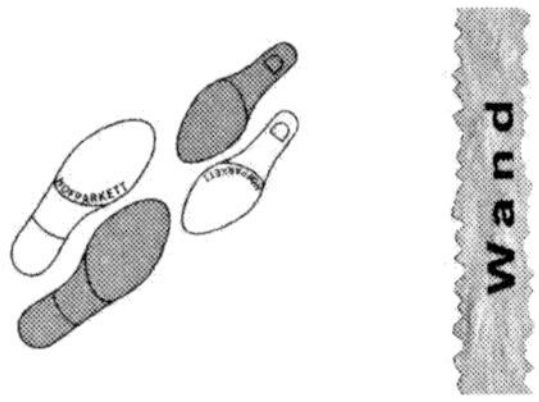

Tanzfiguren

1. Gehschritte, Wiegeschrittdrehung, Abschluss-Schritt.

Davor - jede Figur

Wir starten schräg nach außen (Raumrichtung 3), tanzen zwei Gehschritte vorwärts, dann eine Wiegeschrittdrehung, bei der wir ein Viertel im Raum über 3 Schritte nach rechts drehen. Wir stehen dabei in Schrittstellung, die rechten Füße sind vorn. Mit dem Vorwärtsschritt bewegen wir den Partner. Er rückwärts - vorwärts - rückwärts, sie vorwärts - rückwärts - vorwärts. Sie muss also 2x Kraft einbringen.

Der dritte Teil ist der „Abschluss-Schritt", bei dem das Paar nach links dreht und wieder in die Ausgangsposition kommt.

Danach - Gehschritte

Gehschritte

Männerschritte	S	Rhythmus	Frauenschritte
LF vorwärts.	1	langsam ½-Takt	RF rückwärts.
RF vorwärts.	2	langsam ½-Takt	LF rückwärts.

Wiegeschrittdrehung

LF seitwärts, rückwärts. *Körperdrehung nach rechts*	3	schnell ¼-Takt	RF seitwärts, vorwärts. *Körperdrehung nach rechts*
RF seitwärts, vorwärts. *Körperdrehung nach rechts*	4	schnell ¼-Takt	LF seitwärts, rückwärts. *Körperdrehung nach rechts*
LF seitwärts, rückwärts. *Körperdrehung nach rechts*	5	langsam ½-Takt	RF seitwärts, vorwärts. *Körperdrehung nach rechts*

Abschluss-Schritt

RF rückwärts.	6	schnell ¼-Takt	LF vorwärts.
LF seitwärts. *Körperdrehung ¼ links*	7	schnell ¼-Takt	RF seitwärts, ¼ nach links drehen, Knie in Richtung Fußspitze halten.
RF zum LF schließen und belasten.	8	langsam ½-Takt	LF zum RF schließen und belasten.

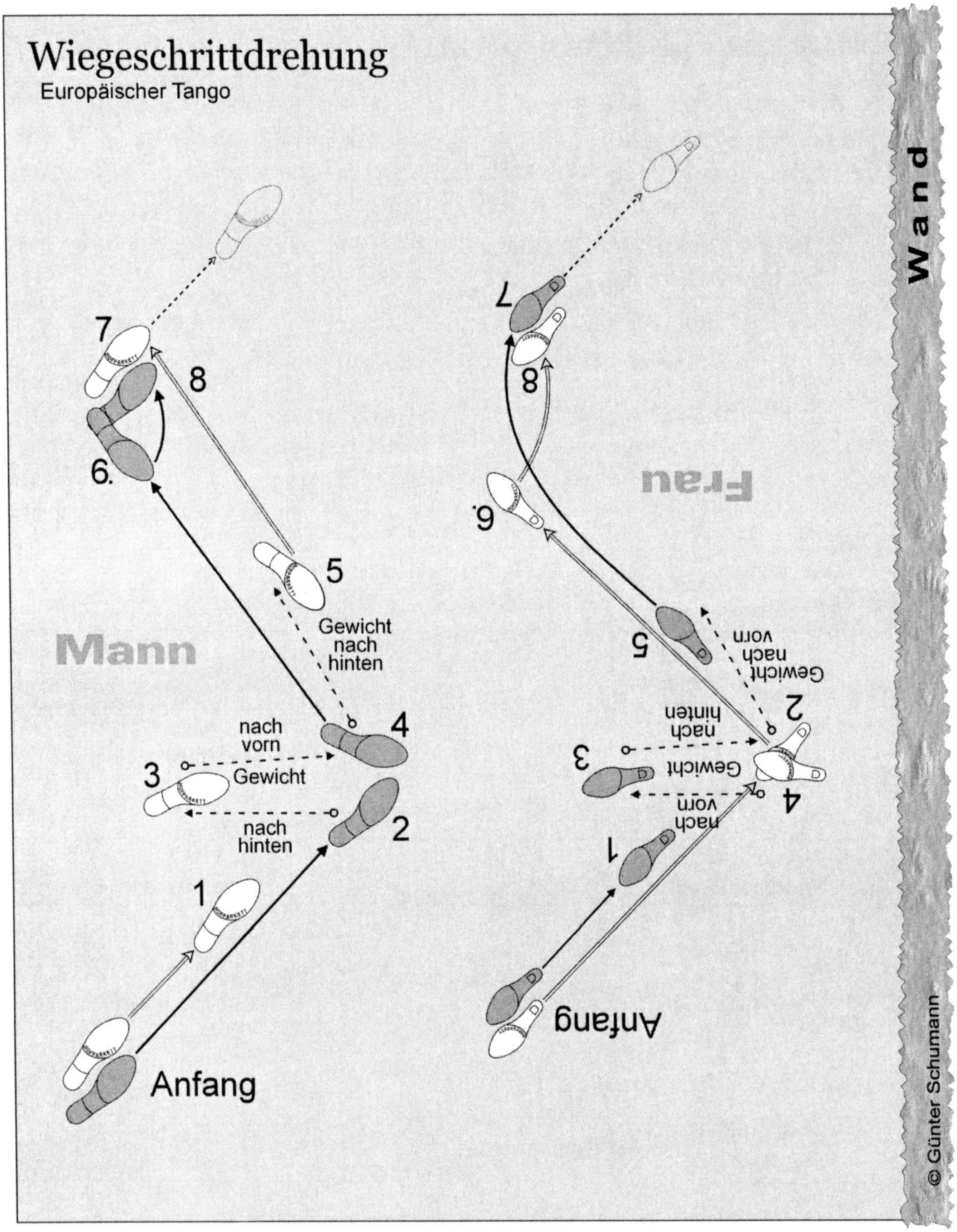
Wiegeschrittdrehung
Europäischer Tango
Mann
Anfang
1
2
nach hinten
3
Gewicht
nach vorn
4
Gewicht nach hinten
5
6.
8
7
Frau
Anfang
1
nach vorn
Gewicht
3
4
nach hinten
2
Gewicht nach vorn
5
6.
8
7
Wand
© Günter Schumann

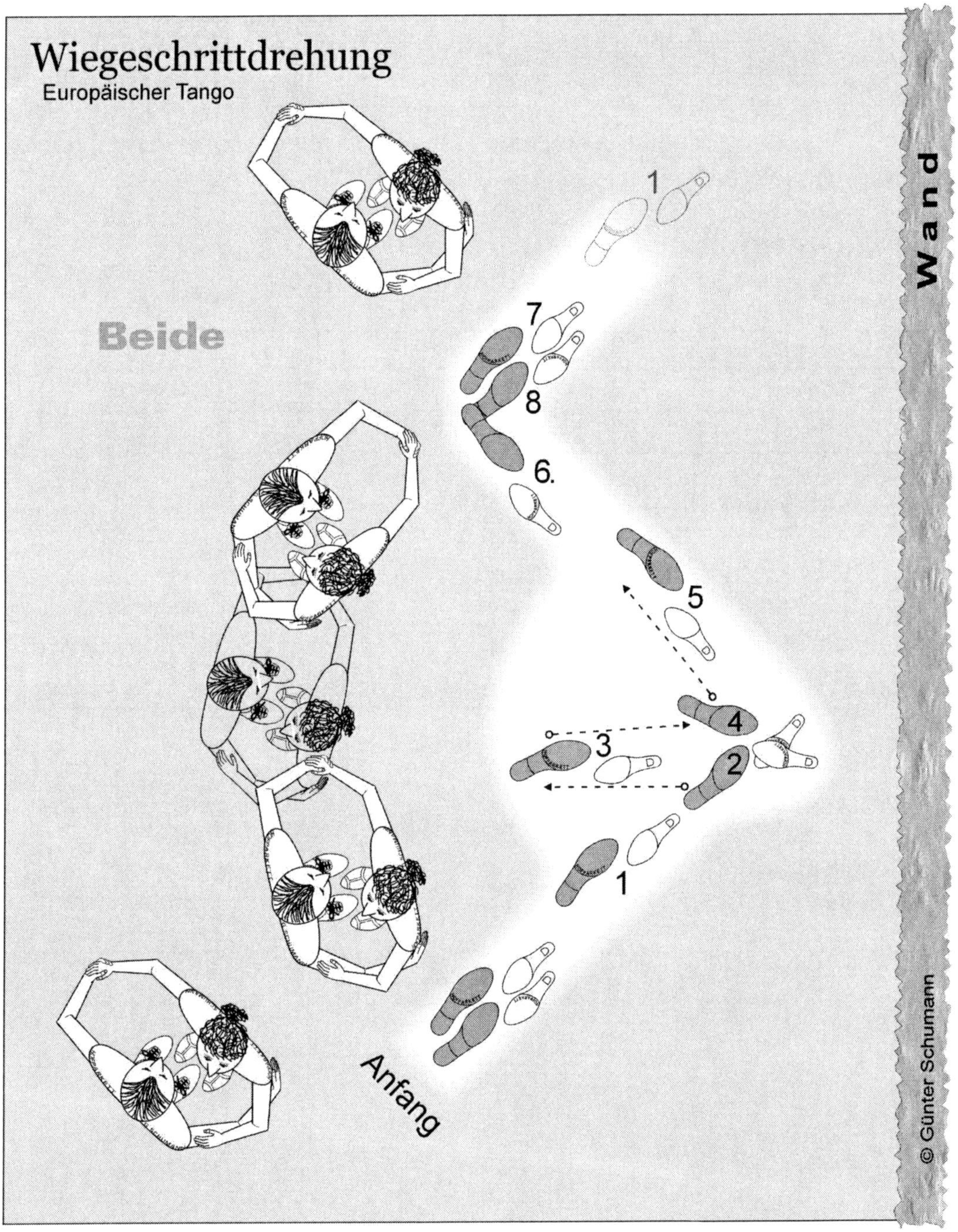
Wiegeschrittdrehung
Europäischer Tango
Beide
1
7
8
6.
5
4
3
2
1
Anfang
Wand
© Günter Schumann

2. Gehschritte, Verbindungsschritt, geschlossene Promenade.

Davor - jede Figur

Wir starten schräg nach außen (Raumrichtung 3), tanzen zwei Gehschritte vorwärts, dann einen Verbindungsschritt an der Wand entlang und enden mit einer geschlossenen Promenade.

Danach - Gehschritte

Gehschritte

Männerschritte	S	Rhythmus	Frauenschritte
LF vorwärts.	1	langsam ½-Takt	RF rückwärts.
RF vorwärts.	2	langsam ½-Takt	LF rückwärts.

Verbindungsschritt

LF seitwärts, leicht vorwärts. *Promenadenstellung*	3	schnell ¼-Takt	RF seitwärts, leicht vorwärts, ¼ nach rechts drehen. *Promenadenstellung*
RF zum LF schließen.	4	schnell ¼-Takt	LF zum RF schließen.
LF seitwärts, leicht vorwärts.	5	langsam ½-Takt	RF seitwärts, leicht vorwärts.

Geschlossene Promenade

RF überkreuzen zum LF.	6	schnell ¼-Takt	LF überkreuzen zum RF.
LF seitwärts, leicht vorwärts. *Geschlossene Tanzhaltung*	7	schnell ¼-Takt	RF seitwärts, ¼ nach links drehen, Knie in Fußrichtung halten. *Geschlossene Tanzhaltung*
RF zum LF schließen und belasten.	8	langsam ½-Takt	LF zum RF schließen und belasten.

Promenade

Europäischer Tango

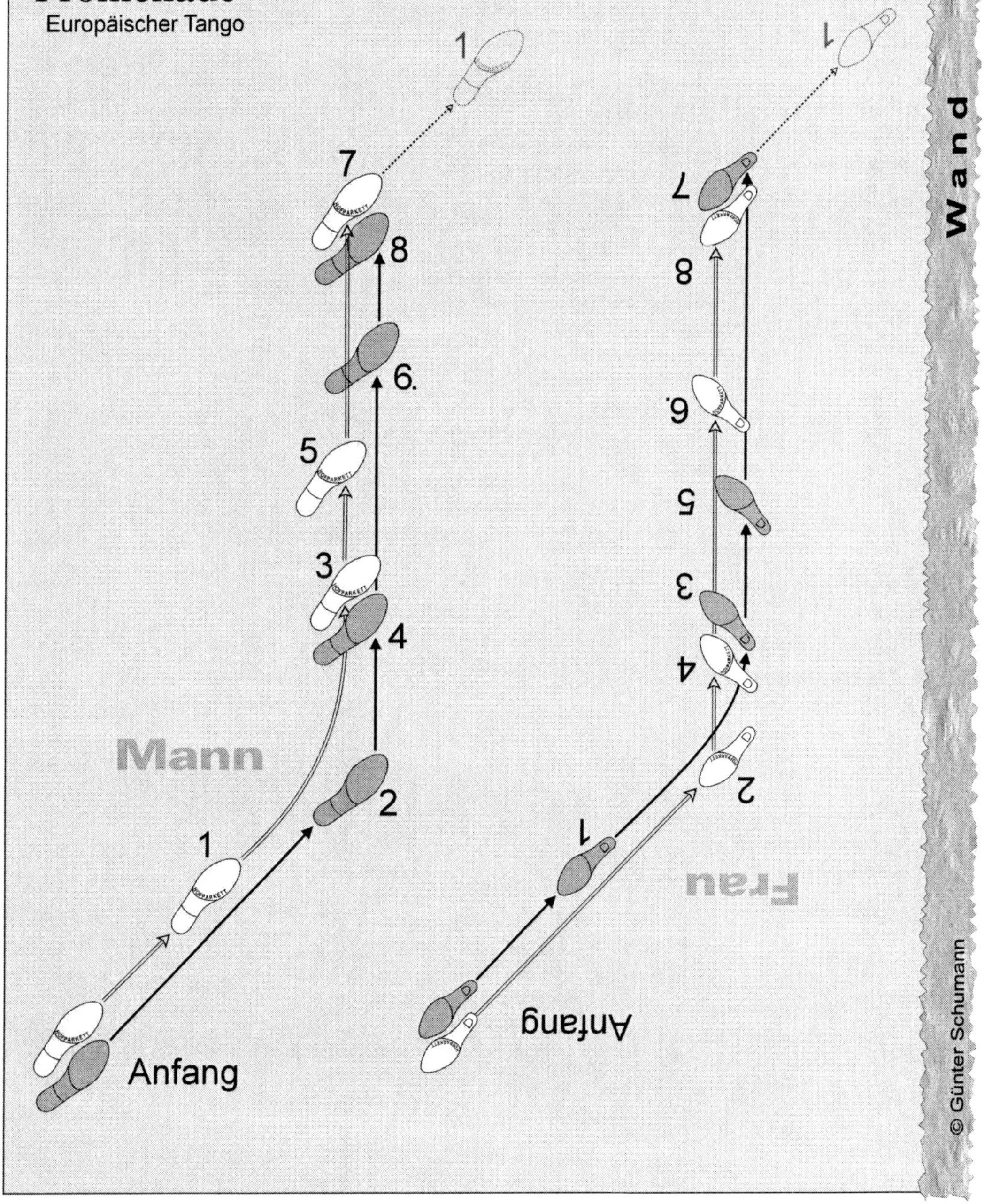

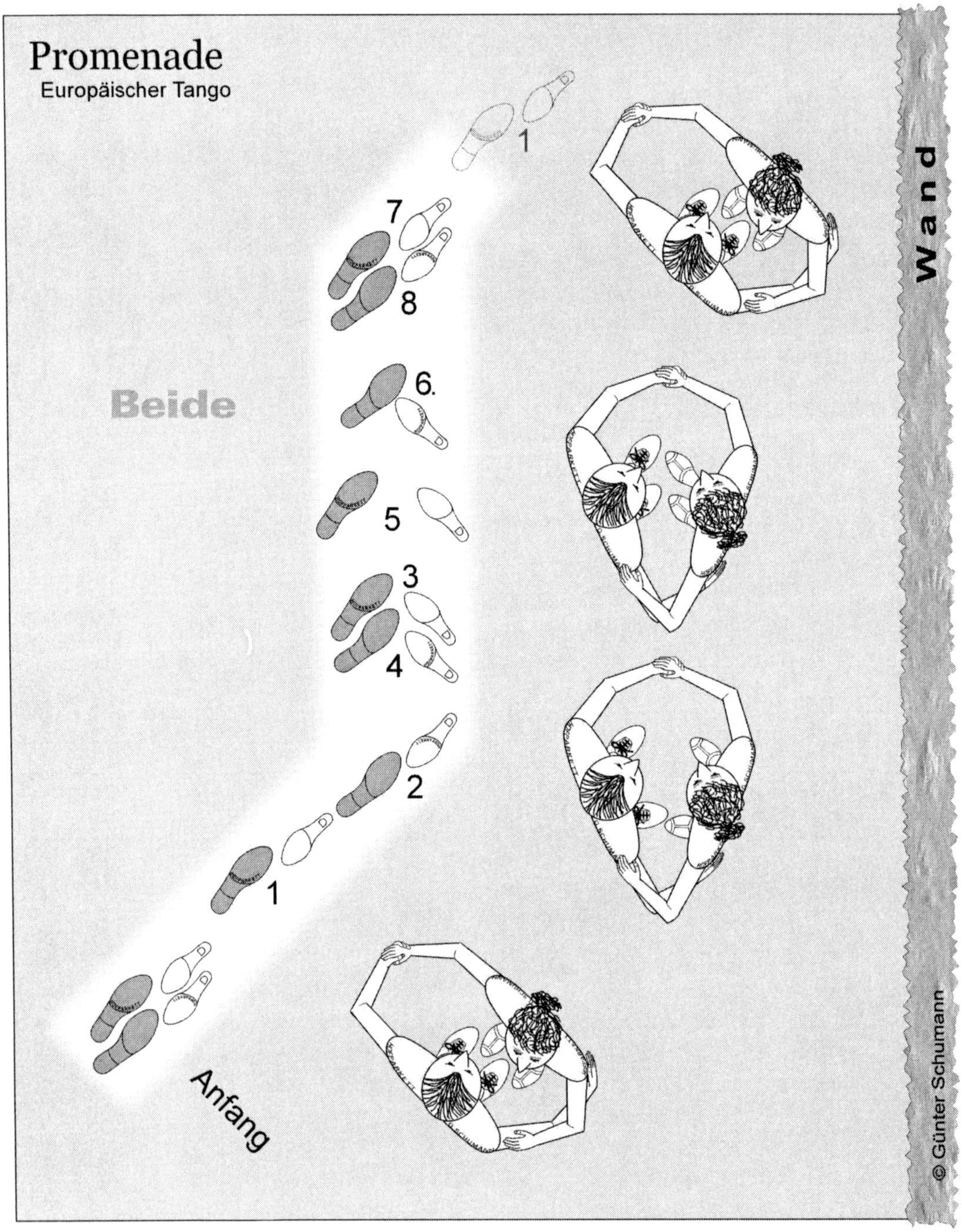
Promenade
Europäischer Tango
Beide
1
7
8
6.
5
3
4
2
1
Anfang
Wand
© Günter Schumann

3. Corté und Abschluss-Schritt

Davor - Promenade, Wiegeschrittdrehung

Mit dieser Figurenkombination können wir wieder in den Raum hinein tanzen, wenn wir durch Promenaden zu weit an die Wand gekommen sind.

Danach - Gehschritte

Corté

Männerschritte	S	Rhythmus	Frauenschritte
LF rückwärts.	1	langsam ½-Takt	RF vorwärts.

Abschluss-Schritt

RF rückwärts.	2	schnell ¼-Takt	LF vorwärts.
LF seitwärts.	3	schnell ¼-Takt	RF seitwärts.
RF zum LF schließen und belasten.	4	langsam ½-Takt	LF zum RF schließen und belasten.

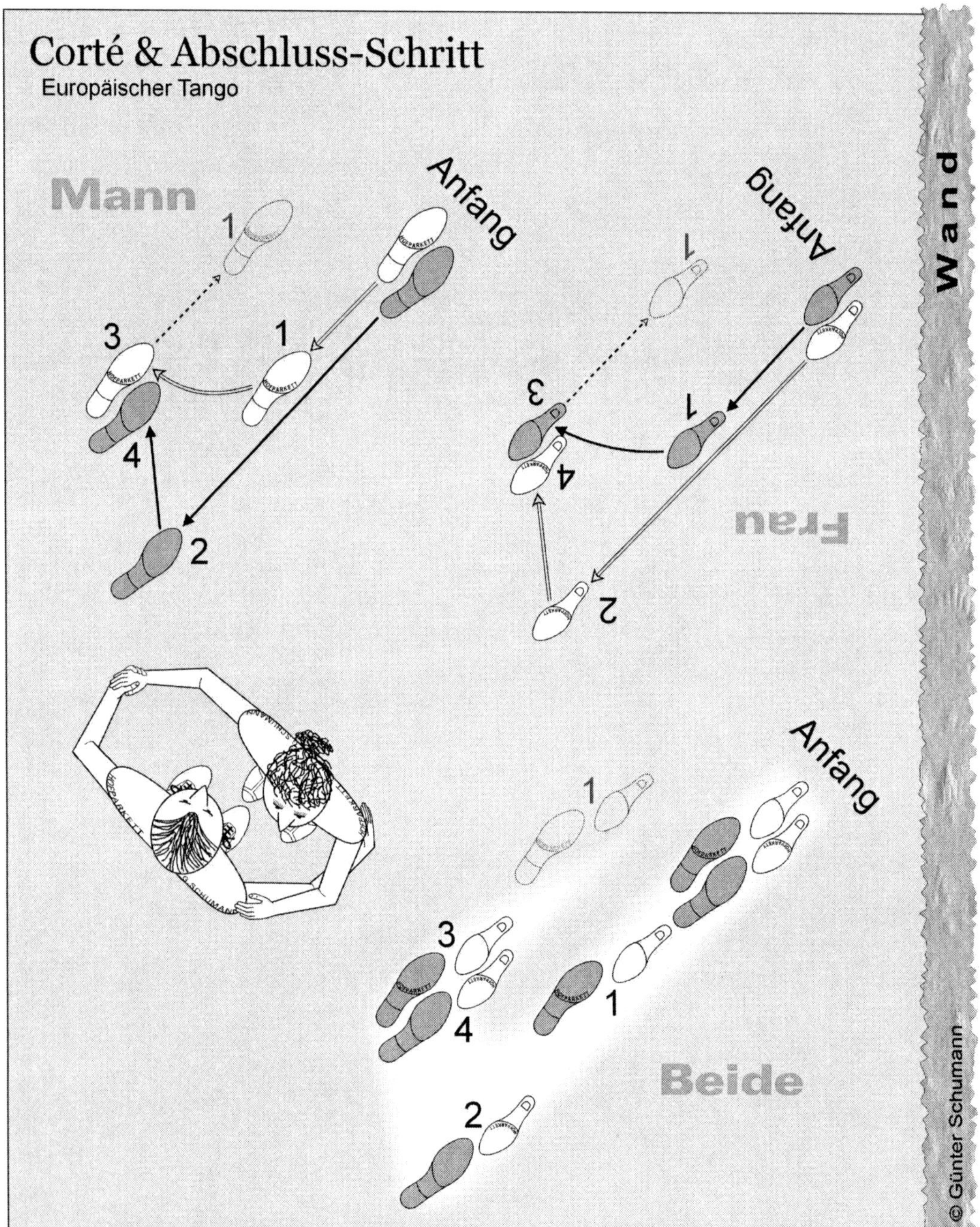
Corté & Abschluss-Schritt
Europäischer Tango
Mann
Anfang
1
3
1
4
2
Anfang
1
3
1
4
2
Frau
Wand
Anfang
1
3
4
1
2
Beide
© Günter Schumann

4. Gehschritte, Verbindungsschritt, Promenadenkette, geschlossene Promenade.

Davor - jede Figur

Wir beginnen wie bei einer Promenade, tanzen zunächst zwei Gehschritte und den Verbindungsschritt. Bevor wir die Promenade abschließen, setzen wir ein oder zwei Promenadenketten dazwischen.

Danach - Gehschritte

Anmerkung: Er führt die Promenadenkette, indem er sie bei Schritt „B“ stoppt und etwas eindreht (ca. ⅛ Linksdrehung). Sie will eigentlich vom Verbindungsschritt zur Promenade tanzen, lässt sich aber von ihm stoppen und etwas eindrehen. Promenadenketten können mehrere Male getanzt werden (in unserer Beschreibung zweimal).

Gehschritte

Männerschritte	S	Rhythmus	Frauenschritte
LF vorwärts.	1	langsam ½-Takt	RF rückwärts.
RF vorwärts.	2	langsam ½-Takt	LF rückwärts.

Verbindungsschritt

Männerschritte	S	Rhythmus	Frauenschritte
LF seitwärts, leicht vorwärts. *Promenadenstellung*	3	schnell ¼-Takt	RF seitwärts, leicht vorwärts, ¼ nach rechts drehen. *Promenadenstellung*
RF zum LF schließen.	4	schnell ¼-Takt	LF zum RF schließen.
LF seitwärts, leicht vorwärts.	5	langsam ½-Takt	RF seitwärts, leicht vorwärts.

Promenadenkette

Männerschritte	S	Rhythmus	Frauenschritte
RF überkreuzen zum LF. *Promenadenstellung*	A	schnell ¼-Takt	LF überkreuzen zum RF. *Promenadenstellung*
LF mit einem Tap neben RF.	B	schnell ¼-Takt	RF mit einem Tap neben LF.
LF seitwärts, leicht vorwärts.	C	langsam ½-Takt	RF seitwärts, leicht vorwärts.

Promenadenkette

Europäischer Tango

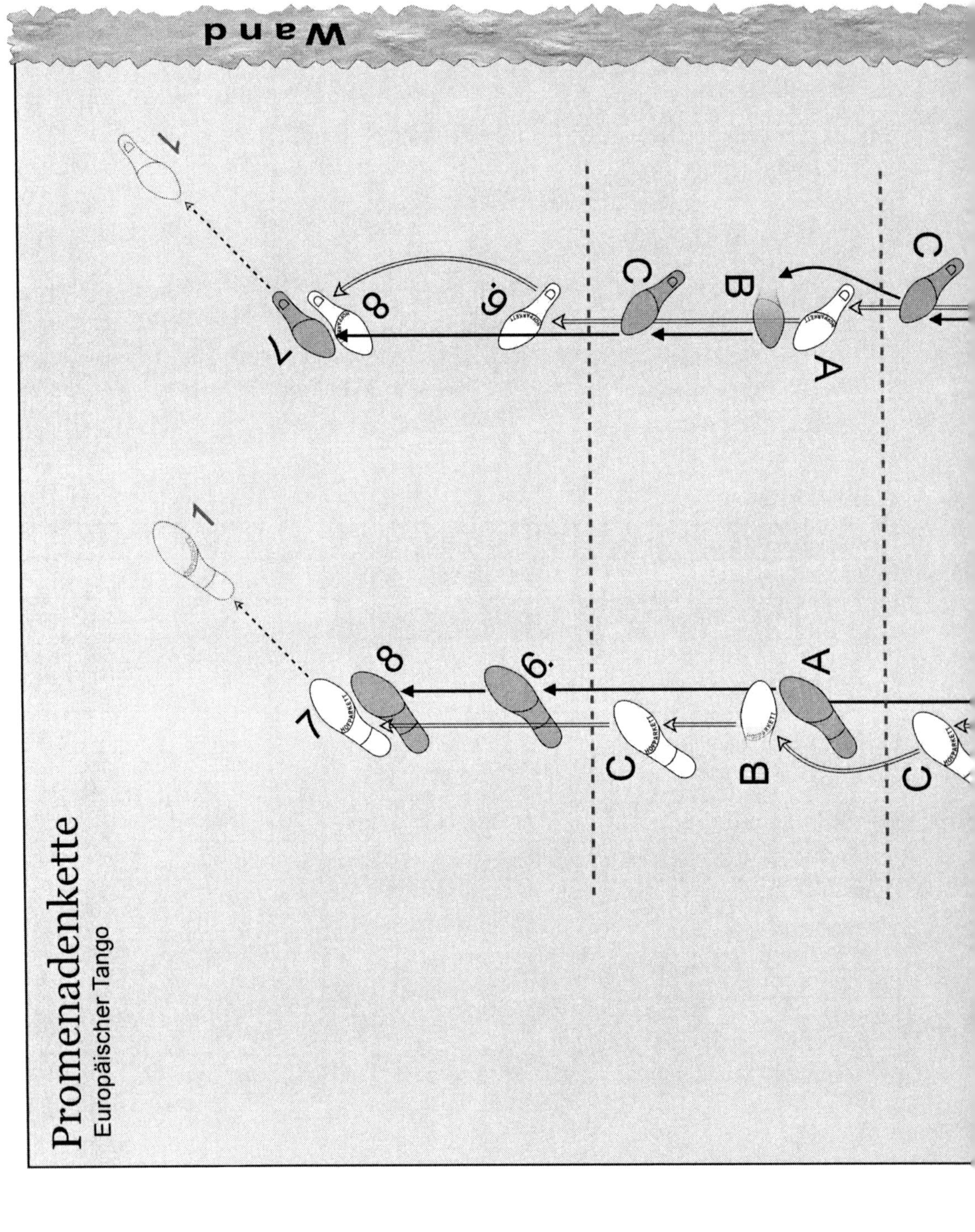

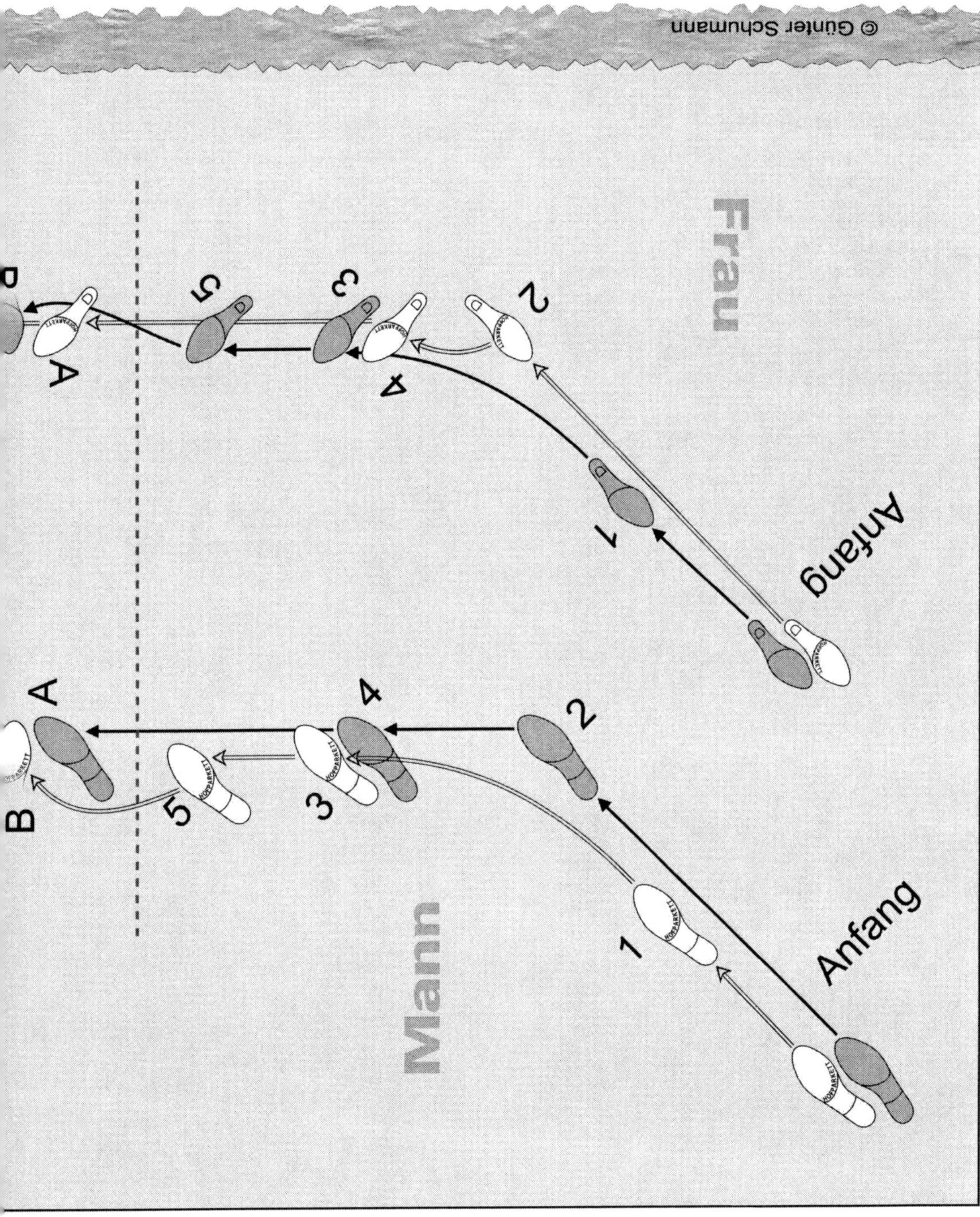
© Günter Schumann
Frau
Anfang
1
2
3
4
5
A
Mann
Anfang
1
2
3
4
5
A
B

Promenadenkette

RF überkreuzen zum LF. *Promenadenstellung*	A	schnell ¼-Takt	LF überkreuzen zum RF. *Promenadenstellung*
LF mit einem Tap neben RF.	B	schnell ¼-Takt	RF mit einem Tap neben LF.
LF seitwärts, leicht vorwärts.	C	langsam ½-Takt	RF seitwärts, leicht vorwärts.

Geschlossene Promenade

RF überkreuzen zum LF.	6	schnell ¼-Takt	LF überkreuzen zum RF.
LF seitwärts, leicht vorwärts. *Geschlossene Tanzhaltung*	7	schnell ¼-Takt	RF seitwärts, ¼ nach links drehen, Knie in Fußrichtung halten. *Geschlossene Tanzhaltung*
RF zum LF schließen und belasten.	8	langsam ½-Takt	LF zum RF schließen und belasten.

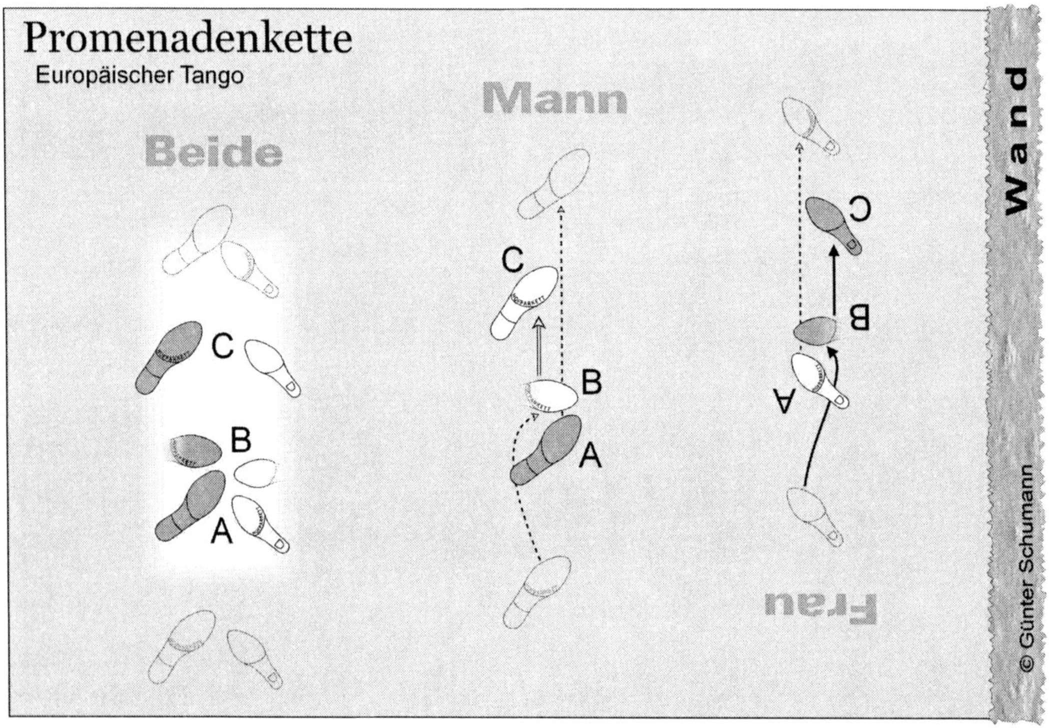

5. Gehschritte, Rechtsdrehung, vorwärts Abschluss-Schritt.

Davor - jede Figur

Wir tanzen zwei Gehschritte vorwärts, dann eine Rechtsdrehung, die wir sehr stark über drei Schritte nach rechts drehen. Danach folgt ein vorwärtiger Abschluss-Schritt.

Danach - Gehschritte vorwärts oder Corté mit Abschluss-Schritt

Anmerkung: Wenn wir keine ganze Drehung schaffen, drehen wir den Rest im Abschluss-Schritt nach.

Gehschritte

Männerschritte	S	Rhythmus		Frauenschritte
LF vorwärts.	1	langsam	½-Takt	RF rückwärts.
RF vorwärts.	2	langsam	½-Takt	LF rückwärts.

Rechtsdrehung

LF seitwärts, rückwärts stark nach rechts drehen. *Körperdrehung fast ⅓ nach rechts*	3	schnell	¼-Takt	RF seitwärts, vorwärts stark nach rechts drehen. *Körperdrehung fast ⅓ nach rechts*
RF seitwärts, vorwärts stark nach rechts drehen. *Körperdrehung fast ⅓ nach rechts*	4	schnell	¼-Takt	LF seitwärts, rückwärts stark nach rechts drehen. *Körperdrehung fast ⅓ nach rechts*
LF seitwärts, rückwärts stark nach rechts drehen. *Körperdrehung fast ⅓ nach rechts*	5	langsam	½-Takt	RF seitwärts, vorwärts stark nach rechts drehen. *Körperdrehung fast ⅓ nach rechts*

Abschluss-Schritt vorwärts

RF vorwärts.	6	schnell	¼-Takt	LF rückwärts.
LF vorwärts, leicht seitwärts.	7	schnell	¼-Takt	RF rückwärts, leicht seitwärts.
RF zum LF schließen und belasten.	8	langsam	½-Takt	LF zum RF schließen und belasten.

Rechtsdrehung

Europäischer Tango

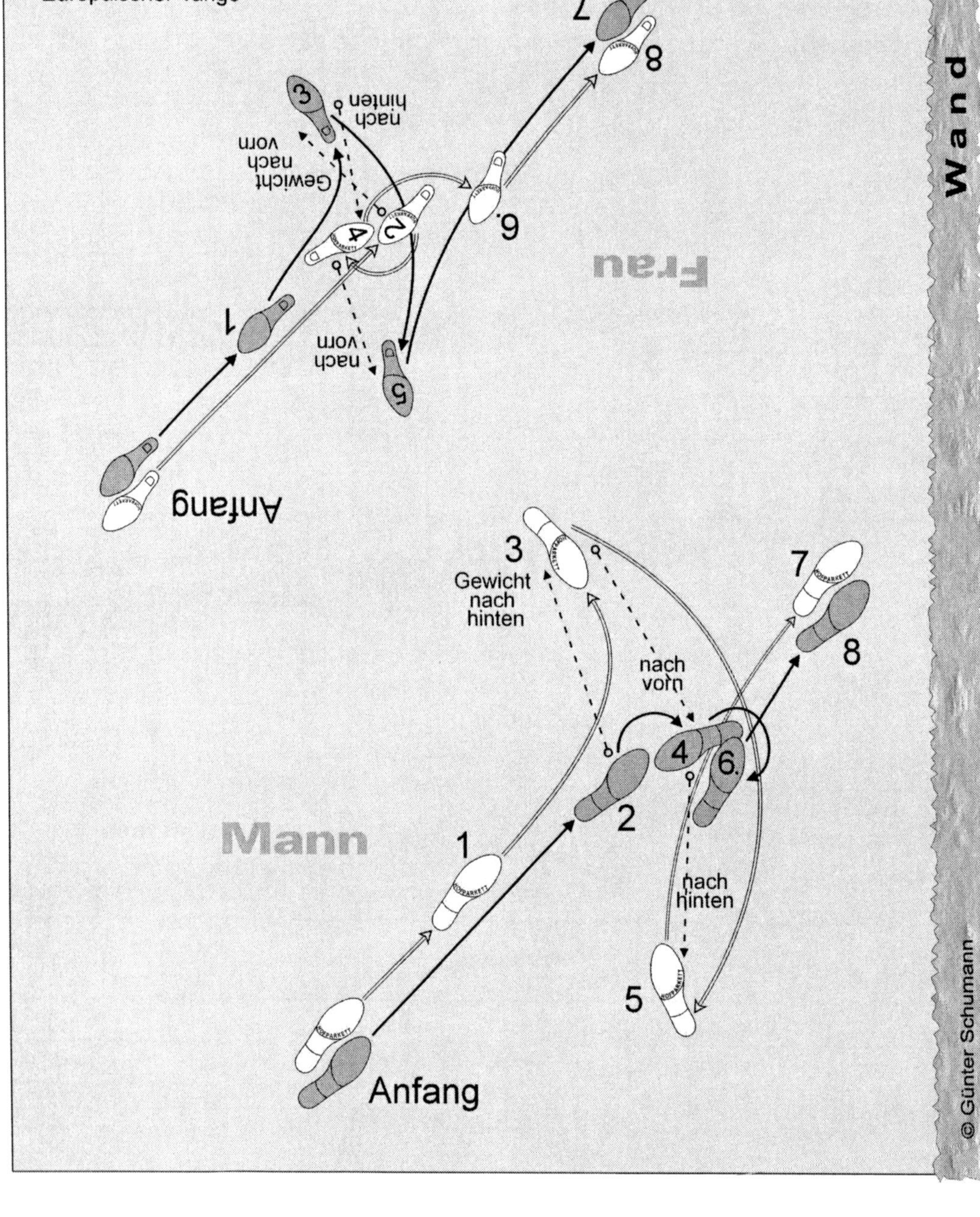

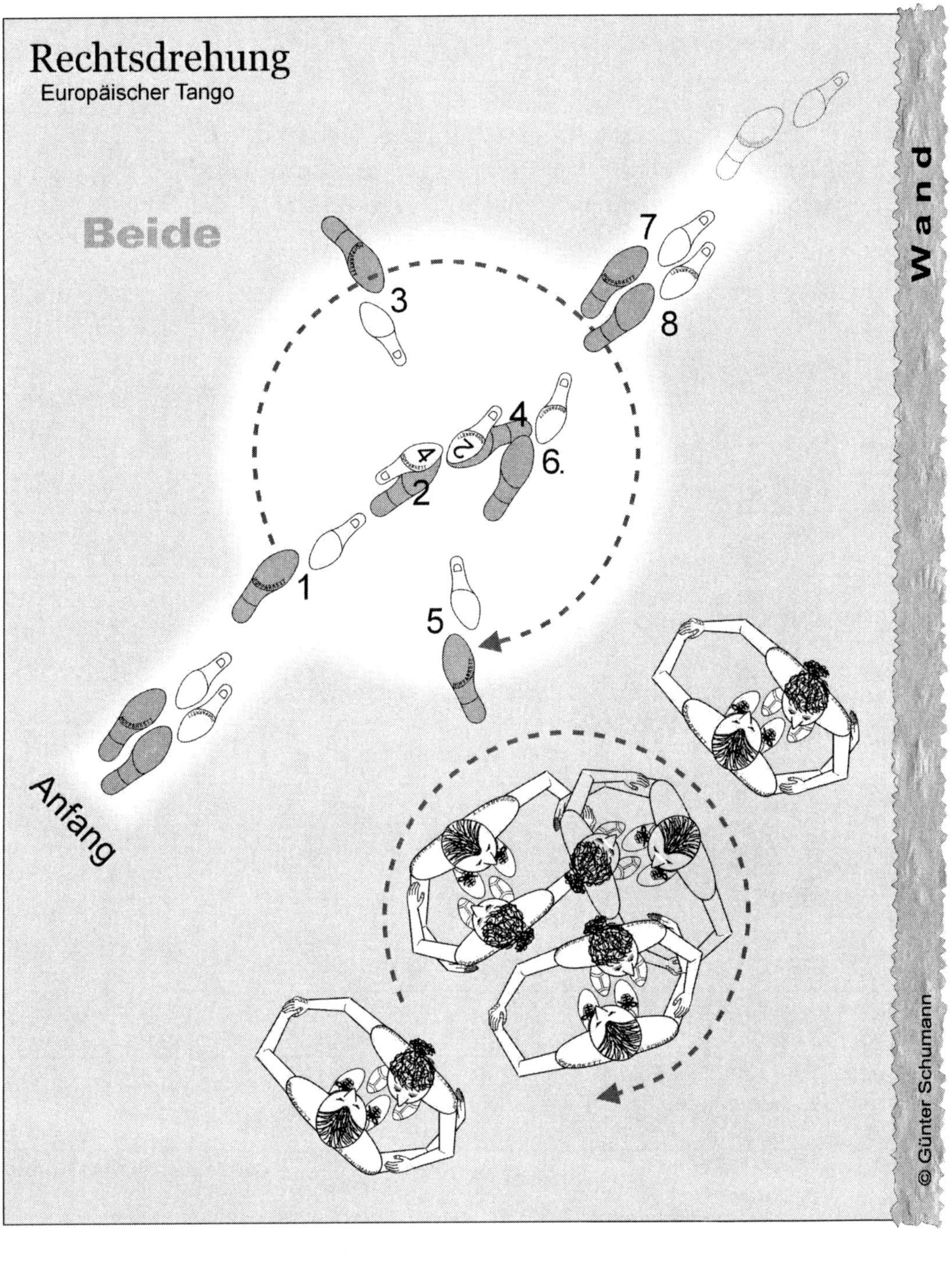
Rechtsdrehung
Europäischer Tango
Beide
Wand
3
7
8
4
6.
2
1
5
Anfang
© Günter Schumann

6. Gehschritte zur Mitte gedreht, Linksdrehung mit „Seit-Schluss", Abschluss-Schritt.

Davor - jede Figur

Wir starten schräg nach außen (Raumrichtung 3), tanzen zwei Gehschritte vorwärts, auf einem Linksbogen. Wir sind angekommen in (Raumrichtung 6). Es folgen zwei halbe Linksdrehungen. Am Ende stehen wir wieder in (Raumrichtung 3).

Danach - jede Figur

Anmerkung: Seine Schritte mit dem linken Fuß „1" und „3" werden außenseitlich (links) zu ihren Füßen gesetzt.

Gehschritte nach links gedreht

Männerschritte	S	Rhythmus	Frauenschritte
LF vorwärts, nach links gedreht. (Linksbogen)	1	langsam ½-Takt	RF rückwärts, nach links gedreht. (Linksbogen)
RF vorwärts, nach links gedreht. (Linksbogen)	2	langsam ½-Takt	LF rückwärts, nach links gedreht. (Linksbogen)

„Halbe" Linksdrehung er vorwärts, sie rückwärts

LF vorwärts, nach links gedreht.	3	schnell ¼-Takt	RF rückwärts, nach links gedreht, kleiner Schritt.
RF seitwärts, nach links gedreht.	4	schnell ¼-Takt	LF seitwärts, nach links gedreht, kleiner Schritt.
LF zum RF schließen und belasten.	5	langsam ½-Takt	RF zum LF schließen und belasten.

„Halbe" Linksdrehung er rückwärts, sie vorwärts

RF rückwärts, nach links gedreht, kleiner Schritt.	6	schnell ¼-Takt	LF vorwärts, nach links gedreht.
LF seitwärts, leicht vorwärts nach links gedreht, kleiner Schritt.	7	schnell ¼-Takt	RF seitwärts, nach links gedreht.
RF zum LF schließen und belasten.	8	langsam ½-Takt	LF zum RF schließen und belasten.

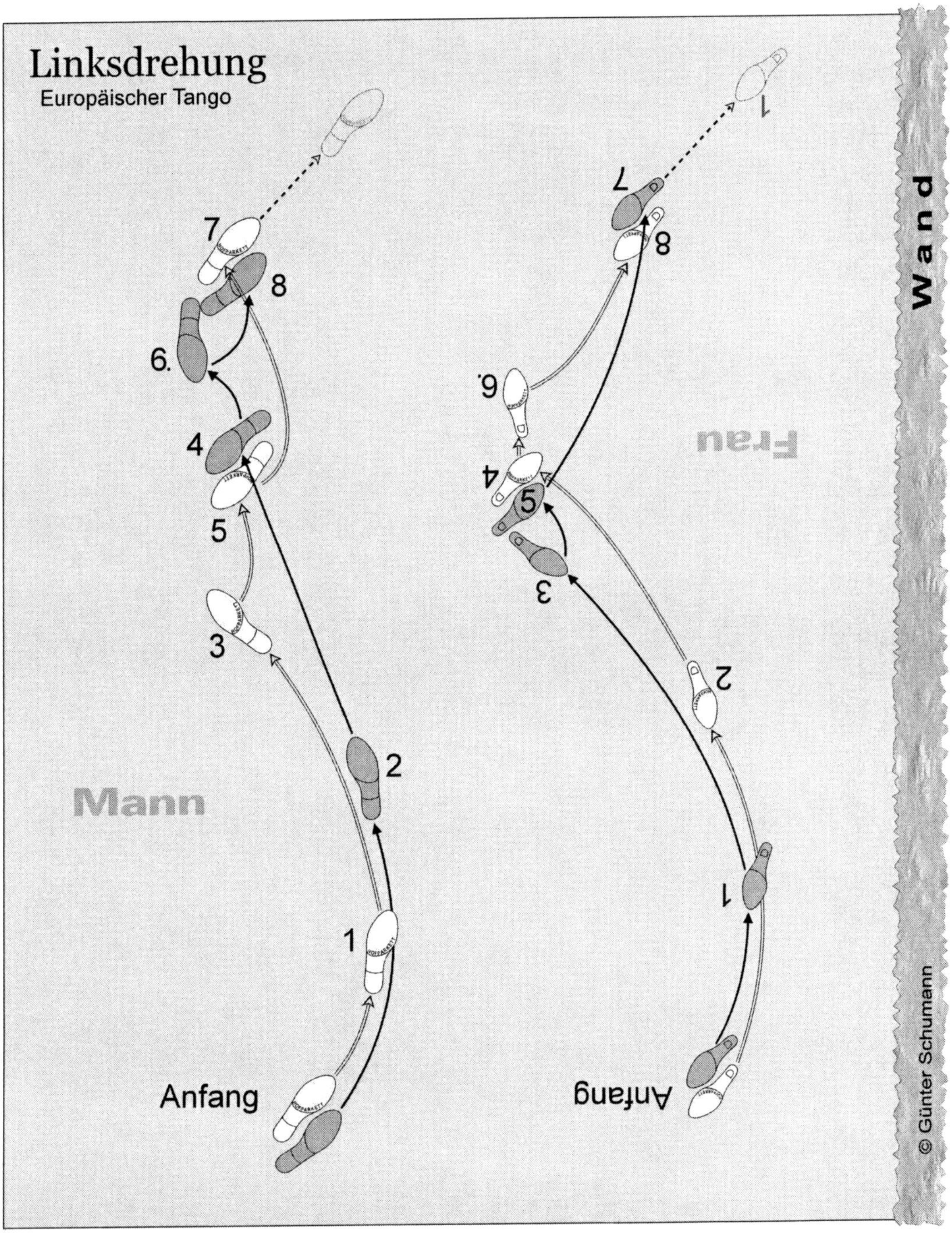
Linksdrehung
Europäischer Tango
Mann
Frau
Wand
Anfang
Anfang
© Günter Schumann

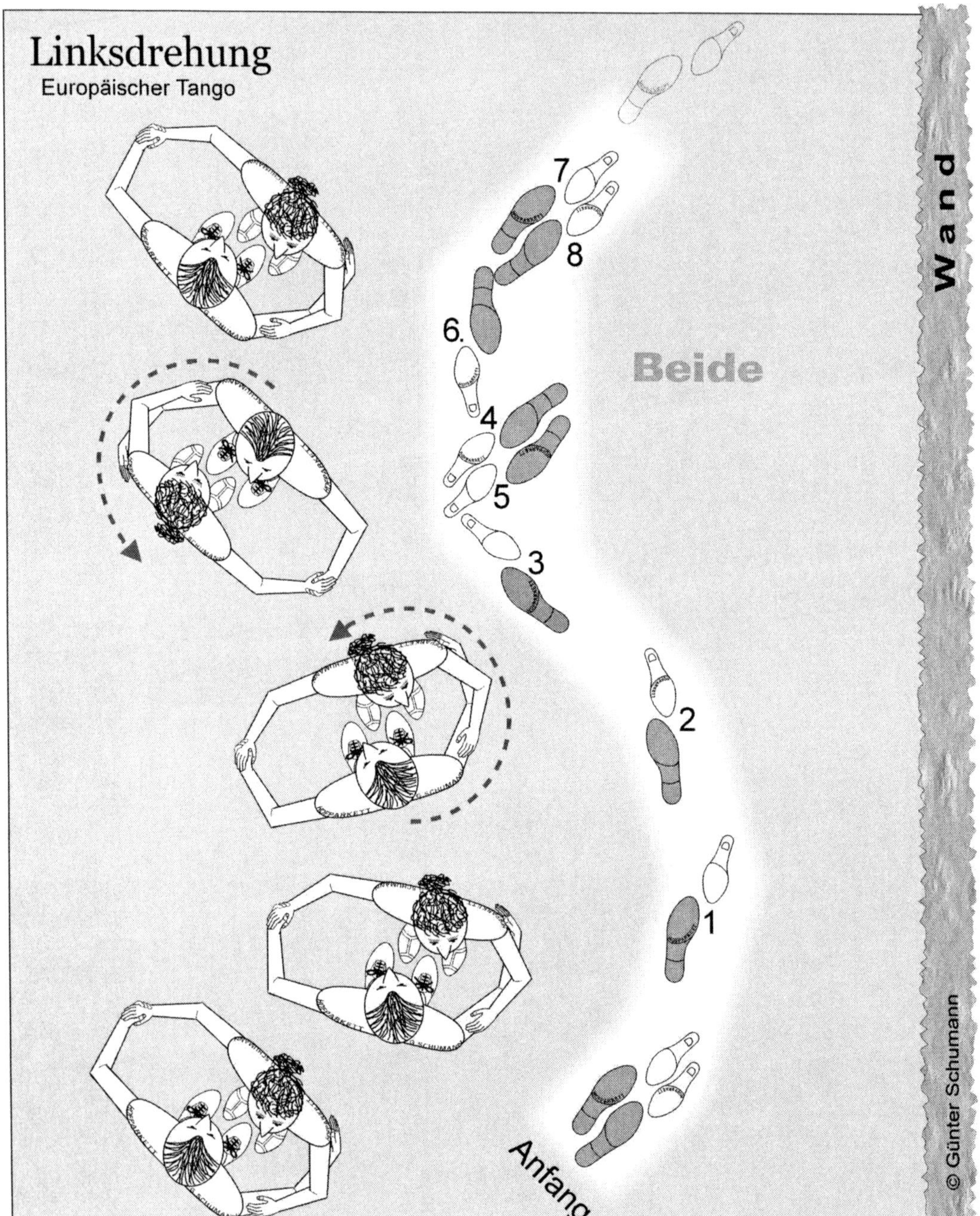
Linksdrehung
Europäischer Tango
Wand
Beide
7
8
6.
4
5
3
2
1
Anfang
© Günter Schumann

Wiener Walzer

Wiener Walzer

Geschichte Der Wiener Walzer lässt sich bis auf Tänze des 16. Jhs. zurückführen. Die Tänze „Dreher“, „Ländler“, „Schleifer“, „Wilder Weller“ oder auch „Deutscher“ sind seine Vorläufer. Das Wort „walzen“ bezieht sich auf das Drehen der Füße.

Bereits 1786 wurde in der Oper „Una cosa rara“ ein „Walzer“ getanzt und 1787 wurde in der Oper „Don Giovanni“ ein „Deutscher“ getanzt.

Der Walzer erlebte viele Tanzverbote. Das enge Zusammentanzen, Umarmung, Zeigen der Beine, sogar Knöchel der Frauen und das Hochheben der Frauen beim Tanz waren verboten.

Stark ausgeprägt hat sich der Wiener Walzer Ende des 19. Jhs. im österreichisch-bayrischen Raum, die musikalische Geschwindigkeit nahm immer weiter zu. Um 1900 wurde der Walzer mit 100 Takten pro Minute gespielt. Sechs Schritte über zwei Takte zu tanzen war kaum noch möglich, es entstand der „Zweischrittwalzer“.

Am Anfang des 20. Jhs. wurde der Wiener Walzer von den neuen nordamerikanischen Tänzen verdrängt. Das festgelegte Drehen im Kreise war nicht mehr populär. Es gab „Onestep“, „Ragtime“ und den aus dem Walzer entstandenen „Boston“ (der nicht dreht). Als während des Krieges 1914-18 die österreichischen Tanzkapellen England verließen, entwickelte sich aus dem Boston der Langsame Walzer. Erst Anfang der 1930er Jahre wurde der Wiener Walzer in Deutschland und Österreich wieder häufiger getanzt. In der heutigen Zeit ist er wieder weit verbreitet.

Der Musettewalzer ist eine französische Walzerform, für die das Spielen von Achteltriolen typisch ist. Der Name stammt von der Musette (Sackpfeife) ab, einem dudelsackähnlichen Instrument. Heute werden Musettewalzer häufig mit dem Akkordeon gespielt.

Musik 3/4-Takt, 45-76 Takte pro Minute, typisch sind eher 55-60 Takte pro Minute.

Die Walzermusik bildet einen Pendelschwung nach. Wir setzen uns mit Schritt „1“ in Bewegung, haben mit Schritt „2“ die größte Geschwindigkeit und Raumgröße und lassen mit Schritt „3“ den aufgebauten Schwung abklingen, indem wir die Füße schließen.

Taktierung am Beispiel der Rechtsdrehung (aus Männersicht):

	1.Takt			2.Takt		
T	¼	¼	¼	¼	¼	¼
	langsam	langsam	langsam	langsam	langsam	langsam
S	1	2	3	4	5	6
M	vor	schwingen	schließen	vor	schwingen	schließen

Tanzausführung Der Wiener Walzer gehört zu den Raumtänzen. Er wird in Tanzrichtung begonnen (er hat rechts eine Wand neben sich, sie startet gegen Tanzrichtung).

Gestartet wird beim ersten Grundschritt auf der „1“ für ihn RF vorwärts, für sie LF rückwärts.

Der Wiener Walzer wird in schnellen, gleichmäßigen, fliehenden und raumgreifenden Schritten getanzt. Durch starke Seitwärtsschwünge auf „2“ und „5“ wird die raumgreifende Wirkung erzielt.

Grundaufstellung

Geschlossene Tanzhaltung Wir stehen voreinander, leicht nach links versetzt. Die Fußspitzen stehen ineinander. Der Körperabstand voneinander sollte 5-10 cm betragen.	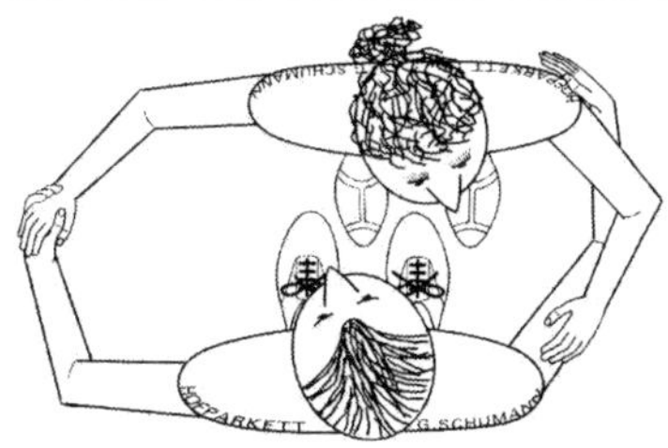
Raumrichtung 1 er steht in Tanzrichtung, sie steht rückwärts in Tanzrichtung. Wir stehen 4-spurig (bezogen auf die Fußmittellinien).	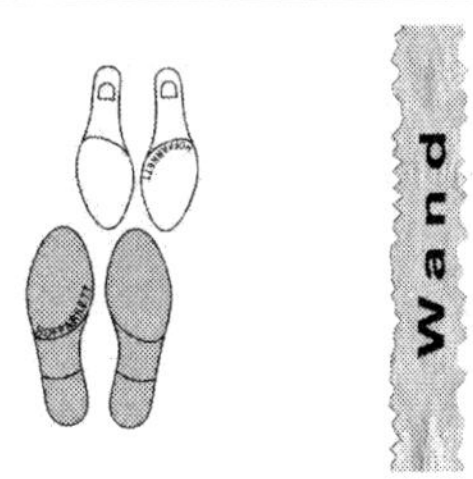

Tanzfiguren

1. Pendelschritt

Davor - Rechtsdrehung

Mit dem Pendelschritt kommen wir im Wiener Walzer aus dem Stand in Schwung. Auch zwischen Rechtsdrehungen können wir wieder „pendeln“, zum Ausruhen oder wenn wir keinen Platz zum Tanzen haben.

Wir schwingen beim „pendeln“ auf der Stelle, in einer leichten Körperdrehung, zum RF mit ⅛ nach rechts, zum LF mit ⅛ nach links.

Danach - Rechtsdrehung

Pendelschritt, er nach rechts, sie nach links

Männerschritte	S	Beschreibung	Frauenschritte
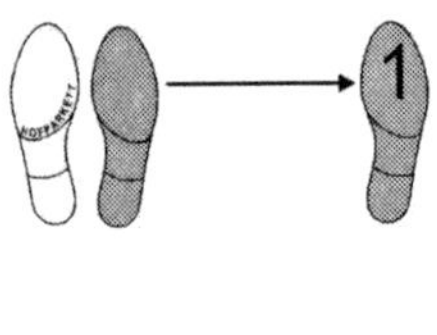	1	langsam ¼-Takt **Er** RF nach rechts. *Gewicht auf rechts, Körperdrehung ⅛ nach rechts* **Sie** LF nach links. *Gewicht auf links, Körperdrehung ⅛ nach links*	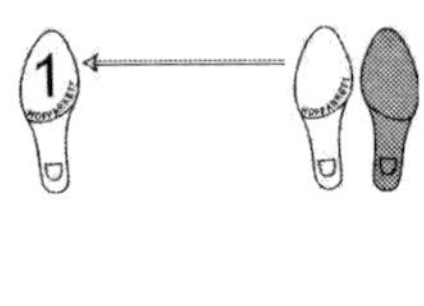

Männerschritte	S	Beschreibung		Frauenschritte
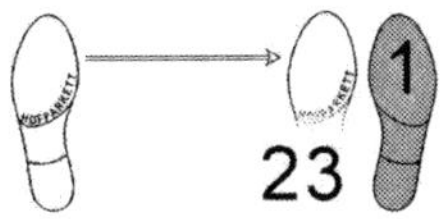	2	langsam	¼-Takt	
	3	langsam	¼-Takt	
		Er LF Tap zu RF. *Ohne Gewicht.* **Sie** RF Tap zu LF. *Ohne Gewicht.*		

Pendelschritt, er nach links, sie nach rechts

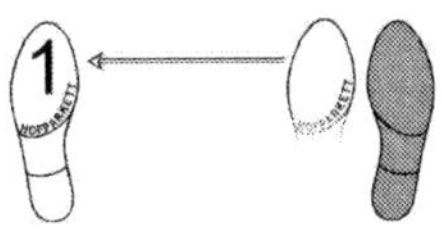	1	langsam	¼-Takt	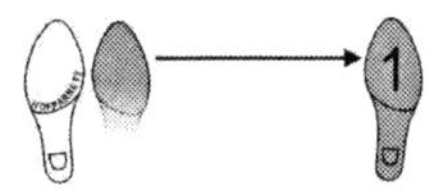
		Er LF nach links. *Gewicht auf links, Körperdrehung ⅛ nach links* **Sie** RF nach rechts. *Gewicht auf rechts, Körperdrehung ⅛ nach rechts*		
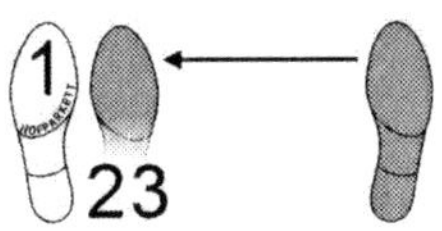	2	langsam	¼-Takt	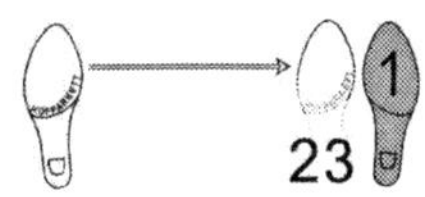
	3	langsam	¼-Takt	
		Er RF Tap zu LF. *Ohne Gewicht.* **Sie** LF Tap zu RF. *Ohne Gewicht.*		

Pendelschritt, er nach rechts, sie nach links

1 - 2 - 3	langsam - langsam - langsam	¼ - ¼ - ¼ - Takt

Pendelschritt, er nach links, sie nach rechts

1 - 2 - 3	langsam - langsam - langsam	¼ - ¼ - ¼ - Takt

„Halbe“ Rechtsdrehung

1 - 2 - 3	langsam - langsam - langsam	¼ - ¼ - ¼ - Takt

Pendelschritt

Wiener Walzer

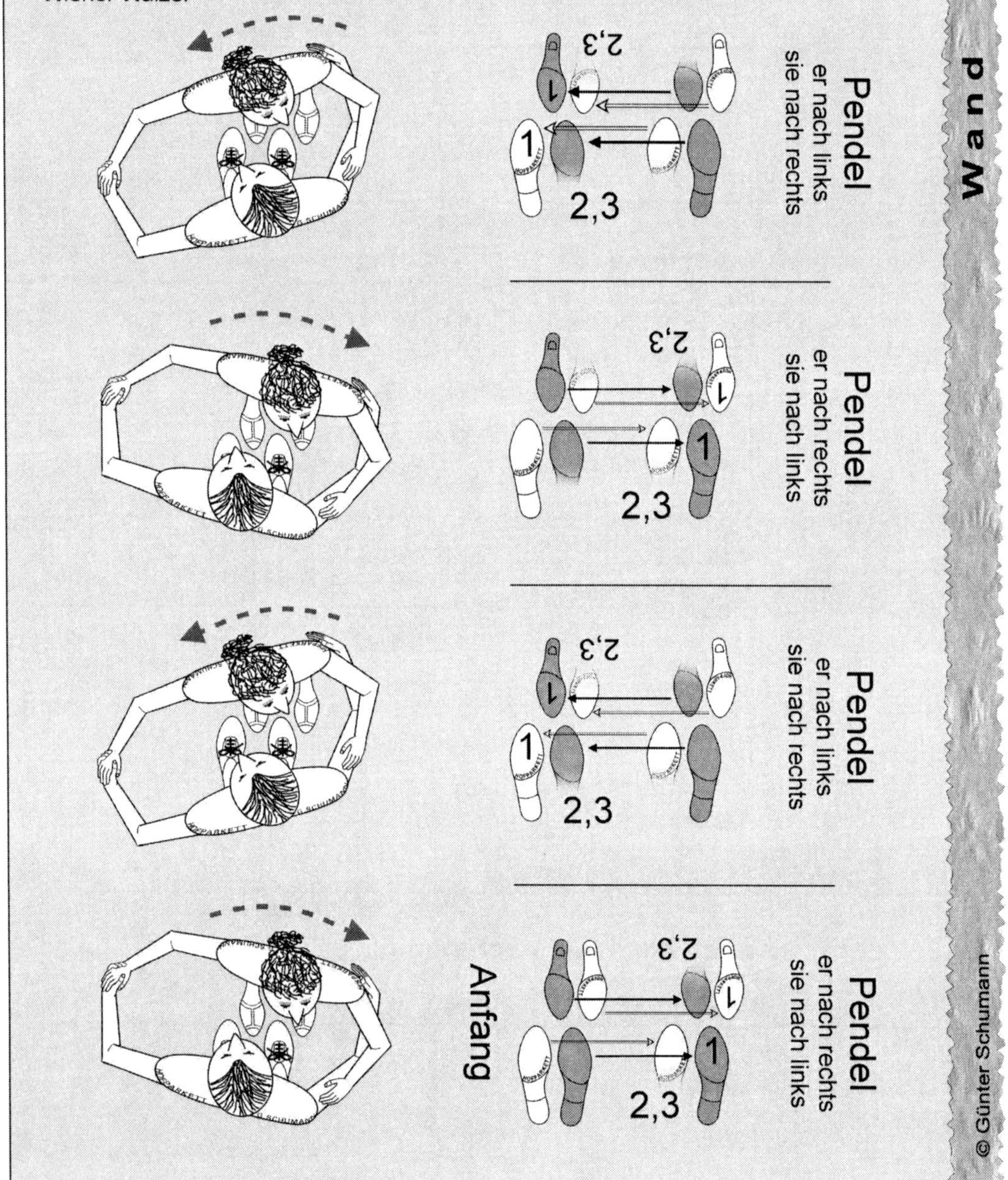

2. Rechtsdrehung

Davor - Pendelschritte

Wir tanzen Drehungen immer über zwei Takte (6 Schritte). Wir starten mit (Raumrichtung 1), tanzen nur am Anfang eine 3/8 Rechtsdrehung, a.E. (Raumrichtung 4). Die zweite Drehung ist eine 1/2 Rechtsdrehung a.E. (Raumrichtung 6). Nun können wir wieder eine weitere ganze Rechtsdrehung tanzen, einen Grundschritt oder erneut Pendeln.

Danach - Pendelschritte

„Halbe" Rechtsdrehung vorwärts (sie rückwärts)

Männerschritte	S	Rhythmus	Frauenschritte
RF vorwärts zwischen ihre Füße setzen. *Körperdrehung 1/8 nach rechts*	1	langsam ¼-Takt	LF seitwärts, rückwärts, stark nach rechts eindrehen und aus seinem Weg tanzen. *Körperdrehung 1/8 nach rechts*
LF seitwärts. *Körperdrehung 1/4 nach rechts*	2	langsam ¼-Takt	RF vorwärts. *Körperdrehung 1/4 nach rechts*
RF zum LF schließen.	3	langsam ¼-Takt	LF zum RF schließen.

Halbe Rechtsdrehung rückwärts (sie vorwärts)

LF seitwärts, rückwärts, stark nach rechts eindrehen und aus ihrem Weg tanzen. *Körperdrehung 1/8 nach rechts*	4	langsam ¼-Takt	RF vorwärts zwischen seine Füße setzen, dabei den Körper stark nach rechts eindrehen. *Körperdrehung 1/8 nach rechts*
RF seitwärts leicht vorwärts. *Körperdrehung 3/8 nach rechts*	5	langsam ¼-Takt	LF seitwärts *Körperdrehung 3/8 nach rechts*
LF zum RF schließen.	6	langsam ¼-Takt	RF zum LF schließen.

Rechtsdrehung

Wiener Walzer

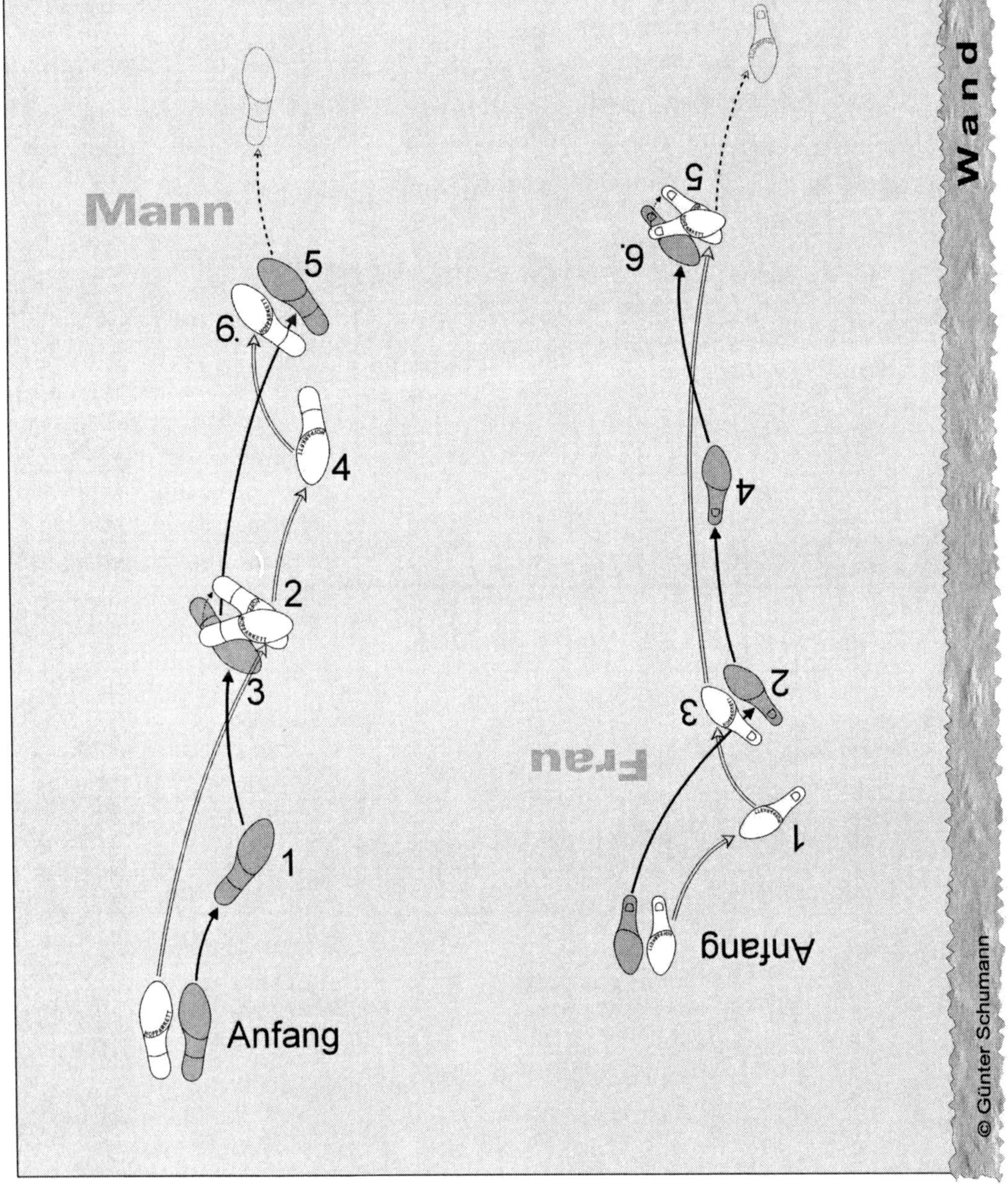

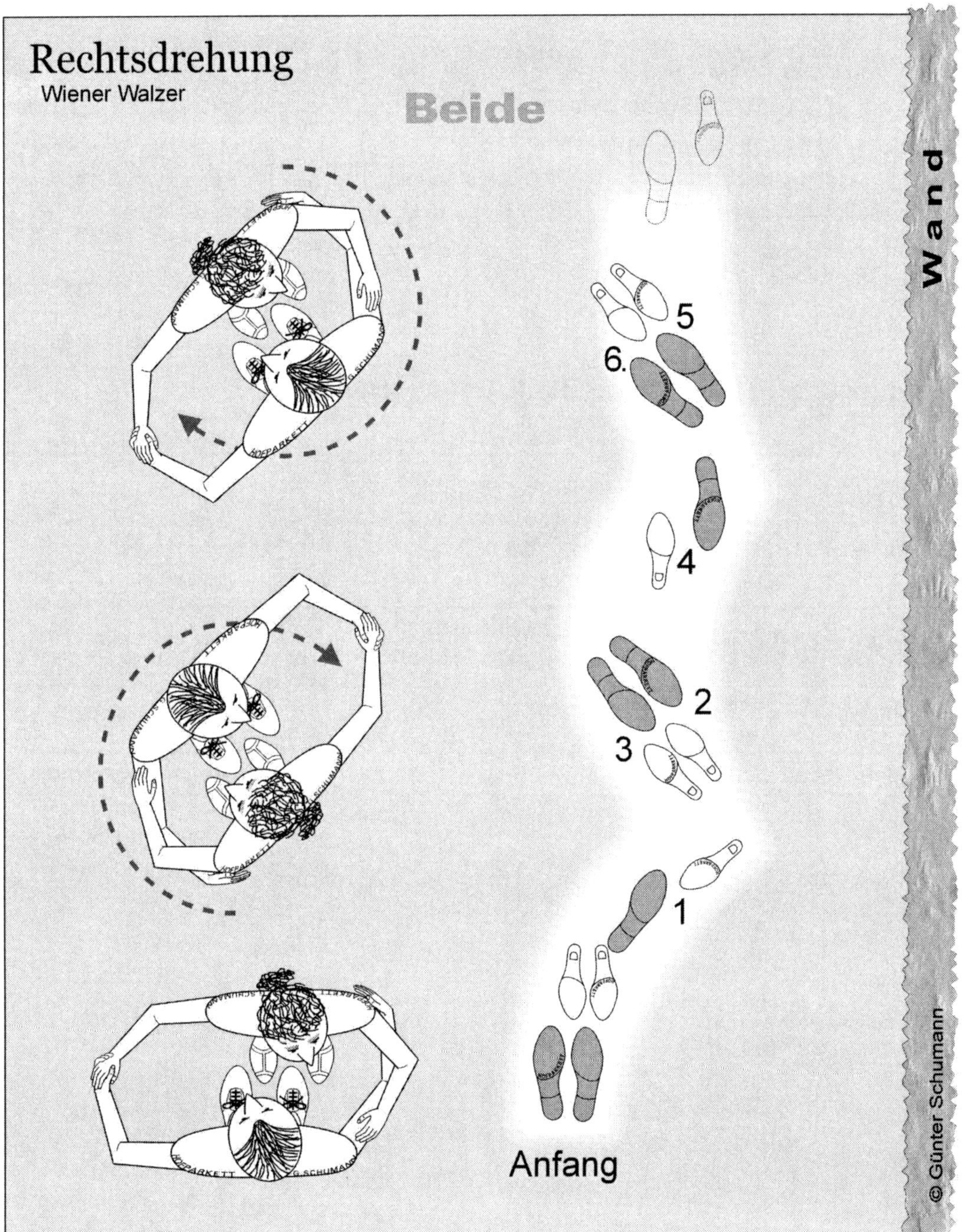
Rechtsdrehung
Wiener Walzer
Beide
Wand
5
6.
4
2
3
1
Anfang
© Günter Schumann

3. Grundschritt vorwärts (Übergangsschritt)

Davor - Rechtsdrehung

Nach einer Rechtsdrehung können wir statt der Pendelschritte auch Grundschritte vorwärts tanzen. Mit ihnen bleiben wir nicht am Platz, sondern kommen weiter im Raum vorwärts. Die Vorwärtsschritte können einfach geradeaus getanzt werden oder auch leicht nach links und rechts gedreht.

Danach - Rechtsdrehung

Grundschritt rechts vorwärts (sie links rückwärts)

Männerschritte	S	Rhythmus	Frauenschritte
RF vorwärts zwischen ihre Füße setzen.	1	langsam ¼-Takt	LF rückwärts.
LF vorwärts, leicht seitwärts.	2	langsam ¼-Takt	RF rückwärts leicht seitwärts.
RF zum LF schließen.	3	langsam ¼-Takt	LF zum RF schließen.

Grundschritt links vorwärts (sie rechts rückwärts)

LF vorwärts links neben ihren rechten Fuß setzen.	4	langsam ¼-Takt	RF rückwärts.
RF vorwärts leicht seitwärts.	5	langsam ¼-Takt	LF rückwärts, leicht seitwärts.
LF zum RF schließen.	6	langsam ¼-Takt	RF zum LF schließen.

Grundschritt vorwärts (Übergangsschritt)

Wiener Walzer

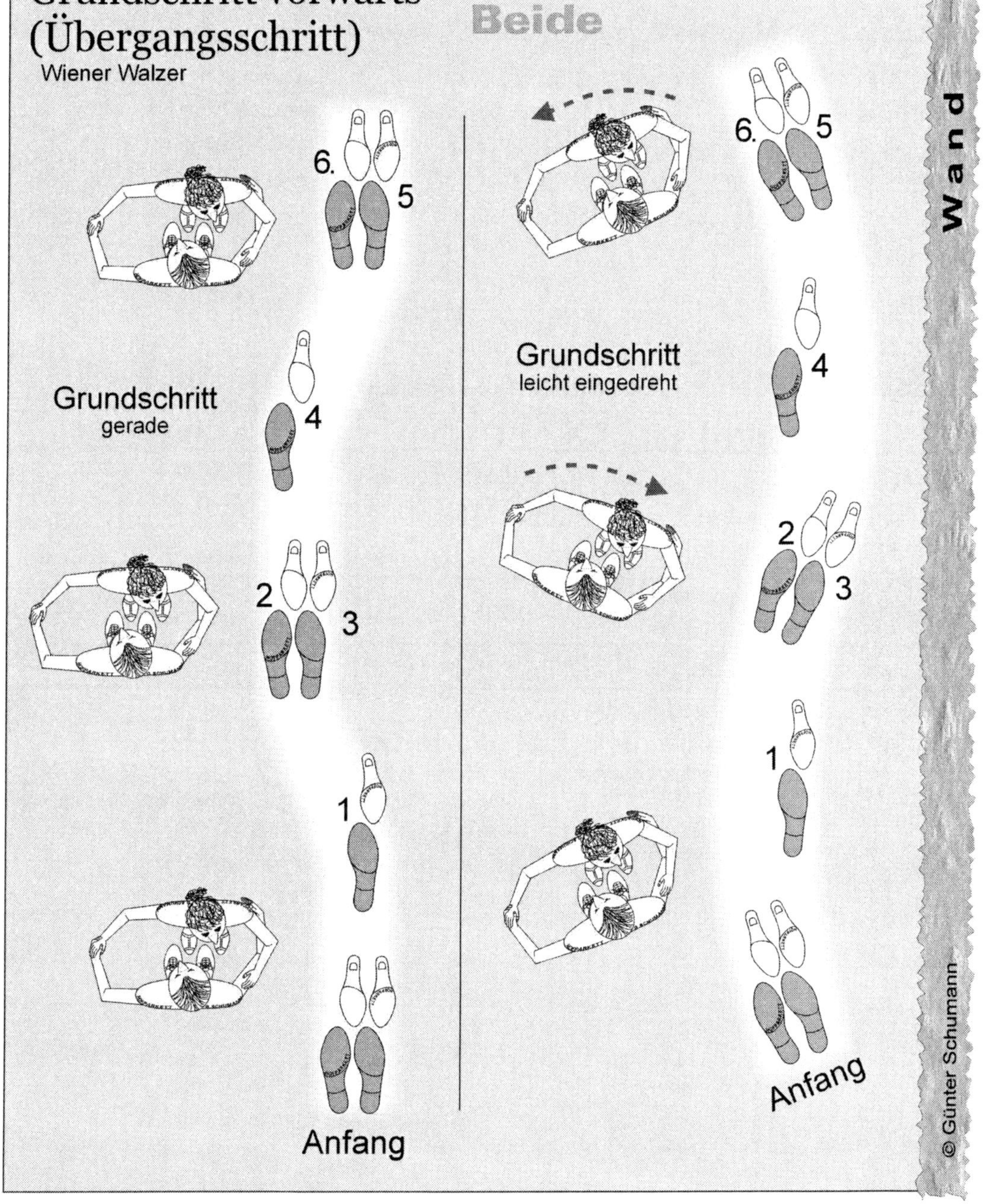

4. Linksdrehung

Davor - Grundschritt vorwärts Schritte 1-3 oder Linksdrehung

Wir tanzen Drehungen immer über zwei Takte (6 Schritte). Wir starten mit (Raumrichtung 6) schräg zur Mitte. Bei der Linksdrehung wird jeweils der „dritte“ Vorwärtsschritt vorgekreuzt, um besser in die Drehung zu kommen, also für ihn Schritt „3“ und für sie Schritt „6“. Nach der ganzen Drehung können wir wieder eine weitere ganze Linksdrehung tanzen oder einen Grundschritt „4-6“.

Danach - Grundschritt vorwärts Schritte 4-6 oder eine weitere Linksdrehung

„Halbe“ Linksdrehung vorwärts (sie rückwärts)

Männerschritte	S	Rhythmus	Frauenschritte
LF vorwärts links neben ihren rechten Fuß setzen. *Körperdrehung 1/8 nach links*	1	langsam ¼-Takt	RF rückwärts, stark nach links eindrehen und aus seinem Weg tanzen. *Körperdrehung 1/8 nach links*
RF seitwärts leicht rückwärts. *Körperdrehung 3/8 nach links*	2	langsam ¼-Takt	LF seitwärts. *Körperdrehung 3/8 nach links*
LF kreuzt vor RF.	3	langsam ¼-Takt	RF zum LF schließen.

„Halbe“ Linksdrehung rückwärts (sie vorwärts)

RF rückwärts, stark nach links eindrehen und aus ihrem Weg tanzen. *Körperdrehung 1/8 nach links*	4	langsam ¼-Takt	LF vorwärts links neben seinen rechten Fuß setzen. *Körperdrehung 1/8 nach links*
LF seitwärts. *Körperdrehung 3/8 nach links*	5	langsam ¼-Takt	RF seitwärts leicht rückwärts. *Körperdrehung 3/8 nach links*
RF zum LF schließen.	6	langsam ¼-Takt	LF kreuzt vor RF.

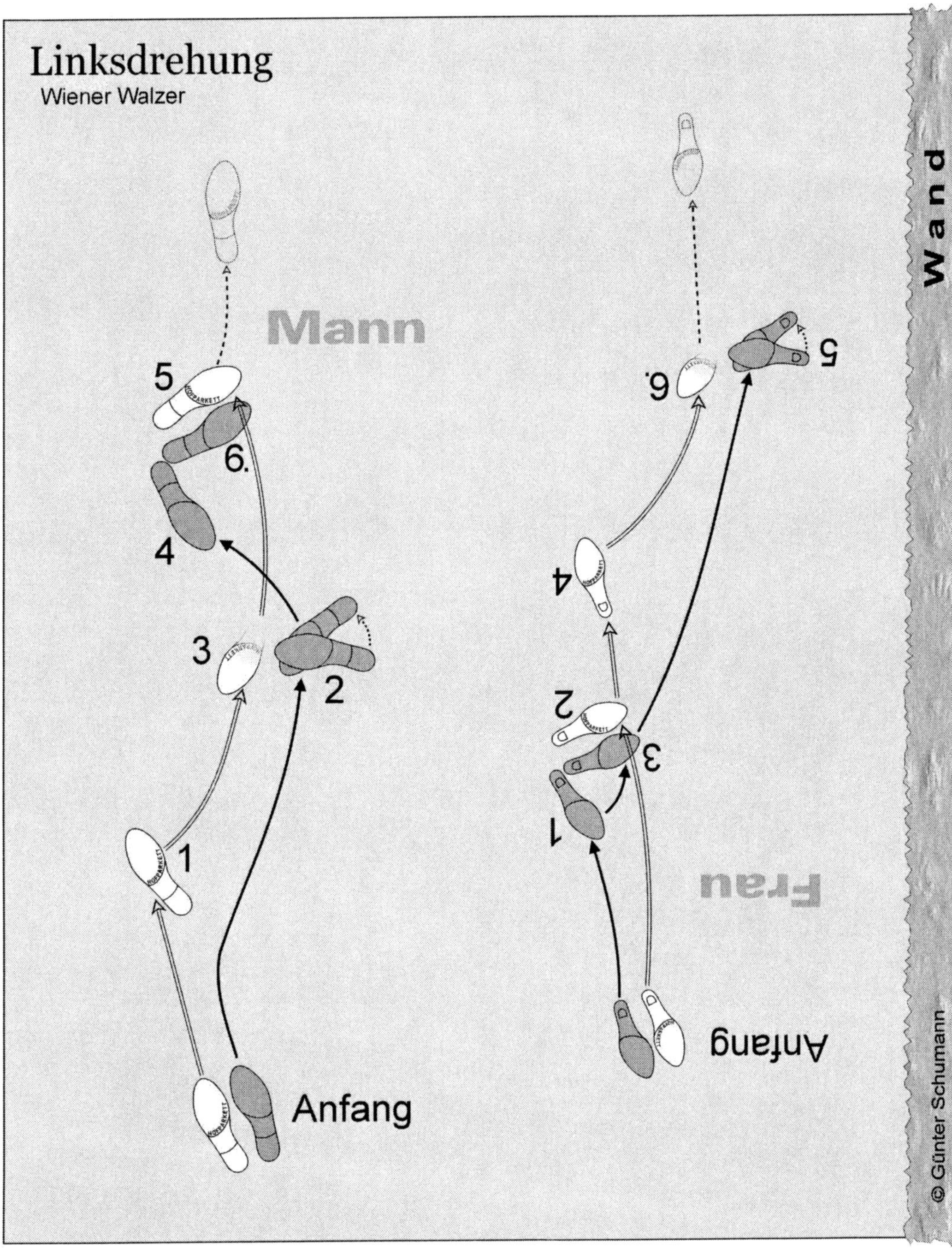
Linksdrehung
Wiener Walzer
Mann
Frau
Wand
Anfang
1
2
3
4
5
6.
Anfang
1
2
3
4
5
6.
© Günter Schumann

Linksdrehung

Wiener Walzer

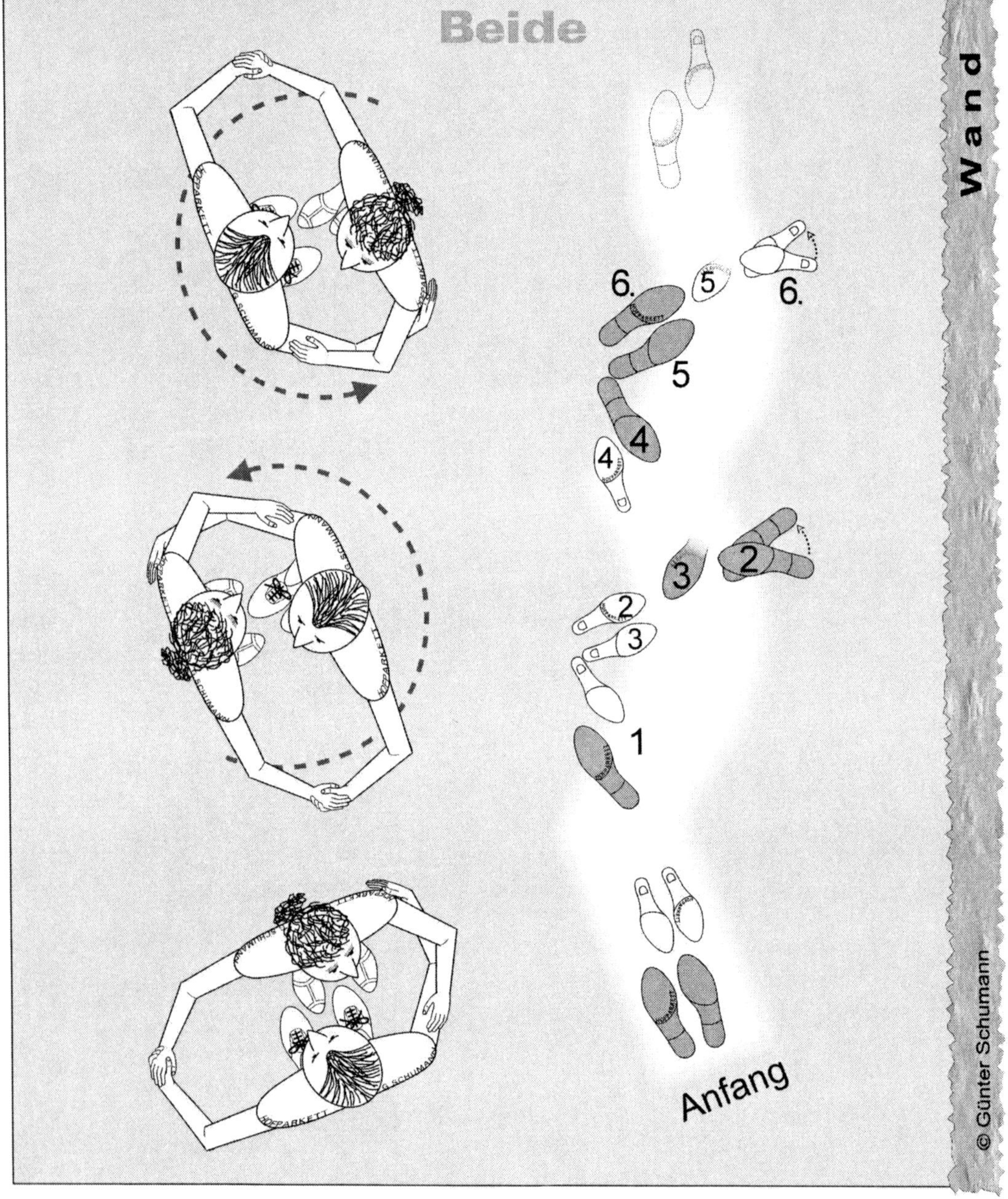

Figurenfolge: vier halbe Rechtsdrehungen, zwei Grundschritte

Davor - Grundschritt vorwärts, Pendel

Wir beginnen in Tanzrichtung. Wir tanzen vier halbe Rechtdrehungen, die Erste 3/8 gedreht, die Anderen 1/2 gedreht. Danach tanzen wir zwei Grundschritte vorwärts, den Ersten leicht nach links eingedreht, den Zweiten leicht nach rechts eingedreht.

Nun können wir wieder Rechtsdrehungen tanzen oder einen Grundschritt vorwärts und Linksdrehungen.

Danach - Rechtsdrehungen, Grundschritt vorwärts

Vier halbe Rechtsdrehungen

1 - 2 - 3	langsam - langsam - langsam	¼ - ¼ - ¼ - Takt
4 - 5 - 6	langsam - langsam - langsam	¼ - ¼ - ¼ - Takt
1 - 2 - 3	langsam - langsam - langsam	¼ - ¼ - ¼ - Takt
4 - 5 - 6	langsam - langsam - langsam	¼ - ¼ - ¼ - Takt

Zwei Grundschritte vorwärts

1 - 2 - 3	langsam - langsam - langsam	¼ - ¼ - ¼ - Takt
4 - 5 - 6	langsam - langsam - langsam	¼ - ¼ - ¼ - Takt

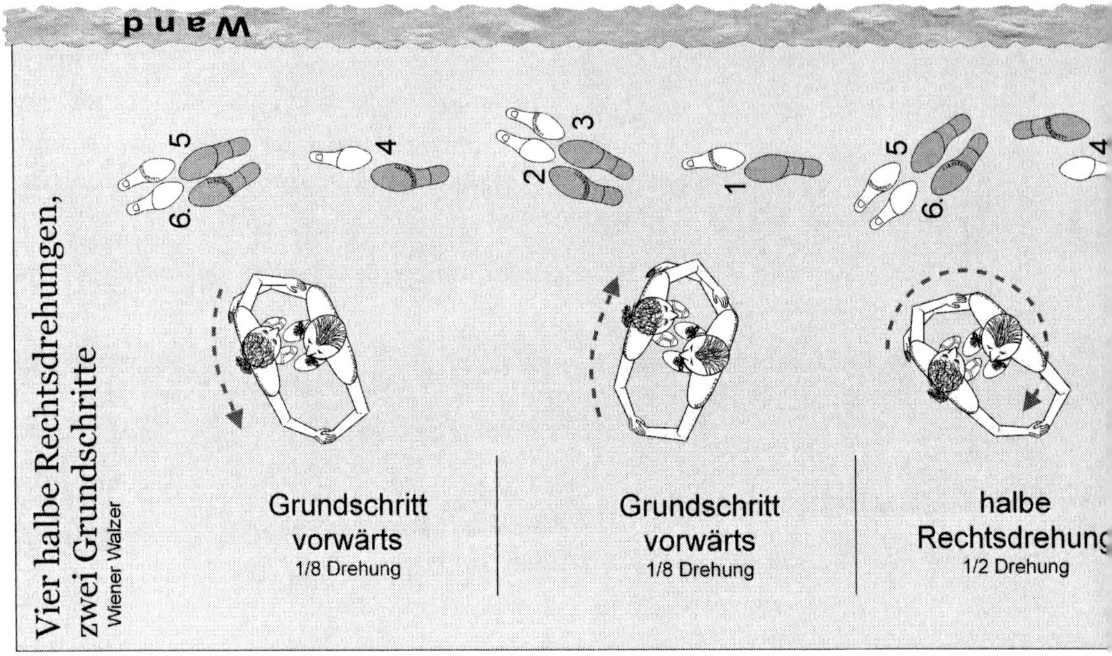
Wand
Vier halbe Rechtsdrehungen, zwei Grundschritte
Wiener Walzer
Grundschritt vorwärts
1/8 Drehung
Grundschritt vorwärts
1/8 Drehung
halbe Rechtsdrehung
1/2 Drehung

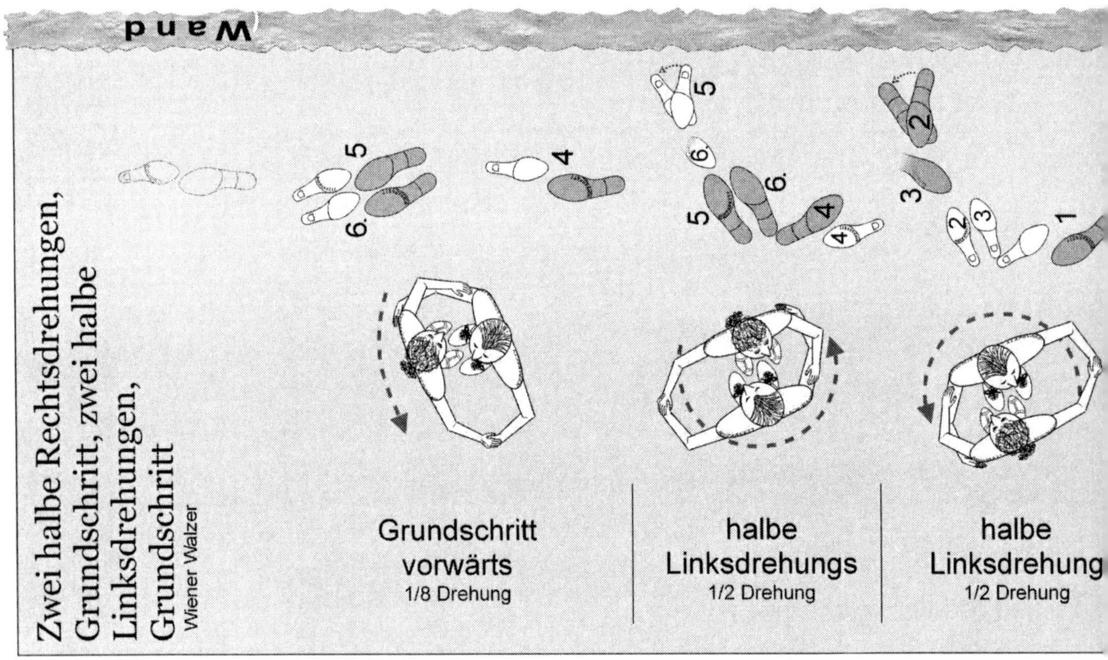
Wand
Zwei halbe Rechtsdrehungen, Grundschritt, zwei halbe Linksdrehungen, Grundschritt
Wiener Walzer
Grundschritt vorwärts
1/8 Drehung
halbe Linksdrehungs
1/2 Drehung
halbe Linksdrehung
1/2 Drehung

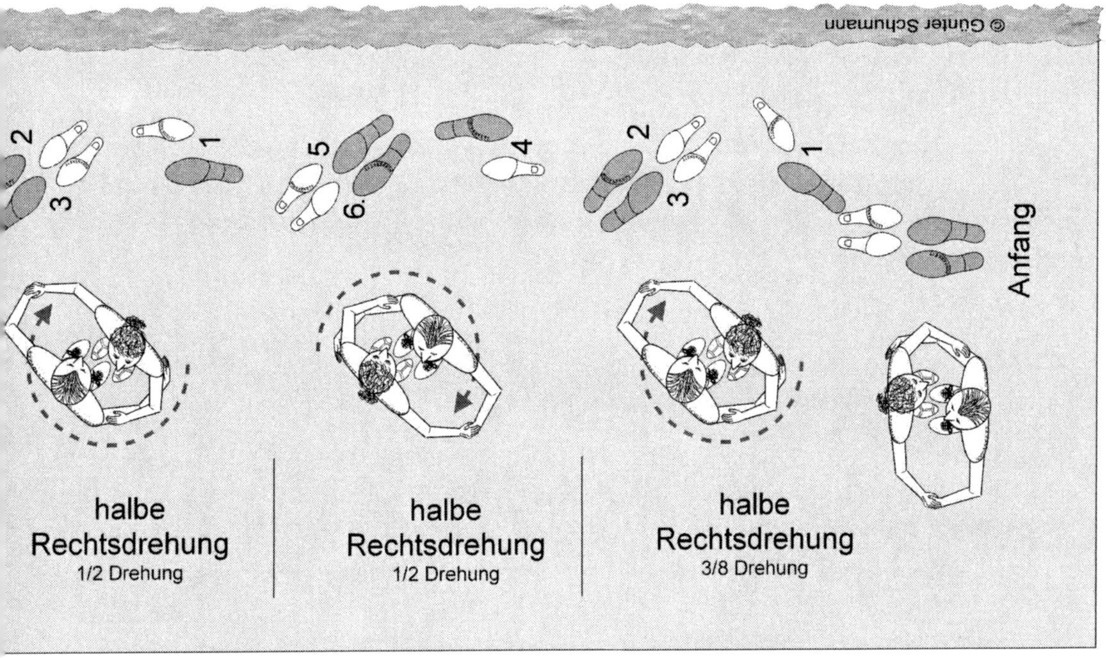
Anfang
1
2
3
4
5
6.
halbe
Rechtsdrehung
3/8 Drehung
halbe
Rechtsdrehung
1/2 Drehung
halbe
Rechtsdrehung
1/2 Drehung

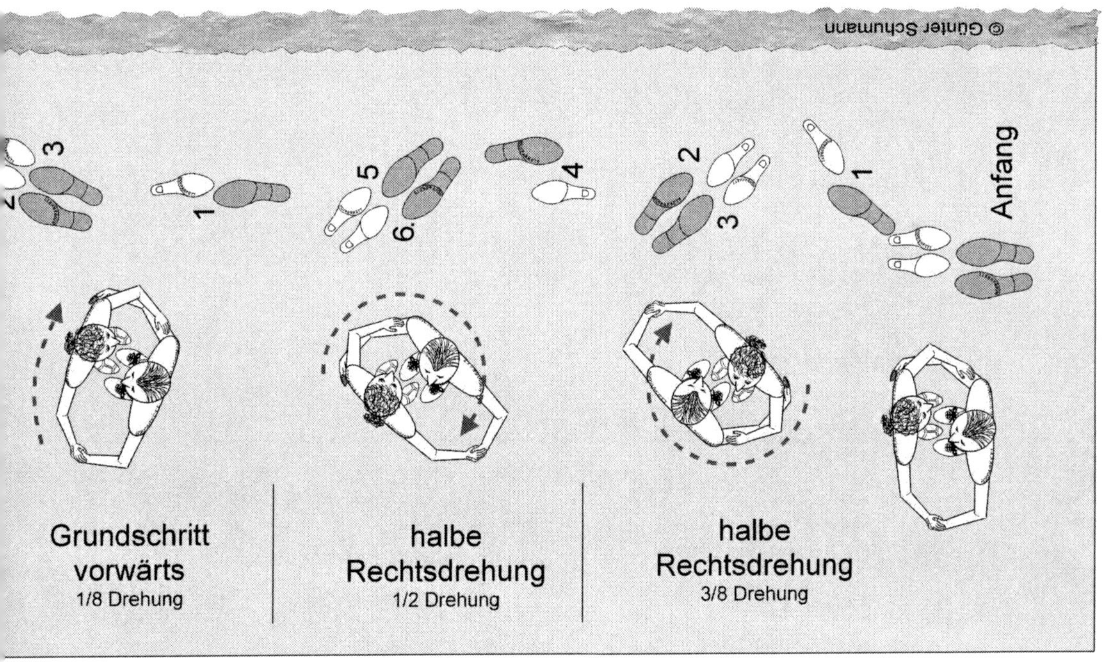
Anfang
1
2
3
4
5
6.
halbe
Rechtsdrehung
3/8 Drehung
halbe
Rechtsdrehung
1/2 Drehung
Grundschritt
vorwärts
1/8 Drehung

Figurenfolge: zwei halbe Rechtsdrehungen, einen Grundschritt, zwei halbe Linksdrehungen, einen Grundschritt.

Davor - Grundschritt vorwärts, Pendel

Wir beginnen in Tanzrichtung. Wir tanzen zwei halbe Rechtdrehungen, die Erste 3/8 gedreht, die Zweite 1/2 gedreht. Danach tanzen wir einen Grundschritt vorwärts. Es folgen zwei halbe Linksdrehungen und dann wieder ein Grundschritt vorwärts.

Nun können wir wieder Rechtsdrehungen tanzen oder auch pendeln zum Ausruhen.

Danach - Rechtsdrehungen, Grundschritt vorwärts

Zwei halbe Rechtsdrehungen

1 - 2 - 3	langsam - langsam - langsam	¼ - ¼ - ¼ - Takt
4 - 5 - 6	langsam - langsam - langsam	¼ - ¼ - ¼ - Takt

Einen Grundschritt vorwärts

1 - 2 - 3	langsam - langsam - langsam	¼ - ¼ - ¼ - Takt

Zwei halbe Linksdrehungen

1 - 2 - 3	langsam - langsam - langsam	¼ - ¼ - ¼ - Takt
4 - 5 - 6	langsam - langsam - langsam	¼ - ¼ - ¼ - Takt

Einen Grundschritt vorwärts

4 - 5 - 6	langsam - langsam - langsam	¼ - ¼ - ¼ - Takt

Samba

Samba

Geschichte Samba ist der Sammelname für viele Tanzarten der afrikanischen Sklaven. Er geht vor allem auf Bantuvölker zurück, die aus Angola, dem Kongo und Mosambik ab 1550 zur Zwangsarbeit nach Brasilien verschleppt wurden. Diese auch als „Batuque“ und „Lundu“ bezeichneten Tänze wurden von den Afrikanern als Frontreigen und Kreistänze getanzt. Im 18. Jahrhundert kamen sie nach Portugal und wurden hier als Gesellschaftstänze in Paarhaltung getanzt.

Seit 1870 wurde in Brasilien die „Maxixe“ ([maˈʃiʃə] gesprochen: machiche) getanzt, die auch als „Tango Brasileiro“ bezeichnet wird. Sie geht zurück auf die kubanische „Habanera“.

Zwischen 1910 und 1914 war diese brasilianische Sambaform in Nordamerika und Frankreich sehr beliebt, verschwand aber in den folgen Jahren wieder. 1924 tauchte die Maxixe erneut in Europa auf, diesmal unter dem Namen „Samba“. Sie wurde bis 1925 auch in einigen Turnieren getanzt, verschwand dann aber wiederum.

Um 1948/49 war die Samba in Europa wieder sehr populär. Es wurde ein einfacher Tippschritt getanzt. Die Samba wurde in den folgenden Jahren in Europa weiterentwickelt, wird seit 1959 bei Tanzturnieren getanzt und hat sich bis in die heutige Zeit als beliebter Gesellschaftstanz gehalten.

Die moderne Samba hat sich jedoch nicht direkt aus der Maxixe entwickelt. Der eigentliche Vorläufer für unsere Samba ist die „Samba de Morro“ oder auch „samba de roda“ (roda port. „Runde“, „Kreis“), jeweils ein Kreisreigen. Weitere ursprüngliche Sambaformen sind Cirenda, Rasqueado, Maracatu, Frevo und Choro.

Mit der Samba verwandte Tänze sind „Baião“, er war 1945 Modetanz und „Bossa Nova“, der 1962 und 1969 Modetanz in Europa war.

Musik 2/4-Takt, 48-54 Takte pro Minute.

Der Rhythmus der getrommelten Batuque (brasilianische Trommel) gilt als Ursprung der Sambamusik.

Taktierung am Beispiel des Grundschrittes vorwärts/rückwärts (aus Männersicht):

	1.Takt			2.Takt		
T	3/16	16	1/4	3/16	16	1/4
	schnell	schnell	langsam	schnell	schnell	langsam
S	1	2	3	1	2	3
M	vor	schließen	heben/senken	rück	schließen	heben/senken

Tanzausführung

Die Samba gehört zu den Raumtänzen. Für einen Grundschritt brauchen wir einen ganzen Takt. Wir heben z. B. auf dem LF und tanzen mit Körper und RF einen nach oben gewölbten großen Bogen nach vorn, um uns auf dem RF abzufangen und abzusenken. Mit LF heben wir den Körper und RF zu einem kleinen Bogen und stellen den RF wieder ab. Dann das Ganze von vorn, diesmal mit dem RF erheben, mit dem LF rückwärts.

Grundaufstellung

Geschlossene Tanzhaltung mit Abstand

Wir stehen genau gegenüber. Die Füße sind leicht nach außen gedreht. Der Körperabstand voneinander sollte 20-25 cm betragen.

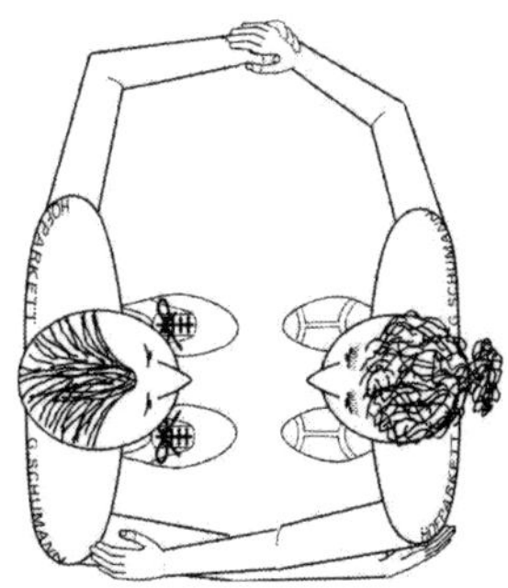

Raumrichtung 2.

Er steht nach außen, die Wand ist vor ihm. Sie steht zur Mitte

Wir stehen 4-spurig (bezogen auf die Fußmittellinien).

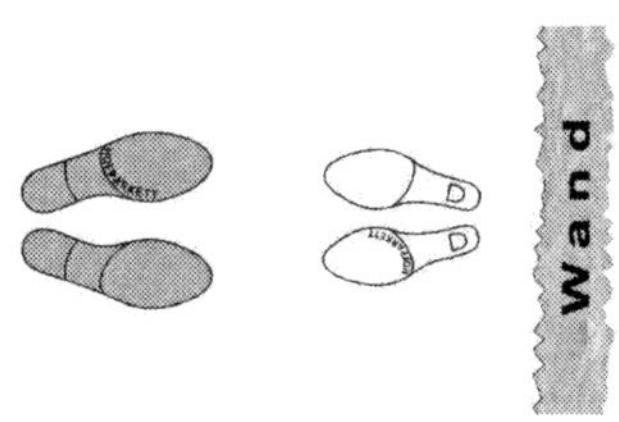

Tanzfiguren

1. Grundschritt (vorwärts/rückwärts)

Er steht mit dem Gesicht nach außen, sie zur Mitte. Beim ersten Schritt stellen wir uns vor über ein kleines Hindernis zu steigen (einen Stock, der im Weg liegt, über den wir drüber müssen). Bei Schritt „2“ ist der Stock nicht mehr da, wir schließen den anderen Fuß heran, heben kurz den Körper hoch und lassen ihn auf Schritt „3“ wieder herunter.

Grundschritt vorwärts (sie rückwärts)

Männerschritte	S	Beschreibung	Frauenschritte
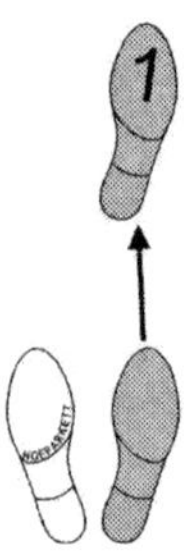	1	schnell $^{3}/_{16}$-Takt **Er** hebt auf dem LF und tanzt mit dem RF vorwärts. *Ballenschritt a.E. ganzer Fuß.* **Sie** hebt auf dem RF und tanzt mit dem LF rückwärts. *Ballenschritt a.E. ganzer Fuß.*	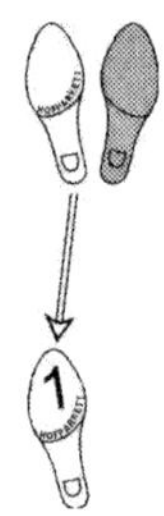

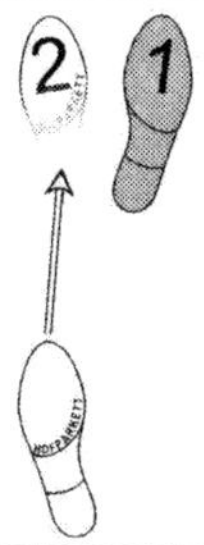	**2 schnell** ⅟₁₆ -Takt **Er** LF schließt zu RF. *Gewicht auf links, Ballenschritt.* **Sie** RF schließt zu LF. *Gewicht auf rechts, Ballenschritt.*	
	**3 langsam** ¼-Takt **Er** RF wieder belasten. *Gewicht auf rechts, Ballenschritt a.E. ganzer Fuß.* **Sie** LF wieder belasten. *Gewicht auf links, Ballenschritt a.E. ganzer Fuß.*	

Grundschritt rückwärts (sie vorwärts)

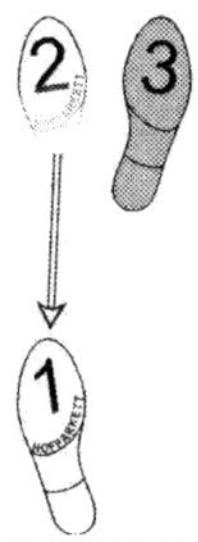	**1 schnell** ³⁄₁₆ -Takt **Er** hebt auf dem RF und tanzt mit dem LF rückwärts. *Ballenschritt a.E. ganzer Fuß.* **Sie** hebt auf dem LF und tanzt mit dem RF vorwärts. *Ballenschritt a.E. ganzer Fuß.*	
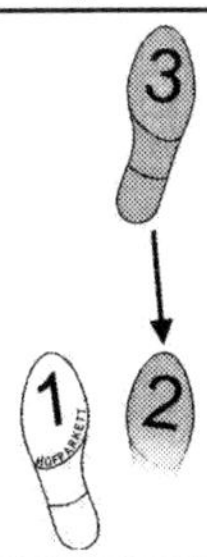	**2 schnell** ⅟₁₆ -Takt **Er** RF schließt zu LF. *Gewicht auf rechts, Ballenschritt.* **Sie** LF schließt zu RF. *Gewicht auf links, Ballenschritt.*	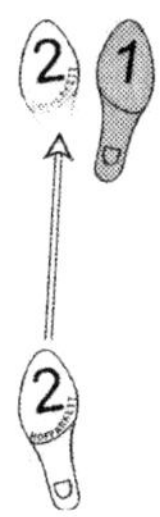
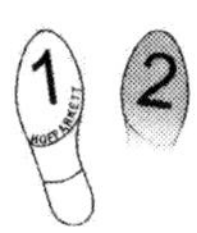	**3 langsam** ¼-Takt **Er** LF wieder belasten. *Gewicht auf links, Ballenschritt a.E. ganzer Fuß.* **Sie** RF wieder belasten. *Gewicht auf rechts, Ballenschritt a.E. ganzer Fuß.*	

Grundschritt

Samba

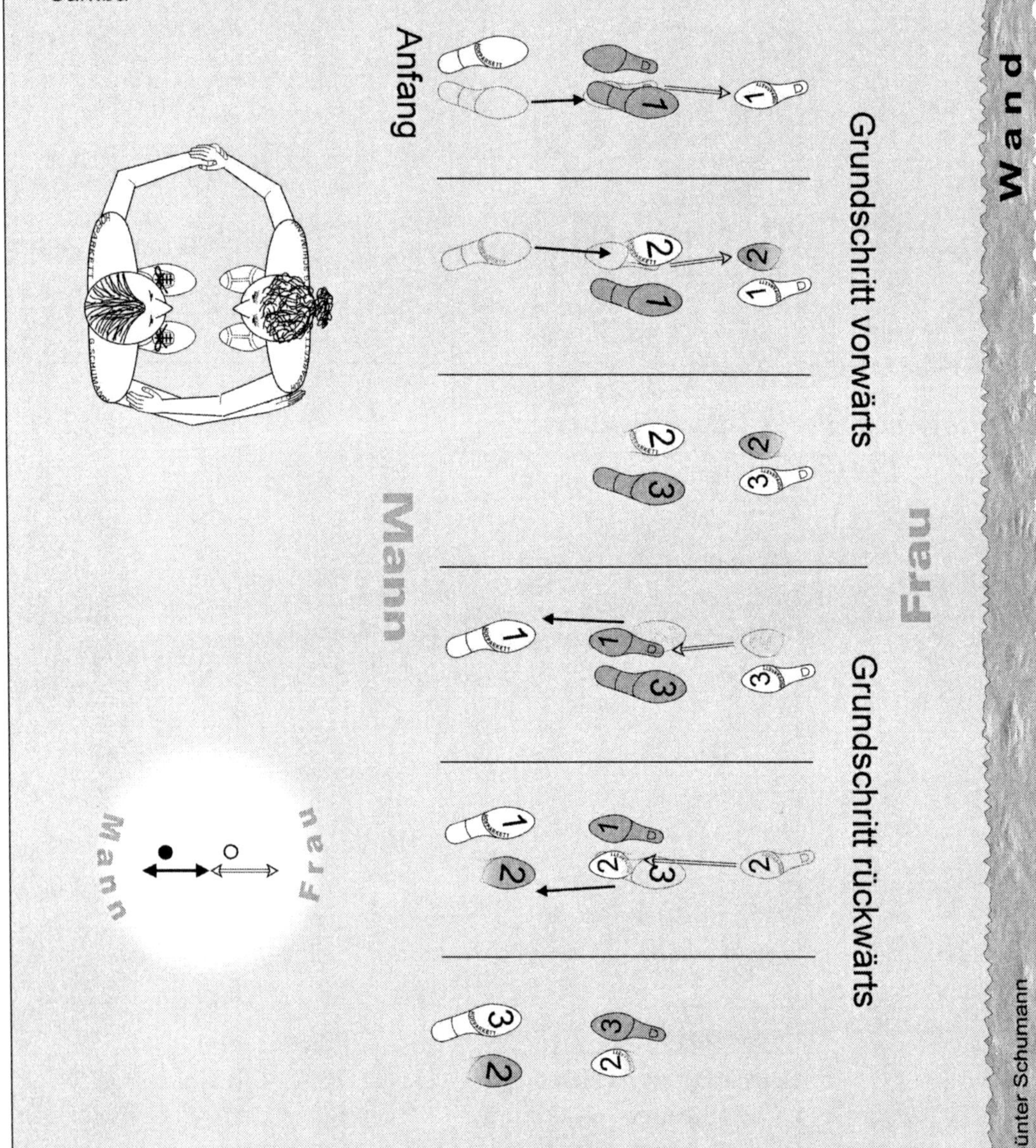

2. Wischer (rechts/links)

Davor - Grundschritt

Er steht mit dem Gesicht nach außen, sie zur Mitte. Wir tanzen zuerst einen Wischer nach rechts (aus seiner Sicht) mit einem Seitwärtsschritt, einem Hinterkreuzen und vorn wieder belasten. Die Tanzhaltung bleibt geschlossen.

Danach - Grundschritt

Wischer nach rechts (sie nach links)

Männerschritte	S	Beschreibung	Frauenschritte
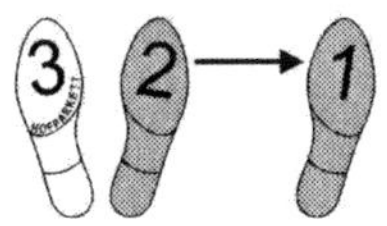	1	schnell $\frac{3}{16}$ -Takt **Er** hebt auf dem LF und tanzt mit dem RF seitwärts. *Ballenschritt a.E. ganzer Fuß.* **Sie** hebt auf dem RF und tanzt mit dem LF seitwärts. *Ballenschritt a.E. ganzer Fuß.*	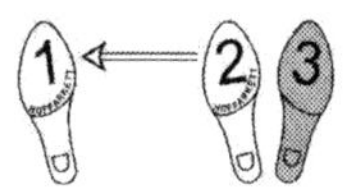
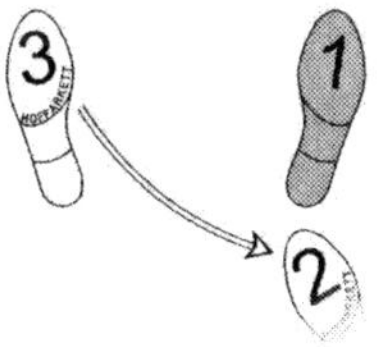	2	schnell $\frac{1}{16}$ -Takt **Er** LF kreuzt hinter RF. *Gewicht auf links, Ballenschritt* **Sie** RF kreuzt hinter LF. *Gewicht auf rechts, Ballenschritt*	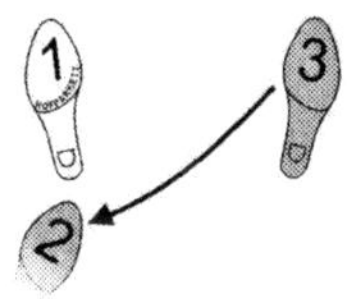
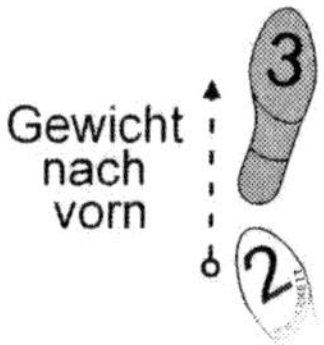	3	langsam $\frac{1}{4}$-Takt **Er** RF wieder belasten. *Gewicht auf rechts, Ballenschritt a.E. ganzer Fuß.* **Sie** LF wieder belasten. *Gewicht auf links, Ballenschritt a.E. ganzer Fuß.*	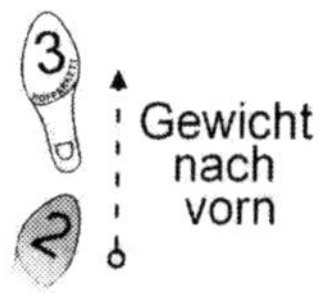

Wischer nach links (sie nach rechts)

Männerschritte	S	Beschreibung	Frauenschritte
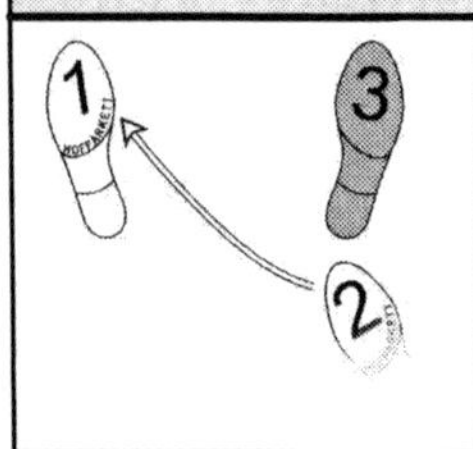	1	schnell $\frac{3}{16}$-Takt **Er** hebt auf dem RF und tanzt mit dem LF seitwärts. *Ballenschritt a.E. ganzer Fuß.* **Sie** hebt auf dem LF und tanzt mit dem RF seitwärts. *Ballenschritt a.E. ganzer Fuß.*	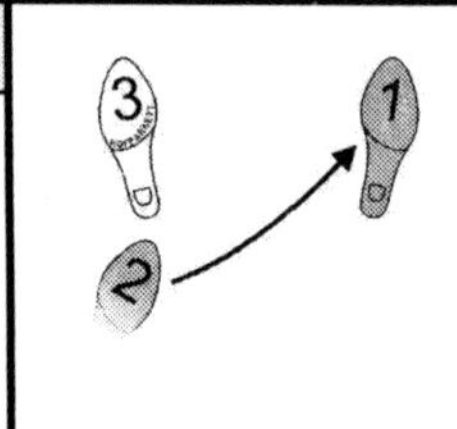
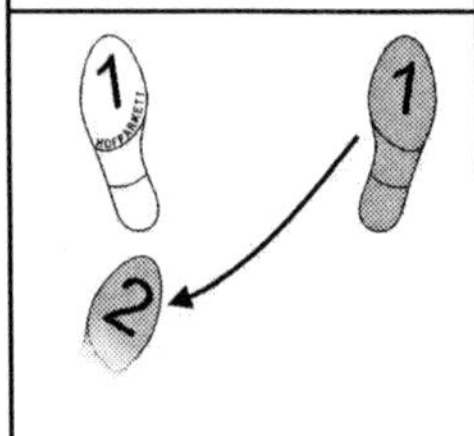	2	schnell $\frac{1}{16}$-Takt **Er** RF kreuzt hinter LF. *Gewicht auf rechts, Ballenschritt.* **Sie** LF kreuzt hinter RF. *Gewicht auf links, Ballenschritt.*	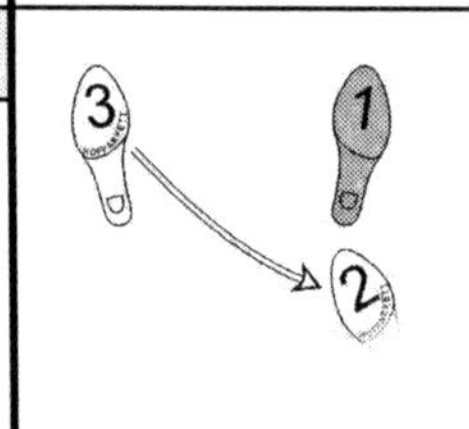
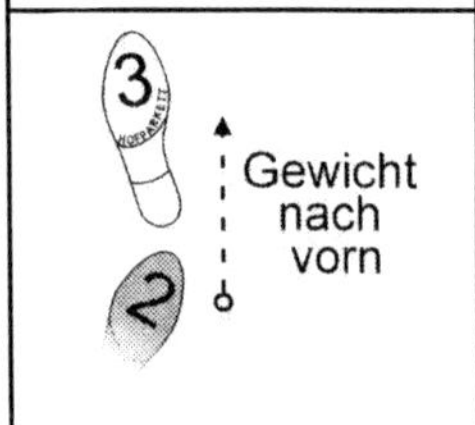	3	langsam ¼-Takt **Er** LF wieder belasten. *Gewicht auf links, Ballenschritt a.E. ganzer Fuß.* **Sie** RF wieder belasten. *Gewicht auf rechts, Ballenschritt a.E. ganzer Fuß.*	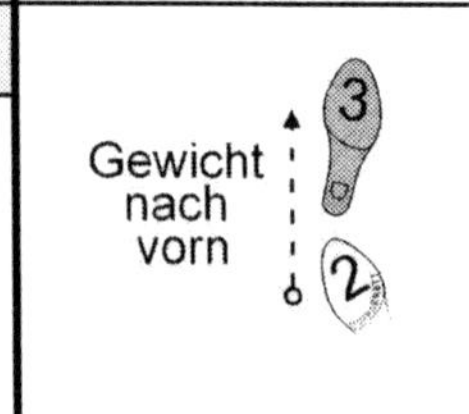
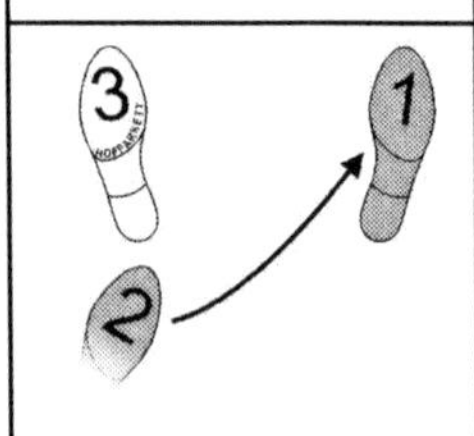	1	schnell $\frac{3}{16}$-Takt **Er** hebt auf dem LF und tanzt mit dem RF seitwärts. *Ballenschritt a.E. ganzer Fuß.* **Sie** hebt auf dem RF und tanzt mit dem LF seitwärts. *Ballenschritt a.E. ganzer Fuß.*	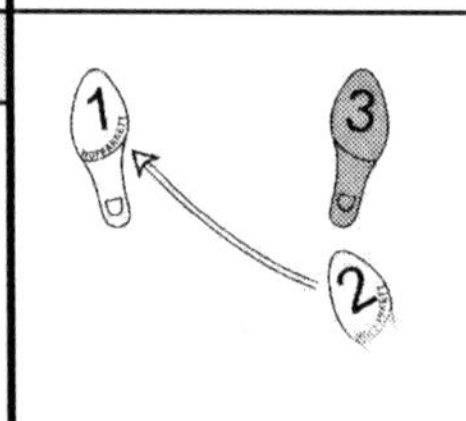

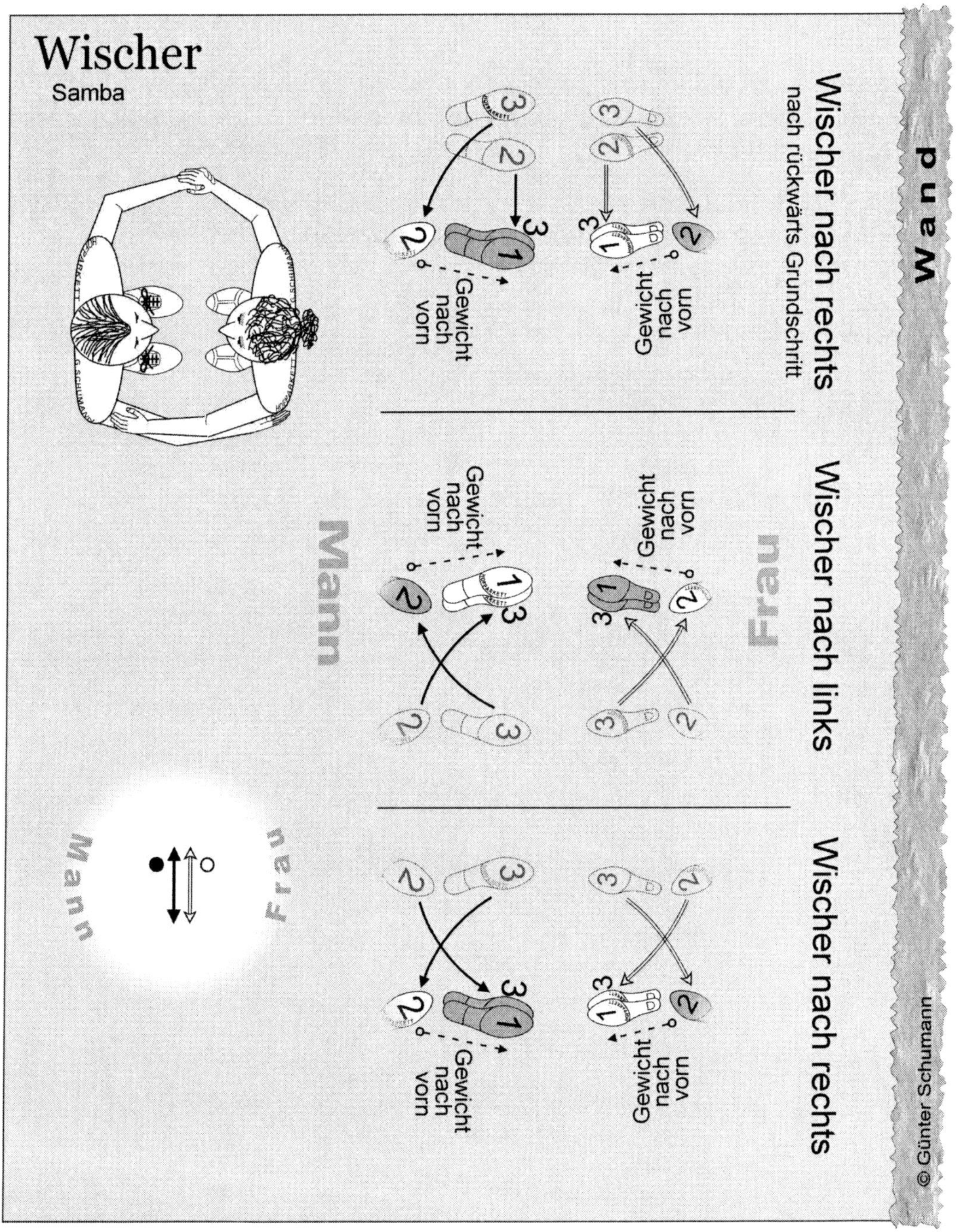
Wischer
Samba
Wischer nach rechts
nach rückwärts Grundschritt
Gewicht nach vorn
Gewicht nach vorn
Wischer nach links
Gewicht nach vorn
Gewicht nach vorn
Mann
Frau
Wischer nach rechts
Gewicht nach vorn
Gewicht nach vorn
Mann
Frau
Wand
© Günter Schumann

Figurenfolge: Grundschritt und Wischer

Wir tanzen vier Grundschritte, vorwärts, rückwärts, vorwärts, rückwärts. Dann folgen vier Wischer, nach rechts, nach links, nach rechts, nach links. Dann wieder Grundschritte vorwärts, usw.

Grundschritt vorwärts rückwärts, vorwärts, rückwärts

1 - 2 - 3	schnell - schnell - langsam	3/16 - 1/16 - 1/4 - Takt
1 - 2 - 3	schnell - schnell - langsam	3/16 - 1/16 - 1/4 - Takt
1 - 2 - 3	schnell - schnell - langsam	3/16 - 1/16 - 1/4 - Takt
1 - 2 - 3	schnell - schnell - langsam	3/16 - 1/16 - 1/4 - Takt

Wischer nach rechts, links, rechts, links

1 - 2 - 3	schnell - schnell - langsam	3/16 - 1/16 - 1/4 - Takt
1 - 2 - 3	schnell - schnell - langsam	3/16 - 1/16 - 1/4 - Takt
1 - 2 - 3	schnell - schnell - langsam	3/16 - 1/16 - 1/4 - Takt
1 - 2 - 3	schnell - schnell - langsam	3/16 - 1/16 - 1/4 - Takt

3. Promenadenschritt (vorwärts)

Davor - Grundschritt

Er steht mit dem Gesicht nach außen, sie zur Mitte. Wir tanzen zuerst einen Wischer nach rechts (aus seiner Sicht). Dabei wird die geschlossene Tanzhaltung zur Promenadenposition aufgedreht. Wir tanzen nun vier Promenadenschritte vorwärts, die Tanzhaltung bleibt geschlossen. Wir beenden die Promenaden mit einem Wischer.

Danach - Grundschritt

Anmerkung: *Die Bezeichnung Innenfüße und Außenfüße bezieht sich auf die Promenadenstellung der beiden Tänzer. Innenfüße sind die inneren Füße des Paares, er RF, sie LF. Außenfüße sind die äußeren Füße des Paares, er LF, sie RF.*

Wischer nach rechts, am Ende Öffnen (sie Wischer nach links)

Männerschritte	S	Beschreibung	Frauenschritte
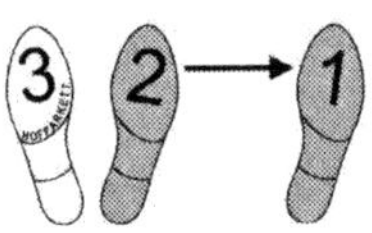	1	schnell 3/16 -Takt **Er** hebt auf dem LF und tanzt mit dem RF seitwärts. *Ballenschritt a.E. ganzer Fuß.* **Sie** hebt auf dem RF und tanzt mit dem LF seitwärts. *Ballenschritt a.E. ganzer Fuß.*	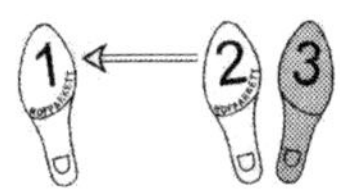
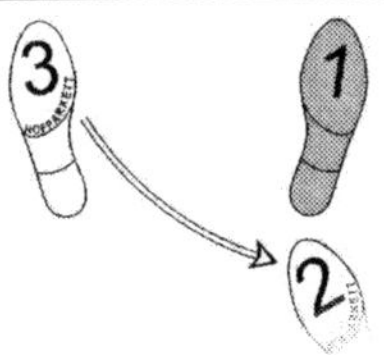	2	schnell 1/16 -Takt **Er** LF kreuzt hinter RF. *Gewicht auf links, Ballenschritt.* **Sie** RF kreuzt hinter LF. *Gewicht auf rechts, Ballenschritt.*	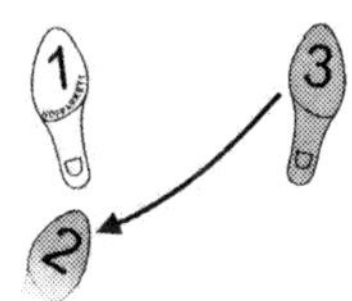
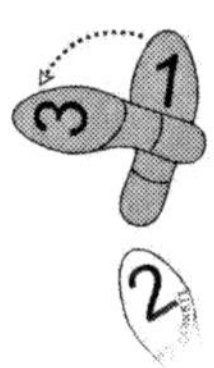	3	langsam 1/4-Takt **Er** RF nach links eindrehen. *Körper dreht zur Promenadenposition. Gewicht auf links, Ballenschritt a.E. ganzer Fuß.* **Sie** LF nach rechts eindrehen. *Körper dreht zur Promenadenposition. Gewicht auf rechts, Ballenschritt a.E. ganzer Fuß.*	

Promenade „Außenfüße“ (Schritt „1“ er LF, sie RF)

Männerschritte	S	Beschreibung	Frauenschritte
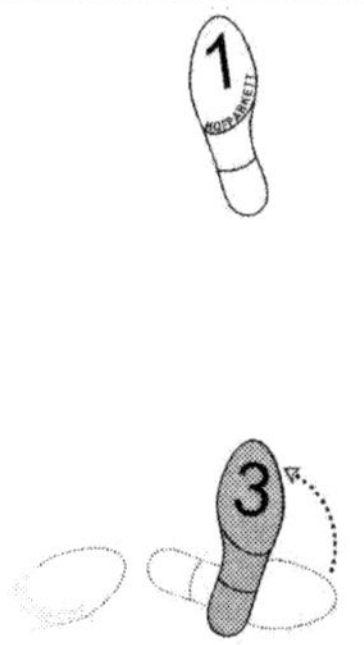	1	schnell — 3/16 -Takt **Er** hebt auf dem RF und tanzt mit dem LF vorwärts. *Ballenschritt a.E. ganzer Fuß.* **Sie** hebt auf dem LF und tanzt mit dem RF vorwärts. *Ballenschritt a.E. ganzer Fuß.*	
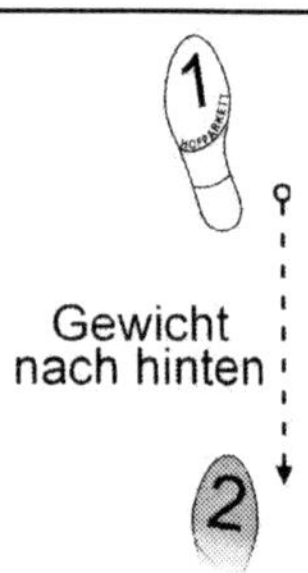	2	schnell — 1/16 -Takt **Er** *überträgt das Gewicht zurück auf RF, Ballenschritt.* **Sie** *überträgt das Gewicht zurück auf LF, Ballenschritt.*	
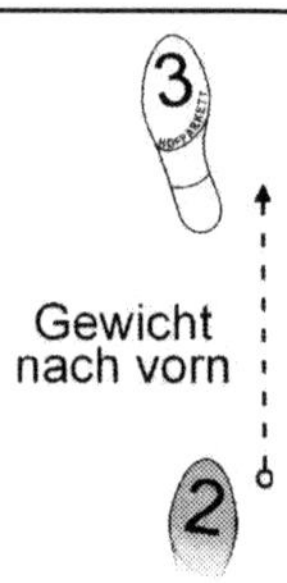	3	langsam — 1/4-Takt **Er** LF wieder belasten. *Gewicht auf links, Ballenschritt a.E. ganzer Fuß.* **Sie** RF wieder belasten. *Gewicht auf rechts, Ballenschritt a.E. ganzer Fuß.*	

Promenade „Innenfüße“ (Schritt „1“ er RF, sie LF)

Männerschritte	S	Beschreibung	Frauenschritte
	1	schnell ³⁄₁₆ -Takt **Er** hebt auf dem LF und tanzt mit dem RF vorwärts. *Ballenschritt a.E. ganzer Fuß.* **Sie** hebt auf dem RF und tanzt mit dem LF vorwärts. *Ballenschritt a.E. ganzer Fuß.*	
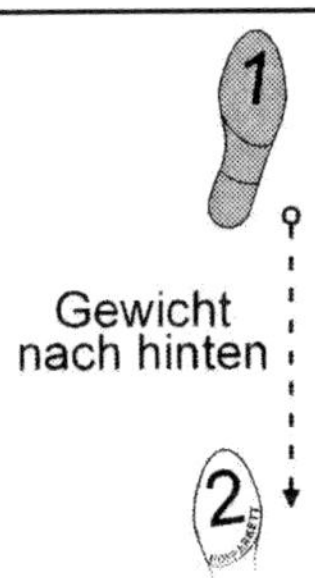	2	schnell ¹⁄₁₆ -Takt **Er** *überträgt das Gewicht zurück auf LF, Ballenschritt.* **Sie** *überträgt das Gewicht zurück auf RF, Ballenschritt.*	
	3	langsam ¼-Takt **Er** RF wieder belasten. *Gewicht auf rechts, Ballenschritt a.E. ganzer Fuß.* **Sie** LF wieder belasten. *Gewicht auf links, Ballenschritt a.E. ganzer Fuß.*	

Wischer nach links

1 - 2 - 3	schnell - schnell - langsam	³⁄₁₆ - ¹⁄₁₆ - ¼ - Takt

Promenadenschritt

Samba

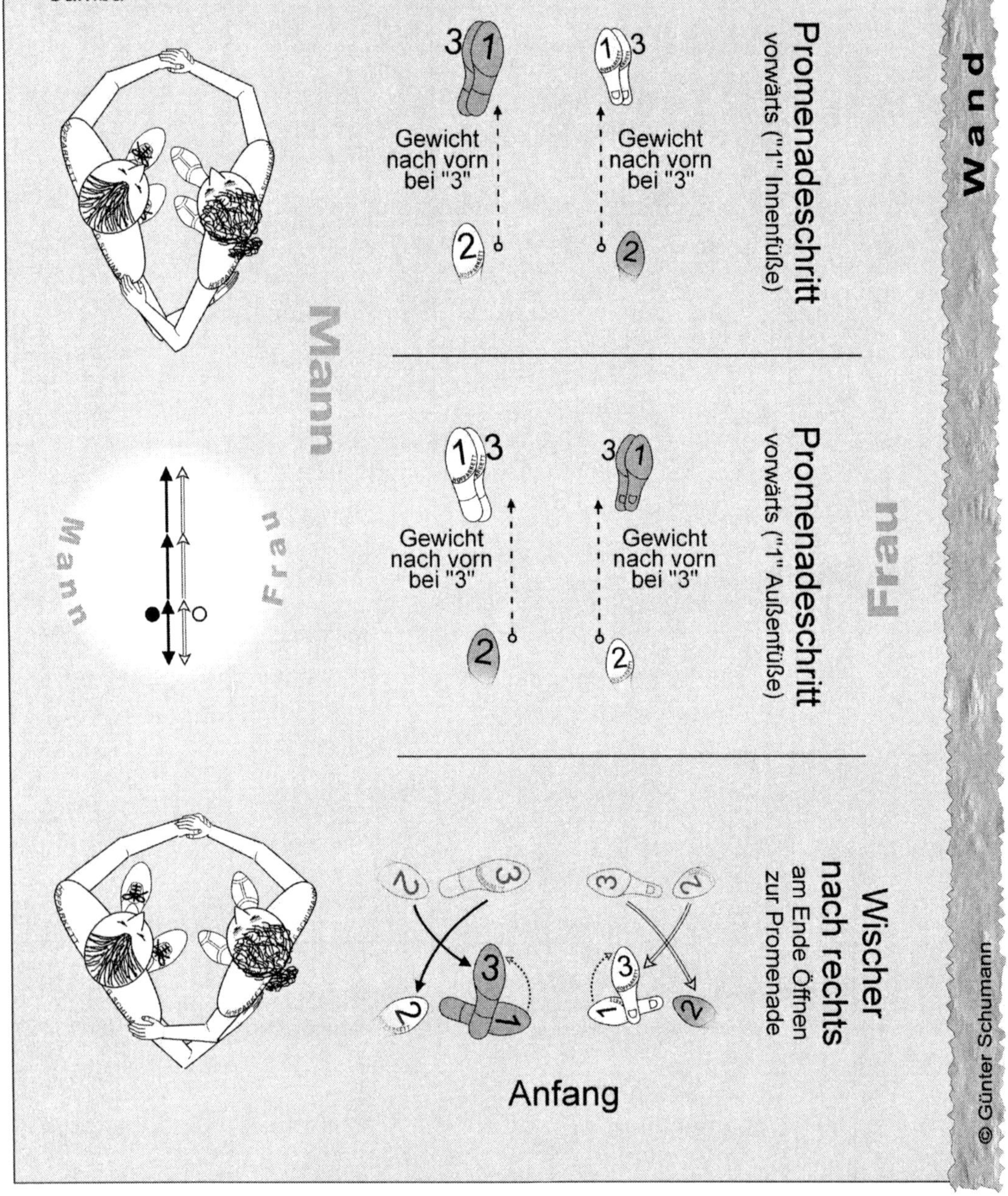

Figurenfolge „A" mit Figuren 1 bis 3

Wir tanzen vier Grundschritte, vorwärts, rückwärts, vorwärts, rückwärts. Dann folgen drei Wischer, wobei der dritte Wischer zur Promenadenposition geöffnet wird. In dieser Position tanzen wir vier Promenadenschritte vorwärts. Zum Abschluss tanzen wir einen Wischer nach links, bei dem wir uns wieder zueinander drehen.

Grundschritt vorwärts, rückwärts, vorwärts, rückwärts

1 - 2 - 3	schnell - schnell - langsam	3/16 - 1/16 - 1/4 - Takt
1 - 2 - 3	schnell - schnell - langsam	3/16 - 1/16 - 1/4 - Takt
1 - 2 - 3	schnell - schnell - langsam	3/16 - 1/16 - 1/4 - Takt
1 - 2 - 3	schnell - schnell - langsam	3/16 - 1/16 - 1/4 - Takt

Wischer nach rechts, links.

1 - 2 - 3	schnell - schnell - langsam	3/16 - 1/16 - 1/4 - Takt
1 - 2 - 3	schnell - schnell - langsam	3/16 - 1/16 - 1/4 - Takt

Wischer nach rechts am Ende öffnen (Promenadenposition)

1 - 2 - 3	schnell - schnell - langsam	3/16 - 1/16 - 1/4 - Takt

Promenadenschritt außen, innen, außen, innen

1 - 2 - 3	schnell - schnell - langsam	3/16 - 1/16 - 1/4 - Takt
1 - 2 - 3	schnell - schnell - langsam	3/16 - 1/16 - 1/4 - Takt
1 - 2 - 3	schnell - schnell - langsam	3/16 - 1/16 - 1/4 - Takt
1 - 2 - 3	schnell - schnell - langsam	3/16 - 1/16 - 1/4 - Takt

Wischer nach links

1 - 2 - 3	schnell - schnell - langsam	3/16 - 1/16 - 1/4 - Takt

4. Damen Solodrehung

Davor - Promenadenschritt

Anstelle des Wischers nach dem vierten Promenadenschritt kann sie auch in eine Damen-Solodrehung geführt werden. Er tanzt dabei einen Wischer nach rechts.

Danach - Grundschritt vorwärts

Er Wischer nach links, sie Rechts-Damen-Solodrehung

Männerschritte	S	Beschreibung	Frauenschritte
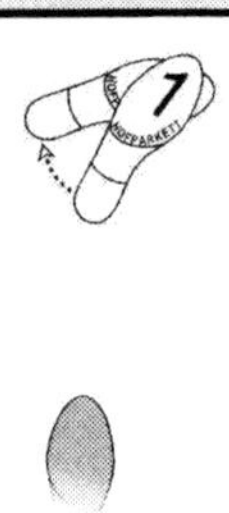	1	schnell $3/16$-Takt **Er** hebt auf dem RF und tanzt mit dem LF vorwärts. *Nach rechts drehen, Ballenschritt a.E. ganzer Fuß.* **Sie** RF vorwärts, eingedrehter Fuß. *Ballenschritt a.E. ganzer Fuß.*	
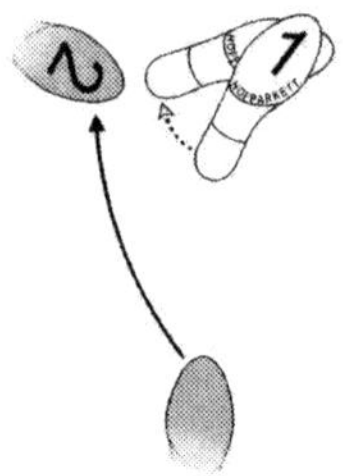	2	schnell $1/16$-Takt **Er** RF kreuzt hinter LF. *Gewicht auf rechts, Ballenschritt.* **Sie** LF kreuzt vor RF. *Gewicht auf links, im Körper weiter nach rechts drehen. Ballenschritt.*	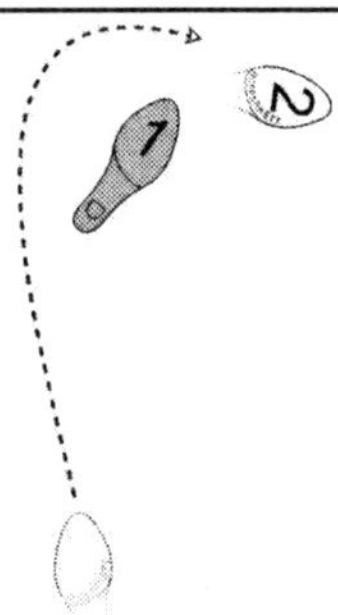
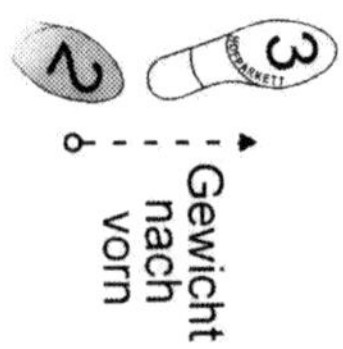	3	langsam $1/4$-Takt **Er** LF wieder belasten. *Gewicht auf links, Ballenschritt a.E. ganzer Fuß.* **Sie** RF wieder belasten. *Gewicht auf rechts, Körper weiter nach rechts drehen. Ballenschritt a.E. ganzer Fuß.*	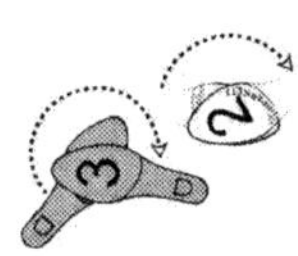

Damen-Solodrehung

Samba

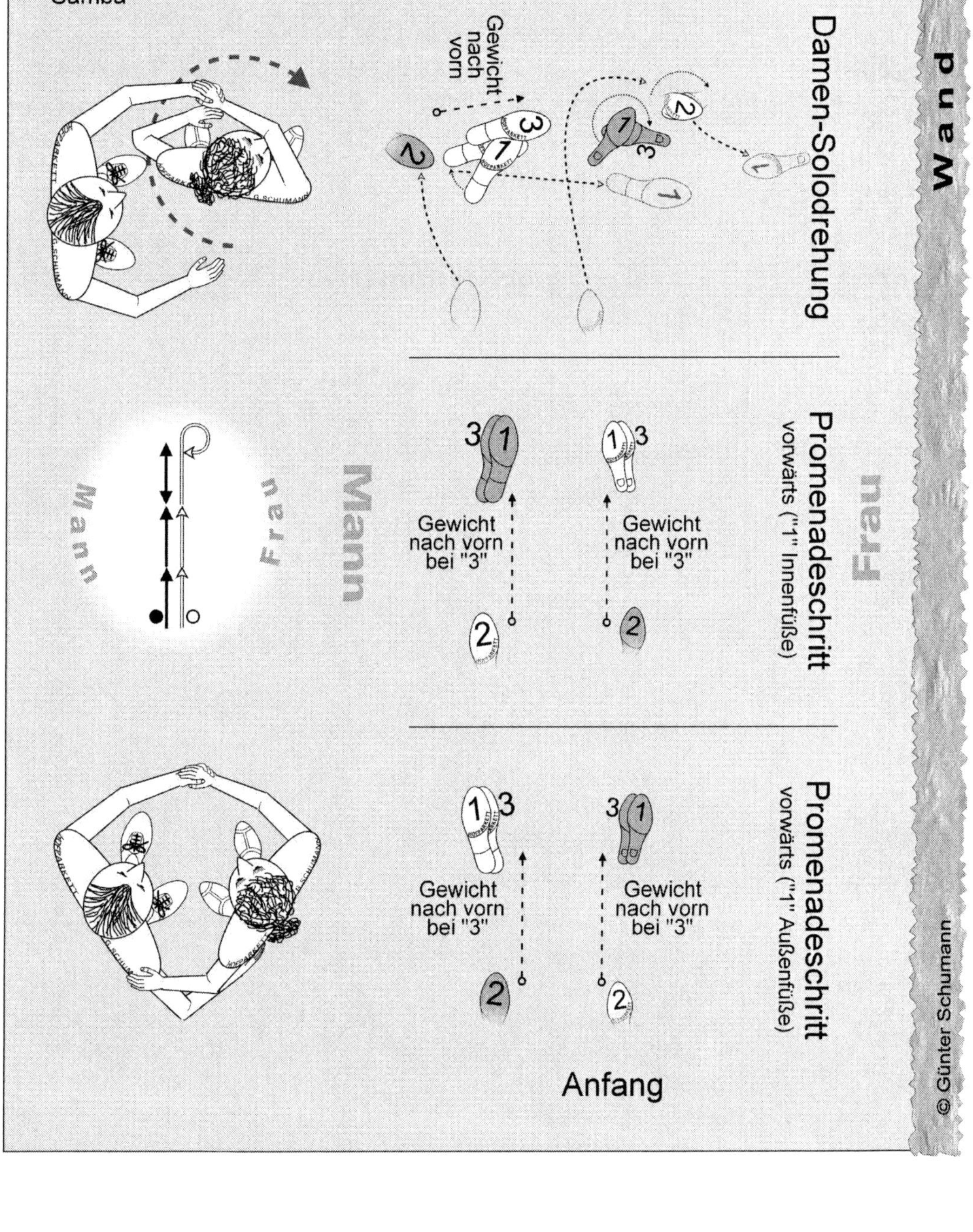

5. Beide Solodrehung

Davor - Promenadenschritt

Statt eines Wischers nach der vierten Promenade tanzen beide eine Solodrehung, allein ohne anfassen, sie rechts herum, er links herum. Die Tanzhaltung wird hierzu vorübergehend vollständig gelöst.

Danach - Grundschritt vorwärts

Beide-Solodrehung

Männerschritte	S	Beschreibung	Frauenschritte
	1	schnell — $^3/_{16}$-Takt **Er** LF vorwärts, eingedrehter Fuß. *Ballenschritt a.E. ganzer Fuß.* **Sie** RF vorwärts, eingedrehter Fuß. *Ballenschritt a.E. ganzer Fuß.*	
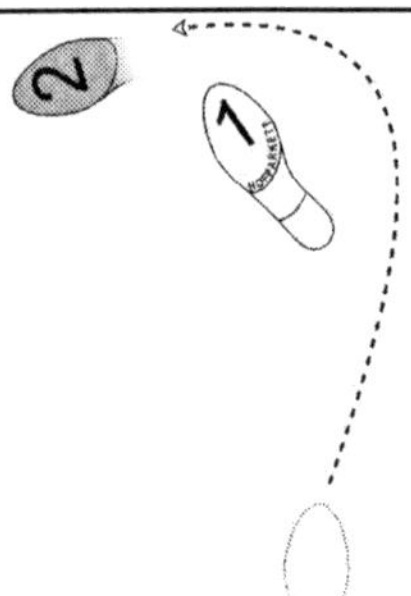	2	schnell — $^1/_{16}$-Takt **Er** RF kreuzt vor LF. *Gewicht auf links, im Körper weiter nach links drehen. Ballenschritt.* **Sie** LF kreuzt vor RF. *Gewicht auf rechts, im Körper weiter nach rechts drehen. Ballenschritt.*	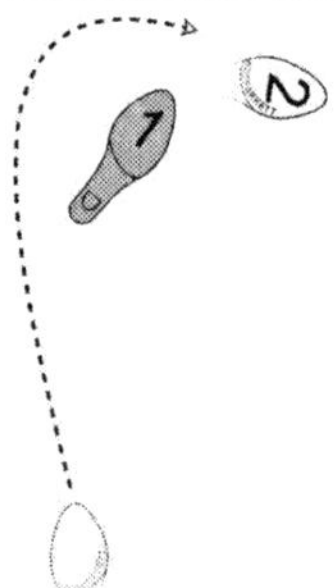
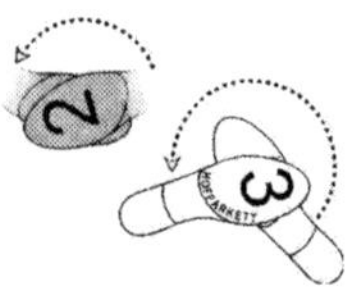	3	langsam — $^1/_4$-Takt **Er** LF wieder belasten. *Gewicht auf links, Körper weiter nach links drehen. Ballenschritt a.E. ganzer Fuß.* **Sie** RF wieder belasten. *Gewicht auf rechts, Körper weiter nach rechts drehen. Ballenschritt a.E. ganzer Fuß.*	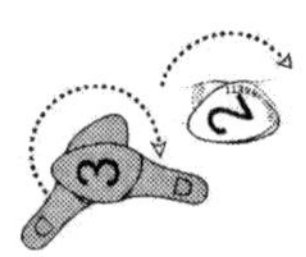

Beide-Solodrehung

Samba

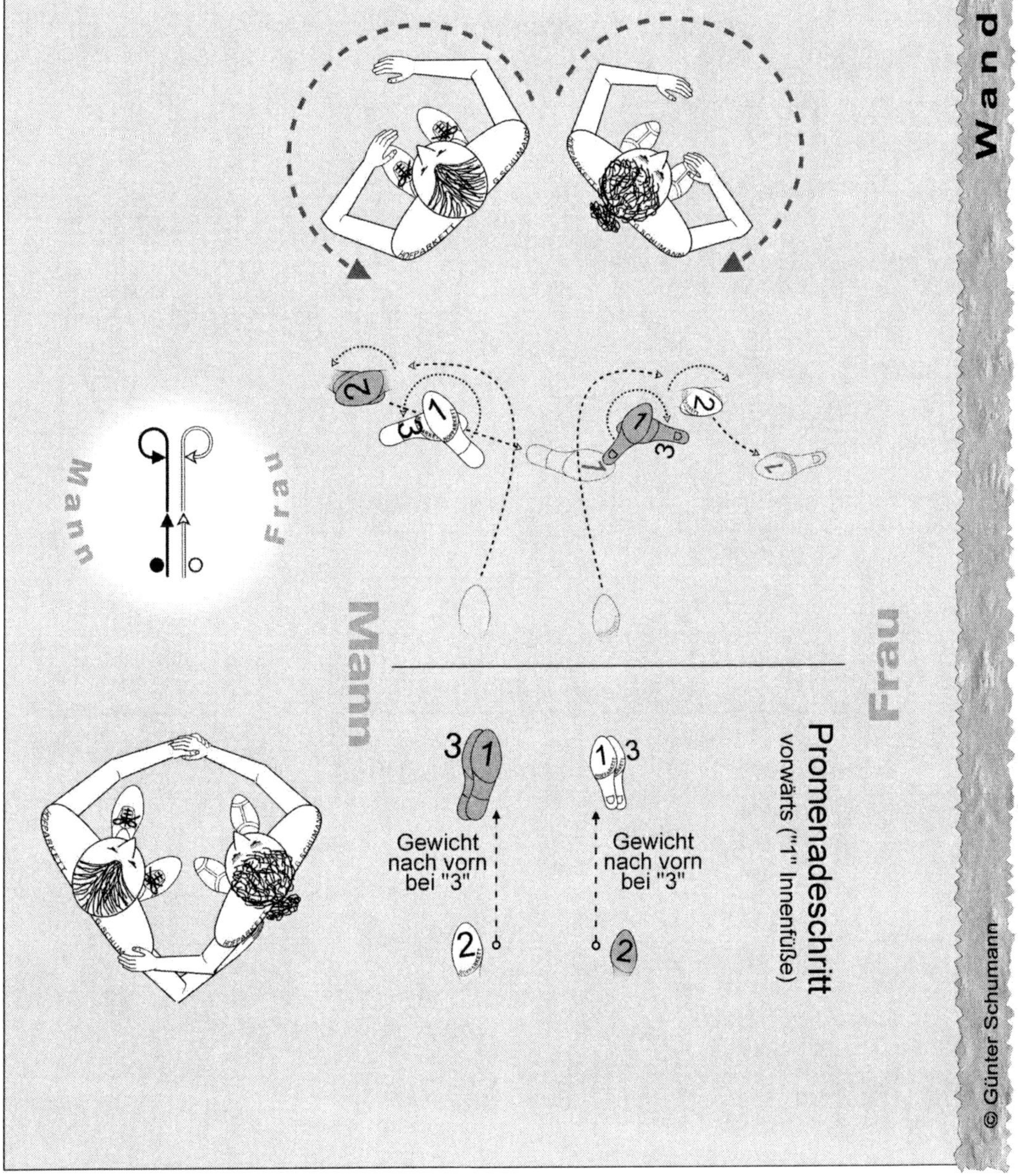

Figurenfolge „B“ mit Figuren 1 bis 4

Wir tanzen zwei Grundschritte, vorwärts, rückwärts. Dann folgt ein Wischer nach rechts, ein zweiter Wischer nach links, dabei tanzt sie eine Solodrehung und ein dritter Wischer, der zur Promenadenposition geöffnet wird (alles aus seiner Sicht). In dieser Position tanzen wir vier Promenadenschritte vorwärts. Zum Abschluss tanzen beide eine Solodrehung, er links, sie rechts. Danach zurück in Tanzhaltung und Grundschritt vorwärts.

Grundschritt vorwärts, rückwärts

1 - 2 - 3	schnell - schnell - langsam	3/16 - 1/16 - 1/4 - Takt
1 - 2 - 3	schnell - schnell - langsam	3/16 - 1/16 - 1/4 - Takt

Wischer nach rechts

1 - 2 - 3	schnell - schnell - langsam	3/16 - 1/16 - 1/4 - Takt

Er Wischer nach links, sie Rechts-Damen-Solodrehung

1 - 2 - 3	schnell - schnell - langsam	3/16 - 1/16 - 1/4 - Takt

Wischer nach rechts am Ende öffnen (Promenadenposition)

1 - 2 - 3	schnell - schnell - langsam	3/16 - 1/16 - 1/4 - Takt

Promenadenschritt außen, innen, außen, innen

1 - 2 - 3	schnell - schnell - langsam	3/16 - 1/16 - 1/4 - Takt
1 - 2 - 3	schnell - schnell - langsam	3/16 - 1/16 - 1/4 - Takt
1 - 2 - 3	schnell - schnell - langsam	3/16 - 1/16 - 1/4 - Takt
1 - 2 - 3	schnell - schnell - langsam	3/16 - 1/16 - 1/4 - Takt

Beide Solodrehung

1 - 2 - 3	schnell - schnell - langsam	3/16 - 1/16 - 1/4 - Takt

6. Schatten Bota Fogos

Davor - Seit-Samba-Schritt, Vorwärts-Promenade

Bota Fogo ist ein Stadtteil in Rio de Janeiro und bedeutet wörtlich „setz es in Feuer“. Bota Fogos im „Schatten“ zu tanzen bedeutet, dass wir uns leicht hintereinander stehend entgegengesetzt nach links und rechts verschieben. Dabei blicken wir in die gleiche Richtung und bewegen uns vorwärts im Raum.

Der Seit-Samba-Schritt ist eine Variante der Vorwärts-Promenade. Bei ihm kommt zur Vorwärtsbewegung noch eine Seitwärtsbewegung. Er lässt sich nur mit den Außenfüßen tanzen.

Wir tanzen Vorwärts-Promenaden, die letzte als Seit-Samba-Schritt bei der er etwas zurückbleibt, um beim folgenden Bota Fogo hinter ihr nach links vorbeitanzen zu können. Es folgen vier Schatten Bota Fogos. Zum Abschluss tanzt er einen Grundschritt am Platz und sie eine Solodrehung.

Danach - er Grundschritt, sie Solodrehung

Promenadenschritt außen, innen, außen

1 - 2 - 3	schnell - schnell - langsam	3/16 - 1/16 - 1/4 - Takt
1 - 2 - 3	schnell - schnell - langsam	3/16 - 1/16 - 1/4 - Takt
1 - 2 - 3	schnell - schnell - langsam	3/16 - 1/16 - 1/4 - Takt

Seit-Samba-Schritt

Männerschritte	S	Beschreibung	Frauenschritte
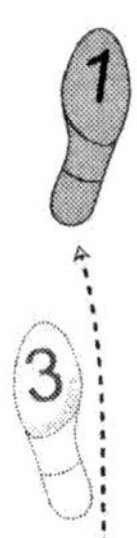	1	schnell 3/16 -Takt	
		Er hebt auf dem LF und tanzt einen kleinen Schritt RF vorwärts. *Ballenschritt a.E. ganzer Fuß.* **Sie** hebt auf dem RF und tanzt mit dem LF vorwärts. *Ballenschritt a.E. ganzer Fuß.*	

Männerschritte	S	Beschreibung	Frauenschritte
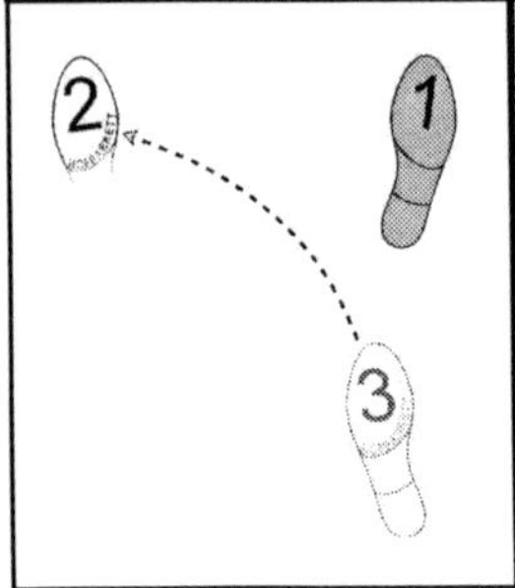	**2**	schnell ⅟16 -Takt **Er** LF seitwärts. *Gewicht auf links, Ballenschritt.* **Sie** RF seitwärts. *Gewicht auf rechts, Ballenschritt.*	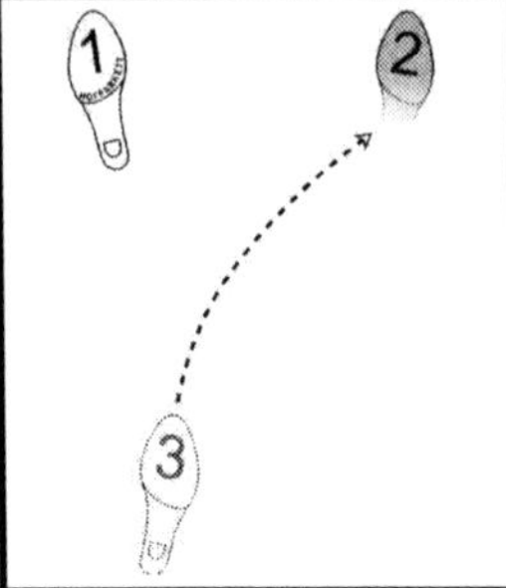
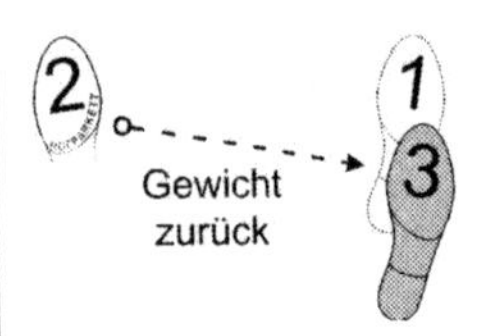	**3**	langsam ¼-Takt **Er** RF *Gewicht rückbelasten auf rechts, Ballenschritt a.E. ganzer Fuß.* **Sie** LF *Gewicht rückbelasten auf links, Ballenschritt a.E. ganzer Fuß.*	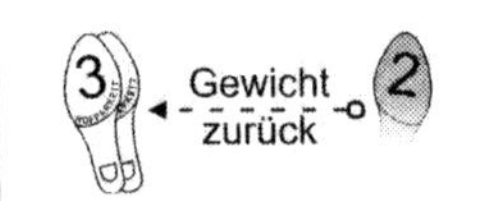

Schatten Bota Fogos (er nach links, sie nach rechts)

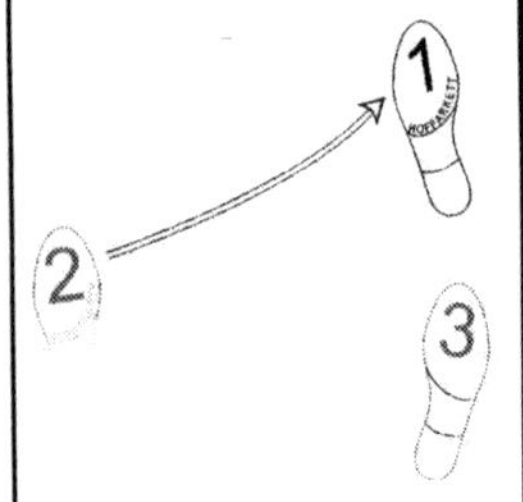	**1**	schnell ³⁄16 -Takt **Er** hebt auf dem RF und tanzt mit dem LF überkreuz zum RF. *Ballenschritt a.E. ganzer Fuß.* **Sie** hebt auf dem LF und tanzt mit dem RF überkreuz zum LF. *Ballenschritt a.E. ganzer Fuß.*	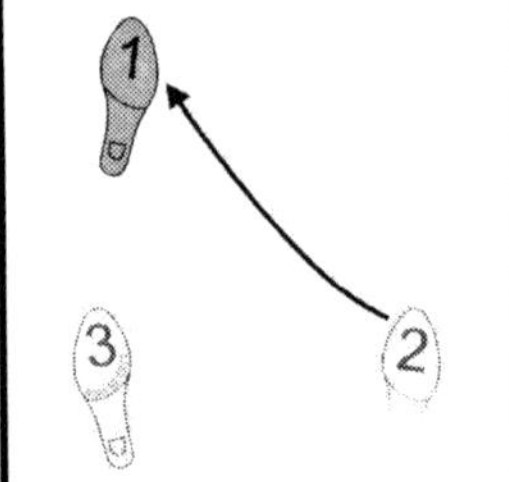
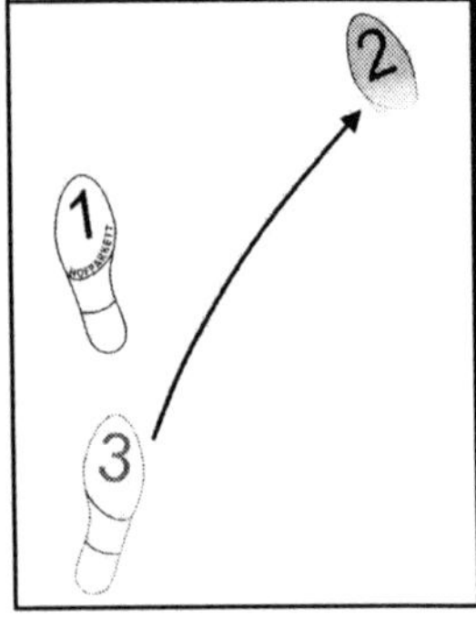	**2**	schnell ⅟16 -Takt **Er** RF seitwärts. *Gewicht auf rechts, Ballenschritt. Körperdrehung 1/8 nach links.* **Sie** LF seitwärts. *Gewicht auf links, Ballenschritt. Körperdrehung 1/8 nach links.*	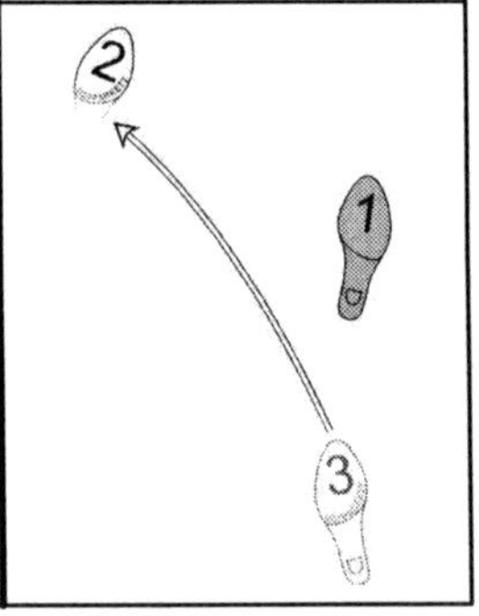

Männerschritte	S	Beschreibung	Frauenschritte
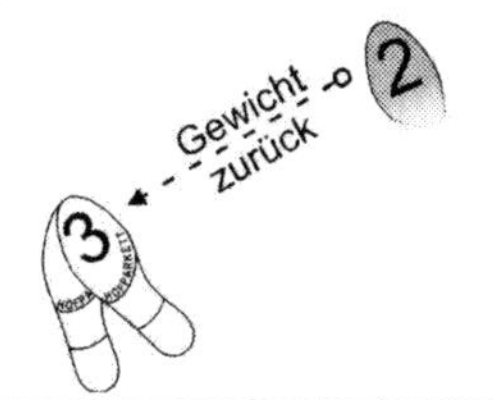	3	langsam ¼-Takt **Er** *Gewicht übertragen nach links, Ballenschritt a.E. ganzer Fuß.* **Sie** *Gewicht übertragen nach rechts, Ballenschritt a.E. ganzer Fuß.*	

Schatten Bota Fogos (er nach rechts, sie nach links)

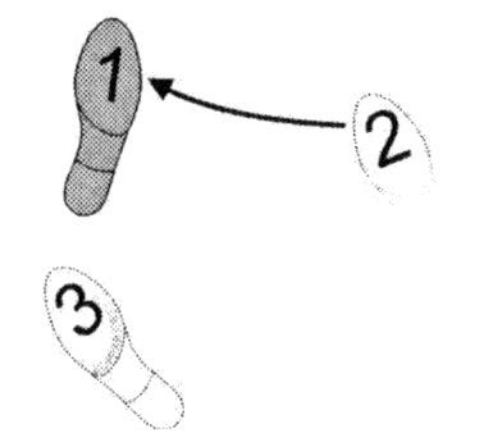	1	schnell $^3/_{16}$-Takt **Er** hebt auf dem LF und tanzt mit dem RF überkreuz zum LF. *Ballenschritt a.E. ganzer Fuß.* **Sie** hebt auf dem RF und tanzt mit dem LF überkreuz zum RF. *Ballenschritt a.E. ganzer Fuß.*	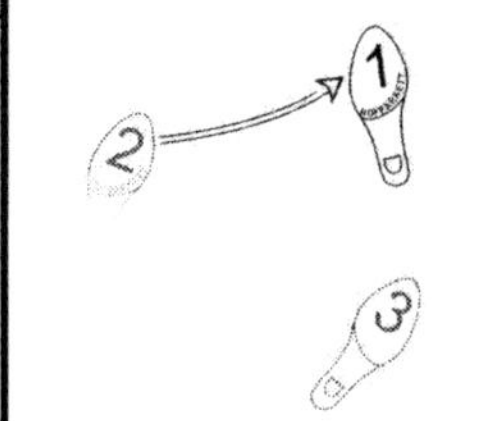
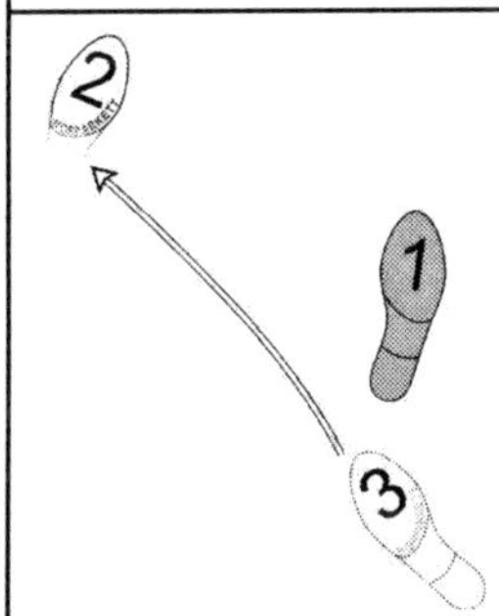	2	schnell $^1/_{16}$-Takt **Er** LF seitwärts. *Gewicht auf links, Ballenschritt. Körperdrehung 1/8 nach links.* **Sie** RF seitwärts. *Gewicht auf rechts, Ballenschritt. Körperdrehung 1/8 nach links.*	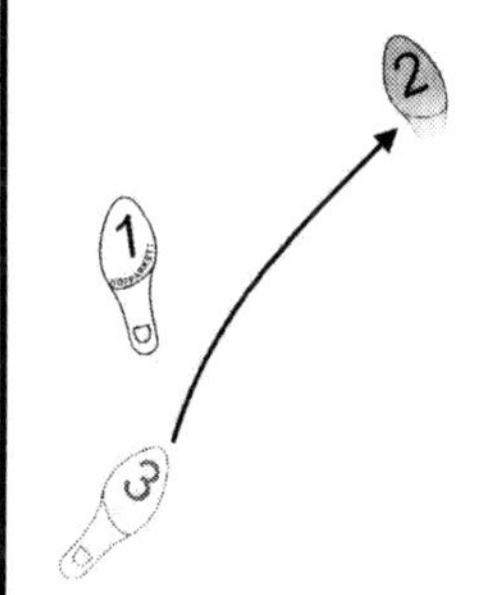
	3	langsam ¼-Takt **Er** *Gewicht übertragen nach rechts, Ballenschritt a.E. ganzer Fuß.* **Sie** *Gewicht übertragen nach links, Ballenschritt a.E. ganzer Fuß.*	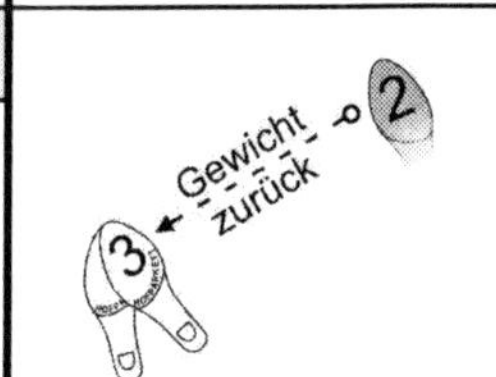

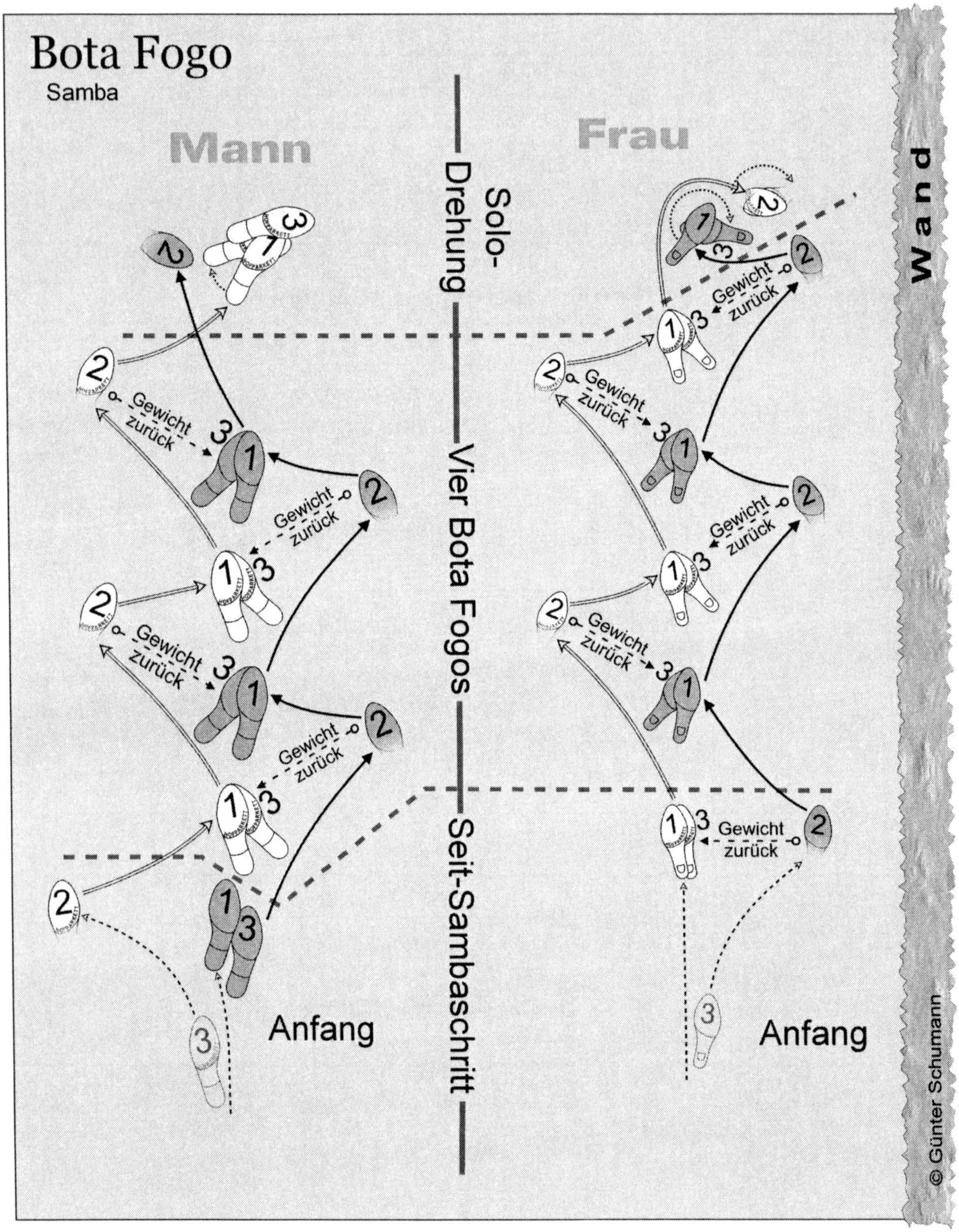
Bota Fogo
Samba
Mann
Frau
Solo-Drehung
Vier Bota Fogos
Seit-Sambaschritt
Gewicht zurück
Anfang
Wand
© Günter Schumann

Bota Fogo

Samba

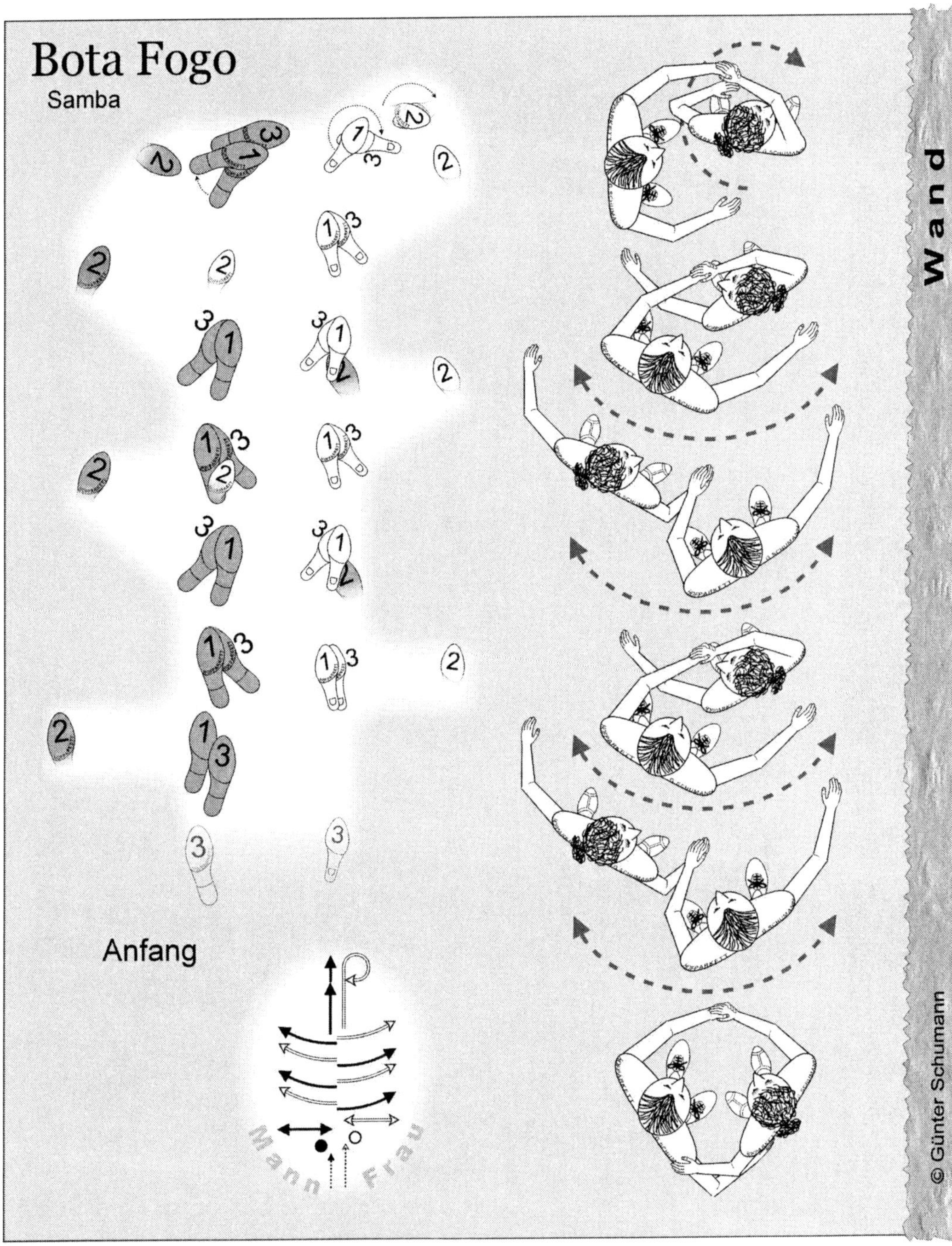

Argentinischer Tango

Argentinischer Tango

Geschichte Entstanden ist der Tango zwischen 1880 und 1890 in Südamerika, am Rio de la Plata, einer Flussmündung zwischen Uruguay und Argentinien, an der die beiden großen Städte Buenos Aires und Montevideo liegen.

Zuerst war die Milonga, entstanden aus Habanera und Candombe, in den Bordellen zu finden, ein „unsittlicher" Tanz mit verruchten Bewegungen und Berührungen, aus dem dann später der Tango wurde.

Als in Europa der Tango in Mode kam (1907), führte er in der La Plata-Region noch ein außerbürgerliches Schattendasein. Allgemein anerkannt wird der Tango in Argentinien erst seit 1915, als er aus Paris „kultiviert" zurückkam, in das er acht Jahre zuvor exportiert worden war. Das führte aber auch dazu, dass der erste Argentinische Tango von der europäischen Version ausgelöscht wurde. Er ist nicht mehr auffindbar.

Mit der Veränderung des Tango in Europa verschwand auch hier die Urform. Hier gab es nur noch den „europäischen Tango". Der argentinische Tango existierte nur noch in den Rio de la Plata-Ländern selbst, um auch dort Ende der 1950er-Jahre in eine lange Krise zu verfallen.

In den 1980er Jahren kam der Argentinische Tango ein zweites Mal nach Europa und konnte sich etablieren. Somit gibt es bei uns zwei Tangos, die miteinander verwandt sind und beide vom Ur-Tango abstammen. Neben Buenos Aires und Montevideo gelten auch Paris und Berlin als Tangohochburgen mit teils eigenen Stilausprägungen. Auch in Finnland hat sich eine eigenständige Variante entwickelt.

Musik 2/4-Takt (4/8-Takt), ca. 24-36 Takte pro Minute.

Anders als bei den anderen Tänzen bleibt die Musik des Argentinischen Tango nicht im gleichmäßigen Rhythmus, sondern wechselt in der Rhythmik bis zum kurzzeitigen Stillstand. Für die Grundfiguren gehen wir von einem gleichmäßigen Rhythmus aus und zeigen zwei mögliche Taktierungen.

Taktierung am Beispiel der Base (aus Männersicht):

Alles langsame Schritt:

	1.Takt		2.Takt		3.Takt		4.Takt	
T	¼	¼	¼	¼	¼	¼	¼	¼
	langsam	langsam	langsam	langsam	langsam	langsam	langsam	langsam
S	1	2	3	4	5	6	7	8
M	rück	seit	vor	vor	schluss	vor	seit	schluss

Langsame und schnelle Schritte:

	1.Takt		2.Takt			3.Takt		
T	¼	¼	¼	⅛	⅛	¼	⅛	⅛
	langsam	langsam	langsam	schnell	schnell	langsam	schnell	schnell
S	1	2	3	4	5	6	7	8
M	rück	seit	vor	vor	schluss	vor	seit	schluss

Tanzausführung Der „Argentinische Tango“ wird eher frei durch den Raum getanzt, nicht unbedingt in Tanzrichtung. Wir stehen eng beieinander, sie weit an seiner rechten Seite, leicht V-förmig geöffnet. Wir setzen die Schritte auf die Bass-Schläge der Musik. Wenn die Musik den gleichmäßigen Rhythmus verlässt, können wir improvisieren. Wir tanzen mit der Musik langsamer oder schneller, setzen einen Takt aus, ganz nach Belieben. Das unterscheidet diesen Tanz von anderen Gesellschaftstänzen.

Grundaufstellung am Anfang

Geschlossene enge Tanzhaltung.

Wir stehen voreinander, stark nach links versetzt. Sie steht in seinem rechten Arm, schräg zu ihm.

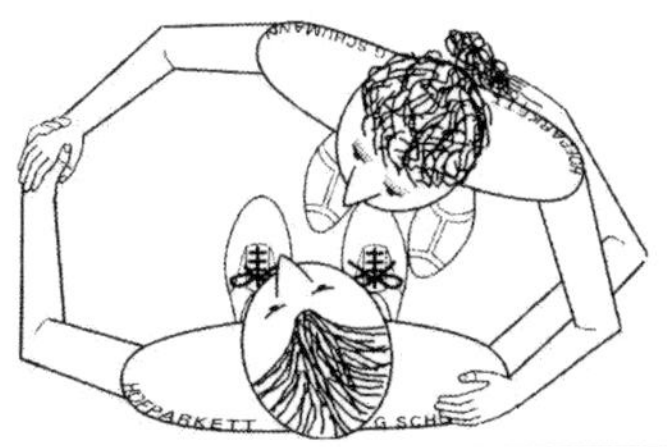

Freie Aufstellung im Raum Die meisten Figuren werden nach links gedreht.	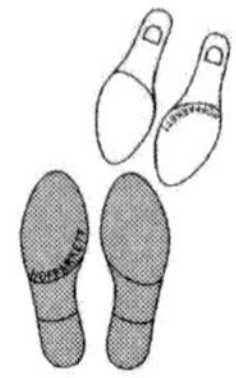

Tanzfiguren

1. Einfache Base (Básico)

Die acht Schritte der Base setzen sich eigentlich aus drei einzelnen Figuren zusammen. Wir beschreiben sie hier als einen Figurenkomplex (Base). Die Aufstellung im Raum ist beliebig.

Base (gleichmäßiger Rhythmus)

Männerschritte	S	Rhythmus	Frauenschritte
RF rückwärts.	1	langsam ¼-Takt	LF vorwärts.
LF seitwärts, weiter zur Seite als sie.	2	langsam ¼-Takt	RF seitwärts.
RF vorwärts, außenseitlich.	3	langsam ¼-Takt	LF rückwärts.
LF vorwärts.	4	langsam ¼-Takt	RF rückwärts, leicht nach rechts seitwärts.
RF zum LF schließen.	5	langsam ¼-Takt	LF vor RF kreuzen und belasten.
LF vorwärts.	6	langsam ¼-Takt	RF rückwärts.
RF seitwärts.	7	langsam ¼-Takt	LF seitwärts.
LF zum RF schließen.	8	langsam ¼-Takt	RF zum LF schließen.

Base (schnell und langsam)

RF rückwärts.	1	langsam ¼-Takt	LF vorwärts.
LF seitwärts, weiter zur Seite als sie.	2	langsam ¼-Takt	RF seitwärts.
RF vorwärts, außenseitlich.	3	langsam ¼-Takt	LF rückwärts.
LF vorwärts.	4	schnell ⅛-Takt	RF rückwärts, leicht nach rechts seitwärts.
RF zum LF schließen.	5	schnell ⅛-Takt	LF vor RF kreuzen und belasten.
LF vorwärts.	6	langsam ¼-Takt	RF rückwärts.
RF seitwärts.	7	schnell ⅛-Takt	LF seitwärts.
LF zum RF schließen.	8	schnell ⅛-Takt	RF zum LF schließen.

Base

Argentinischer Tango

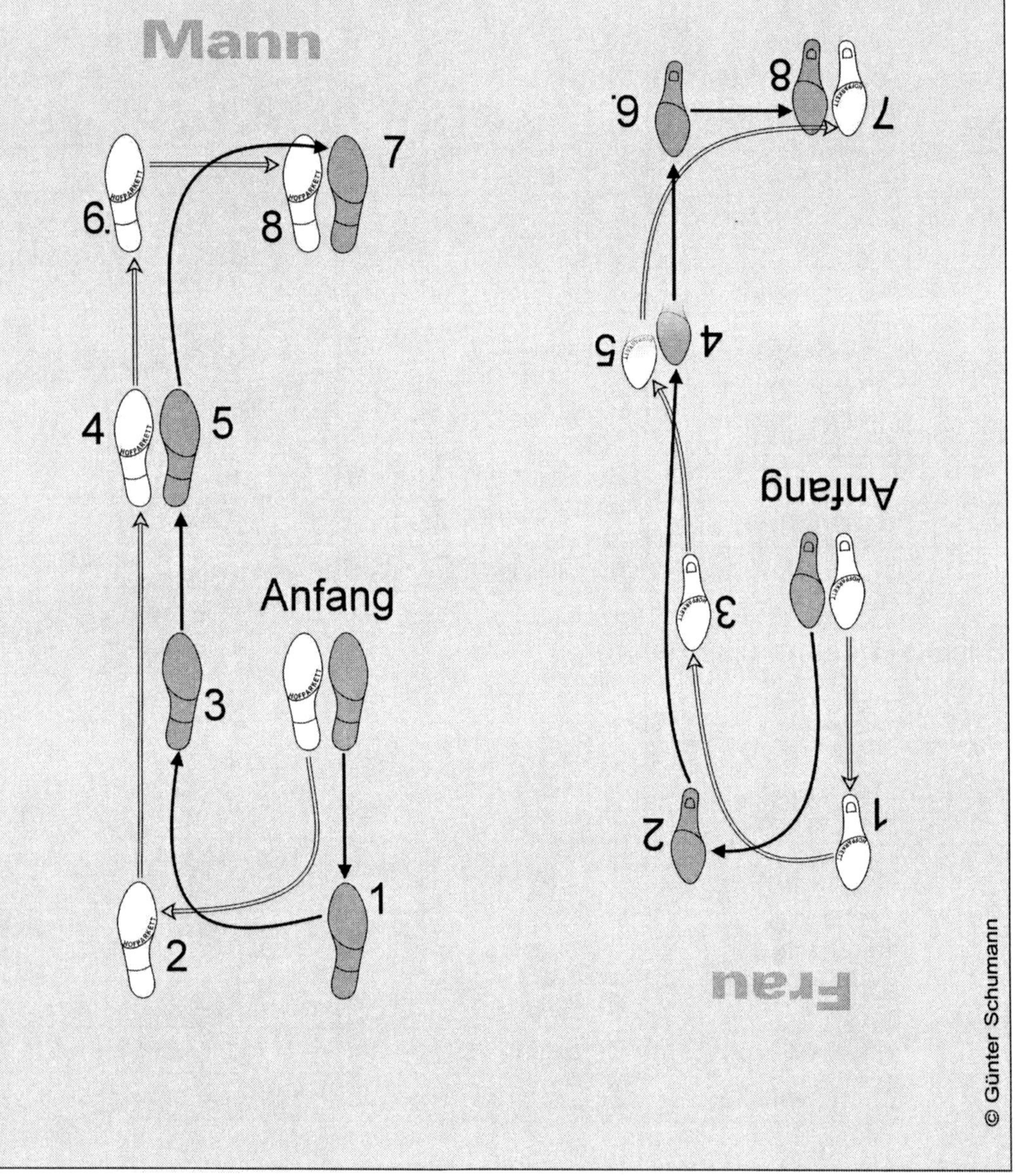

Base

Argentinischer Tango

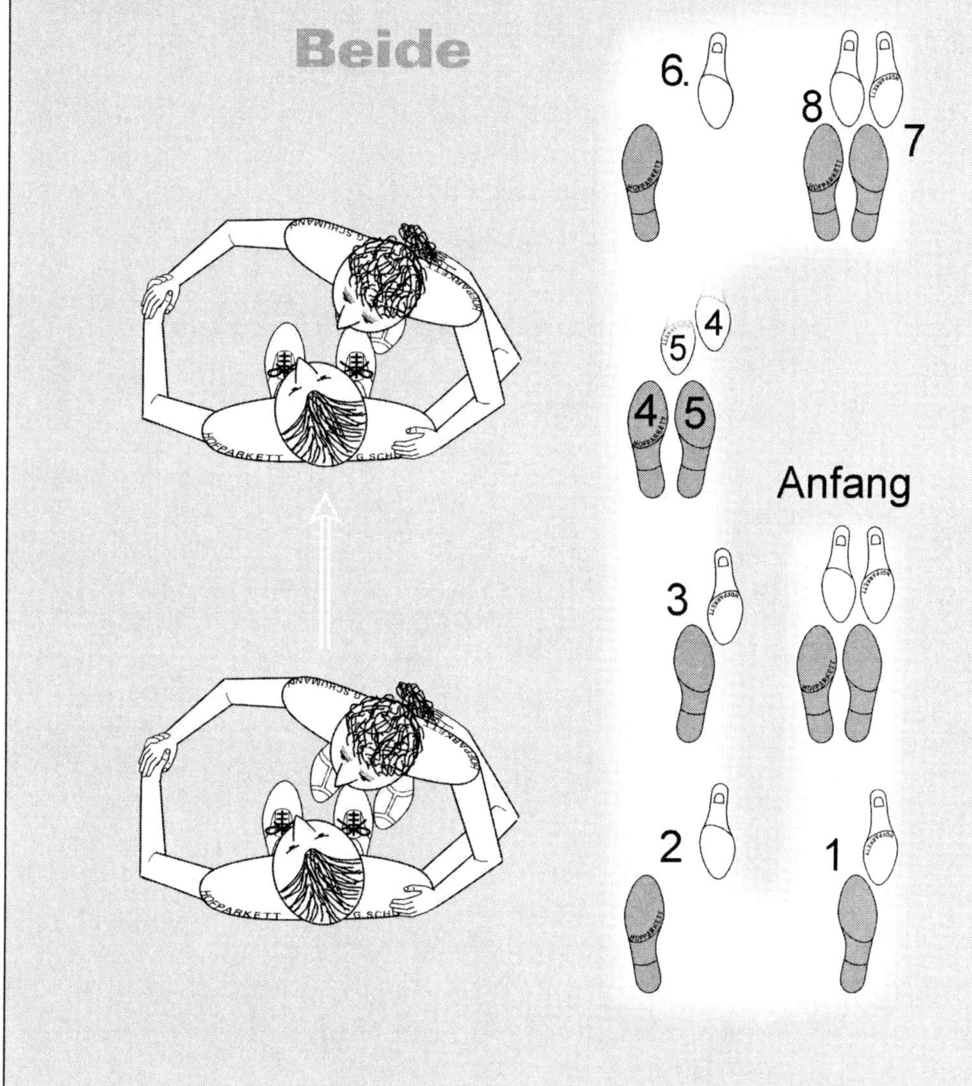

2. Vorwärts-Achten nach Base 5 (El Ocho Adelante)

Wir tanzen die Schritte „1“ bis „5“ der Base, Schritt „5“ tanzt er unbelastet als Tap. Dann führt er sie in eine Vorwärts-Acht, indem er sie erst einmal nach links eindreht. Er tanzt mit dem RF zur Seite. Sie nimmt ihren gekreuzten RF, mit leichtem drehen nach links, nach vorn und macht einen Schritt nach links zur Seite und dreht in eine Vorwärts-Acht, nach rechts drehend.

Er überträgt das Körpergewicht zum LF und schließt mit dem RF zum LF. Sie LF nach vorn und Schritt nach rechts zur Seite und dreht in eine zweite Vorwärts-Acht, nach links drehend. Dann weiter mit Base „6“.

Anmerkung: Bei den Achten hält sie den unbelasteten Fuß eng am drehenden Fuß.

Base Schritte 1-5

Männerschritte	S	Rhythmus		Frauenschritte
RF rückwärts.	1	langsam	¼-Takt	LF vorwärts.
LF seitwärts, weiter zur Seite als sie.	2	langsam	¼-Takt	RF seitwärts.
RF vorwärts, außenseitlich.	3	langsam	¼-Takt	LF rückwärts.
LF vorwärts.	4	schnell	⅛-Takt	RF rückwärts, leicht nach rechts seitwärts.
RF zum LF schließen.	5	schnell	⅛-Takt	LF vor RF kreuzen und belasten.

Vorwärts-Achten

	**Er** dreht sie auf der Stelle nach links. Sie dreht auf dem LF.	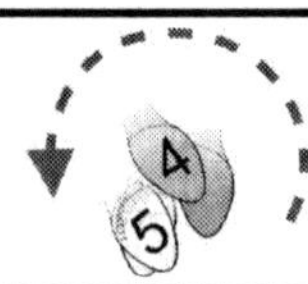

Männerschritte	S	Beschreibung	Frauenschritte
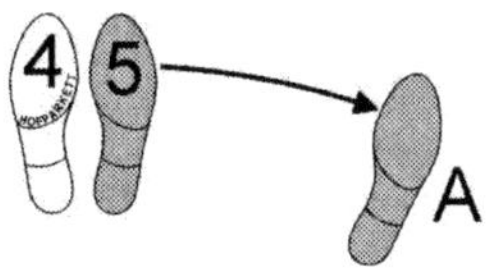	A	langsam ¼-Takt **Er** tanzt mit dem RF einen Schritt seitwärts. *Das Gewicht ist a.E. rechts.* **Sie** tanzt mit RF vorwärts, seitwärts und dreht auf dem RF ca. ½ Drehung (rechts). *Das Gewicht ist a.E. rechts.*	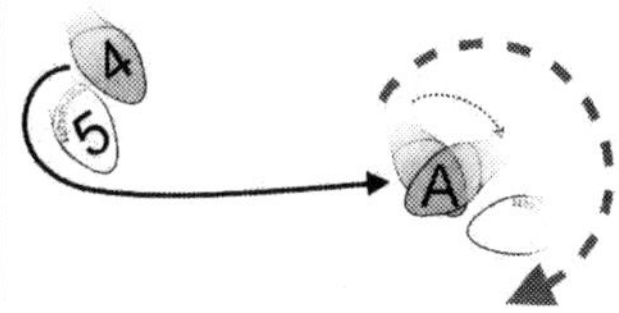
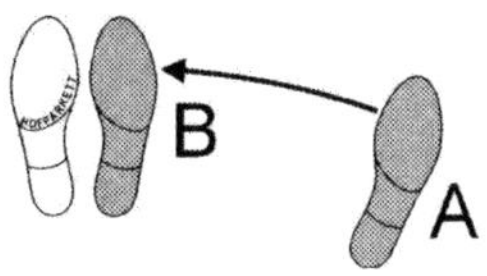	B	langsam ¼-Takt **Er** überträgt das Gewicht zum LF und schließt mit dem RF zum LF. *Das Gewicht ist a.E. rechts.* **Sie** tanzt mit dem LF vorwärts, seitwärts und dreht auf dem LF ca. ¼ Drehung (links). *Das Gewicht ist a.E. links.*	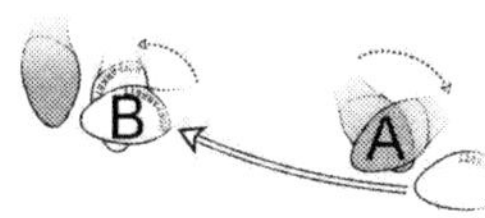

Base Schritte 6-8

LF vorwärts.	6	langsam	¼-Takt	RF rückwärts.
RF seitwärts.	7	schnell	⅛-Takt	LF seitwärts.
LF zum RF schließen.	8	schnell	⅛-Takt	RF zum LF schließen.

Vorwärts-Achten

Argentinischer Tango

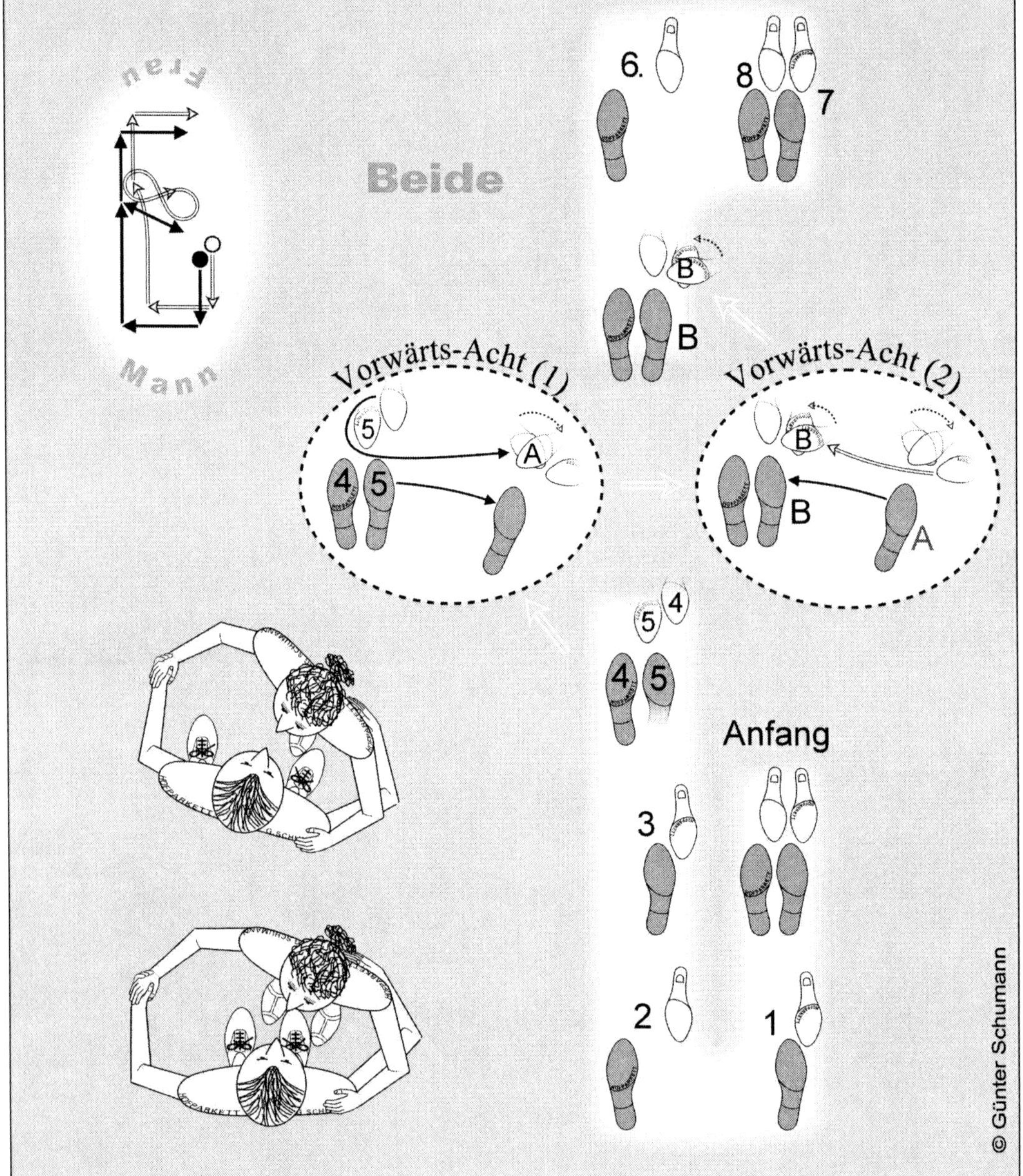

3. Wiege (Cunita)

Direkt am Anfang können wir eine „Wiege“ mit gekreuzten Füßen tanzen. Dabei werden jeweils die unbelasteten Füße vor- bzw. hintergekreuzt. Er tanzt mit dem RF rückwärts, kreuzt den LF leicht vor den RF. Dann LF vorwärts und mit dem RF leicht hinter den LF. Das Ganze wird noch einmal wiederholt. Sie tanzt gegen gleich, also mit dem LF vorwärts und mit dem RF leicht hinter den LF. Dann mit dem RF rückwärts, kreuzt den LF leicht vor den RF. Auch das ein zweites Mal. Danach tanzen beide die Base (beginnend mit Schritt „1“).

Anmerkung Tanzteppich: Die Figur wird am Platz getanzt, auch wenn die einzelnen Schritte hier aus Gründen der Übersichtlichkeit nebeneinander dargestellt sind.

Wiege

Männerschritte	S	Beschreibung	Frauenschritte
RF rückwärts, LF ohne Gewicht leicht vorkreuzen vor RF	A	langsam ¼-Takt	LF vorwärts, RF ohne Gewicht leicht hinterkreuzen hinter LF
LF vorwärts, RF ohne Gewicht leicht hinterkreuzen hinter LF	B	langsam ¼-Takt	RF rückwärts, LF ohne Gewicht leicht vorkreuzen vor RF
RF rückwärts, LF ohne Gewicht leicht vorkreuzen vor RF	C	langsam ¼-Takt	LF vorwärts, RF ohne Gewicht leicht hinterkreuzen hinter LF
LF vorwärts, RF ohne Gewicht leicht hinterkreuzen hinter LF	D	langsam ¼-Takt	RF rückwärts, LF ohne Gewicht leicht vorkreuzen vor RF

Weiter mit Base

1 - 2 - 3 - 4 5 - 6 - 7 - 8	langsam - langsam - langsam - schnell - schnell - langsam - schnell - schnell ¼ - ¼ - ¼ - ⅛ - ⅛ - ¼ - ⅛ - ⅛ - Takt

Wiege

Argentinischer Tango

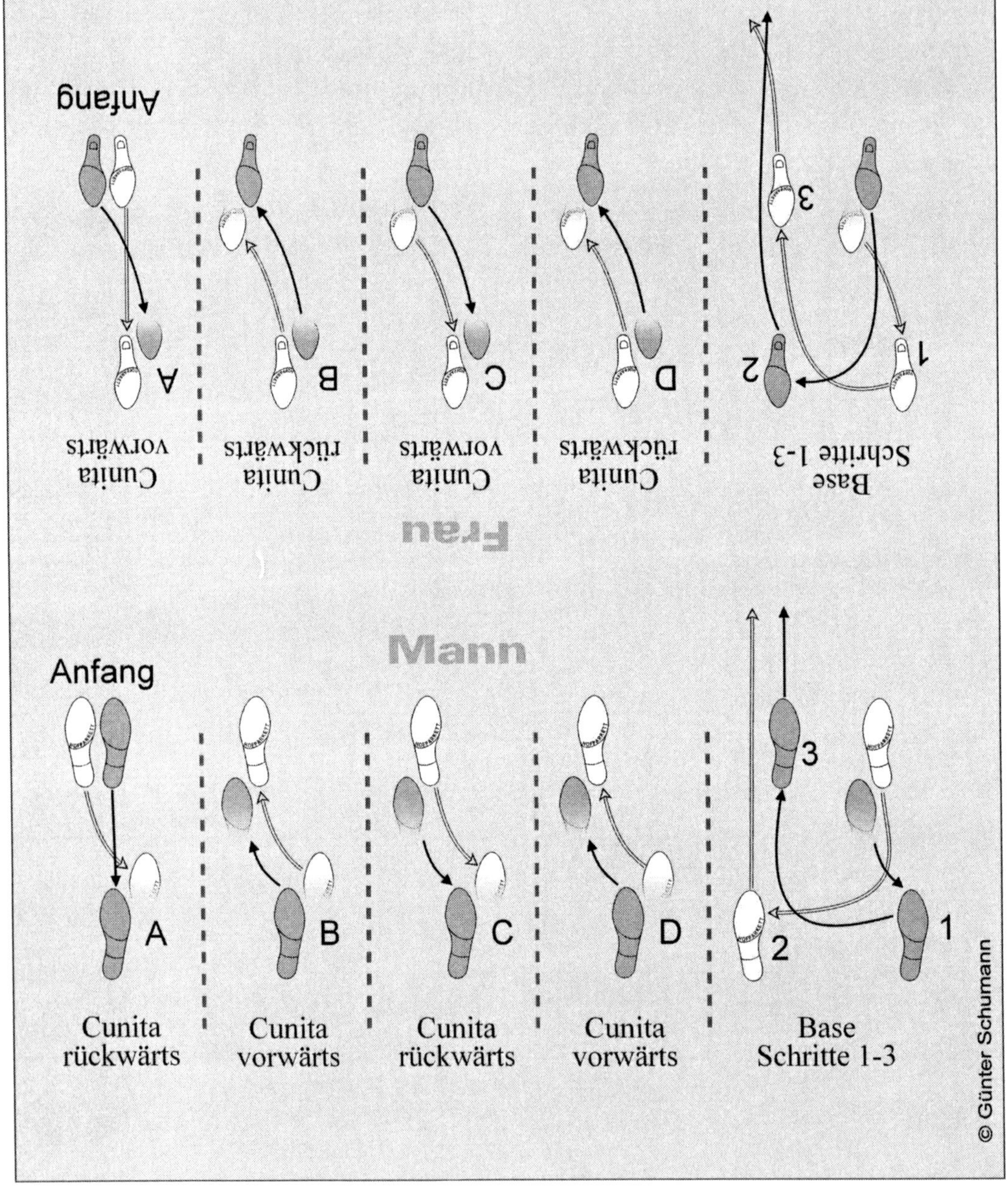

4. Mehrfach Base 1-2 (Básicos)

Davor - Base 1-2

Wir tanzen die Schritte „1“ und „2“ der Base, tanzen nicht sofort mit Base weiter, sondern wiederholen noch einmal Base „1“ und „2“.

Danach - Base 1 oder 3

Base (schnell und langsam)

Männerschritte	S	Rhythmus	Frauenschritte
RF rückwärts.	1	langsam ¼-Takt	LF vorwärts.
LF seitwärts.	2	langsam ¼-Takt	RF seitwärts.

Base Schritt 1-2 Wiederholen

RF rückwärts.	A	langsam ¼-Takt	LF vorwärts.
LF seitwärts, weiter zur Seite als sie.	B	langsam ¼-Takt	RF seitwärts.

Und weiter mit der Base

RF vorwärts.	3	langsam ¼-Takt	LF rückwärts.
LF vorwärts.	4	schnell ⅛-Takt	RF rückwärts, leicht nach rechts seitwärts.
RF zum LF schließen.	5	schnell ⅛-Takt	LF zum RF vorkreuzen.
LF vorwärts.	6	langsam ¼-Takt	RF rückwärts.
RF seitwärts.	7	schnell ⅛-Takt	LF seitwärts.
LF zum RF schließen.	8	schnell ⅛-Takt	RF zum LF schließen.

Mehrfach Base 1-2

Argentinischer Tango

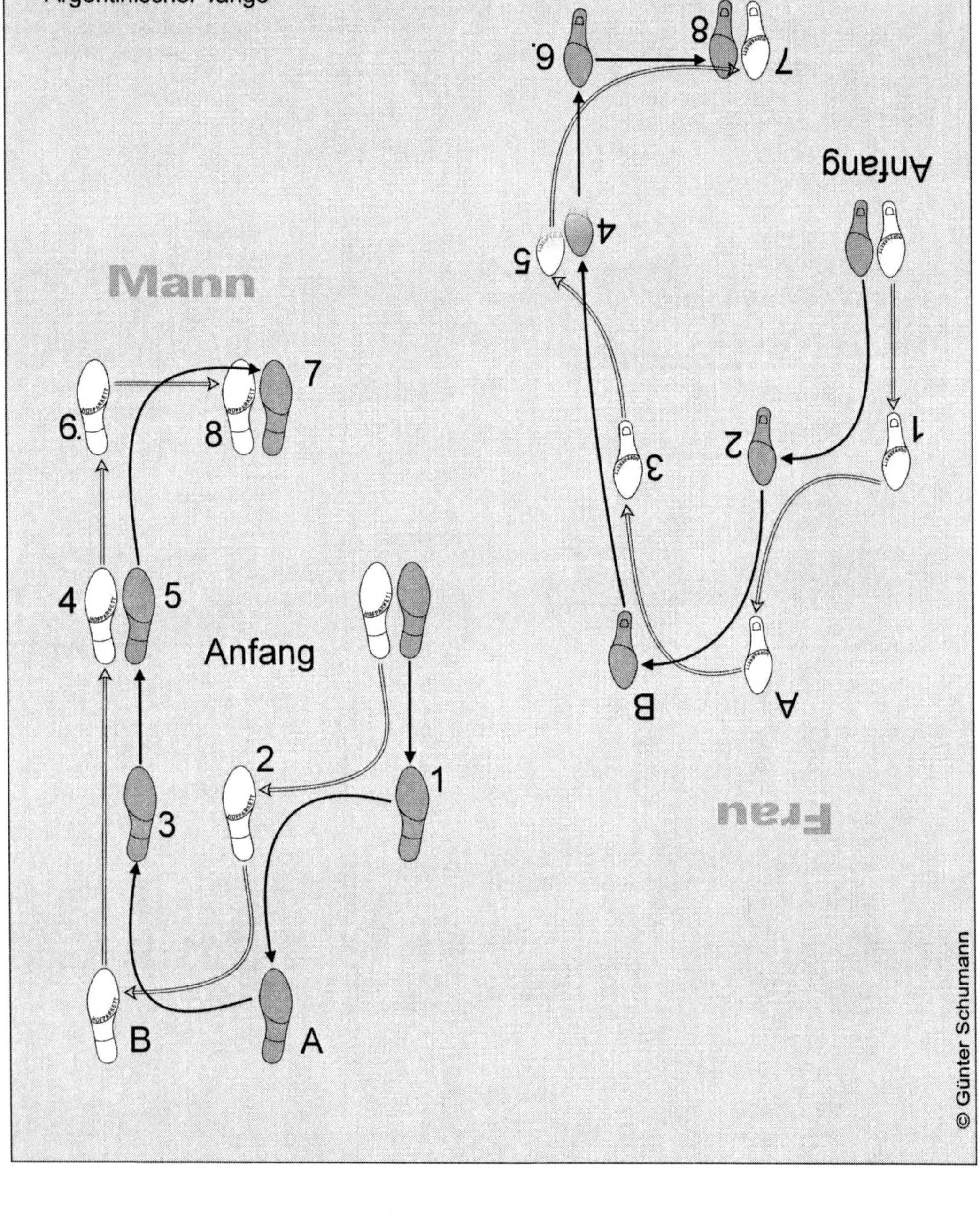

Mehrfach Base 1-2

Argentinischer Tango

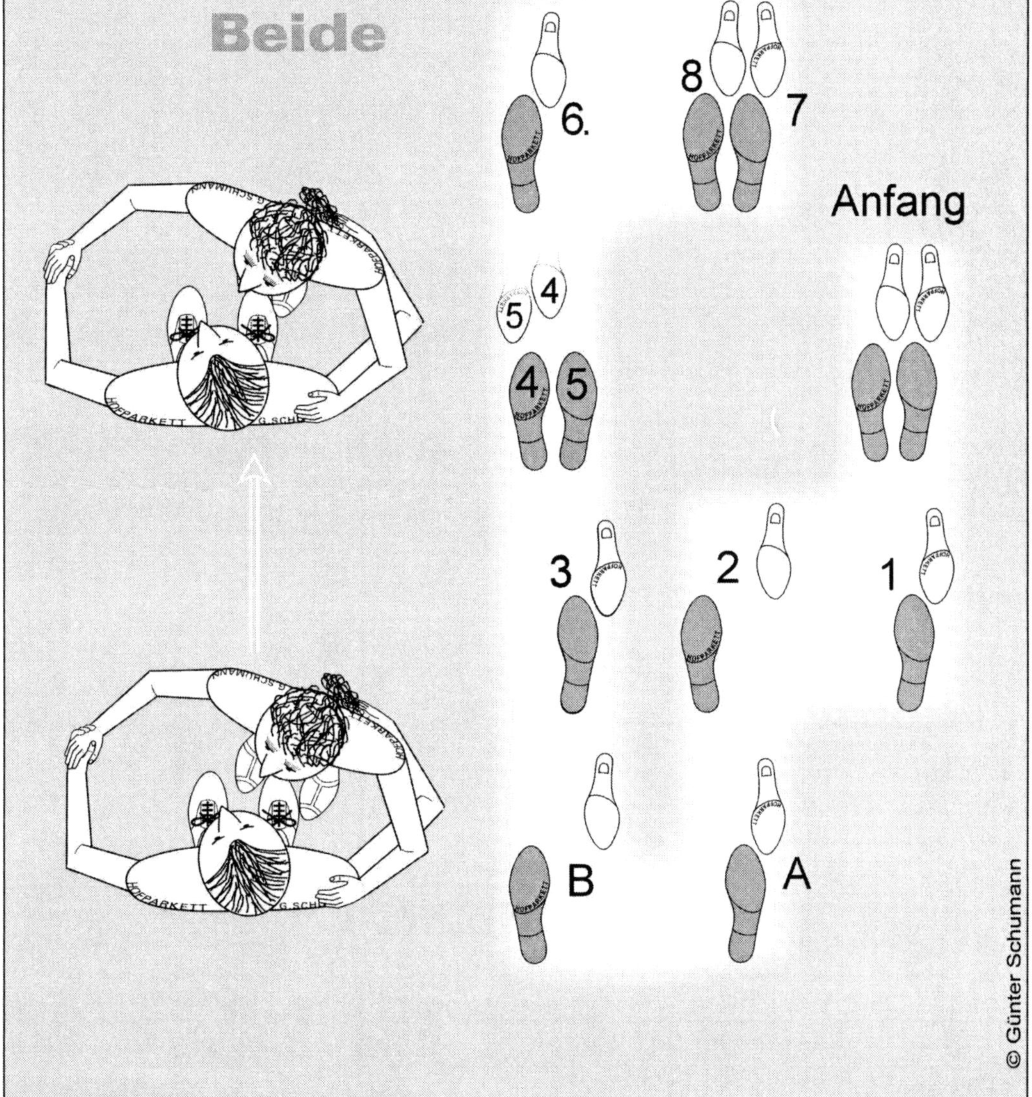

5. Verlängerte Base

Davor - Base

Wir tanzen eine Base Schritte „1“ bis „5“. Er tanzt dann links an ihr vorbei mit LF vorwärts Schritt „A“ bis „D“. Dann kommen die Schritte „6“ bis „8“ der Base.

Danach - Base

Base Schritt 1-5

Männerschritte	S	Rhythmus	Frauenschritte
RF rückwärts.	1	langsam ¼-Takt	LF vorwärts.
LF seitwärts, weiter zur Seite als sie.	2	langsam ¼-Takt	RF seitwärts.
RF vorwärts.	3	langsam ¼-Takt	LF rückwärts.
LF vorwärts.	4	schnell ⅛-Takt	RF rückwärts, leicht nach rechts seitwärts.
RF zum LF schließen.	5	schnell ⅛-Takt	LF zum RF vorkreuzen.

Verlängerte Base

LF vorwärts. *Links seitlich an ihr vorbeitanzen.*	A	langsam ¼-Takt	RF rückwärts.
RF vorwärts.	B	langsam ¼-Takt	LF rückwärts.
LF vorwärts.	C	schnell ⅛-Takt	RF rückwärts, leicht nach rechts seitwärts.
RF zum LF schließen.	D	schnell ⅛-Takt	LF zum RF vorkreuzen.

Base Schritt 6-8

LF vorwärts.	6	langsam ¼-Takt	RF rückwärts.
RF seitwärts.	7	schnell ⅛-Takt	LF seitwärts.
LF zum RF schließen.	8	schnell ⅛-Takt	RF zum LF schließen.

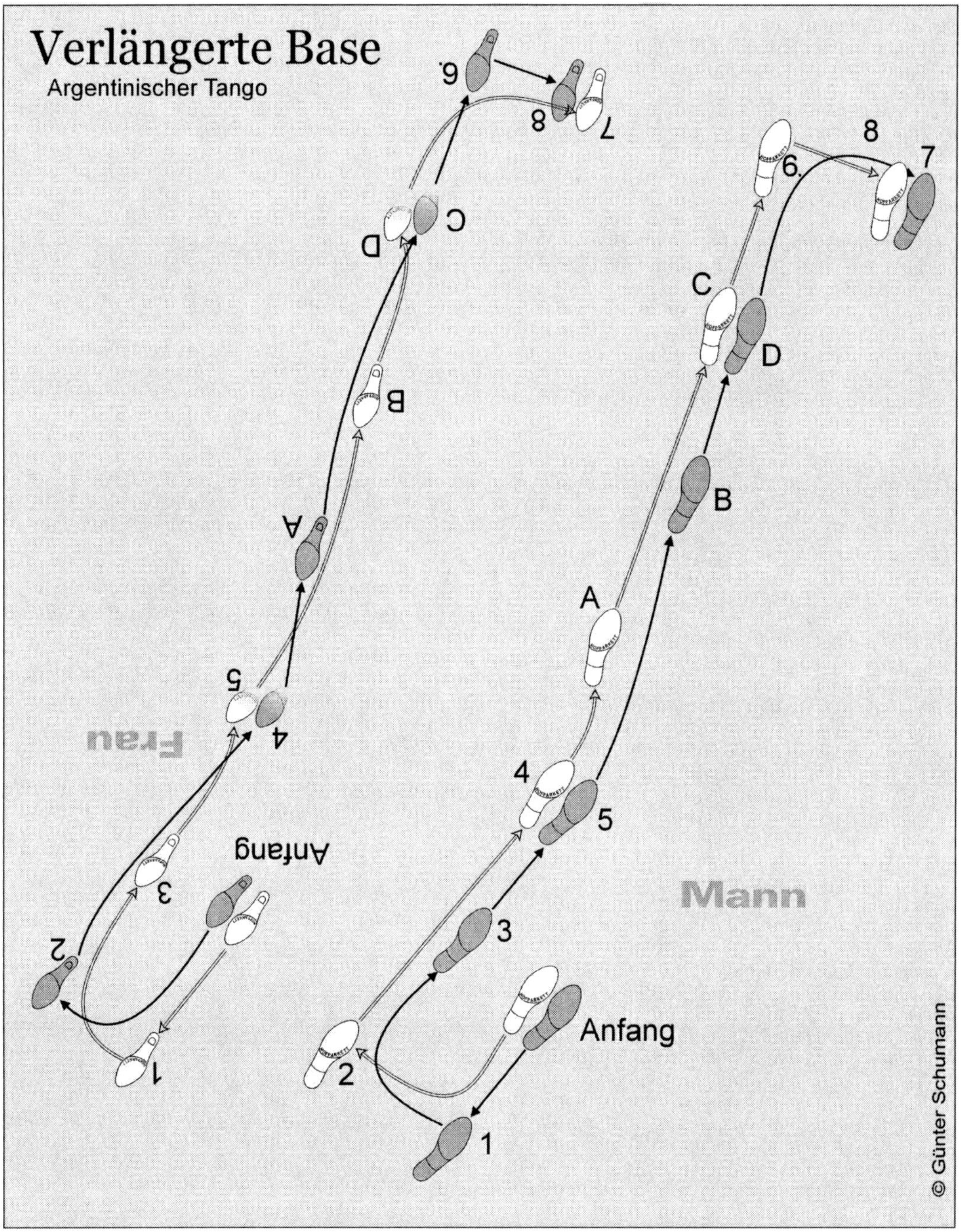
Verlängerte Base
Argentinischer Tango
Frau
Anfang
1
2
3
4
5
A
B
C
D
6.
7
8
Mann
Anfang
1
2
3
4
5
A
B
C
D
6.
7
8
© Günter Schumann

Verlängerte Base

Argentinischer Tango

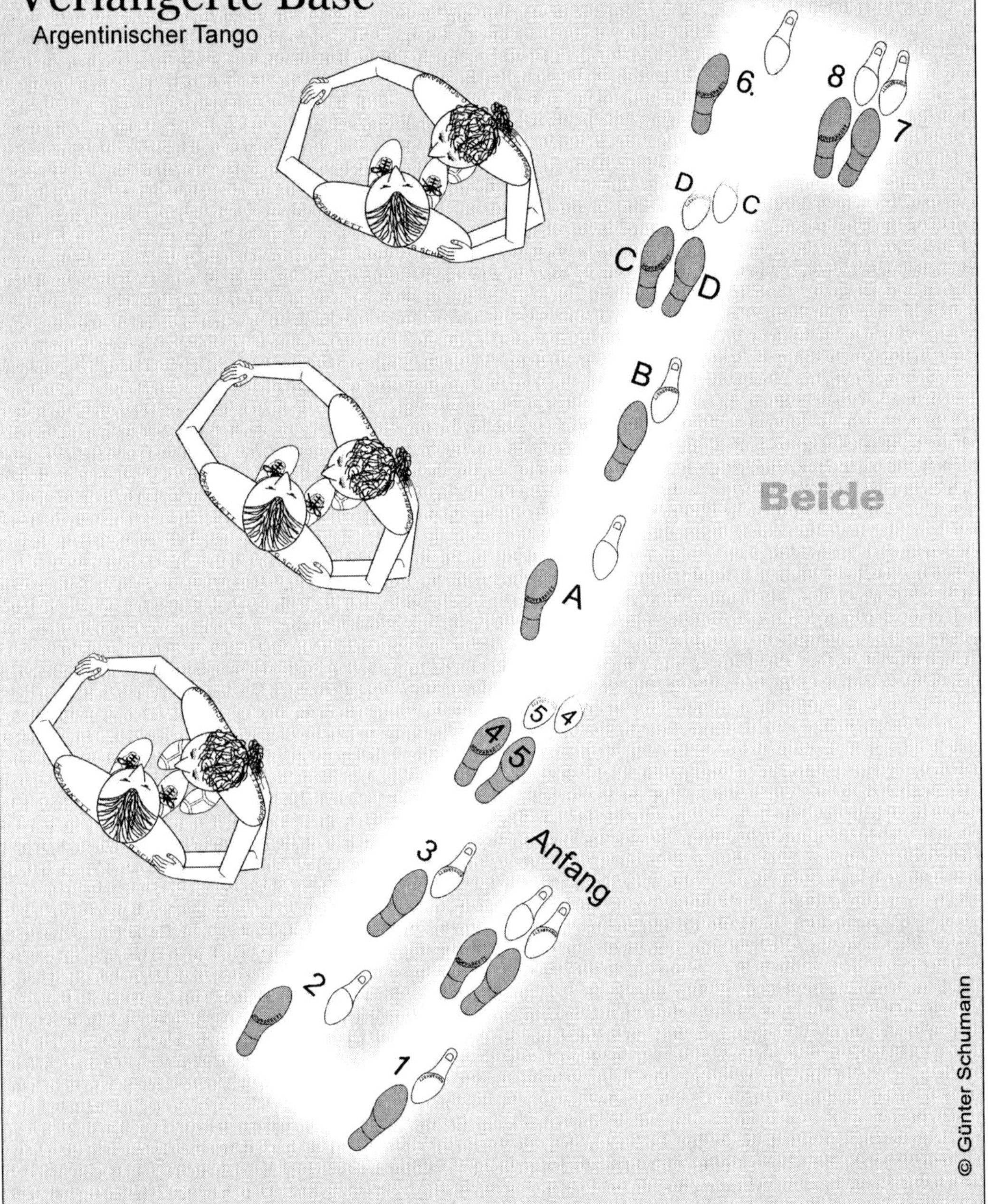

6. Offener Abschluss (Caminado)

Statt am Ende der Base die Füße zu schließen, dreht er sich und auch sie auf Schritt „7“ ein Viertel nach links und führt sie bei Schritt „8“ rechts an sich vorbei, um dann ganz ohne Stopp gleich wieder mit der Base „1“ weiter zu tanzen.

Offener Abschluss

Männerschritte	S	Beschreibung	Frauenschritte
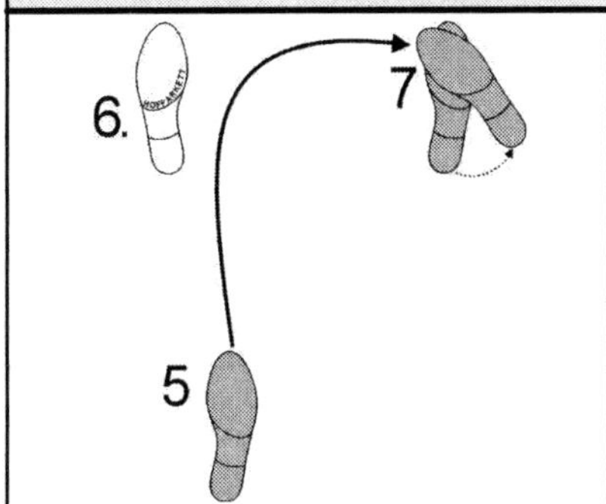	7	langsam ¼-Takt **Er** dreht den RF und den Körper 1/4 nach links und dreht sie auch dabei. **Sie** dreht den LF und den Körper 1/4 nach links.	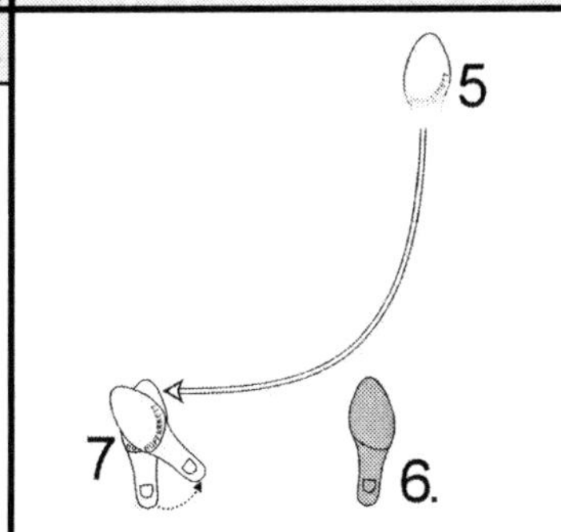
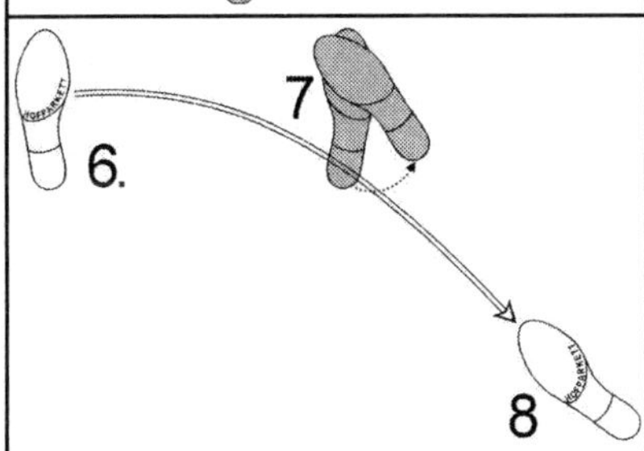	8	langsam ¼-Takt **Er** setzt den LF rückwärts und führt sie rechts an sich vorbei. **Sie** RF vorwärts außenseitlich.	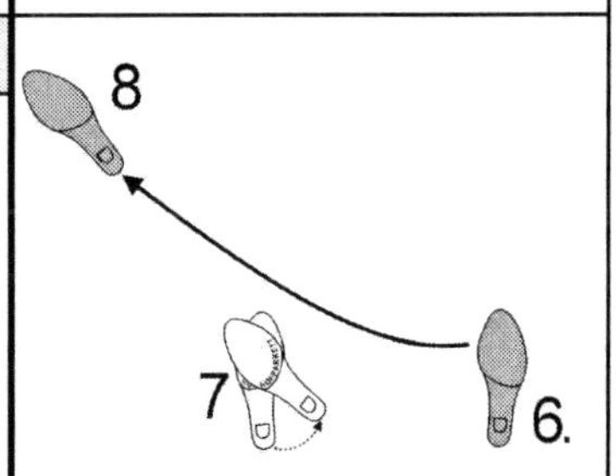
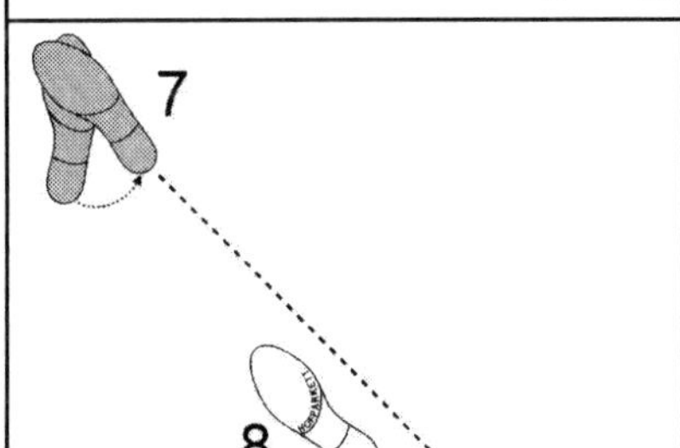	1	langsam ¼-Takt **Er** RF rückwärts zu Schritt 1 der Base. **Sie** LF vorwärts zu Schritt 1 der Base.	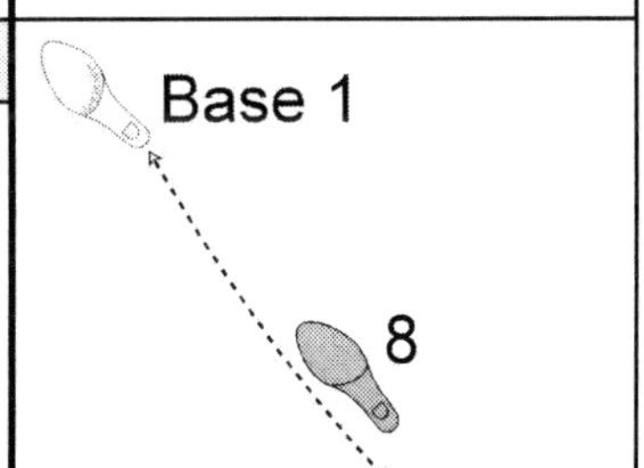

Offener Abschluss

Argentinischer Tango

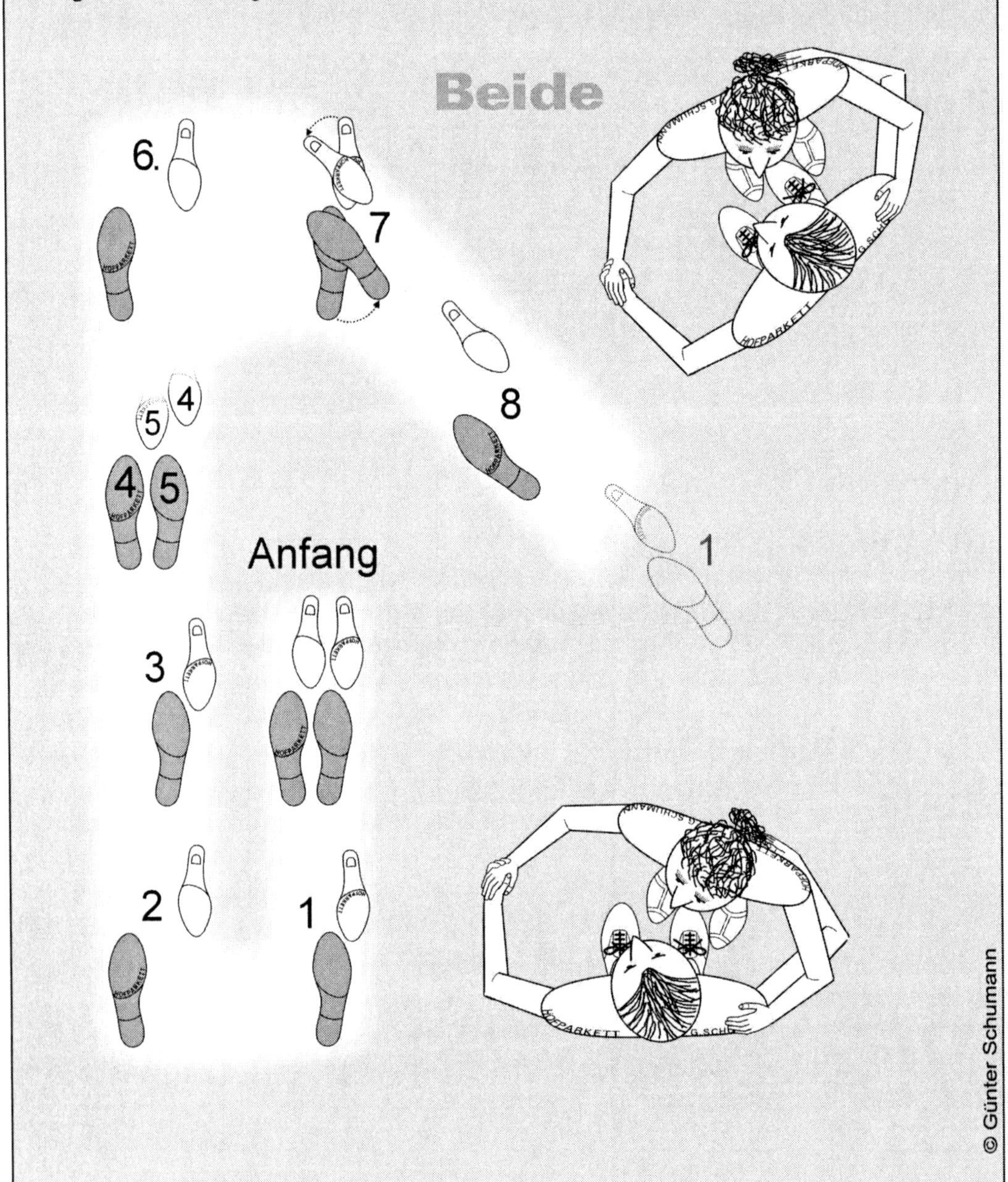

7. Drehen im Raum

Wir können die Base in einen großen Linkskreis drehen und uns somit auch im Raum fortbewegen. Gedreht wird dabei auf den Schritten „1“, „2“ und „6“ jeweils ⅛ bis ¼ nach links.

Base mit „Offenem Abschluss“ im Raum gedreht

RF rückwärts, ⅛ nach links drehen.	1	langsam	¼-Takt	LF vorwärts, ⅛ nach links drehen.
LF seitwärts, ⅛ nach links drehen.	2	langsam	¼-Takt	RF seitwärts, ⅛ nach links drehen.
	3	langsam	¼-Takt	
	4	schnell	⅛-Takt	
	5	schnell	⅛-Takt	
LF vorwärts, ⅛ nach links drehen.	6	langsam	¼-Takt	RF rückwärts, ⅛ nach links drehen.
RF seitwärts, a.E. ⅛ nach links drehen.	7	schnell	⅛-Takt	LF seitwärts, a.E. ⅛ nach links drehen.
	8	schnell	⅛-Takt	

Base im Raum gedreht

RF rückwärts,⅛ nach links drehen.	1	langsam	¼-Takt	LF vorwärts, ⅛ nach links drehen.
LF seitwärts, ⅛ nach links drehen.	2	langsam	¼-Takt	RF seitwärts, ⅛ nach links drehen.
	3	langsam	¼-Takt	
	4	schnell	⅛-Takt	
	5	schnell	⅛-Takt	
LF vorwärts, ⅛ nach links drehen.	6	langsam	¼-Takt	LF rückwärts,⅛ nach links drehen.
	7	schnell	⅛-Takt	
	8	schnell	⅛-Takt	

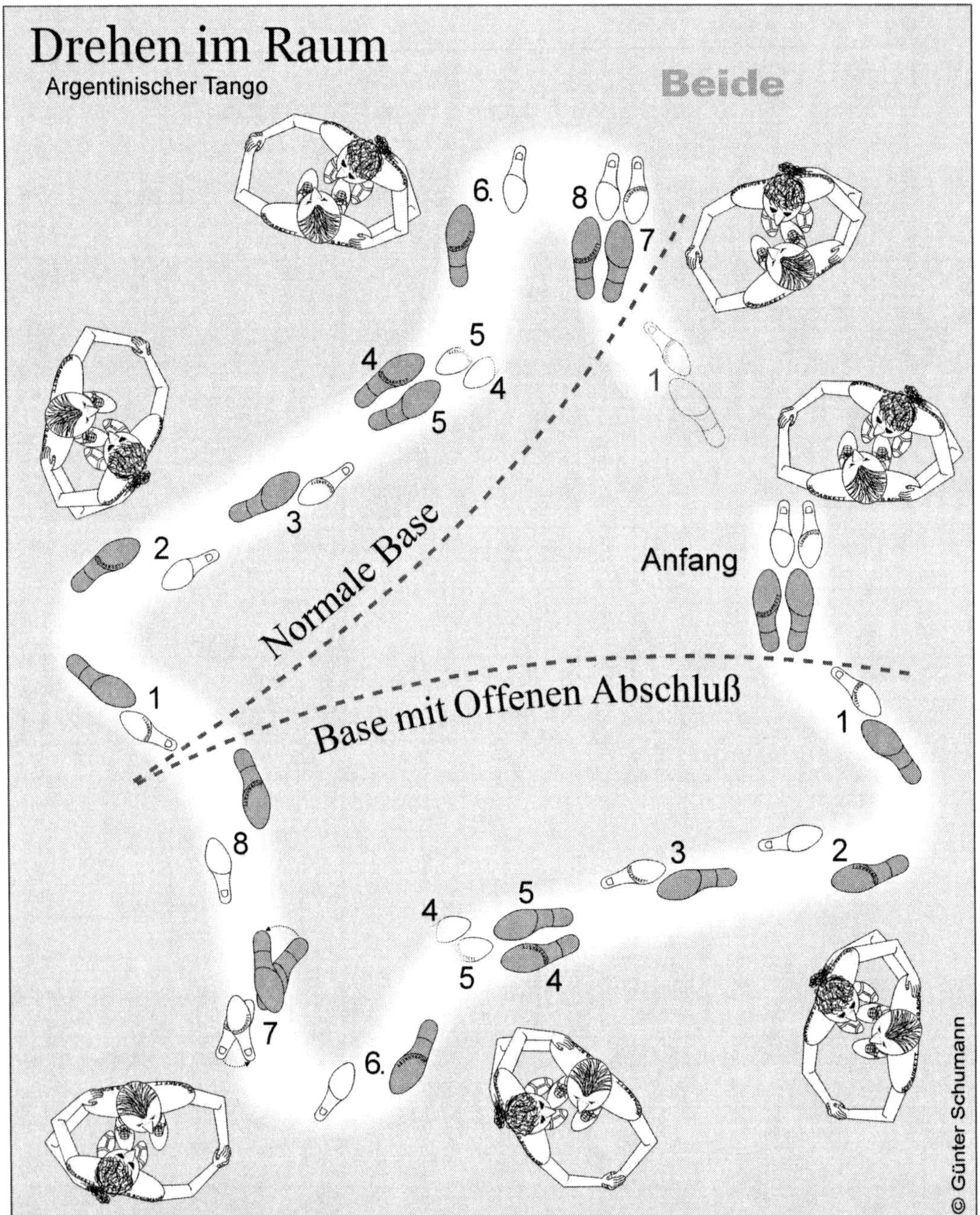
Drehen im Raum
Argentinischer Tango
Beide
6.
8
7
5
4
4
5
1
3
2
Normale Base
Anfang
1
Base mit Offenen Abschluß
1
8
3
2
4
5
5
4
7
6.
© Günter Schumann

8. Kleine Linksdrehung

Wir tanzen die Schritte „1“ bis „3“ der Base. Dann führt er sie nach links, bleibt dabei selbst am Platz stehen. Danach dreht er auf beiden Füßen nach links und führt sie in eine Vorwärts-Acht auf seiner linken Seite, dann eine Vorwärts-Acht auf seiner rechten Seite und wieder eine Vorwärts-Acht auf der linken Seite, er schließt den rechten zum linken Fuß und beide tanzen Base „6“. Während ihren Achten bewegt er sich mit seinem Körper mit ihr mit.

Base Schritte 1-3

Männerschritte	S	Rhythmus		Frauenschritte
RF rückwärts.	1	langsam	¼-Takt	LF vorwärts.
LF seitwärts, weiter zur Seite als sie.	2	langsam	¼-Takt	RF seitwärts.
RF vorwärts.	3	langsam	¼-Takt	LF rückwärts.

Vorwärts-Achten

	A	langsam ¼-Takt **Er** bleibt mit dem Körpergewicht auf RF und führt sie nach links. **Sie** tanzt mit RF seitwärts und steht dann auf seiner linken Seite. *Das Gewicht ist a.E. rechts.*	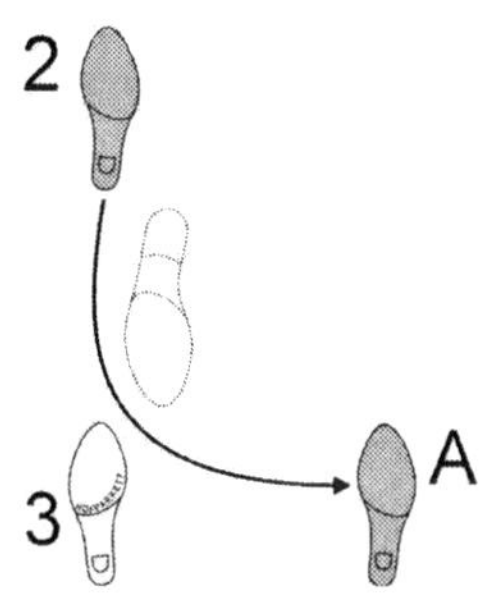
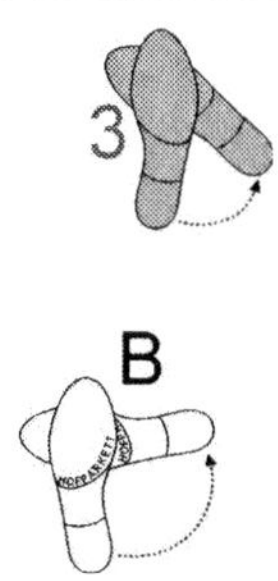	B	langsam ¼-Takt **Er** dreht auf beiden Füßen nach links, bleibt aber am Platz. **Sie** tanzt mit LF vorwärts und dreht auf dem LF eine ca. ½ Drehung (links). *Das Gewicht ist a.E. links.*	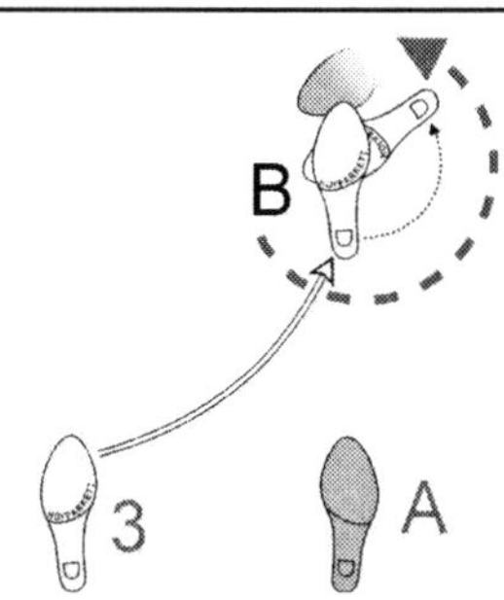

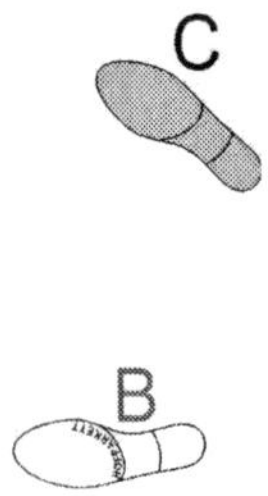	**C** langsam ¼-Takt **Er** überträgt das Gewicht zum RF. **Sie** tanzt mit RF vorwärts und dreht auf dem RF ca. eine ½ Drehung (rechts). *Das Gewicht ist a.E. rechts.*	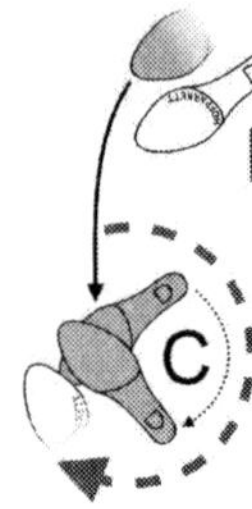
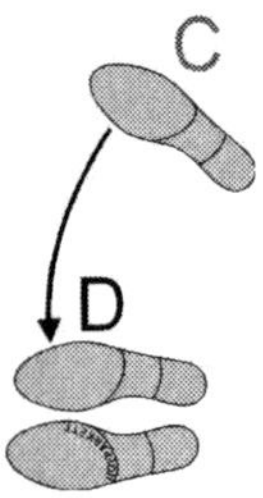	**D** langsam ¼-Takt **Er** überträgt das Gewicht zum LF und schließt mit dem RF zum LF. *Das Gewicht ist a.E. rechts.* **Sie** tanzt mit dem LF vorwärts und dreht auf dem LF ca. eine ¼ Drehung (links). *Das Gewicht ist a.E. links.*	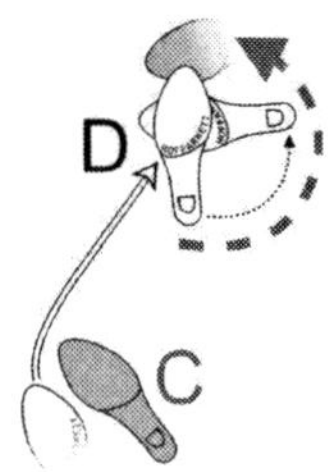
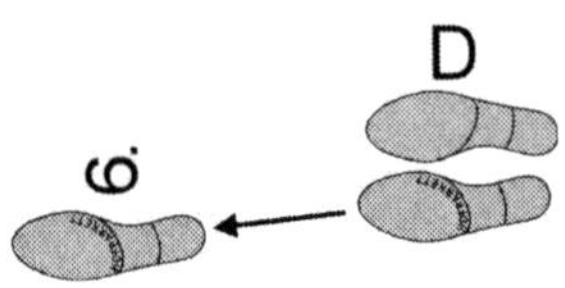	**6** langsam ¼-Takt **Er** tanzt mit dem LF einen Schritt vorwärts. *Das Gewicht ist a.E. links.* **Sie** tanzt mit RF rückwärts. *Das Gewicht ist a.E. rechts.*	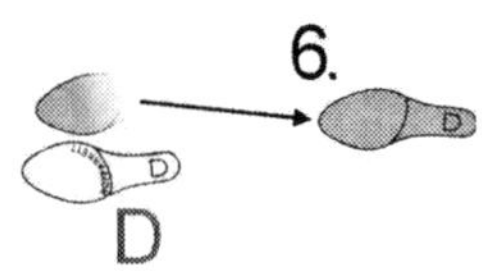

Base Schritte 7-8

RF seitwärts.	7	schnell	⅛-Takt	LF seitwärts.
LF zum RF schließen.	8	schnell	⅛-Takt	RF zum LF schließen.

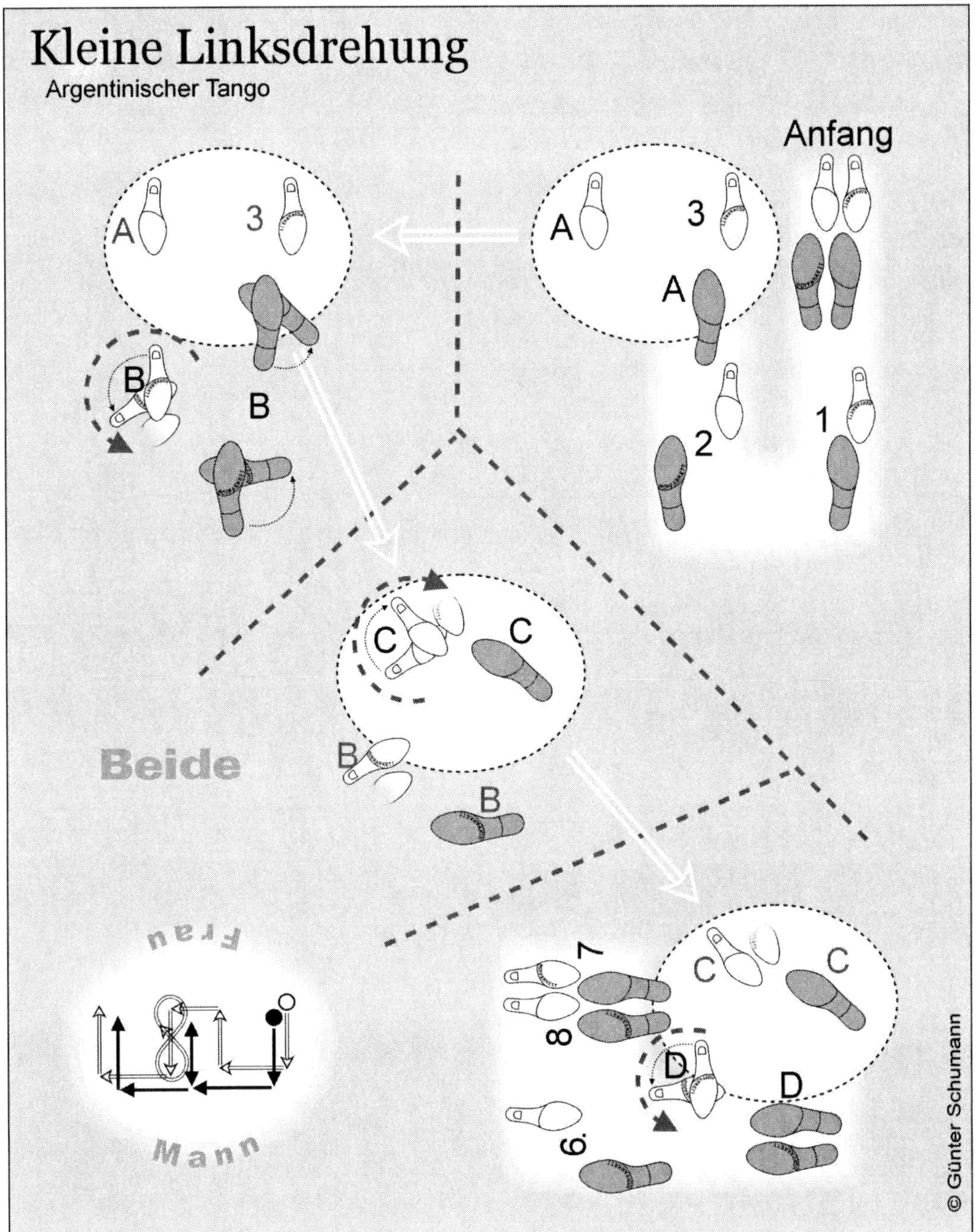
Kleine Linksdrehung
Argentinischer Tango
Anfang
A
3
A
1
2
B
C
Beide
D
Frau
Mann
7
8
9
© Günter Schumann

III. Anhang

Literaturverzeichnis

Birkenstock A./Blumenstock E. (2002). *Salsa, Samba, Santería.* München: dtv

DeWitt, R. M. (1875). *Clog Dancing Made Easy.* New York: De Witt's.

Driver, I. (2001). *Tanzfieber.* Berlin: Henschel Verlag.

Eichstedt, A./Poster, B. (1985). *Wie die Wilden.* Berlin: Rotbuch-Verlag.

Günther, H. (1982). *Die Tänze und Riten der Afroamerikaner.* Bonn: Dance Motion.

Günther, H./Schäfer, H. (1959). *Vom Schamanentanz zur Rumba.* Stuttgart: Verlag Fritz Ifland.

Hengel, C. (1940). *Tanzen Lernen.* Stuttgart: Walter Hädecke Verlag.

John, H. (1936). *Der Tanz im Selbstunterricht.* Dresden: Rudolph'sche Verlagsbuchhandlung.

Koebner, F. W. (1920). *Das neue Tanz-Brevier.* Berlin: Dr. Eysler & Co.

Koebner, F. W. (1921). *Jazz und Shimmy.* Berlin: Dr. Eysler & Co.

Pollack, H. (1922). *Die Revolution des Gesellschaftstanzes.* Dresden: Sibyllen-Verlag.

Schmidt, U. (1996). *Tanzen ist Musik.* Keine Verlagsangabe

Stoll, Dr.R. *Rumba im Quadrat.* www.staff.uni-marburg.de

Stuber, H. und U. (1990). *Wörterbuch des Tanzsports.* München: Kastell Verlag.

Wicke/Ziegenrücker. (1985). *Handbuch der populären Musik.* Leipzig: VEB Deutscher Verlag für Musik.

www.Ballroomdancers.com

Nachtrag

Nach dem Buch ist vor dem Buch. Wie der Titel schon verrät, sind weitere Tanzbücher geplant. Das Schreiben und die Gestaltung dieses ersten Tanzbuches hat uns sehr viel Arbeit aber auch Spaß gemacht und wir wünschen uns natürlich, dass Ihnen, liebe/r Leser/in, unser Buch gefällt.

Trotz unserer Bemühungen werden wir es sicherlich nicht geschafft haben, das Buch fehlerfrei zu halten. Um mögliche Fehler aufgreifen und korrigieren zu können, wollen wir eine Webseite einrichten:

www.tanzbuecher.de/das-erste-tanzbuch.html

Wenn Sie Fehler finden und uns diese mitteilen, werden wir im Internet eine Liste mit wichtigen Korrekturen bereitstellen, die Ihnen dann zur Verfügung stehen. Auch wenn Sie sonstige Verbesserungsvorschläge haben, freuen wir uns, von Ihnen zu hören.

Und jetzt: Viel Spass beim Lernen und Tanzen!

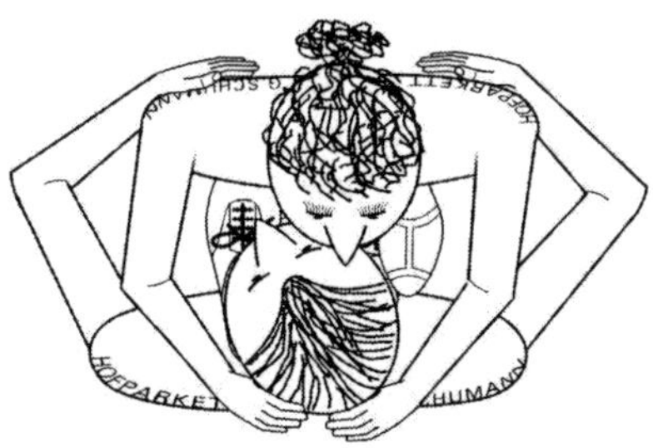

Tanzhistorische Dokumente

Band I

Herausgegeben von Günter Schumann

Tanzhistorische Dokumente

Band II

Herausgegeben von Günter Schumann

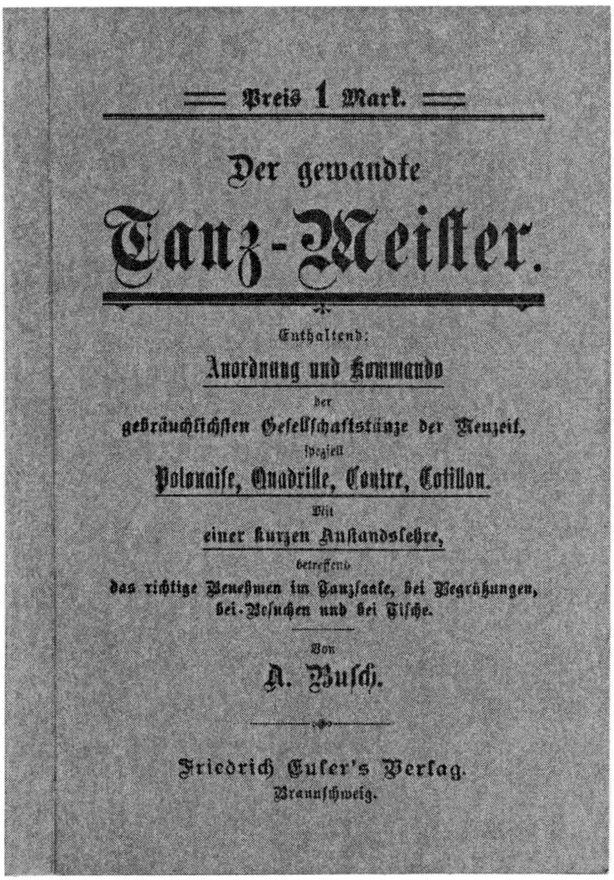

Preis 1 Mark.

Der gewandte

Tanz-Meister.

Enthaltend:

Anordnung und Kommando

der

gebräuchlichsten Gesellschaftstänze der Neuzeit,

speziell

Polonaise, Quadrille, Contre, Cotillon.

Mit

einer kurzen Anstandslehre,

betreffend

das richtige Benehmen im Tanzsaale, bei Begrüßungen, bei Besuchen und bei Tische.

Von

A. Busch.

Friedrich Euler's Verlag.

Braunschweig.

Originalausgaben
ca. 1905
Reprints
Selbstverlag
Günter Schumann

A. Busch
Der gewandte Tanzmeister

Format 18,5 x 13
63 Seiten
12,40 €

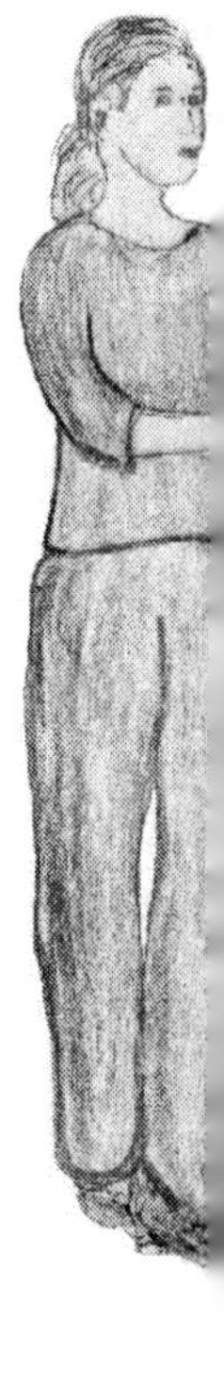

arkett
kleine Tanzschule